FICHA LIMPA

Lei Complementar nº 135, de 4.6.2010

INTERPRETADA
por juristas e responsáveis
pela iniciativa popular

Dados de Catalogação na Fonte (CIP) Internacional
(Câmara Brasileira do Livro, SP, Brasil)

Ficha Limpa : Lei complementar n° 135, de 4.6.2010 : interpretada por juristas e membros de organizações responsáveis pela iniciativa popular / Edson de Resende Castro, Marcelo Roseno de Oliveira, Márlon Jacinto Reis (coordenadores). -- Bauru, SP : EDIPRO, 2010.

Vários autores.

Bibliografia.

ISBN 978-85-7283-712-5

1. Administração pública e moralidade 2. Corrupção administrativa – Brasil 3. Direito eleitoral – Brasil 4. Eleições – Leis e legislação – Brasil 5. Inelegibilidade (Direito eleitoral) – Brasil 6. Justiça eleitoral – Brasil I. Castro, Edson de Resende. II. Oliveira, Marcelo Roseno de. III. Reis, Márlon Jacinto.

10-06960 CDU-342.815(81)

Índices para catálogo sistemático:

1. Brasil : Inelegibilidade : Lei da Ficha Limpa : Direito eleitoral interpretado : 342.815(81)

"O livro é a porta que se abre para a realização do homem."

Jair Lot Vieira

Coordenadores

Márlon Jacinto Reis

Marcelo Roseno de Oliveira

Edson de Resende Castro

FICHA LIMPA

Lei Complementar nº 135, de 4.6.2010

INTERPRETADA

por juristas e responsáveis pela iniciativa popular

Prefácio

Dalmo de Abreu Dallari

Apresentação

Ophir Cavalcanti Júnior

Colaboradores

Affonso Ghizzo Neto ♦ Chico Whitaker

Cristiana Nepomuceno de Sousa Soares ♦ Daniel Seidel

Delvan Tavares Oliveira ♦ Dom Dimas Lara Barbosa

Douglas de Melo Martins ♦ Emmanuel Roberto Girão de Castro Pinto

Francisco de Assis Vieira Sanseverino

Graziela Nozomi Martino Tanaka ♦ Jarbas Soares Júnior

Luciano Caparroz Pereira dos Santos ♦ Luciano José Alvarenga

Lucieni Pereira ♦ Luiz Carlos dos Santos Gonçalves

Marcello Lavenère Machado ♦ Marcos Túlio de Melo

Marcus Vinicius Furtado Coelho ♦ Pedro Valls Feu Rosa

edipro

FICHA LIMPA

Lei Complementar nº 135, de 4.6.2010

Interpretada por juristas e responsáveis pela iniciativa popular

Coordenadores: Márlon Jacinto Reis ♦ Marcelo Roseno de Oliveira ♦ Edson de Resende Castro

Prefácio: Dalmo de Abreu Dallari

Apresentação: Ophir Cavalcanti Júnior

Colaboradores: Affonso Ghizzo Neto ♦ Chico Whitaker ♦ Cristiana Nepomuceno de Sousa Soares ♦ Daniel Seidel ♦ Delvan Tavares Oliveira ♦ Dom Dimas Lara Barbosa ♦ Douglas de Melo Martins ♦ Emmanuel Roberto Girão de Castro Pinto ♦ Francisco de Assis Vieira Sanseverino ♦ Graziela Nozomi Martino Tanaka ♦ Jarbas Soares Júnior ♦ Luciano Caparroz Pereira dos Santos ♦ Luciano José Alvarenga ♦ Lucieni Pereira ♦ Luiz Carlos dos Santos Gonçalves ♦ Marcello Lavenère Machado ♦ Marcos Túlio de Melo ♦ Marcus Vinicius Furtado Coelho ♦ Márlon Jacinto Reis ♦ Pedro Valls Feu Rosa

1ª edição 2010

Editores: *Jair Lot Vieira* e *Maíra Lot Vieira Micales*
Produção editorial: *Murilo Oliveira de Castro Coelho*
Editoração: *Alexandre Rudyard Benevides*
Revisão: *Ricardo Virando, Luana da Costa Araújo Coelho e Ana Lúcia Sant'Ana Lopes*
Arte: *Equipe Edipro*

edipro

edições profissionais ltda.
São Paulo: Fone (11) 3107-4788 – Fax (11) 3107-0061
Bauru: Fone (14) 3234-4121 – Fax (14) 3214-4122
www.edipro.com.br

SUMÁRIO

Apresentação

Ophir Cavalcante Júnior

Presidente do Conselho Federal
da Ordem dos Advogados do Brasil (OAB)

O livro FICHA LIMPA – LEI COMPLEMENTAR Nº 135/2010 – INTERPRETADA POR JURISTAS E RESPONSÁVEIS PELA INICIATIVA POPULAR entra no rol das intermináveis contribuições de Márlon Jacinto Reis ao aperfeiçoamento das instituições republicanas, dentre as quais, a mais significativa – o voto –, ferramenta indispensável de transformação e confirmação da democracia.

Juiz de Direito no Maranhão, Márlon jamais se deixou consumir pela rotina do cargo, nem aos limites de sua comarca no Maranhão, assumindo papel semelhante a de missionário, exemplo vivo do papel de largueza reservado aos operadores do Direito no esforço permanente de aprimoramento da sociedade. Sou testemunha de sua participação nas diversas discussões travadas no âmbito da sociedade civil organizada, dentre as quais a Ordem dos Advogados do Brasil, emprestando seu profundo saber jurídico à causa da cidadania, como no caso específico da Lei Complementar nº 135/2010, a Lei da Ficha Limpa, cuja minuta carrega a sua marca.

A esta visão abrangente do Direito Eleitoral somam-se a experiência e profundo conhecimento das causas sociais dos demais colaboradores desta obra, como Marcelo Roseno de Oliveira, além de Edson de Resende Castro, que também coordenam a publicação, Affonso

Ghizzo Neto, Chico Whitaker, Cristiana Nepomuceno de Sousa Soares, Dalmo de Abreu Dallari, Daniel Seidel, Delvan Tavares Oliveira, Dom Dimas Douglas de Melo, Emmanuel Roberto Girão de Castro Pinto, Francisco de Assis Vieira Sanseverino, Graziela Nozomi Martino Tanaka, Jarbas Soares Júnior, Luciano Caparroz Pereira dos Santos, Luciano José Alvarenga, Lucieni Pereira, Luiz Carlos dos Santos Gonçalves, Marcello Lavenère Machado, Marcos Túlio de Melo, Marcus Vinicius Furtado Coelho e Pedro Valls Feu Rosa. Acima de ideologias, candidatos ou partidos, cada um deles foram peças importantes para integrar a sociedade civil com a Justiça Eleitoral, materializada em quase dois milhões de assinaturas que resultaram do projeto de iniciativa popular. Seus comentários, portanto, se revestem de um significado especial a todos os interessados pela matéria.

Há que se destacar, na história política brasileira contemporânea, a importância desse instrumento, cuja forma de condução, iniciada em meio às instituições representativas, quebrou a inércia dos repetitivos debates no interior dos partidos para introduzir o pressuposto ético necessário à sobrevivência do nosso modelo de democracia representativa. Ao final, saíram fortalecidos o Legislativo e as próprias agremiações partidárias, cuja imagem, após sucessivos escândalos e denúncias de corrupção, já não goza de tanto prestígio junto à sociedade.

Mas é na Justiça Eleitoral que seu impacto é maior. Não apenas pelo que a Lei, em si, representa, mas por permitir uma comunhão do julgador com os interesses dos eleitores, sem a qual a Justiça não se completa. Entende-se, desse modo, seu caráter pedagógico, enquanto promove a educação para o exercício ético do voto independente, e fiscalizador, por envolver a comunidade como auxiliar da Justiça Eleitoral.

Leitura indispensável, esta obra nos mostra que tão importante quanto votar é saber em quem se está votando, negando aos figurões implicados em sucessivos casos de corrupção e ataques ao erário o abrigo dos mandatos, que geravam impunidades. A estes, delegamos agora a penosa tarefa de limpar a sujeira que amealharam ao longo de suas carreiras.

Prefácio

A Gramática da Ficha Suja

Dalmo de Abreu Dallari[1]

"Os que forem brasileiros me sigam." Essa exortação ao heroísmo, atribuída ao Duque de Caxias, evidentemente não se referia àqueles que, no futuro, se tornassem brasileiros, mas era dirigida aos que naquele momento tivessem a condição de brasileiros autênticos e que deveriam agir como tais.

Vem a propósito lembrar essa famosa passagem da história brasileira, em vista do equívoco em que alguns vêm incorrendo quanto à aplicação das restrições a candidatos corruptos formalmente definidas na lei identificada como Lei da Ficha Limpa, sancionada em 4 de junho deste ano. A distorção na interpretação de uma passagem da lei configura verdadeiro estelionato gramatical, sendo lamentável que, endossando a interpretação maliciosa proposta por defensores dos corruptos, alguns jornalistas que exercem influência sobre a opinião pública afirmem categoricamente que a lei não alcança os que foram condenados por corrupção antes de 4 de junho de 2010.

---

1. DALMO DE ABREU DALLARI é membro da Comissão Internacional de Juristas, credenciada junto ao Alto Comissariado da ONU para Direitos Humanos, com sede em Genebra; Juiz do Tribunal Permanente dos Povos, instituição mantida pela Fundação Internacional Lelio Basso para os Direitos dos Povos, com sede em Roma; membro do Conselho de Defesa dos Direitos da Pessoa Humana, instituição brasileira. Autor de inúmeros livros, entre os quais *A Constituição na Vida dos Povos* (Saraiva, 2010), *Elementos de Teoria Geral do Estado* (29ª ed., Saraiva, 2010), *O Poder dos Juízes* (3ª ed., Saraiva, 2007).

Relembrando os termos precisos do estelionato, estava tramitando no Senado o projeto de lei de iniciativa popular, explicitando algumas hipóteses de inelegibilidade já previstas, genericamente, na Constituição, que autoriza as restrições para proteger a moralidade administrativa e a moralidade para o exercício do mandato. Por emenda proposta pelo senador Francisco Dornelles (PP-RJ), a expressão "políticos que tenham sido condenados" foi substituída por "os que forem condenados", com o intuito evidente de lançar confusão, explorando o despreparo e o descuido dos desavisados. Com efeito, não é difícil demonstrar que o dispositivo em que figure a palavra "forem", como no caso da Lei da Ficha Limpa, tem o sentido de "tiverem a condição de", bastando atentar para o pormenor de que "forem", nesse caso, é do verbo "ser" e não do verbo "ir".

Condição, qualidade

Alguns exemplos calcados na legislação brasileira deixam evidente que a palavra "forem" tem sido frequentemente usada na linguagem jurídica para designar uma condição. Assim, no Código Civil que vigorou desde 1916, no art. 157, ficou estabelecida a possibilidade de separação de um casal por mútuo consentimento "se *forem* casados por mais de um ano". E jamais se disse que isso valia apenas para os casamentos futuros.

Mais tarde, quando se introduziu o divórcio no sistema jurídico brasileiro, a Lei nº 6.515, de 26 de dezembro de 1977, dispôs que poderia ser dada a separação judicial dos cônjuges "se *forem* casados há mais de dois anos". E pelo art. 49, § 6º, estabeleceu-se que o divórcio realizado no estrangeiro, se um ou ambos os cônjuges *forem* brasileiros, só será reconhecido no Brasil depois de três anos da data da sentença. E jamais se disse que essas disposições valiam apenas para os casamentos realizados depois da vigência dessa lei ou para os que adquirissem a nacionalidade brasileira depois da nova lei.

As expressões "forem casados" e "forem brasileiros" designavam, precisamente, uma condição ou qualidade, nada tendo a ver com acontecimentos futuros. Acrescente-se, ainda, que o novo Código

Civil brasileiro, de 2002, estipula, no art. 1.642, inciso VI, que tanto o marido quanto a mulher podem "praticar todos os atos que não lhes *forem* vedados expressamente". E ninguém, razoavelmente esclarecido, dirá que só estão proibidas as vedações estabelecidas por lei posterior a 2002. Quando a lei diz "forem vedados" refere-se a estarem vedados, podendo a vedação estar prevista numa lei muito antiga.

Objetivo da lei

Analisando com muita precisão essa questão verbal, o ilustre presidente do Tribunal Regional Eleitoral do Rio de Janeiro, desembargador Nametala Jorge, fez a colocação correta quanto ao sentido da expressão "forem condenados" constante da Lei da Ficha Limpa:

> *Quando a lei fala em condenados não importa o tempo do verbo. O que importa é a qualificação e o que qualifica a condição do candidato é ele ser condenado. Sendo condenado, tanto faz aquele que já era antes da lei como aquele que vier a ser condenado até requerimento do registro.*

Ninguém poderá, honesta e sinceramente, duvidar do objetivo da lei, que é impedir a candidatura dos que tiverem sido judicialmente reconhecidos como corruptos e por isso inaptos para representar qualquer segmento da cidadania brasileira.

A MAGISTRATURA E A LEI FICHA LIMPA

Dom Dimas Lara Barbosa[1]

A sanção da Lei da Ficha Limpa pelo presidente Lula no dia 4 de junho fez renascer no coração dos brasileiros a esperança na política como campo de ação próprio de gente honesta e de vida limpa. Ao determinar a inelegibilidade de pessoas condenadas pela justiça em órgão colegiado, a nova Lei, além de barrar os "Fichas-Sujas", obriga os partidos a escolherem melhor seus candidatos. Com isso, o eleitor fica protegido das ardilosas tramas dos que, tendo uma vida pregressa reprovável, apresentam-se como ilibados cidadãos a honrosos cargos, conquistados pelo sufrágio universal.

A quem atribuir a vitória da sanção da nova Lei? À sociedade brasileira que, dando vazão à sua indignação com o atual quadro de corrupção política, atendeu ao convite do Movimento de Combate à Corrupção Eleitoral (MCCE) e deu mais um passo rumo à moderniza-

1. DOM DIMAS LARA BARBOSA é Secretário Geral da Conferência Nacional dos Bispos do Brasil. Formou-se em Engenharia Eletrônica no ITA – Instituto Tecnológico de Aeronáutica, em São José dos Campos (SP). Cursou Filosofia no Instituto de Filosofia de São Bento, em São Paulo e Teologia no Instituto Teológico Sagrado Coração de Jesus, em Taubaté (SP). É Doutor em Teologia Sistemática pela Universidade Gregoriana de Roma. Bispo Auxiliar da Arquidiocese do Rio de Janeiro.

ção das nossas relações políticas, a exemplo do que ocorrera em 1998, quando, através do mesmo mecanismo, logrou aprovar a Lei nº 9.840, contra a corrupção eleitoral. A lei conquistada sob o aval de 1,6 milhão de eleitores que assinaram o novo projeto de lei de iniciativa popular é a expressão visível de uma exitosa mobilização social iniciada há vários anos com o intuito de restaurar a ética na política, extirpando de vez a corrupção, verdadeiro câncer na vida política do nosso país.

Congregados pelo MCCE, os atores que mobilizaram a sociedade para aprovação da Ficha Limpa continuarão a ter um papel insubstituível, agora que a lei foi sancionada. Um destaque, no entanto, deve ser dado aos magistrados brasileiros, uma vez que, superado o debate parlamentar, as atenções voltam-se ao Judiciário. Deste se espera a observância da mensagem veiculada por meio da Campanha Ficha Limpa e uma atenção ainda maior para com as demandas submetidas a seu crivo, quando versem sobre lesão a direitos humanos em casos como os de corrupção e abuso de poder.

Neste contexto, deve-se destacar a importância da Associação dos Magistrados Brasileiros (AMB), entidade que integra o Movimento de Combate à Corrupção Eleitoral. Foi a AMB que, em 2008, conseguiu escancarar o debate sobre o perfil dos candidatos, valendo-se para isso de um simples e eficiente instrumento: a divulgação de dados públicos sobre postulantes a mandatos eletivos. Esta iniciativa conseguiu, pouco depois, influenciar a redação da reforma eleitoral ocorrida em 2009, que determinou a publicação de inteiro teor das certidões criminais apresentadas pelos candidatos. Esta mesma medida acaba de ser tratada pelo TSE em uma de suas resoluções. Outra vitória da sociedade, fruto da provocação da AMB. Coerente com essas iniciativas, a AMB não hesitou em apoiar e incentivar a nova lei de iniciativa popular proposta pelo MCCE.

Todo esse envolvimento deve ser comemorado como expressão de um momento rico e inovador: uma magistratura reflexiva e propositiva, merecedora por isso de um reconhecido incremento em sua legitimação social. É desse mesmo empenho que a sociedade necessitará, agora que as regras da Ficha Limpa entrem em vigor. Após passar pelo Parlamento, onde a sociedade se fez ouvir, a nova Lei chegou ao Poder Judiciário, a quem caberá a missão de fazê-la vicejar ou fenecer por meio da jurisprudência a ser fixada, o que nos faz permanecer numa expectativa mobilizada.

Precisaremos, por isso, da magistratura em permanente abertura e diálogo com a sociedade, aprofundando-se na efetiva aplicação das regras eleitorais conquistadas democraticamente pela sociedade brasileira com a nova lei.

Nosso desafio comum é a plena aplicação da Ficha Limpa nas eleições gerais de 2010, considerando-se no momento do registro da candidatura a vida pregressa dos postulantes. Estamos convencidos de que este é o caminho para uma renovação significativa do Parlamento, de quem devemos reivindicar uma reforma mais profunda da estrutura de poder no Estado brasileiro. Temos, portanto, um longo caminho a percorrer e o projeto Ficha Limpa provou, de forma inequívoca, que a sociedade, organizada e mobilizada, é capaz de aquilatar a democracia brasileira.

O PRINCÍPIO CONSTITUCIONAL DA PROTEÇÃO E A DEFINIÇÃO LEGAL DAS INELEGIBILIDADES

Márlon Jacinto Reis[1]

[Para Ana Lucrécia]

1. Registros históricos

Em 10 de dezembro de 2007, o Movimento de Combate à Corrupção Eleitoral (MCCE) decidiu deflagrar a Campanha Ficha Limpa, com a finalidade de dar resposta à crescente demanda social por aumento do rigor nos critérios para a definição de candidaturas e à determinação constitucional contida no art. 14, § 9º, da Constituição Federal, que cobrava do Congresso Nacional a adoção dessa providência.

A coleta de assinaturas teve início em maio de 2008, após a aprovação da campanha pela unanimidade dos presentes à Assembleia Geral da Conferência Nacional dos Bispos do Brasil, uma das entidades integrantes do Movimento.

---

1. MÁRLON JACINTO REIS é Juiz de Direito; Presidente da ABRAMPPE – Associação Brasileira dos Magistrados, Procuradores e Promotores Eleitorais; membro do Comitê Nacional do MCCE; vencedor do I Prêmio *Innovare* "O Judiciário do Século XXI". Possui Diploma de Estudos Avançados, outorgado pela Universidade de Zaragoza (Espanha), e é Doutorando pela mesma instituição. É autor do livro *Uso Eleitoral da Máquina Administrativa*, editado pela Fundação Getúlio Vargas.

A partir daí, todas as demais organizações foram convidadas a refletir sobre o tema e difundi-lo entre suas bases de modo a alcançar-se a mobilização em rede necessária à geração da "energia política" da qual dependeria a conquista das 1,3 milhão de assinaturas necessárias à apresentação de um projeto de lei de iniciativa popular.

Segundo o § 2° do art. 61 da Constituição:

> *A iniciativa popular pode ser exercida pela apresentação à Câmara dos Deputados de projeto de lei subscrito por, no mínimo, um por cento do eleitorado nacional, distribuído pelo menos por cinco Estados, com não menos de três décimos por cento dos eleitores de cada um deles.*

O projeto de lei a ser apresentado fundava-se na seguinte premissa: não é recomendável a candidatura de pessoas contra as quais pairem condenações criminais emitidas por certos âmbitos do Judiciário. Diversas outras medidas foram veiculadas no texto popular.

Não é difícil entender o porquê da rápida adesão de centenas de organizações sociais compostas por milhares de voluntários que, até setembro de 2009, conseguiram obter o número exigido pela Constituição para a apresentação da nova iniciativa popular de projeto de lei.

Mesmo após a entrega do projeto ao presidente da Câmara dos Deputados, Michel Temer, em 29 de setembro, as assinaturas continuaram a chegar, somando ao final mais de 1,6 milhão.

Com o término da coleta de assinaturas em meio físico – uma atávica exigência da Lei nº 9.709/1998 – teve início uma mobilização pelas redes sociais da internet sem precedentes no país. Logo multiplicaram-se comunidades no Orkut e perfis no microblog Twitter dedicados ao tema. Um dos grupos no Facebook (2010: Todos pela Ficha Limpa) superou a casa dos 17 mil participantes. Segundo uma empresa de consultoria, em apenas dois dias do mês de abril a *tag* "#fichalimpa" foi citada em 312 mil mensagens postadas no *Twitter*.

O projeto passou a tramitar efetivamente em março deste ano, quando foi constituído, no âmbito da Câmara dos Deputados, um grupo de trabalho composto por integrantes de todos os partidos com a tarefa de debater a matéria e buscar a formação do consenso necessário à sua aprovação. O grupo era presidido pelo Dep. Miguel Martini (PHS/MG) e relatado pelo Dep. Índio da Costa (DEM/RJ).

O Movimento de Combate à Corrupção Eleitoral participou ativamente de todas as atividades desse grupo parlamentar, sendo oficialmente ouvido em duas audiências públicas. A última delas correu no dia 16 de março, véspera da entrega do relatório ao Dep. Michel Temer.

O substitutivo elaborado pelo grupo de trabalho propunha algumas modificações no texto original, sendo a mais relevante a que exigia, para a ocorrência da inelegibilidade, que a condenação houvesse partido de um órgão jurisdicional colegiado, abandonando-se a proposição original que fazia menção à condenação oriunda de qualquer órgão do Judiciário.

Para facilitar a aprovação da matéria, concordou-se em deixar explicitado no texto que ações penais privadas ou ações penais públicas relativas a crimes culposos ou de menor potencial ofensivo não seriam capazes de originar o afastamento de candidaturas. Evitava-se, assim, que questões de menor relevância ou motivadas por interesses particulares (como nos crimes contra a honra) pudessem implicar em limitação à elegibilidade.

O projeto foi, então, levado ao Plenário da Câmara, onde teve seu debate iniciado em 7 de abril. Dali seguiu para a Comissão de Constituição, Justiça e Cidadania com o compromisso dos líderes partidários de que, caso o debate não fosse encerrado naquele âmbito até o dia 29 seguinte, a matéria seria levada diretamente para deliberação em Plenário.

O relator designado na CCJ foi o Deputado José Eduardo Cardozo (PT/SP). Sua principal colaboração para o projeto foi a introdução de um dispositivo (o novo art. 26-C da Lei de Inelegibilidades) que torna possível a conquista de uma suspensão cautelar da inelegibilidade do candidato disposto a ver o seu recurso julgado com prioridade sobre todos os demais processos, à exceção do mandado de segurança e do *habeas corpus*.

Um pedido de vista, todavia, impediu a discussão do projeto na CCJ, no prazo fixado no acordo, o que levou a matéria à votação no Plenário no dia 4 de maio. Segundo o sítio eletrônico *Congresso em Foco:*

Dos 513 deputados, 390 participaram da sessão que aprovou o texto-base do projeto Ficha Limpa, aprovado na última noite por 388 votos. O deputado Marcelo Melo (PMDB-GO) foi o único a votar contra. Logo em seguida, ele se justificou alegando que, cansado, se equivocou ao digitar seu voto. O presidente da Câmara não votou por estar impedido regimentalmente. Outros 123 parlamentares faltaram à sessão. Ainda falta a análise dos destaques para que a proposta siga para o Senado.

No dia seguinte, teve início a votação de 15 destaques que ameaçavam desfigurar o projeto. Três deles foram logo rejeitados. Na terça-feira da semana subsequente (11 de maio) foram rejeitados, um a um, todos os demais. O projeto fora aprovado nos exatos termos das discussões mantidas entre o relator José Eduardo Cardozo e o Movimento de Combate à Corrupção Eleitoral.

Veio, então, a discussão do texto no Senado Federal. Após algum impasse, o projeto foi incluído em pauta para votação no dia 19 de maio com apenas uma emenda de redação. Alterando o tempo verbal das hipóteses de inelegibilidade, essa emenda viria a gerar grande repercussão na imprensa. Temia-se que, com a mudança, o projeto não atingisse fatos ocorridos no passado.

Sancionado no dia 4 de junho pelo Presidente Luiz Inácio Lula da Silva, o projeto de lei de iniciativa popular conhecido como Ficha Limpa converteu-se na Lei Complementar n° 135, publicada no Diário Oficial da União no dia 7 de junho de 2010.

Logo viriam os primeiros questionamentos sobre aspectos relevantes da nova legislação.

O Tribunal Superior Eleitoral respondeu nos dias 10 e 17 de junho a duas importantes consultas que conferiram à Lei da Ficha Limpa a efetividade esperada pela sociedade brasileira. Na primeira delas, reconheceu a aplicabilidade das suas normas já para esta eleição; na outra, deixou claro que, por se tratarem de normas penais, as inelegibilidades abarcam, sim, fatos ocorridos no passado, atingindo até mesmo pessoas que já se julgavam aptas a participar de pleitos por haverem sido declaradas inelegíveis por prazo inferir ao definido na nova legislação.

O fato é que a lei chega em boa hora. E apesar de haver chamado atenção de toda a sociedade para a limitação da candidatura de condenados por instâncias judiciais colegiadas, traz no seu bojo muito mais mudanças, tornando também inelegíveis:

— os que renunciaram para escapar da aplicação de sanções de natureza política;

— os magistrados e membros do Ministério Público aposentados compulsoriamente;

— os condenados por captação ilícita de sufrágio (compra de votos), condutas vedadas aos agentes públicos, gastos e despesas ilícitos na campanha ou por abuso do poder político e econômico;

— os condenados na órbita civil por atos de improbidade administrativa.

Várias outras hipóteses foram instituídas.

Além disso, outras medidas de igual importância foram adotadas:

— o prazo das inelegibilidades teve seu mínimo alterado de 3 para 8 anos;

— a ação de investigação judicial eleitoral, antes destituída de maior valor procedimental, agora pode conduzir à declaração de inelegibilidade e à cassação do diploma eleitoral independentemente do momento em que venha a ser julgada;

— o possível impacto dos atos de abuso de poder no resultado da eleição não pode mais ser considerado pelo Poder Judiciário, que deverá ater-se à gravidade contextual do ato.

Como se vê, são todas medidas que vivificam a Constituição, tornando mais palpáveis as promessas nela contidas alusivas à proteção da moralidade e probidade administrativas. A vida pregressa dos candidatos – é o que proclama o § 9º do art. 14 da CF – não é irrelevante para o Direito Eleitoral.

Os dados objetivos que marcam a vida dos pretendentes a mandatários teve sua relevância constitucional reconhecida e reafirmada pela Lei da Ficha Limpa.

A história do Brasil guardará o registro desse importante capítulo onde, mais uma vez, a mobilização da sociedade civil foi decisiva para o aprofundamento da experiência democrática e para a depuração das nossas instituições.

2. Princípio da proteção *versus* presunção de inocência

A Lei da Ficha Limpa (LC n° 135/2010) tem sido contestada por alguns juristas que nela anteveem a mácula da inconstitucionalidade. Faltar-lhe-ia, dizem, o devido lastro constitucional por apresentar uma afronta ao princípio do estado de inocência (art. 5º, LVII, da CF).

Com efeito, a alínea "e" do inciso I do art. 1º da Lei de Inelegibilidades, com a redação que passou a ter após a edição da nova lei complementar, relaciona uma série de hipóteses criminais capazes de gerar inelegibilidade caso sejam reconhecidas em "sentença transitada em julgado ou proferida por órgão colegiado".[2]

Trata-se de grande inovação. A redação anterior do dispositivo era a seguinte:

> *e) os que forem condenados criminalmente, com sentença transitada em julgado, pela prática de crime contra a economia popular, a fé pública, a administração pública, o patrimônio público, o mercado financeiro, pelo tráfico de entorpecentes e por crimes eleitorais, pelo prazo de 3 (três) anos, após o cumprimento da pena;*

---

2. *e) os que forem condenados, em decisão transitada em julgado ou proferida por órgão judicial colegiado, desde a condenação até o transcurso do prazo de 8 (oito) anos após o cumprimento da pena, pelos crimes: 1. contra a economia popular, a fé pública, a administração pública e o patrimônio público; 2. contra o patrimônio privado, o sistema financeiro, o mercado de capitais e os previstos na lei que regula a falência; 3. contra o meio ambiente e a saúde pública; 4. eleitorais, para os quais a lei comine pena privativa de liberdade; 5. de abuso de autoridade, nos casos em que houver condenação à perda do cargo ou à inabilitação para o exercício de função pública; 6. de lavagem ou ocultação de bens, direitos e valores; 7. de tráfico de entorpecentes e drogas afins, racismo, tortura, terrorismo e hediondos; 8. de redução à condição análoga à de escravo; 9. contra a vida e a dignidade sexual; e 10. praticados por organização criminosa, quadrilha ou bando;*

Como se vê, além da extensão do rol de delitos, a nova fórmula reconheceu a incidência da inelegibilidade quando presente decisão proferida por órgão jurisdicional colegiado. Além disso, o prazo da restrição foi estendido de 3 para 8 anos.

Ao editar a LC n° 135/2010, o legislador nada mais fez que atender ao comando constitucional inserto no § 9° do art. 14 da Constituição Federal.

Diz o dispositivo:

> *§ 9º. Lei complementar estabelecerá outros casos de inelegibilidade e os prazos de sua cessação, a fim de proteger a probidade administrativa, a moralidade para exercício de mandato, considerada a vida pregressa do candidato, e a normalidade e legitimidade das eleições contra a influência do poder econômico ou o abuso do exercício de função, cargo ou emprego na administração direta ou indireta.*

O texto contém o enunciado do *princípio constitucional da proteção*, ponto de onde se origina toda a reflexão jurídica no campo das inelegibilidades.

Essa não era, todavia, a redação original do comando constitucional. Quando aprovada, em 1988, a Constituição conferia ao citado parágrafo o seguinte texto:

> *§ 9º. Lei complementar estabelecerá outros casos de inelegibilidade e os prazos de sua cessação, a fim de proteger a normalidade e legitimidade das eleições contra a influência do poder econômico ou o abuso do exercício de função, cargo ou emprego na administração direta ou indireta.*

Isso significa que há 20 anos, quando da edição da Lei de Inelegibilidades (LC n° 64, de 18 de maio de 1990), a Constituição não autorizava o legislador complementar a estabelecer hipóteses de inelegibilidade para "proteger a probidade administrativa, a moralidade para o exercício do mandato, considerada a vida pregressa do candidato".

Apenas à normalidade e à legitimidade dos pleitos dirigia-se o comando protetivo.

Após a reforma do texto constitucional, nenhuma lei complementar foi editada com o fim de cumprir-se a nova determinação dirigida ao Congresso.

Apesar de haverem sido apresentados vários projetos de lei (o mais antigo era o Projeto de Lei Complementar n° 168/1993), nenhum deles chegou a merecer deliberação em Plenário.

Omisso o Parlamento, padecia o ordenamento jurídico da falta de norma complementar que desse concreção à ordem constitucional àquele dirigida.

O Tribunal Superior Eleitoral, por outro lado, desde logo deixou assente no Enunciado n° 13 da sua jurisprudência sumulada: *"Não é autoaplicável o § 9º, art. 14, da Constituição, com a redação da Emenda Constitucional de Revisão nº 4/1994"*.

Ante a mora congressual e a inexistência de meios para obter-se a restrição de candidaturas de risco, decidiu a sociedade brasileira, por meio de centenas de organizações sociais lideradas pelo Movimento de Combate à Corrupção Eleitoral (MCCE), coletar pouco mais de 1,6 milhão de assinaturas que deram base à apresentação de um projeto de lei de iniciativa popular.

Daí partiu a modificação do texto da já citada alínea "e" do inciso I do art. 1° da Lei de Inelegibilidades.

Resta saber, se, ao editar a Lei da Ficha Limpa, como acabou popularmente conhecida, o Congresso Nacional não desbordou das suas atribuições, editando norma inconstitucional.

Discute-se no meio jurídico se a limitação de candidaturas a cargos eletivos baseada em condenações não passadas em julgado estaria a malferir o disposto no art. 5º, LVII, da Constituição, dispositivo que enuncia o princípio do estado de inocência, ou da não-culpabilidade.

Se nos contentarmos com uma resposta precipitada, lançada sob a inspiração das profundas marcas deixadas pela doutrina penal na nossa formação jurídica, poderemos chegar à conclusão aparentemente indiscutível de que o respeito ao referido princípio constitucional impede a fixação da mencionada restrição.

Entretanto, se nos propusermos a buscar uma maior profundidade reflexiva, é bem possível que nos surpreendamos com conclusão distinta.

Com efeito, toda e qualquer norma que restrinja o direito à elegibilidade para cargos públicos tem essa mesma finalidade de estabelecer o "mínimo" esperado dos postulantes. Por seu intermédio, delineia-se negativamente o *perfil* dos candidatos, aspirando-se a evitar que o futuro posto venha a ser alcançado por quem se enquadre em uma das hipóteses de exclusão.

Não se trata, de qualquer modo, de uma medida de caráter punitivo-criminal. Tampouco se cuida de pena de natureza administrativa. Nem mesmo estamos diante de uma sanção de qualquer natureza.

Tais vedações possuem natureza preventiva e sua base constitucional se assenta nos princípios da moralidade e da probidade administrativas.

Com efeito, a lei pode partir de presunções que objetivem salvaguardar as instituições do ingresso de pessoas destituídas do perfil desejado, desde que o faça segundo critérios objetivos e razoáveis.

Não se trata de punir alguém, mas de considerá-lo incurso em uma circunstância que a lei reputa inconveniente para quem pretenda exercer as elevadas e sensíveis funções de mandatários públicos.

Nesse sentido, pode-se afirmar que a exigência dirigida ao candidato de que ostente uma vida pregressa a qual observe certo padrão exigido pela lei constitui uma regra tão objetiva quanto a de que possua filiação partidária ou tenha a idade mínima exigida para o cargo postulado.

A Constituição Federal foi muito clara em sua opção: autorizou o legislador complementar a restringir a postulação do cargo de conselheiro a pessoas contra as quais não pairem certas informações públicas que pudessem apresentá-las como risco para dois importantes valores jurídicos: a moralidade e a probidade administrativas.

Se a Constituição pretendesse afastar apenas a pretensão de pessoas condenadas por sentenças criminais transitadas em julgado, bastaria fazer silêncio a respeito do tema, o que acarretaria a aplicação do disposto no art. 15, III, da Constituição Federal.

Diz o dispositivo:

> *Art. 15. É vedada a cassação de direitos políticos, cuja perda ou suspensão só se dará nos casos de: (...)*
>
> *III – condenação criminal transitada em julgado, enquanto durarem seus efeitos; (...)*

Por essa norma, ficam afastados do exercício de quaisquer funções ou cargos públicos todos os condenados criminalmente por decisões de que não caibam mais recurso.

O que a Constituição quis foi mais do que isso. Não basta que o postulante esteja no gozo dos seus direitos políticos: é preciso que ele tenha um vida pregressa compatível com a relevância da missão a que se propõe.

De maneira alguma essa regra é mais drástica que aquela prevista na Constituição. Passada em julgado, a sentença penal inviabiliza o exercício de um amplo leque de direitos, atinentes não apenas à elegibilidade, mas até ao exercício do voto e a ocupação de cargos de livre nomeação e exoneração.

O que a Constituição fez, no § 9º do art. 14, foi apenas autorizar a limitação à apresentação de candidaturas, nada mais, sem que com isso se alcance qualquer outro direito. Isso em nada se confunde com a imposição de perda ou suspensão de direitos políticos, categoria jurídica que possui um conteúdo muito mais amplo.

Não se trata de antecipar uma "pena" para alguém que ainda responde a um processo criminal, mas de fixar um *critério abstrato* que em nada considera a efetiva culpa do pretendente.

É isso que precisa ser retido:

> *A inelegibilidade é um critério jurídico-político objetivo (abstrato) previsto em lei para definir o perfil esperado dos exercentes de mandato eletivo.*

Como se vê, estamos diante de uma categoria que em nada se assemelha aos institutos próprios do Direito Penal. A restrição de candidatura aqui analisada opera sem que com isso uma punição seja imposta, apenas se prestando a excluir do certame aqueles que – segundo critérios objetivos adrede normatizados – estejam incursos nessa que opera como uma típica cláusula de corte.

Já podemos, então, enfrentar o tema principal: o princípio da presunção de inocência afeta o Direito Eleitoral a ponto de tornar inconstitucional a Lei da Ficha Limpa?

A resposta a essa indagação é certamente negativa.

O princípio do estado de inocência constitui um dos vértices hermenêuticos da aplicação da lei penal. Sua importância nessa seara é indiscutível, sendo certo que a sua presença em nosso ordenamento jurídico é uma das maiores testemunhas do grau de elevação civilizatória que alcançamos.

Esse princípio, contudo, não se irradia ou se espraia para todos os âmbitos do Direito.

No Direito Ambiental, o Superior Tribunal de Justiça firmou o entendimento de que o dever de provar a inocência é da empresa que polui. Para o Ministro Hermann Benjamin: "Firmando-se a tese – inclusive no plano constitucional – de que há um dever genérico e abstrato de não degradação ambiental, invertendo-se, nestas atividades, o regime da ilegalidade, uma vez que, nas novas bases jurídicas, esta se encontra presumida até que se prove o contrário".[3]

No Direito do Trabalho, é bem sabido que o cometimento de um delito no âmbito empresarial pode motivar o oferecimento de denúncia, sendo certo que isso de nenhum modo constituirá obstáculo ao reconhecimento da justa causa na órbita trabalhista.[4]

Tratando do tema, emiti em artigo o seguinte posicionamento:

---

3. Disponível em: <http://www.stj.gov.br/portal_stj/publicacao/engine.wsp?tmp.area=398&tmp.texto= 94257>. Acesso em: 21 out. 2009, às 23h.

4. A gravidade dos fatos apurados configura a prática de ato de improbidade, caracterizando a justa causa para a demissão do reclamante, independentemente do desfecho do processo penal em curso, não sendo devida qualquer indenização. Recurso improvido. (RO 20060941922 – TRT 2ª Região – 12ª Turma – Relatora Juíza Sonia Maria Prince Frazini – Publicado em 1º.12.2006)

Já tive oportunidade de levantar outra hipótese: a do empregado que tentou tirar a vida do patrão. A demissão por justa causa não estará jamais submetida à necessidade do aguardo do trânsito em julgado de uma eventual sentença penal condenatória. Nada impede a imediata demissão do trabalhador, eis que aqui imperam princípios tipicamente aplicáveis ao direito do trabalho.[5]

Esse exemplo deixa claro como o Direito do Trabalho e o Direito Penal também se orientam segundo principiologias distintas.

Do mesmo modo, em Direito Administrativo a instauração de processo administrativo contra servidor público em que se lhe atribui o cometimento de falta disciplinar não está sujeito a decisão definitiva na instância penal pelo crime cometido contra a Administração Pública. A jurisprudência do Supremo Tribunal Federal é pródiga a esse respeito.[6]

Ainda em matéria administrativa, o Supremo Tribunal Federal já pacificou o entendimento de que a pendência de ação penal é fato jurídico suficiente para obstar a promoção do membro das Forças Armadas, sem que isso implique em qualquer ofensa ao princípio do estado de inocência. Cito os seguintes precedentes:

RECURSO EXTRAORDINÁRIO – OFICIAL DA POLÍCIA MILITAR – EXCLUSÃO DA LISTA DE PROMOÇÃO – OFENSA AO ART. 5º, LVII DA CONSTITUIÇÃO – INEXISTÊNCIA. 1. Pacificou-se, no âmbito da Primeira Turma do Supremo Tribunal Federal, o entendimento segundo o qual inexiste violação ao princípio da presunção de inocência (CF/1988, art. 5º, LVII) no fato de a legislação ordinária não permitir a inclusão de oficial militar no quadro de acesso à promoção em face de denúncia em processo criminal, desde que previsto o

---

5. "A constitucionalidade do projeto de lei Ficha Limpa". *Correio Braziliense*, 12.10.2009.

6. Vide, a respeito, os acórdãos proferidos no julgamento do MS nº 21.332-DF – *DJU* de 7.5.1993 – MS nº 21.545-SP – *DJU*, de 2.4.1993; e no MS nº 23.008-RJ – Relator orig. Min. Marco Aurélio – red. p/ acórdão Min. Maurício Corrêa – 19.5.1999.

> *ressarcimento em caso de absolvição. 2. Precedentes. 3. Recurso extraordinário conhecido e provido.* (RE 356119/RN – Rio Grande do Norte. Recurso Extraordinário – Relator(a): Min. Ellen Gracie. Julgamento: 3.12.2002).
>
> *AGRAVO REGIMENTAL NO RECURSO EXTRAORDINÁRIO – PROMOÇÃO DE OFICIAL DA POLÍCIA MILITAR – EXCLUSÃO – ABSOLVIÇÃO – RESSARCIMENTO – PRECEDENTE. 1. A jurisprudência do Supremo é no sentido da inexistência de violação do princípio da presunção de inocência [CB/1988, art. 5º, LVII] no fato de a lei não permitir a inclusão de oficial militar no quadro de acesso à promoção em razão de denúncia em processo criminal. 2. É necessária a previsão legal do ressarcimento em caso de absolvição. Precedentes. Agravo regimental a que se nega provimento.* (RE 459320 AgR/PI – Piauí – Ag.Reg. no Recurso Extraordinário. Relator(a): Min. EROS GRAU. Julgamento: 22.4.2008)

Seria desnecessário percorrer todos os ramos do Direito para concluirmos pela não extensão, a estes, do raio de abrangência do princípio da presunção de inocência.[7]

O art. 133, I, do Estatuto da Criança e do Adolescente exige *idoneidade moral* do pretendente ao cargo de Conselheiro Tutelar. Seria admissível a candidatura de alguém condenado por violência sexual contra crianças apenas pelo fato de esta não haver transitado em julgado? A solução que atende o interesse da sociedade como um todo e das crianças e adolescentes, em particular, será certamente, em tal hipótese, a exclusão da candidatura, sem que com isso se esteja a afirmar que o postulante é culpado. Não se trata de medida punitiva, como se dá no Direito Penal, mas preventiva.

Não poderia ser diferente em se tratando do Direito Eleitoral atinente à fixação de inelegibilidades. Inexiste nessa matéria qualquer particularidade que a faça interpenetrar-se com o Direito Penal.

---

7. Art. 125 da Lei nº 8.112/1990 é claro ao estabelecer que "as sanções civis, penais e administrativas poderão cumular-se, sendo independentes entre si".

Enquanto na órbita criminal a pendência de uma condenação criminal não passada em julgado não produz qualquer efeito no que toca à imposição de uma pena exequível, no capítulo das inelegibilidades ela pode validamente constituir um *fato jurídico* apto a produzir efeitos, qual seja, o de fazer presente o risco aos bens jurídicos para os quais a Constituição determina a adoção de postura preventiva.

Isso se explica porque, aqui, não se afigura relevante a efetiva culpa do agente, sendo suficiente a presença do sinal objetivo consistente na condenação proferida pelo órgão colegiado.

Não se trata de considerá-lo culpado, mas de reconhecer que o seu perfil não se enquadra no modelo esperado para os ocupantes da relevante função de mandatário público.

Quando a Constituição adota a expressão *considerar culpado* faz alusão direta a esse aspecto particular da condenação criminal: a atribuição ao sentenciado de uma responsabilidade penal subjetiva.

O Direito Penal visa limitar a ação do Estado-Juiz no exercício do poder que só a ele se outorga e que o autoriza a privar alguém de um atributo inerente a todo ser humano: a liberdade. A conclusão de que todas as garantias devem ser concedidas ao acusado em processo criminal a fim de evitar seu encarceramento injusto e antecipado tem seu corolário no art. 5°, LVII, da CF, onde se estatui que ninguém será considerado culpado senão após o trânsito em julgado da sentença penal condenatória.

A pena criminal, assim, é inexequível até que sobrevenha o exaurimento de todas as instâncias recursais. Note-se que a pena constitui uma sanção apenas aplicável ao autor de fato ilícito consumado ou tentado. Trata essa matéria, portanto, de fatos pretéritos contra os quais o Estado dirige sua violência legítima a fim de reprimir o agente, buscando sua reinserção social e a prevenção pela via do exemplo.

As inelegibilidades constituem matéria totalmente distinta.

As suas "luzes" se dirigem para o futuro, a fim de proteger a moralidade e a probidade administrativas, bem como a normalidade e a legitimidade dos pleitos.

Toda inelegibilidade é prévia, não constituindo forma de repressão. Não tem, por isso, natureza de pena, mesmo administrativa.

Analisando cada uma das inelegibilidades previstas na Constituição e na LC n° 64/1990 temos isso bem claro. As inelegibilidades constitucionalmente previstas excluem do acesso ao mandato político os analfabetos e os inalistáveis, os detentores de certos cargos que já o tenham ocupado consecutivamente por duas vezes ou que não o deixaram em tempo hábil para concorrer a outro cargo, o cônjuge e os parentes consanguíneos ou afins, até o segundo grau ou por adoção, dos ocupantes de determinados cargos eletivos.

Além dessas hipóteses, a lei complementar pode editar outras a fim de proteger a probidade e a moralidade administrativas ou a normalidade e legitimidade dos pleitos.

Em todos os casos, repete-se esse traço comum: são todas hipóteses abstratas que afastam quem quer que nelas incida, tenham ou não qualquer culpa ou responsabilidade.

O parente de um mandatário deixa de concorrer tão só pela existência do vínculo familiar. Outro tem sua candidatura vedada por não haver promovido sua tempestiva desincompatibilização. Um terceiro fica alijado do acesso a um cargo eletivo por já havê-lo exercido por duas vezes sequenciais.

Esses exemplos bem se prestam a demonstrar quão abismais são as diferenças que separam o Direito Penal das inelegibilidades. Ninguém imaginaria o Direito Penal deitando sanções contra parentes de praticantes de atos ilícitos, mas ninguém questiona a restrição à capacidade eleitoral passiva dos parentes de um mandatário.

É que as inelegibilidades têm por pressuposto uma atuação marcantemente preventiva. Não se trata de reprimir, ou punir, mas de preservar um bem jurídico de interesse geral: o mandato político.

Daí que, enquanto o Direito Penal tem em vista o acusado, preservando-o do cerceamento aos seus direitos por via ilícita, as inelegibilidades protegem o mandato político contra a ação do indivíduo que potencialmente seja capaz de conspurcá-lo.

A tutela jurídica é dirigida a fins diametralmente opostos numa e noutra matérias. O Direito Penal apresenta restrições ao poder do Estado em benefício do acusado; as inelegibilidades limitam o exercício de direitos por parte do indivíduo para proteger bem jurídico socialmente preponderante.

É por isso que o princípio da presunção de inocência não se aplica ao capítulo das inelegibilidades.

Não fosse assim, não se poderia justificar nenhuma das restrições à elegibilidade. O argumento de que se está aplicando uma "pena" sem a comprovação indiscutível da culpa impediria que se alijasse da disputa o parente, o já reeleito, o analfabeto ou quem quer que seja. Só sentença ou acórdão transitados em julgado, caso a caso, e à vista do comportamento concreto de cada candidato, poderiam definir sua não participação no certame.

Como exemplo teríamos que o parente do titular do mandato só deixaria de ser candidato após não mais poder recorrer da decisão que concluiu pela utilização deletéria do vínculo sanguíneo para seu benefício eleitoral. O absurdo a que levaria uma conclusão como essa é responsável por não haver quem a defenda no nosso constitucionalismo.

Da mesma forma, quando se autoriza a consideração da vida pregressa como causador de inelegibilidade, tem como fundamento não a culpa do agente, mas sim a prevenção do mandato em suas dimensões éticas.

Uma inelegibilidade com esse perfil sequer se assemelha a uma pena, por não considerar a culpa efetiva do agente, mas a simples existência de condições objetivas que façam ver a necessidade de adoção de uma tal postura preventiva.

Não se trata jamais de considerar alguém antecipadamente culpado, mas de verificar a presença de elementos capazes de, na esfera estritamente eleitoral, suscitar a necessidade de adoção da atividade preventiva a que alude a primeira parte do § 9° do art. 14 da CF.

Nada impede que o mesmo nacional seja presumidamente inocente no âmbito penal e, ao mesmo tempo, possua atributos suficientes para ver afastada temporariamente a sua capacidade eleitoral passiva.

A diferença reside na seguinte premissa ontológica: o estado de liberdade é natural e, portanto, só com a observância dos máximos rigores pode o Estado restringi-lo; a condição de mandatário político é uma concessão social, daí porque só a alguns é dado exercê-la.

Se para a restrição à liberdade se cobra o máximo do Estado, para a obtenção do status de candidato é o pretendente quem deve se amoldar às exigências constitucionalmente estabelecidas para salvaguarda do futuro mandato político.

Ao criar uma restrição de candidatura a partir da observância de marcas objetivas da vida pública dos postulantes, o legislador, amparado pelo princípio da moralidade, leva em conta tão-somente um dado abstrato, qual seja, a própria existência do registro de dados em desprestígio da imagem pública do réu.

Uma restrição assim estabelecida não parte de qualquer juízo baseado na responsabilidade criminal do acusado, mas tão-só do risco potencial que ele tende a representar para a vitalidade das instituições políticas e para o atendimento dos seus compromissos com a sociedade.

O risco institucional e social – premissa incapaz de movimentar a tutela do Estado no âmbito criminal – constitui a baliza teórica sobre a qual repousam as inelegibilidades.

Essa exigência não é restrita ao preenchimento de cargos nos Poderes Legislativo e Executivo. Verifica-se a existência de normas restritivas à participação de pessoas com máculas em sua vida pregressa em diversas órbitas do Direito Público. Os casos vão desde pedidos de naturalização até os concursos para ingresso no Ministério Público e na Magistratura.

As restrições à participação em concursos públicos no Brasil não são baseadas nos antecedentes criminais, mas na *vida pregressa* dos candidatos ou na *conduta social*. É bastante usual, a respeito, a referência à realização de uma "sindicância da vida pregressa".

Transcrevo abaixo grande quantidade de hipóteses em que a lei ou a jurisprudência assentam a desnecessidade da existência de condenações transitadas em julgado como base para a imposição de restrições ao acesso a determinados cargos ou ao exercício de certos direitos.

Base	Objeto	Restrição
Resolução nº 75, de 12 de maio de 2009, do Conselho Nacional de Justiça	Estabelece diretrizes nacionais para os concursos de ingresso na Magistratura.	Art. 5º, III, "a": prevê a obrigatoriedade de uma fase de sindicância da vida pregressa e investigação social em todos os concursos para juízes federais e estaduais.
Resolução nº 14, de 6 de novembro de 2006, do Conselho Nacional do Ministério Público	Dispõe sobre Regras Gerais Regulamentares para o concurso de ingresso na carreira do Ministério Público Brasileiro.	Art. 15: define que antes da inscrição definitiva no concurso será realizada uma fase de diligências sobre a vida pregressa do candidato, assegurando-lhe ampla defesa.
Lei nº 6.815, de 19 de agosto de 1980	Define a situação jurídica do estrangeiro no Brasil, cria o Conselho Nacional de Imigração.	Segundo o art. 117 o órgão competente do Ministério da Justiça só emitirá parecer sobre a conveniência da naturalização após averiguar a vida pregressa do naturalizando.
Lei nº 7.102, de 20 de junho de 1983	Dispõe sobre segurança para estabelecimentos financeiros, estabelece normas para constituição e funcionamento das empresas particulares que exploram serviços de vigilân-	Interpretando o art. 16, VI, da lei que regula o trabalho dos vigilantes, a 6ª Turma do TRF da 1ª Região negou a vigilante pretensão de ver registrado, no Sistema Nacional de Segu-

	cia e de transporte de valores.	rança e Vigilância Privada, o curso por ele concluído na área de vigilância, em razão de constarem em seu desfavor ações penais públicas propostas pelo Ministério Público Federal (ver Apelação em Mandado de Segurança nº 2005.38.03003191-2/MG.
RE nº 156400 / SP – São Paulo – Recurso Extraordinário – Relator(a): Min. Marco Aurélio – Julgamento: 5.6.1995 – Supremo Tribunal Federal	Não aplicação do princípio da ampla defesa e do contraditório às sindicâncias sobre a vida privada em concursos públicos.	CONCURSO PÚBLICO – INSCRIÇÃO – VIDA PREGRESSA – CONTRADITÓRIO E AMPLA DEFESA. O que se contém no inciso LV do art. 5º da CF, a pressupor litígio ou acusação, não tem pertinência a hipótese em que analisado o atendimento de requisitos referentes a inscrição de candidato a concurso público. O levantamento ético-social dispensa o contraditório, não se podendo cogitar quer da existência de litígio, quer de acusação que vise a determinada sanção.

RE nº 233303/CE – Ceará – Recurso Extraordinário – Relator(a): Min. Menezes Direito – Julgamento: 27.5.2008 – Supremo Tribunal Federal	Não aplicação do princípio da ampla defesa e do contraditório às sindicâncias sobre a vida privada em concursos públicos.	CONCURSO PÚBLICO – INVESTIGAÇÃO SOBRE A VIDA PREGRESSA – AUSÊNCIA DE CONTRADITÓRIO – INVESTIGAÇÃO SUMÁRIA – PRECEDENTE DA SUPREMA CORTE. 1. Precedente da Suprema Corte afasta a aplicação do art. 5º, LV, da Constituição Federal quando se trate de investigação sumária sobre a vida pregressa para efeito de inscrição em concurso público. 2. Recurso extraordinário conhecido e provido.
RE nº 568030/RN – Rio Grande do Norte – Recurso Extraordinário – Relator(a): Min. Menezes Direito – Julgamento: 2.9.2008 – Supremo Tribunal Federal	Não aplicação do princípio da presunção de inocência em favor de candidato em concurso para a polícia que, sem estar condenado, estava submetido à suspensão condicional do processo.	CONCURSO PÚBLICO – POLICIAL CIVIL – IDONEIDADE MORAL – SUSPENSÃO CONDICIONAL DA PENA – ART. 89 DA LEI Nº 9.099/1995. 1. Não tem capacitação moral para o exercício da atividade policial o candidato que está subordinado ao cumprimento de exigên-

		cias decorrentes da suspensão condicional da pena prevista no art. 89 da Lei nº 9.099/1995 que impedem a sua livre circulação, incluída a frequência a certos lugares e a vedação de ausentar-se da comarca, além da obrigação de comparecer pessoalmente ao Juízo para justificar suas atividades. Reconhecer que candidato assim limitado preencha o requisito da idoneidade moral necessária ao exercício da atividade policial não é pertinente, ausente, assim, qualquer violação do princípio constitucional da presunção de inocência. 2. Recurso extraordinário conhecido e provido.

Como se vê, é grande o número de hipóteses em que as normas de Direito Público apresentam restrições a pessoas que ostentem em seu histórico dados que reclamem ação preventiva do Estado.

Consideradas todas as hipóteses paradigmáticas acima apresentadas, bem andou o legislador ao acolher hipótese de inelegibilidade baseada em condenação por órgão colegiado relativa à prática de crimes graves e infamantes.

Merece especial registro o fato de o legislador complementar haver recusado atenção a julgamentos proferidos em sede de ação penal privada (art. 1º, § 4º, da Lei de Inelegibilidades). Trata-se de medida de política judiciária, que evita o manejo temerário de ações dessa natureza com o só objetivo de colocar em risco a candidatura de adversários. Demais disso, tais ações, em regra, veiculam matéria de menor relevância social, não suscitando o reconhecimento dos riscos repelidos pela inovação legislativa.

Tampouco gera inelegibilidade qualquer condenação, mesmo irrecorrível, em virtude de delito culposo ou de menor potencial ofensivo. O mesmo pode ser dito quanto às sanções impostas no bojo de transações penais ou de decisões que homologam o estabelecimento de condições para a suspensão condicional do processo previstas nos arts. 72 e 89 da Lei nº 9.099/1995. A atenção do legislador fixou-se em parâmetros em que o crime atribuído ao candidato possui relevância social efetivamente capaz de contrarrecomendar a candidatura.

No caso presente, o legislador instituiu uma garantia especial para aqueles que, considerando-se indevidamente condenados pelo órgão colegiado, pretendam ainda assim disputar o pleito. Trata-se do art. 26-C incluído pela nova lei, a seguir transcrito:

> *Art. 26-C. O órgão colegiado do tribunal ao qual couber a apreciação do recurso contra as decisões colegiadas a que se referem as alíneas "d", "e", "h", "j", "l" e "n" do inciso I do art. 1º poderá, em caráter cautelar, suspender a inelegibilidade sempre que existir plausibilidade da pretensão recursal e desde que a providência tenha sido expressamente requerida, sob pena de preclusão, por ocasião da interposição do recurso.*
>
> *§ 1º. Conferido efeito suspensivo, o julgamento do recurso terá prioridade sobre todos os demais, à exceção dos de mandado de segurança e de* habeas corpus.
>
> *§ 2º. Mantida a condenação de que derivou a inelegibilidade ou revogada a suspensão liminar mencionada no* caput, *serão desconstituídos o registro ou o diploma eventualmente concedidos ao recorrente.*

§ 3º. A prática de atos manifestamente protelatórios por parte da defesa, ao longo da tramitação do recurso, acarretará a revogação do efeito suspensivo.

O dispositivo permite que o submetido à inelegibilidade decorrente da condenação criminal prolatada pela instância colegiada pleiteie junto ao órgão para o qual se dirigirá o seu recurso – e na oportunidade da sua interposição – o afastamento cautelar da restrição à elegibilidade.

Se alcançada a liminar, poderá participar normalmente do pleito, salvo se outra circunstância estiver a impedi-lo. Entretanto, seu recurso seguirá em regime de tramitação prioritária: sua marcha só não preferirá à do mandado de segurança e do *habeas corpus*. Caso seja confirmada a condenação pelo tribunal superior, restará automaticamente rescindido o eventual diploma obtido pelo candidato.

Trata-se de interessante inovação que compatibiliza o princípio da proteção enunciado no art. 14, § 9º, da Constituição, com a concessão, ao candidato, de mecanismos que favoreçam a superação, pelo candidato, dos efeitos de eventual condenação abusiva.

Sua inclusão no texto objetivou harmonizar justamente esses dois interesses: a necessidade de resguardo a direitos individuais e a cobrança social pelo aprimoramento das barreiras à elegibilidade de pessoas que ostentem histórico pessoal desabonador.

Note-se que o fato de o impetrante já haver sido admitido anteriormente a disputar mandato eletivo não infirma a aplicação dos novos critérios introduzidos na lei de inelegibilidades, mesmo que se trate de alguém que já ostente mandato eletivo. Os critérios a serem observados no momento do registro pela Justiça Eleitoral são os agora definidos pela Lei da Ficha Limpa, estando superados todos os demais.

Não há, por outro lado, na nova lei, qualquer lesão a direitos políticos reconhecidos em convenções ou tratados internacionais de que o Brasil é signatário.

A Declaração Universal dos Direitos Humanos não se refere à fixação de parâmetros para o impedimento de candidaturas. Não impede, portanto, que os seus subscritores venham a fixá-las segundo as especificidades locais, até mesmo para fazer valer o disposto no seu art. XXI, 3, onde se cobra a adoção de garantias para a realização de eleições legítimas, ou seja, isentas de mecanismos de defraudação dos seus propósitos, o que sempre ocorre quando os pleitos se convertem em porta de acesso ao mandato por pessoas que representem risco para as instituições.

Já a Convenção Americana de Direitos Humanos (Pacto de San José da Costa Rica), após enunciar no item 1 do seu art. 23 em que consistem os Direitos Políticos fundamentais, estatui no item 2 do mesmo dispositivo as circunstâncias que podem autorizar os Estados-Partes a restringirem o exercício desses direitos.

Referida norma estabelece que: "A lei pode regular o exercício dos direitos e oportunidades, a que se refere o inciso anterior, exclusivamente por motivo de idade, nacionalidade, residência, idioma, instrução, capacidade civil ou mental, ou ***condenação, por juiz competente, em processo penal***".

Curioso registrar que essa disposição é bem diferente da regra enunciada no item 2 do art. 8° do referido Pacto, que trata das garantias judiciais para os acusados em ações criminais. Nesta parte, a Convenção Americana estipula que: "Toda pessoa acusada de um delito tem direito a que se presuma sua inocência, enquanto não for legalmente comprovada sua culpa".

Ocorre que semelhante regra não é repetida pela Convenção quando ela passa a tratar dos direitos políticos. Aqui basta, como visto, a "***condenação por juiz competente***".

Forçoso reconhecer, portanto, que o Pacto de San José expressamente admite a utilização do pronunciamento condenatório como marco inicial para o reconhecimento do abalo à vida pregressa com reflexos sobre a elegibilidade do agente.

3. Outras hipóteses de exclusão sem o aguardo do trânsito em julgado

Além da hipótese acima estudada, em que uma condenação criminal não transitada em julgado pode, observadas as circunstâncias anteriormente descritas, afastar a elegibilidade do pretendente, outras normas foram inseridas na Lei de Inelegibilidades que igualmente não dependem do advento da irrecorribilidade da decisão.

Passo a transcrevê-las:

> *d) os que tenham contra sua pessoa representação julgada procedente pela Justiça Eleitoral, em decisão transitada em julgado ou proferida por órgão colegiado, em processo de apuração de abuso do poder econômico ou político, para a eleição na qual concorrem ou tenham sido diplomados, bem como para as que se realizarem nos 8 (oito) anos seguintes;*

> *h) os detentores de cargo na administração pública direta, indireta ou fundacional, que beneficiarem a si ou a terceiros, pelo abuso do poder econômico ou político, que forem condenados em decisão transitada em julgado ou proferida por órgão judicial colegiado, para a eleição na qual concorrem ou tenham sido diplomados, bem como para as que se realizarem nos 8 (oito) anos seguintes;*

> *j) os que forem condenados, em decisão transitada em julgado ou proferida por órgão colegiado da Justiça Eleitoral, por corrupção eleitoral, por captação ilícita de sufrágio, por doação, captação ou gastos ilícitos de recursos de campanha ou por conduta vedada aos agentes públicos em campanhas eleitorais que impliquem cassação do registro ou do diploma, pelo prazo de 8 (oito) anos a contar da eleição;*

> *l) os que forem condenados à suspensão dos direitos políticos, em decisão transitada em julgado ou proferida por órgão judicial colegiado, por ato doloso de improbidade administrativa que importe lesão ao patrimônio público e enriquecimento ilícito, desde a condenação ou o trânsito em julgado até o transcurso do prazo de 8 (oito) anos após o cumprimento da pena;*

> *n) os que forem condenados, em decisão transitada em julgado ou proferida por órgão judicial colegiado, em razão de terem desfeito ou simulado desfazer vínculo conjugal ou de união estável para evitar caracterização de inelegibilidade, pelo prazo de 8 (oito) anos após a decisão que reconhecer a fraude;*

p) a pessoa física e os dirigentes de pessoas jurídicas responsáveis por doações eleitorais tidas por ilegais por decisão transitada em julgado ou proferida por órgão colegiado da Justiça Eleitoral, pelo prazo de 8 (oito) anos após a decisão, observando-se o procedimento previsto no art. 22;

A ocorrência de cada uma dessas hipóteses autoriza o afastamento da pretensão à candidatura do condenado por decisão colegiada sem trânsito em julgado.

Assim como na hipótese da alínea "e", referente às condenações criminais, estamos aqui também diante da aplicação do princípio da proteção, entendendo o legislador que os incursos em quaisquer dessas situações jurídicas representam risco para a institucionalidade eleitoral e para o pretendido mandato.

O legislador complementar foi coerente ao dar às condenações criminais o mesmo tratamento conferido às matérias extrapenais tratadas nos dispositivos há pouco transcritos: em nenhuma dessas hipóteses a inelegibilidade decorre da atribuição de culpa ao candidato, mas da deflagração de mecanismos protetivos fundados no § 9º do art. 14 da Constituição da República.

Em todos esses casos autoriza-se, por determinação explícita contida no art. 26-C da Lei de Inelegibilidades, a busca da providência cautelar a que se refere este dispositivo, com as consequências processuais daí decorrentes.

4. As inelegibilidades e o tempo: a incidência sobre fatos pretéritos

4.1. Aspectos gerais

A questão alusiva à aplicação das inelegibilidades no tempo merece ser tratada no contexto dos debates enfrentados no presente texto.

Há uma correlação imediata entre a natureza jurídica das inelegibilidades e a sua aplicação a fatos ocorridos no passado. Se inelegibilidade fosse pena, ou ao menos qualquer forma de sanção, estaríamos diante de circunstância impeditiva da aplicação dos novos institutos a qualquer evento pretérito, decorrência da expressa tutela concedida pela Constituição à segurança jurídica.

Entretanto, como demonstrado, as inelegibilidades não possuem natureza sancionatória ou penal. São, na verdade, critérios jurídico-políticos a serem observados pela autoridade responsável pelo registro da candidatura, independentemente da realização de qualquer juízo de culpa.

Sabemos que é usual, na redação de hipóteses de inelegibilidade, que se empregue o verbo no futuro do subjuntivo. Basta ver que a própria Lei de Inelegibilidades (LI), alterada pela iniciativa popular, já utilizava esse tempo de conjugação.

Exemplo disso é o texto atual do art. 1º, I, "g", da LI. Segundo o dispositivo, "são inelegíveis os que tiverem suas contas relativas ao exercício de cargos ou funções públicas rejeitadas (...)".

Essa redação estimulou candidatos a, logo após a edição da referida lei, questionarem a aplicação do dispositivo a casos pretéritos. Resultado disso foi a sedimentação da jurisprudência no âmbito do Supremo Tribunal Federal no sentido de que as hipóteses de inelegibilidade abarcam, sim, fatos ocorridos no passado.

Julgando a matéria, assim se pronunciou o Supremo Tribunal Federal:

> *CONSTITUCIONAL – ELEITORAL – INELEGIBILIDADE – CONTAS DO ADMINISTRADOR PÚBLICO: REJEIÇÃO – Lei Complementar nº 64, de 1990, art. 1º, I, "g". (...) II – Inelegibilidade não constitui pena. Possibilidade, portanto, de aplicação da Lei de Inelegibilidade, Lei Complementar nº 64/1990, a fatos ocorridos anteriormente a sua vigência.* (MS nº 22087-2, Rel. Min. Carlos Velloso).

Como se vê, basta que o Supremo Tribunal Federal siga aplicando a sua jurisprudência sobre o tema para que a Ficha Limpa deite seu impacto sobre os que já se amoldam aos perfis repelidos pela inovação legislativa de origem popular.

Não se trata de uma eficácia retroativa, o que só ocorreria se a nova lei permitisse a desconstituição de mandatos obtidos na vigência da lei anterior. O que ocorre é apenas a aplicação de novos critérios de inelegibilidade, sempre baseados na confrontação entre circunstâncias fáticas e o conteúdo da lei.

Quando a Constituição vedou a sucessão por cônjuges e parentes, certamente não se imaginou permitir que aqueles que já estavam nessa condição antes da edição da norma pudessem participar do pleito.

Não se trata, como já se afirmou, de uma retroação do comando normativo, mas da aplicação dos seus efeitos a partir da edição da norma, confrontando-a com eventos passados.

Mas isso não encerra a questão. É que a Lei da Ficha Limpa prevê expressamente sua aplicação aos casos ocorridos antes da sua vigência, o que fica claro quando se lê o art. 3º, que se transcreve a seguir:

> *Art. 3º. Os recursos interpostos antes da vigência desta Lei Complementar poderão ser aditados para o fim a que se refere o* caput *do art. 26-C da Lei Complementar nº 64, de 18 de maio de 1990, introduzido por esta Lei Complementar.*

Trata-se de norma de transição voltada a explicitar o mecanismo pelo qual pessoas já condenadas por instâncias colegiadas antes da edição da lei devem agir se pretenderem obter o benefício na suspensão cautelar da inelegibilidade previsto no art. 26-C da Lei da Ficha Limpa.

Referido dispositivo assenta de forma incontestável a incidência da inelegibilidade sobre os que sofreram condenações anteriores à vigência da lei de iniciativa popular.

Há ainda um argumento definitivo, capaz de auxiliar na interpretação do âmbito temporal de incidência da inovação legislativa.

Se fosse possível interpretar o dispositivo de modo a considerar que a aplicação dos novos institutos jurídicos não pode atingir fatos ocorridos no passado, chegaríamos à inadmissível conclusão de que grande parte dos que estariam inelegíveis na vigência da lei anterior estariam agora livres para lançarem-se candidatos.

Estaria-se, assim, diante de uma situação insustentável: a liberação da candidatura de condenados por decisões criminais, por improbidade e por abuso de poder econômico e político ainda que transitadas em julgado, uma vez que a lei que hoje permite a limitação dessas candidaturas já estará revogada quando do registro das candidaturas.

Ou seja, a lei estaria sendo interpretada de um modo absolutamente inverso ao que motivou milhões de brasileiros e a unanimidade da Câmara e do Senado a vedar as candidaturas que a sociedade quis proibir.

A Lei da Ficha Limpa tem um sentido claro. A sociedade brasileira espera que suas normas sejam aplicadas desde logo, atingindo todos aqueles que estiverem incursos nas hipóteses delineadas na nova lei.

4.2. Condenações anteriores por abuso de poder

Não é difícil compreender que, tratando-se de critérios para o registro das candidaturas, alcancem as inelegibilidades todas as circunstâncias fáticas que as originaram.

Uma dúvida pode surgir a partir da redação conferida ao inciso XIV do art. 22 da Lei de Inelegibilidades: estaria o dispositivo tratando de uma excepcional hipótese em que a inelegibilidade assume natureza de sanção?

Diz o referido comando normativo:

> *XIV – julgada procedente a representação, ainda que após a proclamação dos eleitos, o Tribunal declarará a inelegibilidade do representado e de quantos hajam contribuído para a prática do ato, cominando-lhes sanção de inelegibilidade para as eleições a se realizarem nos 8 (oito) anos subsequentes à eleição em que se verificou, além da cassação do registro ou diploma do candidato diretamente beneficiado pela interferência do poder econômico ou pelo desvio ou abuso do poder de autoridade ou dos meios de comunicação, determinando a remessa dos autos ao Ministério Público Eleitoral, para instauração de processo disciplinar, se for o caso, e de ação penal, ordenando quaisquer outras providências que a espécie comportar;*

A existência na norma da expressão "*cominando-lhes sanção de inelegibilidade para as eleições a se realizarem nos 8 (oito) anos subsequentes*" pode conduzir o intérprete a considerar que, neste caso, a restrição à candidatura decorra de uma medida de caráter sancionatório, não de simples critério.

Entretanto, deve-se recusar a interpretação literal quando ela conduz a um rompimento com o sistema. O certo é que é as inelegibilidades *nunca* correspondem a sanções. Ainda aqui estamos diante de um critério definido pelo legislador. Junto com uma típica sanção (a cassação do registro ou do diploma) a norma estipulou a impossibilidade do registro de nova candidatura por certo tempo.

Se não bastasse a simples compreensão de que nenhuma inelegibilidade possui natureza punitiva, mas preventiva, ainda teríamos, na própria lei, outro aspecto a determinar a observação da inelegibilidade do condenado por abuso de poder nas eleições como mais um critério simples de exclusão. É o que deixa claro a letra *d* do inciso I da Lei de Inelegibilidades. Diz o dispositivo:

> *d) os que tenham contra sua pessoa representação julgada procedente pela Justiça Eleitoral, em decisão transitada em julgado ou proferida por órgão colegiado, em processo de apuração de abuso do poder econômico ou político, para a eleição na qual concorrem ou tenham sido diplomados, bem como para as que se realizarem nos 8 (oito) anos seguintes;*

Para quem duvidasse de que a incidência em prática de abuso de poder constituísse *critério* de exclusão para os pleitos futuros, a simples leitura do citado texto normativo resolveria a polêmica.

É inquestionável que o legislador complementar excluiu da disputa eleitoral os que praticaram atos abusivos assim reconhecidos pela Justiça Eleitoral. O texto anterior da Lei de Inelegibilidades definia que essa inelegibilidade se estenderia pelo prazo de 3 anos. A mobilização social insurgiu-se contra essa definição, por considerá-la contrária ao desiderato constitucional. Agora, a norma estipula a exclusão da candidatura pelo lapso de 8 anos.

Isso quer dizer que mesmo os condenados por abuso de poder sob a vigência da lei anterior e que já viram fluir o referido prazo de três anos estarão sob a incidência do novo prazo definido pela Lei da Ficha Limpa, retornando com isso à condição de inelegíveis, salvo se a condenação houver ocorrido há mais de 8 anos antes do registro da candidatura.

Não houve – frize-se – qualquer *aumento de pena*, já que de pena não se trata. Houve uma mudança de critério, com a substituição de normas frouxas e permissivas por diretrizes mais compatíveis com a natureza protetiva das inelegibilidades.

Outro detalhe deve chamar a atenção ao aplicar a norma. Se o abuso de poder não gerou inelegibilidade, como ocorre quando sua verificação se dá em sede de Recurso contra a Expedição de Diploma (RCED), nenhuma dúvida deve existir quanto à incidência da inelegibilidade prevista na alínea "d" do inciso I do art. 1º da Lei de Inelegibilidades, com a nova redação que lhe conferiu a LC nº 135/2010 (Lei da Ficha Limpa). É que, no caso, o RCED funciona como veículo processual para a arguição do ato abusivo, operando como a representação a que alude o dispositivo.

4.3. Período de incidência

Uma última distinção ainda precisa ser pontuada entre pena e inelegibilidade. Enquanto a pena dirige o seu impacto para o futuro, a inelegibilidade há de ser observada segundo os reflexos que provêm do passado.

Quando tratamos de uma pena cuidamos de um "*a partir*"; nas inelegibilidades falamos de "desde". A autoridade judicial ou administrativa que impõe uma sanção acompanha a sua aplicação até a superveniência do termo fixado na decisão. A Justiça Eleitoral, ao efetuar o registro das candidaturas, lança seu olhar para o passado, em busca de sinais que indiquem a subsistência de fatores havidos pela lei como hábeis a infirmar o acesso à disputa eleitoral.

Em todos os casos em que a Lei de Inelegibilidades contentava-se com um prazo de apenas três anos ou cinco anos – anterior ao registro – para que certa situação jurídica implicasse afastamento da candidatura, houve uma mudança, para maior, na orientação legal. Agora, esse prazo ampliou-se para, no mínimo, oito anos anteriores. Isso só é possível, repito, porque não estamos diante de uma pena ou sanção de qualquer natureza, mas de modificação de critérios a serem observados ao tempo do registro da candidatura.

Assim, se antes a lei atribuía, por exemplo, à dada hipótese uma inelegibilidade por três anos, agora ela cobra o afastamento dos pleitos por oito. O novo critério adotado em virtude da ampla mobilização social deve ser desde logo observado, pouco importando se o prazo anterior se referia ou não às consequências do cometimento de atos de abuso de poder. A mensagem transmitida para a sociedade foi clara ao postular e obter no Parlamento o aumento no rigor para todas as hipóteses de inelegibilidade. Não seria essa particularidade tão grave, atribuível aos que se incorreram em deletérias práticas abusivas, as únicas a serem excluídas da luta cívica empreendida pela sociedade brasileira.

A Mudança de Paradigmas Decorrente da Lei Complementar nº 135

Marcus Vinicius Furtado Coelho[1]

A Lei Complementar nº 135, de 2010, representa uma relevante mudança de paradigmas no direito eleitoral pátrio, assegurando a plena efetividade do disposto no § 9º do art. 14 da Constituição Federal e instituindo importantes conquistas para o saneamento dos costumes políticos do país, protegendo a moralidade e a probidade administrativa no exercício de mandatos, considerando a vida pregressa do candidato.

Inelegibilidade, em definitivo, distancia-se do conceito de pena, permitindo-se o seu reconhecimento sem o requisito de trânsito em julgado de sentença condenatória. O abuso de poder não mais depende da presença da potencialidade para influenciar no resultado das eleições, bastando o requisito da gravidade das circunstâncias. A presença do dolo, ainda que com as especificidades eleitorais, torna-se critério de aferição da inelegibilidade. Eis três alterações estruturais do Direito Eleitoral.

---

1. MARCUS VINICIUS FURTADO COELHO é advogado militante no TSE; Diretor Secretário-Geral do Conselho Federal da OAB; Doutorando pela Universidade de Salamanca (Espanha); membro das Comissões do Senado para elaboração do Novo CPC e do Novo Código Eleitoral; autor de *Direito Eleitoral e Processo Eleitoral*, Editora Renovar.

Embora a novel norma se caracterize por inúmeras modificações do sistema de inelegibilidades, tanto materiais quanto procedimentais, como a ampliação para oito anos do prazo de inelegibilidade, a dispensa do trânsito em julgado para a aplicação da norma eleitoral, o acréscimo de hipóteses de inelegibilidade, como demissão de servidor, exclusão de profissional por sua corporação e corrupção eleitoral, gênero de que são espécies a captação ilícita de sufrágio, conduta vedada e a irregular arrecadação e gastos de campanha, além da maior efetividade da ação de investigação eleitoral, é possível afirmar que a mudança mais acentuada, sem dúvida, é a revolução dos referenciais. Antigas e repetidas verdades foram superadas, dando espaço à plenitude da eficácia da norma constitucional protetora dos negócios públicos.

O impedimento de se candidatar não é pena, pois o mandato eletivo não é propriedade privada do representante popular nem existe para fins de beneficiamento individual. Trata-se de um serviço público, um ônus, uma missão para a qual, durante determinado tempo, alguns brasileiros se submetem, representando outros tantos nacionais. Aqueles que não possuírem vida pregressa e comportamento compatíveis são desonerados dessa árdua e relevante tarefa de definir os rumos da coletividade.

A proteção do patrimônio público pressupõe o respeito aos princípios da administração pública, como moralidade, legalidade e impessoalidade, valores constitucionais com força normativa e norte de interpretação de todo o sistema jurídico pátrio. A corrupção administrativa está umbilicalmente ligada à corrupção eleitoral. Uma é causa e efeito da outra.

Pela nova lei, a declaração de inelegibilidade, suspensão temporária da cidadania passiva ou do direito de ser votado, não se condiciona ao trânsito em julgado de sentença, sendo suficiente a condenação por órgão colegiado do judiciário. Tal regra se aplica às decisões da justiça eleitoral reconhecendo o abuso de poder e a corrupção eleitoral, gênero de que são espécies a captação ilícita de sufrágio, a ilegalidade na arrecadação e gastos de campanha e a prática de condutas vedadas da administração pública no período eleitoral passível de cassação de mandato. A regra do colegiado de juízes também é aplicável às condenações por improbidade administrativa, desde que presentes os pressupostos de dolo, lesão ao patrimônio público e enriquecimento ilícito e às condenações penais em crimes contra a administração pública, contra a vida, tráfico de entorpecentes, hediondos e eleitorais, dentre outros.[2] São excluídos da incidência da lei os crimes culposos, os de menor potencial ofensivo e os de ação penal privada.

A regra que condiciona a inelegibilidade à existência de decisão adotada por uma pluralidade de julgadores evita o eventual abuso de poder advindo de decisão monocrática, bem assim prestigia o julgamento efetuado pela instância ordinária coletiva, dando efetividade às máximas de que várias mentes pensam melhor do que uma e de que a experiência do magistrado de segundo grau atrai mais sabedoria e prudência. Por outro ângulo, ao deixar de exigir o trânsito em julgado da decisão, faz a separação do sistema penal, onde se consagra o constitucional princípio da presunção de inocência e o sistema eleitoral, com a regra de impedimento de candidatura desvinculada da culpabilidade criminal. Não se faz coro com os que defendem que o princípio em relevo seja aplicável apenas à esfera criminal.

Cuida-se de reconhecer a inexistência de conduta adequada para o exercício de uma função pública, como ocorre em relação a decisões administrativas de demissão do servidor público ou de exclusão de profissional pelo órgão de regulação da categoria. A lei das inelegibilidades, desde a sua edição, contempla diversos casos de impedimento de candidatura sem a exigência de condenação judicial definitiva, como no caso de rejeição de contas feitas por órgão auxiliar do legislativo, o Tribunal de Contas.

---

2. Os tipos penais, constantes da nova redação da alínea "e" do art. 1º da LC nº 64/1990, em relação aos quais vigora a inelegibilidade decorrente de condenação transitada em julgado ou proferida por órgão judicial colegiado, desde a condenação até o transcurso do prazo de 8 (oito) anos após o cumprimento da pena, são os seguintes crimes: 1. contra a economia popular, a fé pública, a administração pública e o patrimônio público; 2. contra o patrimônio privado, o sistema financeiro, o mercado de capitais e os previstos na lei que regula a falência; 3. contra o meio ambiente e a saúde pública; 4. eleitorais, para os quais a lei comine pena privativa de liberdade; 5. de abuso de autoridade, nos casos em que houver condenação à perda do cargo ou à inabilitação para o exercício de função pública; 6. de lavagem ou ocultação de bens, direitos e valores; 7. de tráfico de entorpecentes e drogas afins, racismo, tortura, terrorismo e hediondos; 8. de redução à condição análoga à de escravo; 9. contra a vida e a dignidade sexual; e 10. praticados por organização criminosa, quadrilha ou bando.

A propósito, concluiu o TSE ao analisar a validade jurídica da lei em apreço:[3]

> *Vida pregressa, no sistema de direito positivo vigente, abrange antecedentes* ***sociais*** *e* ***penais****, sendo, por isso mesmo, de consideração necessária a presunção de não culpabilidade insculpida no art. 5º, inciso LVII, também da Constituição Federal, enquanto diz com o alcance da norma constante do art. 14, § 9º da Lei Fundamental. (...) A regra política visa acima de tudo ao futuro, função eminentemente protetiva ou, em melhor termo, cautelar, alcançando restritivamente também a meu ver, por isso mesmo, a garantia da presunção da não culpabilidade, impondo-se a ponderação de valores para o estabelecimento dos limites resultantes à norma de inelegibilidade.*

Cuida-se de um juízo de proteção do patrimônio público, zelando pela moralidade e probidade, afastando temporariamente da possibilidade de dirigir os negócios públicos quem se conduziu de forma indigna. A candidatura possibilita o exercício de funções públicas relevantes, o poder-dever de deliberação em nome da coletividade.

O exercício de mandato eletivo deve ser entendido como missão social, tendo-se o ônus de trabalhar em favor da sociedade, representando suas aspirações e não como um bem individual ou uma propriedade privada. Assim definiu o Supremo Tribunal Federal, ao julgar os Mandados de Segurança nºs 26.602, 26.603 e 26.604, concluindo que o mandato não pertence a quem o exerce, perdendo-o quem efetua ato de infidelidade partidária. Não são aplicáveis teses que pretendem ver no exercício de cargo eletivo um bem individual. Em verdade, trata-se de definir os gestores da coisa pública, impedindo de cuidar dos negócios públicos quem não possui conduta compatível com a dignidade do cargo, é dizer condenados pela jus-

3. TSE, Consulta nº 1120-26.2010.6.00.0000 – Classe 10 – Brasília – Distrito Federal. Relator: Ministro Hamilton Carvalhido. Consulente: Arthur Virgílio do Carmo Ribeiro Neto. Advogado: Walter Rodrigues de Lima Júnior. Ementa: “Consulta – Alteração – Norma eleitoral – Lei complementar nº 135/2010 – Aplicabilidade – Eleições 2010 – Ausência de alteração no processo eleitoral – Observância de princípios constitucionais – Precedentes.”.

tiça por tráfico de entorpecentes, por improbidade administrativa ou por corrupção eleitoral.

O dolo passa a integrar os requisitos para a declaração de inelegibilidade, tanto na condenação criminal quanto na condenação por improbidade e, ainda, na rejeição de contas. Não é possível equiparar tal pressuposto ao dolo de natureza penal, pois nenhuma interpretação pode tornar ineficaz a norma. No processo eleitoral que se caracteriza pela celeridade e informalidade, com reduzida instrução probatória, configurar o dolo penal seria inviável. Pretende a norma excluir da declaração de inelegibilidade os casos irrelevantes, sem dano ao erário ou desvio com propósito indevido. Abre-se a oportunidade para que o gestor demonstre que não praticou, por ação ou omissão, qualquer ato com o propósito de contrariar a moralidade, a impessoalidade e a legalidade. É dizer, a justiça eleitoral não terá que demonstrar a existência de dolo, mas o gestor poderá comprovar a sua completa inexistência. Essa é a interpretação cabível dentro do sistema de direito eleitoral. Não pode a nova redação ser lida e interpretada como forma de tornar inaplicável o dispositivo que declara a inelegibilidade.

A terceira mudança de paradigma é consubstanciada no acréscimo de dispositivo de natureza interpretativa, qual seja o novo inciso XVI do art. 22 da LC nº 64/1990, segundo o qual, para a configuração do ato abusivo, não deverá ser exigido o requisito da potencialidade de o fato alterar o resultado da eleição, bastando a verificação da "gravidade das circunstâncias". A atual hermenêutica do Tribunal Superior Eleitoral exige, para a cassação de mandato e declaração de inelegibilidade por abuso de poder, a presença do requisito da potencialidade lesiva, significando a probabilidade dos fatos abusivos interferirem na normalidade e legitimidade das eleições.[4] Certo é que, em relação às espécies de corrupção eleitoral, como captação ilícita de sufrágio, condutas vedadas aos agentes públicos e irregular arrecadação e aplicação de recur-

---

4. O exame da potencialidade não se prende ao resultado das eleições. Importam os elementos que podem influir no transcurso normal e legítimo do processo eleitoral, sem necessária vinculação com a diferença de votos (Precedentes: RCED nº 723/RS; Rel. Min. Marcelo Ribeiro, *DJe* de 18.9.2009; e RO nº 1537/MG, Rel. Min. Felix Fischer, *DJ* de 29.8.2008).

sos nas campanhas eleitorais, o próprio TSE já vinha aplicando os princípios da proporcionalidade e razoabilidade, exigindo a presença da "relevância jurídica" do ilícito para configurar a sua ocorrência.[5]

O pressuposto da "gravidade das circunstâncias", por ser um conceito aberto, dependerá sobremaneira da interpretação dos tribunais para a verificação de seu alcance. A inovação mais possui a função de afastar a exigência da potencialidade para influir no resultado das eleições como pressuposto da declaração de presença de abuso de poder. Não se pode descurar, porém, da necessária busca sobre o sentido adequado para o termo "gravidade das circunstâncias", que bem se aproxima da definição de proporcionalidade e razoabilidade. Gomes Canotilho bem fala sobre o princípio da proibição do excesso, a governar a atuação do poder público, incluindo o Judiciário na aplicação das leis, devendo ser efetuada a verificação de adequação, necessidade e justa medida na aplicação da pena.[6]

---

5. "Não havendo, necessariamente, nexo de causalidade entre a prestação de contas de campanha (ou os erros dela decorrentes) e a legitimidade do pleito, exigir prova de potencialidade seria tornar inócua a previsão contida no art. 30-A, limitado-o a mais uma hipótese de abuso de poder. O bem jurídico tutelado pela norma revela que o que está em jogo é o princípio constitucional da moralidade (CF, art. 14, § 9º). Para incidência do art. 30-A da Lei nº 9.504/1997, é necessário prova da proporcionalidade (relevância jurídica) do ilícito praticado pelo candidato em vez da potencialidade do dano em relação ao pleito eleitoral (Precedente: RO nº 1.540/PA, de minha relatoria, DJE de 1º.6.2009). Nestes termos, a sanção de negativa de outorga do diploma ou de sua cassação (§ 2º do art. 30-A) deve ser proporcional à gravidade da conduta e à lesão perpetrada ao bem jurídico protegido. No caso, a irregularidade teve grande repercussão no contexto da campanha em si (embora o candidato tenha gasto quase 85% dos recursos arrecadados com combustíveis e lubrificantes, não relacionou na prestação de contas despesas de locação de bens móveis que justificassem a utilização desse material. Ou seja, recebeu consideráveis doações estimáveis em dinheiro e não emitiu recibo eleitoral). Não é, pois, desmesurada a incidência da sanção." (RO – Recurso Ordinário nº 1453 – Belém/PA, Acórdão de 25.2.2010, Rel. Min. Felix Fischer, DJE 5.4.2010, p. 207-209).
6. "Meios e fins são colocados em equação mediante um juízo de ponderação, com o objetivo de se avaliar se o meio utilizado é ou não desproporcionado em relação ao fim. Trata-se, pois, de uma questão de medida ou desmedida para se alcançar um fim: pesar as desvantagens dos meios com as vantagens do fim. (...) evitar cargas coativas excessivas ou atos de ingerência desmedidos na esfera jurídica dos particulares." (CANOTILHO, Joaquim José Gomes. *Direito Constitucional e Teoria da Constituição*, p. 280).

Não é possível a punição por fato insignificante, sem relevo, desprovido de repercussão social. Gravidade advém do adjetivo latim "gravis", que significa pesado ou importante. As circunstâncias são os elementos que acompanham o fato, suas particularidades, incluindo as causas. Diz respeito a como o ato foi praticado.

A norma entrou em vigor na data de sua publicação e possui eficácia imediata, tendo em vista que não se trata de alteração do processo eleitoral, em alguma de suas fases, mas de casos de inelegibilidade e de normas de direito processual, donde se conclui que não há causa para a incidência do princípio da anualidade previsto no art. 16 da Constituição Federal. Ao apreciar a Consulta nº 112026, relatada pelo Ministro Hamilton Carvalhido, o TSE, em 10 de junho de 2010, respondeu afirmativamente, concluindo que a nova lei terá aplicação para as próximas eleições.[7]

Asseverou o Ministro-Relator no TSE que "o processo eleitoral não abarca todo o direito eleitoral, mas apenas o conjunto de atos necessários ao funcionamento das eleições por meio do sufrágio eleitoral". Deste modo, a nova lei não altera o processo eleitoral, não atraindo a incidência do princípio da anualidade eleitoral prevista no art. 16 da Carta Constitucional. O relator também anotou o escopo do art. 14, § 9º da Constituição Federal, ao prever lei complementar visando resguardar a probidade administrativa e a moralidade para exercício de mandato, considerada a vida pregressa do candidato. Tais princípios possuem força normativa, devendo ser observados pela Justiça.

O Presidente do TSE, Ricardo Lewandowski, bem enfatizou que o STF, em diversos precedentes, já tinha se posicionado que normas como a LC nº 135, de 2010, não configuram alteração do processo eleitoral, pelo que não há que falar em princípio da anterioridade eleitoral. Com efeito, na ADIn nº 3741, concluiu o Supremo, por unanimidade de seus membros, que a minirreforma eleitoral implantada em 2006, pela Lei nº 11.300/2006,[8] versando sobre aperfeiçoamento

---

7. ADIn nº 3741, Relator(a): Min. Ricardo Lewandowski, Tribunal Pleno, unânime, julgado em 6.8.2006, DJ 23.2.2007, *Ementário* vol .2265-01, p. 171)
8. TSE, Consulta nº 1120-26.2010.6.00.0000 – Classe 10 – Brasília – Distrito Federal. Relator: Ministro Hamilton Carvalhido.

de procedimentos eleitorais, não atrai a incidência do art. 16 da Constituição Federal, tendo em vista a "Inocorrência de rompimento da igualdade de participação dos partidos políticos e dos respectivos candidatos no processo eleitoral" e considerando que "não introduz deformação de modo a afetar a normalidade das eleições", que "não constituem fator de perturbação do pleito" e que inexiste "alteração motivada por propósito casuístico".

Na Consulta nº 11173, respondida em 1990, o Tribunal Superior Eleitoral, por unanimidade de seus membros, concluiu que a Lei Complementar das Inelegibilidades, LC nº 64/1990, deveria ter aplicação imediata, já para as eleições realizadas no ano de 1990,[9] quando entrou em vigor a nova disciplina das inelegibilidades (TSE, CTA nº 11173, Rel. Min. Octávio Galloti, DJ 9.7.1990). O TSE concluiu que tal norma não altera o processo eleitoral, resultando em inexigível a anualidade prevista no art. 19 da Constituição Federal.

Caio Mário da Silva Pereira, por seu turno, vaticina, em clássica obra introdutória das normas jurídicas que "as leis políticas, abrangendo as de natureza constitucional, eleitoral e administrativa, tem aplicação imediata. (...) As inelegibilidades representam ditames de interesse público, fundados nos objetivos superiores que são a moralidade e probidade".[10]

As inovações constantes na Lei Complementar nº 135, de 2010, não alteram o processo eleitoral, consoante os ensinamentos mencionados acima, pelo que há de ter aplicação da novel norma para as eleições que serão realizadas no ano de 2010. A propósito, esclarecedor precedente do TSE, consubstanciado no Acórdão nº 9.052, definiu

---

9. "Inelegibilidade – Desincompatibilização – Ordem dos Advogados – OAB – Presidentes e demais membros das diretorias dos conselhos e subseções – vigência da Lei Complementar nº 64/1990. Aplicação imediata do citado diploma (art. 1, II, "g"), por se tratar da edição da Lei Complementar, exigida pela Constituição (art. 14, § 9º) sem configurar alteração do processo eleitoral, vedada pelo art. 16 da mesma Carta." (CTA – Consulta nº 11173/DF, Resolução nº 16.551 de 31.5.1990, Rel. Min. Luiz Octávio P. E Albuquerque Gallotti, *DJ* 9.7.1990, p. 6633 – RJTSE – *Revista de Jurisprudência do TSE*, Volume 2, Tomo 1, p. 370).

10. PEREIRA, Caio Mario da Silva. *Instituições de Direito Civil*. vol. I, São Paulo: Forense, 1971, p. 110-115.

pela imediata aplicação da LC nº 64/1990, "em toda a sua extensão, aos casos em que a causa de inelegibilidade tenha ocorrido em gestão administrativa anterior... se reveste de norma de caráter de proteção a coletividade" (TSE, Acórdão nº 9.052, de 30.8.1990). Assim votaram todos os componentes da Corte, integrada, dentre outros, pelos Ministros Pedro Acioli, Célio Borja, Roberto Rosas e Vilas Boas.[11]

A nova disciplina se aplica a todos os casos pendentes, possuindo ampla eficácia aos fatos ocorridos antes da publicação do inovador texto legal. A realização da interpretação que empreste maior sentido e alcance para a lei ficha limpa, papel dos operadores jurídicos e particularmente do Judiciário, torna-se fundamental para a prevalência do novo sistema de impedimento de candidatura, contribuindo para a retirada temporária da vida pública de quem não possui vida pregressa recomendável.

Tal entendimento foi reafirmado pelo TSE, na sessão de 17 de junho de 2010, em resposta à Consulta,[12] concluindo que a inelegibilidade não é pena, e sim requisito para eleição, por isso a Lei Complementar nº 135/2010 se aplica aos processos em tramitação iniciados e mesmo encerrados antes da entrada em vigor. Bem asseverou o Ministro-Relator, "antes, porém, de começar a responder a consulta, penso ser necessário fixar as seguintes premissas: 1ª) se a inelegibilidade constitui pena; 2ª) quando a causa de inelegibilidade deve ser aferida; 3ª) se a inelegibilidade só pode ser aplicada, em determinadas hipóteses, se houver decisão transitada em julgado. O entendimento não só deste Tribunal, mas também do Supremo Tribunal Federal, é o de que a inelegibilidade não constitui pena. Afirmou o Supremo Tribunal Federal, no julgamento do Mandado de

---

11. TSE, Consulta nº 1120-26.2010.6.00.0000 – Classe 10 – Brasília – Distrito Federal. Relator: Ministro Hamilton Carvalhido, j. em 10.6.2010.

12. "Registro – Inelegibilidade – Aplicabilidade, não da LC nº 05/1970, mas da LC nº 64/1990 – Mantém-se, porém, o acórdão regional, que deferiu o registro do candidato, por não ser caso de incidência da alínea 'g', inciso I, art. 1º, da LC nº 64/1990 – Recurso a que se nega provimento." (TSE, REspe nº 9052, Acórdão nº 11338 de 30.8.1990, Rel. Min. Pedro da Rocha Acioli, *RJTSE – Revista de Jurisprudência do TSE*, Volume 2, Tomo 3, p. 97 PSESS – Publicado em Sessão, 30.8.1990).

Segurança nº 22.087: *"(...) inelegibilidade não constitui pena. Destarte, **é possível a aplicação da lei de inelegibilidade, Lei Complementar nº 64, de 1990, a fatos ocorridos anteriormente a sua vigência.** No acórdão nº 12.590, Recurso nº 9.797/PR, do TSE, o Relator, Ministro Sepúlveda Pertence, deixou expresso que a inelegibilidade não é pena, sendo-lhe impertinente o princípio da anterioridade da lei.* (Grifo nosso) (Rel. Min. Carlos Velloso, de 28.6.1996). No citado precedente, o Tribunal Superior Eleitoral decidiu que a *"inelegibilidade não é pena e independe até de que o fato que a gere seja imputável àquela a que se aplica; por isso, à incidência da regra que a estabelece são impertinentes os princípios constitucionais relativos à eficácia da lei penal do tempo. Aplica-se, pois, a alínea "e", do art. 1º, I, da Lei de Inelegibilidades aos condenados pelos crimes nela referidos, ainda que o fato e a condenação sejam anteriores à vigência."* (Acórdão nº 12.590, Recurso nº 9.797, rel. Min. Sepúlveda Pertence, de 19.9.1992). Trago, também, o Acórdão nº 11.134, Recurso nº 8.818, relator o Ministro Octávio Galotti, de 14.8.1990: *"A inelegibilidade prevista no art. 1º, I, "e", da Lei Complementar nº 64/1990, aplica-se às eleições do corrente ano de 1990 e abrange sentenças criminais condenatórias anteriores à edição daquele diploma legal"*. A inelegibilidade, assim como a falta de qualquer condição de elegibilidade, nada mais é do que uma restrição temporária à possibilidade de qualquer pessoa se candidatar, ou melhor, de exercer algum mandato. Isso pode ocorrer por eventual influência no eleitorado, ou por sua condição pessoal, ou pela categoria a que pertença, ou, ainda, por incidir em qualquer outra causa de inelegibilidade.

A Justiça Eleitoral também tem o entendimento de que as condições de elegibilidade, bem como as causas de inelegibilidade, devem ser aferidas à data do pedido do registro de candidatura.

Esse entendimento vem sendo adotado pelo legislador, quando, no § 10 do art. 11 da Lei nº 9.504/1997, introduzido pela Lei nº 12.034/1909, passou a dispor:

> *Art. 11. Os partidos e coligações solicitarão à Justiça Eleitoral o registro de seus candidatos até as dezenove horas do dia 5 de julho do ano em que se realizarem as eleições. (...)*

> *§ 10.* ***As condições de elegibilidade e as causas de inelegibilidade devem ser aferidas no momento da formalização do pedido de registro da candidatura,*** *ressalvadas as alterações, fáticas ou jurídicas, supervenientes ao registro que afastem a inelegibilidade.* (grifo nosso)

Por isso, desde logo, adianto que considero irrelevante saber o tempo verbal empregado pelo legislador complementar, quando prevê a inelegibilidade daqueles que *"forem condenados"*, ou *"tenham sido condenados"*, ou *"tiverem contas rejeitadas"*, ou *"tenham tido contas rejeitadas"*, ou *"perderem os mandatos"*, ou *"tenham perdido os mandatos"*.

Estabelecido, sobretudo, agora, em lei, que o momento de aferição das causas de inelegibilidade é o da *"formalização do pedido de registro da candidatura"*, pouco importa o tempo verbal.

As novas disposições legais atingirão igualmente a todos aqueles que, repito, *"no momento da formalização do pedido de registro da candidatura"*, incidirem em alguma causa de inelegibilidade, não se podendo cogitar de direito adquirido às causas de inelegibilidade anteriormente previstas. "Não há direito adquirido de elegibilidade", afirmou o relator da Consulta, para quem "a inelegibilidade não precisa ser imposta na condenação. É a condenação que impõe a inelegibilidade". A lei não subtraiu da justiça eleitoral, nem poderia fazê-lo, a competência para reconhecer a inelegibilidade, declarando-a no procedimento de pedido de registro de candidatura. Trata-se de uma consequência passível de condenação por órgão colegiado, cumprindo à justiça eleitoral o exame da presença de todos os pressupostos para impedir a candidatura.

Evidente que a transformação definitiva dos costumes políticos somente será possível com uma profunda reforma política, construindo um sistema no qual sejam privilegiados projetos e ideias, a meritocracia, a participação popular, o fortalecimento de partidos políticos, a contenção da influência indevida do poder econômico e da máquina administrativa. A lei que se convencionou denominar Ficha Limpa é uma vitória da sociedade brasileira, principalmente por estimular a organização e mobilização da cidadania em direção a relevantes e essenciais conquistas para "republicanizar" o Brasil, incluindo o povo verdadeiramente como autor e destinatário das definições da Nação.

Inúmeras são as alterações introduzidas por tal lei, contudo, indubitavelmente, a mudança de paradigma é o salto de qualidade mais perceptível e impactante, especialmente no que diz respeito à configuração da inelegibilidade como um simples requisito para eleições, afastando-a de caracterização como pena, permitindo-se o seu reconhecimento sem o requisito de trânsito em julgado de sentença condenatória;[13] a inclusão do dolo, ainda que com as especificidades eleitorais, como pressuposto da inelegibilidade; e a exclusão da potencialidade para influenciar no resultado das eleições como requisito ao reconhecimento do abuso de poder, substituindo-o pela gravidade das circunstâncias. O intérprete-aplicador também há de se preparar para implementar a novel norma com a mente voltada a sua finalidade, integrando o elemento teleológico, concretizando a pretendida mudança de valores no direito eleitoral.

---

13. Consulta nº 1147-09.2010.6.00.0000 – Classe 10 – Brasília – Distrito Federal. Relator: Ministro Arnaldo Versiani. J. em 17.6.2010: "Tenho para mim, no entanto, que, independentemente de saber se esse dispositivo se aplica exclusivamente a processos criminais, como nele está dito, certo é que, quando se trata de inelegibilidade, ninguém está sendo considerado culpado do que quer que seja. Em outras palavras, como a inelegibilidade, conforme já procurei demonstrar, não constitui pena, o fato de ela incidir em hipótese prevista em lei não significa que se esteja antecipando o cumprimento de qualquer pena. Por isso, a presunção de inocência pode até persistir, não só no processo criminal, como também em outras espécies de processos, mas o cidadão ficará inelegível se houver decisão por órgão colegiado que o condene naqueles casos estabelecidos em lei. Seria até mesmo contraditório que a Justiça Eleitoral, por exemplo, cassasse, por corrupção, o mandato de algum ocupante de cargo majoritário, com o cumprimento imediato da decisão, isto é, sem a necessidade de trânsito em julgado, mas se pudesse permitir que esse mesmo ocupante, anteriormente cassado, voltasse a pleitear o mesmo ou outro cargo majoritário ou proporcional."

OS CRIMES QUE GERAM INELEGIBILIDADES

Luiz Carlos dos Santos Gonçalves[1]

1. Generalidades

Condenações criminais transitadas em julgado suspendem os direitos políticos, enquanto durarem seus efeitos, diz o art. 15 da Constituição. Não importa qual foi o crime praticado: enquanto não ocorrer a decretação da extinção da punibilidade, remanescerá a suspensão dos direitos políticos e, portanto, a impossibilidade de candidatura a qualquer cargo eletivo.

As particularidades do processo penal, a exigência da mais ampla defesa, a afetação do *status libertatis,* própria dessa seara de responsabilização, e a existência, no país, de quatro instâncias de julgamento (entre ordinárias e extraordinárias), com inacabável quantidade de recursos, fazem com que o desate dos processos-crime, com o trânsito em julgado, seja por demais demorado.

1. LUIZ CARLOS DOS SANTOS GONÇALVES é Procurador Regional da República e Ex-Procurador Regional Eleitoral de São Paulo; Mestre e Doutor em Direito Constitucional pela PUC-SP; autor dos livros *Comissões Parlamentares de Inquérito – Poderes de Investigação* e *Mandados Expressos de Criminalização e a Proteção de Direitos Fundamentais na Constituição Brasileira de 1988.* Professor de Direito Constitucional e Eleitoral no Curso *Marcato* – São Paulo.

A subordinação do impedimento às candidaturas à exigência do trânsito em julgado criminal, como se previa na Lei Complementar nº 64, de 1990, tornava inefetivo o controle judicial da vida pregressa, dos antecedentes e da moralidade, conforme exige o art. 14, § 9º, da Constituição Federal.

Em boa hora, portanto, veio o projeto de iniciativa popular Ficha Limpa, afinal sancionado e promulgado como a Lei Complementar nº 135/2010, que passou a aceitar que as decisões condenatórias proferidas ou confirmadas por órgão colegiado, ainda que sem trânsito em julgado, sejam aptas a gerar inelegibilidade.

Não é qualquer crime que gera a inelegibilidade, mas apenas aqueles indicados na Lei Complementar nº 135/2010. O presente estudo cinge-se a estudar esses "crimes de inelegibilidade", sua estruturação e interpretação. Incidentalmente, versa sobre outros aspectos da lei.

2. O aumento do prazo de inelegibilidade após o trânsito em julgado

É a seguinte a redação do novo diploma, no trecho pertinente:

Art. 1º São inelegíveis:

I – para qualquer cargo: (...)

e) os que forem condenados, em decisão transitada em julgado ou proferida por órgão judicial colegiado, desde a condenação até o transcurso do prazo de 8 (oito) anos após o cumprimento da pena, pelos crimes: (....).

A primeira inovação da lei foi aumentar o prazo de inelegibilidade para oito anos, após o cumprimento da pena. A Lei Complementar nº 64/1990 trazia prazo menor, de três anos. A razão desse prazo adicional ao cumprimento da pena é que, durante ele, ficam suspensos os direitos políticos (CF, art. 15), impedindo a candidatura.

Embora a lei fale em "cumprimento da pena", como aliás já procedia a LC nº 64/1990, é razoável dar a essa expressão o significado de "extinção da pena", que pode ocorrer também por outra causa, como a prescrição da pretensão executória ou o indulto. Se a causa extintiva for hábil para desconstituir o título penal condenatório, como a prescrição da pretensão punitiva e a *abolitio criminis*, não persistirá a inelegibilidade.

O impedimento começa a operar com a decisão do órgão colegiado. Seu prazo total será a soma dos seguintes períodos: 1) da condenação colegiada até o trânsito em julgado; 2) do trânsito em julgado até o cumprimento da pena ou extinção da punibilidade; 3) oito anos a partir da extinção da punibilidade. Dessa forma, a inelegibilidade terá maior ou menor duração a depender da quantidade de pena a cumprir e de quando esta teve seu início.

Trata-se de inelegibilidade absoluta, que se apresentará se, na data do pedido de registro, não tiverem transcorridos oito anos desde a extinção da punibilidade. Essa situação não é alterável se o prazo vier a cessar após a fase do registro da candidatura, mas antes das eleições. Para nós, a previsão do § 10 do art. 11 da Lei nº 9.504/1997 – "*As condições de elegibilidade e as causas de inelegibilidade devem ser aferidas no momento da formalização do pedido de registro da candidatura, ressalvadas as alterações, fáticas ou jurídicas, supervenientes ao registro que afastem a inelegibilidade*" – não é aplicável a inelegibilidades fixadas por prazo certo e determinado.

3. A decisão de órgão colegiado, sem trânsito em julgado

Órgãos judiciais colegiados são os tribunais e os juizados especiais criminais. A lei não se refere à "segunda instância", de forma que a expressão poderia compreender também decisões das turmas julgadoras dos juizados especiais criminais. Entretanto, o § 4º do art. 1º, da LC nº 64/1990, exclui da geração de inelegibilidade os crimes culposos, os de ação penal privada e aqueles definidos em lei como de menor potencial ofensivo.[2] Desta forma, por órgãos colegiados se deve entender tribunais, comuns ou superiores. Remanesce uma única possibilidade de decisão colegiada proferida em primeira instância, gerando inelegibilidade: a dos tribunais do júri.

---

2. Nos termos da Lei nº 9.099/1995, são de menor potencial ofensivo os crimes cuja pena máxima não extrapole dois anos de privação de liberdade, art. 61.

Os crimes dolosos contra a vida foram incluídos no rol dos crimes de inelegibilidade. O júri representa uma decisão colegiada, proferida pelos jurados, cabendo ao juiz presidente tão-somente a fixação do seu *quantum* e do modo de sua execução.

Se o órgão colegiado for de tribunal, poderá ser uma turma ou câmara de julgamento, bem como o plenário ou o órgão especial. A decisão majoritária pela condenação por um dos crimes indicados na lei, gerará inelegibilidade, ainda que não haja idêntica maioria em relação à pena aplicada, sua quantidade ou modo de execução.

A condenação proferida por órgão colegiado pode ocorrer em quatro hipóteses: 1) decisão de tribunal do júri; 2) decisão originária de tribunal, quando o acusado detém foro por prerrogativa de função; 3) decisão que, em julgamento de recurso, confirma sentença condenatória já editada pela instância recorrida; 4) decisão que, em julgamento de recurso, reforma anterior decisão absolutória.

Não importa qual tenha sido o recurso manejado, se uma apelação criminal, recurso ordinário, especial ou extraordinário. Por igual, não fez a lei qualquer exigência sobre a modalidade da condenação, se à pena privativa de liberdade ou a outra. A substituição da pena privativa de liberdade por restritiva de direitos ou a concessão de *sursis* tampouco evitam a inelegibilidade.

A eficácia da decisão colegiada em gerar inelegibilidade, ainda que se admita recurso para o próprio tribunal, é imediata. Dessa forma, a interposição de "embargos de divergência" ou de "embargos de declaração", não implicará em automática suspensão da inelegibilidade, a não ser que os recursos sejam, afinal, providos.

Os efeitos da inelegibilidade são automáticos, não havendo necessidade de declará-los na sentença penal condenatória. Ela opera *ex vi legis*.

4. A possibilidade de suspensão da inelegibilidade

A inelegibilidade poderá ser afastada se houver obtenção de medida cautelar, na instância a quem caberá o julgamento de eventual recurso, por decisão novamente colegiada [LC nº 64/1990]:

Art. 26-C. O órgão colegiado do tribunal ao qual couber a apreciação do recurso contra as decisões colegiadas a que se referem as alíneas "d", "e", "h", "j", "l" e "n" do inciso I do art. 1º poderá, em caráter cautelar, suspender a inelegibilidade sempre que existir plausibilidade da pretensão recursal e desde que a providência tenha sido expressamente requerida, sob pena de preclusão, por ocasião da interposição do recurso.

Caberá ao tribunal, que poderia, em tese, dar provimento a eventual recurso, o exame da possibilidade de suspensão da inelegibilidade deflagrada pela condenação recorrível. O dispositivo confia ao tribunal *ad quem* essa competência, ainda que a matéria não tenha sido tratada de forma exauriente no tribunal de origem. A decisão colegiada que admitir recurso com efeito regressivo, ou que possa ser julgada por outro órgão do mesmo tribunal, gerará imediatamente a inelegibilidade da LC nº 135/1990.

Convém distinguir *suspensão* da inelegibilidade, obra de decisão específica do tribunal ao qual competir o julgamento do recurso hierárquico e *desconstituição* da inelegibilidade, o que demandará julgamento favorável à tese recursal, não importa, no caso, se proferida pelo próprio tribunal ou pelo tribunal *ad quem*.

A suspensão não poderá ser deferida monocraticamente. A lei demanda pronunciamento do órgão colegiado do tribunal a quem incumbirá o julgamento do recurso. Inviável a evocação do poder geral de cautela do juiz para, isoladamente, decidir o que, para a lei, é decisão da turma, câmara ou pleno.

O Superior Tribunal de Justiça será, na maioria dos casos, a corte competente para o exame da suspensão das inelegibilidades, pois é o órgão de superposição dos Tribunais de Justiça Estaduais e dos Tribunais Regionais Federais. Fora de sua competência restarão apenas os casos julgados por ele mesmo, pelos tribunais do júri, no qual a instância superior será o Tribunal de Justiça ou o Tribunal Regional Federal, e os crimes eleitorais, no qual o julgamento colegiado será do TRE e o tribunal competente para o recurso será o TSE.

O Supremo Tribunal Federal atuará como instância competente para o exame da suspensão da inelegibilidade quando a decisão condenatória for proferida pelo STJ, TSE ou por ele próprio. Esta última hipótese é curiosa e pode se tornar frequente, ao se lembrar do rol de autoridades que tem nele, STF, instância criminal originária. É, por exemplo, o caso dos deputados e senadores, desde a diplomação. Eles serão julgados pelo plenário da casa.

O STF pode condenar, também, ao julgar recurso extraordinário. Da decisão, existe a possibilidade de opor embargos de declaração ou de divergência, obstando o trânsito em julgado. Nesse caso, o pedido de suspensão terá que ser feito ao plenário da Corte. Não faria sentido dirigi-lo à turma julgadora, que deveria se pronunciar sobre a plausibilidade do recurso contra sua própria decisão. Se o julgamento for do plenário do STF, a concessão da suspensão mostra-se cabível, embora ainda menos plausível.

A lei impede que a suspensão da inelegibilidade seja conhecida de ofício. Deverá ser objeto de pedido específico do recorrente, sob pena de preclusão. Não existe previsão de ação ou petição autônoma para lograr a suspensão.

A suspensão da inelegibilidade produzirá efeitos desde que a data da eleição não tenha ainda ocorrido ou não se tenha deixado transitar em julgado eventual impugnação do pedido de registro de candidato. Nesse passo é aplicável o disposto no art. 11 da Lei nº 9.504/1997, que passou a permitir que alterações fáticas e jurídicas que beneficiem o candidato sejam conhecidas, ainda que posteriores ao pedido de registro, desde que a data do pleito não tenha chegado.

5. A prioridade no julgamento do recurso

> *§ 1º. Conferido efeito suspensivo, o julgamento do recurso terá prioridade sobre todos os demais, à exceção dos de mandado de segurança e de* habeas corpus. [LC nº 64/1990, art. 26-C]

Como contrapartida à concessão do efeito suspensivo, o exame do recurso terá prioridade sobre todos os demais. Ela não assegura que a decisão final do tribunal ocorrerá dentro de um tempo compatível com a celeridade do processo eleitoral. Bastará que um dos julgadores peça "vista" do processo para que a suspensão da inelegibilidade permaneça por tempo indeterminado.

Conforme a redação do § 3º, do art. 26-C: *"A prática de atos manifestamente protelatórios por parte da defesa, ao longo da tramitação do recurso, acarretará a revogação do efeito suspensivo"*. Não se trata de disposição ofensiva à igualdade das partes, pois presume a lei que, concedida a suspensão da inelegibilidade, haverá para a defesa criminal o interesse de mantê-la ao máximo. Sanciona a lei o que poderia ser considerado uma litigância de má-fé ou chicana jurídica. Se for a acusação quem praticar tais expedientes, pode o Tribunal antecipar o julgamento do recurso.

> *§ 2º. Mantida a condenação de que derivou a inelegibilidade ou revogada a suspensão liminar mencionada no* caput, *serão desconstituídos o registro ou o diploma eventualmente concedidos ao recorrente.* [LC nº 64/1990, art. 26-C]

A suspensão da inelegibilidade tem caráter cautelar, afirmado pela própria lei, podendo ser revista antes mesmo do julgamento final do recurso, de ofício ou por provocação da parte a quem aproveitar, ou do Ministério Público. Não se exige para o deferimento da cautelar o *periculum in mora.* Ele pode se apresentar, se a condenação recorrível for às vésperas do processo eleitoral ou no ano eleitoral. Se ocorrer anteriormente ou em face de pessoa que, àquela altura, não tem qualquer pretensão de ser candidato, não haveria como justificar um perigo na demora. O *fumus boni juris* é, destarte, o requisito ordinário para a concessão da medida cautelar, além de seu pedido expresso e tempestivo. Se a condenação for durante o processo eleitoral, a urgência será invocada para o provimento cautelar.

Apreciando a plausibilidade do pedido recursal, a Corte superior concederá, ou não, o efeito suspensivo. Se o conceder, deverá julgar com prioridade o recurso. Melhor seria julgá-lo desde logo.

Se houver revogação da decisão liminar ou desprovimento do recurso haverá cassação do registro do candidato. Se ele tiver sido eleito, seu diploma será desconstituído. Se tiver tomado posse, perderá seu mandato. Não se exige o trânsito em julgado. É o primeiro julgamento do recurso que importa, ainda que essa decisão possa ser desafiada, por novos recursos.

6. O rol de crimes de inelegibilidade

A exemplo do que fizeram as Leis nº 9.613/1998, da Lavagem de Dinheiro, e nº 8.072/1990, dos Crimes Hediondos, criou-se uma categoria de crimes hábil para gerar certas consequências, no caso, a inelegibilidade. Não é relevante se o delito se consumou ou restou tentado, a forma de seu cometimento ou o grau de sanção. O critério é formal e enumerativo.

Vale-se a lei, principalmente, da menção ao *bem jurídico protegido*. É assim na referência aos crimes contra a economia popular, a fé pública, a administração pública e o patrimônio público, contra o patrimônio privado, o sistema financeiro e o mercado de capitais, entre outros. Quando a lei fala em "crimes da lei de falências", "abuso de autoridade" ou "lavagem de dinheiro", o critério é diverso, aproximando-se do *etiquetamento* já utilizado na Lei dos Crimes Hediondos, ou seja, a referência a diploma legislativo específico.

Exceção significativa é feita aos *crimes cometidos por meio de organização criminosa, quadrilha ou bando*. Qualquer condenação colegiada que reconheça que o crime foi praticado por organização criminosa, quadrilha ou bando, tornará inelegível o réu, seja o crime que for.

Quadrilha ou bando são termos sinônimos, que dão nome à figura criminosa prevista no art. 288 do Código Penal. Organização criminosa é a mesma quadrilha ou bando, quando a conduta reúne os elementos adicionais previstos na Convenção de Palermo Contra o Crime Transnacional.

A LC nº 135/2010 ampliou o rol dos crimes que, na redação anterior da LC nº 64/1990, gerava inelegibilidade por três anos depois da condenação transitada em julgado: crime contra a economia popular, a fé pública, a administração pública, o patrimônio público, o mercado financeiro, o tráfico de entorpecentes e os crimes eleitorais. Foram, agora, acrescidos os crimes contra o patrimônio privado e os da lei de falências, contra o meio ambiente e a saúde pública; o crime de abuso de autoridade, nos casos em que houver condenação à perda do cargo ou à inabilitação para o exercício de função pública; crimes de lavagem de dinheiro; racismo, tortura, terrorismo e os crimes hediondos; de redução à condição análoga à de escravo e contra a vida e a dignidade sexual.

Em relação aos crimes eleitorais, houve redução deste rol, pois agora somente aqueles com pena privativa de liberdade implicarão em inelegibilidade. Antes eram todos.

Outra mudança foi a substituição da anterior dicção "crimes contra o mercado financeiro" por crimes contra o mercado de capitais e crimes contra o sistema financeiro nacional, mais técnica.

O rol de crimes trazido pela lei oferece algumas dificuldades interpretativas. Ao basear-se no bem jurídico tutelado, traz à incidência leis diversas que tutelam a mesma objetividade jurídica. Ainda que orientando-se a uma interpretação restritiva, não há como pretender, por exemplo, que os "crimes contra a administração pública" sejam apenas aqueles do Código Penal, deixando de fora, por exemplo, os crimes de responsabilidade dos prefeitos municipais, Decreto-Lei nº 201/1967. Isso ocasionaria tratamento discriminatório, deixando de gerar inelegibilidades tão-somente em razão de se dar outra nomenclatura à proteção penal do mesmo bem jurídico.

Ao menos num caso – o do terrorismo – incluiu-se um fato que ainda não mereceu exata tipificação penal.

Os crimes indicados como geradores de inelegibilidade (e, na verdade, toda a legislação infraconstitucional sobre inelegibilidades) precisam atender ao permissivo constitucional de proteção da probidade administrativa, da moralidade para o exercício do mandato e da normalidade das eleições em face do abuso do poder político ou econômico.

7. Os crimes de inelegibilidade

O rol mencionado na Lei Complementar nº 135/2010 (que alterou o art. 1º, I, "e", 1 a 10 da LC nº 64/1990) é o que segue, juntamente com comentários a respeito de sua abrangência.

e, 1. [crimes] contra a economia popular, a fé pública, a administração pública e o patrimônio público

Crimes contra a economia popular estão previstos na Lei nº 1.521, de 26.12.1951. Breve leitura do texto normativo é suficiente para indicar que parte das condutas ali descritas foi revogada pela Lei nº 7.492/1986, dos crimes contra o sistema financeiro nacional e que outra parte não sobreviveu ao Código do Consumidor, Lei nº 8.078/1990 ou à Lei nº 8.137/1990 (que não se limita à ordem tributária e traz condutas contra a economia e as relações de consumo, arts. 4º a 7º). Não temos dúvida em incluir, portanto, as figuras criminosas atualizadas por esses diplomas, que ofendem igualmente a economia popular.

Crimes contra a fé pública são aqueles enfeixados nos arts. 289 – moeda falsa – ao 311 – adulteração de sinal identificador de veículo automotor – do Código Penal.

Crimes contra a administração pública são os que estão nos arts. 312 ao 359-H do Código Penal, incluindo, portanto, os crimes praticados por funcionários públicos e por particulares, os crimes contra a administração da justiça e os crimes contra as finanças públicas.

A responsabilidade fiscal, em boa hora, ainda que sob a forma da tutela penal da administração pública, foi inserida entre os comportamentos exigíveis para o gozo dos direitos políticos passivos (mas as figuras de contratação de operação de crédito, art. 359-A, inscrição de despesas não empenhadas em restos a pagar, art. 359-B, prestação de garantia graciosa, art. 359-E, não cancelamento de restos a pagar, 359-F, são de menor potencial ofensivo).

O "prestígio e a regularidade da administração pública", o bem jurídico inerente aos crimes contra a administração, se apresenta também em outros diplomas normativos, como é o caso do art. 3º da Lei nº 8.137/1990, que se refere a condutas praticadas por funcionários públicos. Sustentamos que a figura do art. 1º da Lei nº 8.137/1990, condutas materiais e dolosas de não pagamento de tributos, deve ser considerada crime contra a administração pública, sujeitando os condenados à inelegibilidade. O art. 2º, embora comungando de idêntica natureza jurídica, é de menor potencial ofensivo.

O Decreto-Lei nº 201/1967, que trata dos "crimes de responsabilidade dos prefeitos municipais", inclui, além de infrações político-administrativas, fatos típicos e ilícitos, equivalentes ao peculato do art. 312 do Código Penal, devendo ser considerados crimes contra a administração pública.[3]

As condutas penais da Lei das Licitações, nº 8.666/1993 são, por igual, ofensivas ao prestígio e à regularidade administrativas.

A administração pública também é ofendida pelos crimes de parcelamento irregular do solo, art. 50 a 52 da Lei nº 6.766/1979, como, literalmente, dispõe o *caput* do referido art. 50.

Crimes praticados contra o patrimônio público são os que estão previstos nos arts. 155 e seguintes do Código Penal, quando a vítima for a administração pública direta ou indireta, em todos os seus níveis. Entre eles merece destaque a apropriação indébita previdenciária, art. 168-A, indicativa de que não pode se candidatar quem, dolosamente, se omite no repasse de valores que pertencem à Previdência Social.

e, 2. [crimes] contra o patrimônio privado, o sistema financeiro, o mercado de capitais e os previstos na lei que regula a falência

Crimes contra o patrimônio privado são os mesmos, dos arts. 155 e seguintes do Código Penal, quando a vítima for particular. Incluem o furto, o roubo, a extorsão, a extorsão mediante sequestro, a apropriação indébita, o estelionato, a fraude à execução, a receptação...

Crimes contra o sistema financeiro nacional estão na Lei nº 7.492/1986. É a "Lei do Colarinho Branco", apresentando condutas praticadas principalmente por gestores de instituições financeiras,

---

3. Art. 1º. São crimes de responsabilidade dos Prefeitos Municipais, sujeitos ao julgamento do Poder Judiciário, independentemente do pronunciamento da Câmara dos Vereadores: I – apropriar-se de bens ou rendas públicas, ou desviá-los em proveito próprio ou alheio; II – utilizar-se, indevidamente, em proveito próprio ou alheio, de bens, rendas ou serviços públicos; (...) § 1º. Os crimes definidos neste artigo são de ação pública, punidos os dos itens I e II, com a pena de reclusão, de dois a doze anos, e os demais, com a pena de detenção, de três meses a três anos.

capazes de abalar a confiança das pessoas no funcionamento do sistema financeiro nacional. São comportamentos como o da divulgação de informação falsa sobre instituição financeira, art. 3º; gestão fraudulenta e temerária de instituição financeira, art. 4º; empréstimos vedados, art. 17; violação de sigilo de operação financeira, art. 18; mantença de depósitos no exterior, não declarados, art. 22, parágrafo único.

Os crimes contra o mercado de capitais estão na Lei nº 6.385, de 1976, que dispõe sobre o mercado de valores mobiliários. Incluem-se condutas como a de manipulação do mercado, art. 27-C e uso indevido de informação privilegiada, art. 27-D.

Os "crimes de falência" estão previstos na Lei nº 11.101, de 2005, que se refere, mais amplamente, à "recuperação judicial, extrajudicial e a falência do empresário e da sociedade empresária". Os crimes mais graves são a fraude a credores, art. 168 e o favorecimento a eles, art. 179.

e, 3. [crimes] contra o meio ambiente e a saúde pública

Crimes contra o meio ambiente estão na Lei nº 9.605/1998. São crimes processáveis por ação penal pública incondicionada, em regra dolosos. Uns poucos são crimes de menor potencial ofensivo, como é o caso da forma simples do art. 29 (matar, perseguir, caçar... espécimes da fauna silvestre), o art. 51 (comercializar motosserra), 64 (promover construção em solo não edificável), ou art. 65 (pichação).

Crimes contra a saúde pública estão no Código Penal, Título VIII, capítulo III, abrangendo do art. 267 ao 285. Crimes de enorme gravidade estão incluídos, como o de epidemia, art. 267; envenenamento de água potável, art. 270; adulteração de produtos alimentícios, art. 272; e de produtos medicinais, art. 273.

e, 4. [crimes] eleitorais, para os quais a lei comine pena privativa de liberdade

Os crimes eleitorais estão previstos principalmente no Código Eleitoral, Lei nº 4.737/1965. São também encontrados na Lei das Eleições, nº 9.504/1997 e na própria Lei Complementar nº 64/1990. O transporte de eleitores está previsto em lei esparsa, a de nº 6.091, de 1974.

A LC nº 135/2010 nega possibilidade de gerar inelegibilidade aos crimes eleitorais cuja pena não seja privativa de liberdade (reclusão ou detenção). Essa disposição é razoável, considerando-se a enorme quantidade de crimes eleitorais que, na verdade, não deveriam ser senão infrações administrativas.

Na verdade, como os crimes de menor potencial ofensivo também não geram inelegibilidade, o rol das infrações penais eleitorais fica bem menor. Saem, por exemplo, os crimes de dupla filiação, art. 319; de divulgação de fatos sabidamente inverídicos na campanha eleitoral, art. 323; difamação (não agravada), art. 325; injúria, art. 326 e desobediência, art. 347.

Na Lei nº 9.504/1997, não gerarão inelegibilidade os crimes de divulgação de pesquisa fraudulenta, art. 33, § 4º; o impedimento da ação fiscalizadora dos partidos, art. 34, § 23º; a boca-de-urna, uso de alto-falantes e realização de comícios ou carreatas no dia das eleições, art. 39, § 5; impedimento do acompanhamento dos partidos da abertura das urnas, art. 87, § 4º.

O único crime previsto na Lei Complementar nº 64/1990 – promoção temerária de ação de impugnação ou arguição de inelegibilidade, art. 25 – é de menor potencial ofensivo, não gerando inelegibilidade.

e, 5. [crimes] de abuso de autoridade, nos casos em que houver condenação à perda do cargo ou à inabilitação para o exercício de função pública

Os crimes de abuso de autoridade estão previstos na Lei nº 4.898/1965. Não há indicação de pena específica para cada uma das figuras criminosas. O juiz poderá aplicar, isolada ou cumulativamente, uma das seguintes penas: multa, detenção, por até seis meses e perda do cargo com inabilitação para o exercício de função pública por até três anos. Somente se a pena aplicada for esta última é que haverá inelegibilidade.

Cumpre notar que todos os crimes de abuso de autoridade previstos na Lei desafiam pena de detenção com máximo de seis meses. São, portanto, nos termos da Lei nº 9.099/1995, crimes de menor potencial ofensivo. A inclusão dessas figuras no rol, todavia, demonstra que elas não estão alcançadas pela regra geral trazida pela LC nº 135/2010 de que apenas crimes de maior potencial ofensivo geram inelegibilidade.

e, 6. [crimes] de lavagem ou ocultação de bens, direitos e valores

A Lei nº 9.613/1998 prevê as penas de reclusão, de três a dez anos, e multa, para as condutas de ocultação ou dissimulação da origem, localização, disposição, movimentação ou propriedade de bens, direitos ou valores provenientes, direta ou indiretamente, dos crimes antecedentes que indica. Há condutas equiparadas, sancionadas com as mesmas penas. Todos os crimes de lavagem de capital gerarão, portanto, a inelegibilidade.

A própria Lei nº 9.613/1998 já prevê, entretanto, como efeito da condenação, a interdição do exercício de cargo ou função pública de qualquer natureza, pelo dobro da pena privativa de liberdade fixada (art. 7º). Estão incluídos, assim, os cargos eletivos. A interdição retira a condição de elegibilidade para todos os condenados pelo dobro do tempo da pena privativa de liberdade.

Haverá, portanto, a possibilidade de concomitância da interdição para o exercício de cargos públicos com a inelegibilidade da LC nº 135/2010. O prazo de oito anos de inelegibilidade, contados a partir do cumprimento da pena (ou da extinção da punibilidade), será, tendencialmente, maior. Se a pena fixada for superior a oito anos, todavia, a ausência de condição de elegibilidade prosseguirá por mais tempo.

e, 7. [crimes] de tráfico de entorpecentes e drogas afins, racismo, tortura, terrorismo e hediondos

O tráfico ilícito de entorpecentes está previsto na Lei nº 11.343/2006. A lei, entretanto, não incluiu esse grave crime sob uma rubrica específica, ensejando dúvida, doutrinária e jurisprudencial, sobre quais das figuras da lei podem ser consideradas tráfico.

A polêmica não inclui o art. 33, *caput* e parágrafo primeiro, considerado uniformemente tráfico,[4] mas se também as condutas de oferecimento de droga a pessoa de seu relacionamento, sem objetivo de lucro (33, § 3º), utilização de utensílios para o refino da droga, art. 34; associação, art. 35; financiamento, art. 36 e de colaboração como informante, art. 37, podem sê-lo.

A nosso ver, o art. 44 da Lei nº 11.343/2006, ao dispor que: *"Os crimes previstos nos arts. 33,* caput *e § 1º, e 34 a 37 desta Lei são inafiançáveis e insuscetíveis de sursis, graça, indulto, anistia e liberdade provisória, vedada a conversão de suas penas em restritivas de direitos"* ofereceu, ainda que indiretamente, a solução. Os crimes nele mencionados podem ser considerados tráfico ilícito de entorpecentes.

É de se observar que o rol da LC nº 135/2010 inclui no rol os crimes contra a saúde. Toda a lei relativa ao tráfico de entorpecentes protege esse exato bem jurídico, a saúde pública. Supostamente, portanto, seria possível incluir outras figuras, além do tráfico, como geradoras de inelegibilidade, inclusive a posse da droga para consumo próprio, art. 28. Sem embargo, a inclusão, em inciso específico, do tráfico de drogas, desmente essa possibilidade, pois, caso contrário, a especificação seria desnecessária.

---

4. Art. 33. Importar, exportar, remeter, preparar, produzir, fabricar, adquirir, vender, expor à venda, oferecer, ter em depósito, transportar, trazer consigo, guardar, prescrever, ministrar, entregar a consumo ou fornecer drogas, ainda que gratuitamente, sem autorização ou em desacordo com determinação legal ou regulamentar: Pena – reclusão de 5 (cinco) a 15 (quinze) anos e pagamento de 500 (quinhentos) a 1.500 (mil e quinhentos) dias-multa. – § 1º. Nas mesmas penas incorre quem: I – importa, exporta, remete, produz, fabrica, adquire, vende, expõe à venda, oferece, fornece, tem em depósito, transporta, traz consigo ou guarda, ainda que gratuitamente, sem autorização ou em desacordo com determinação legal ou regulamentar, matéria-prima, insumo ou produto químico destinado à preparação de drogas; II – semeia, cultiva ou faz a colheita, sem autorização ou em desacordo com determinação legal ou regulamentar, de plantas que se constituam em matéria-prima para a preparação de drogas; III – utiliza local ou bem de qualquer natureza de que tem a propriedade, posse, administração, guarda ou vigilância, ou consente que outrem dele se utilize, ainda que gratuitamente, sem autorização ou em desacordo com determinação legal ou regulamentar, para o tráfico ilícito de drogas.

A tortura está prevista na Lei nº 9.455/1997. Todas as condutas nela previstas são de maior potencial ofensivo. O elemento subjetivo é o dolo. E a ação penal é pública incondicionada.

O racismo veio definido na Lei nº 7.716/1989, não trazendo figuras de menor potencial ofensivo, culposas ou de ação privada.

Já a conduta de terrorismo não encontra ainda definição legal. O tipo que mais se aproxima é o constante do art. 20 da Lei de Segurança Nacional, nº 7.170/1983, cuja redação é a seguinte:

> *Art. 20. Devastar, saquear, extorquir, roubar, sequestrar, manter em cárcere privado, incendiar, depredar, provocar explosão, praticar atentado pessoal ou atos de terrorismo, por inconformismo político ou para obtenção de fundos destinados à manutenção de organizações políticas clandestinas ou subversivas.*
>
> *Pena: reclusão, de 3 a 10 anos.*
>
> *Parágrafo único. Se do fato resulta lesão corporal grave, a pena aumenta-se até o dobro; se resulta morte, aumenta-se até o triplo.*

Como menciona "atos de terrorismo", não é possível considerar que ela define o que seja terrorismo. O conceito a ser definido não pode integrar a definição!

Por fim, os crimes hediondos estão previstos na Lei nº 8.072/1990. São eles:

> *I – homicídio (art. 121), quando praticado em atividade típica de grupo de extermínio, ainda que cometido por um só agente, e homicídio qualificado (art. 121, § 2º, I, II, III, IV e V);*
>
> *II – latrocínio (art. 157, § 3º, in fine);*
>
> *III – extorsão qualificada pela morte (art. 158, § 2º);*
>
> *IV – extorsão mediante sequestro e na forma qualificada (art. 159, caput, e §§ 1º, 2º e 3º);*
>
> *V – estupro (art. 213, caput e §§ 1º e 2º);*
>
> *VI – estupro de vulnerável (art. 217-A, caput e §§ 1º, 2º, 3º e 4º);*

VII – epidemia com resultado morte (art. 267, § 1º); (...)

VII-B – falsificação, corrupção, adulteração ou alteração de produto destinado a fins terapêuticos ou medicinais (art. 273, caput e § 1º, § 1º-A e § 1º-B, com a redação dada pela Lei no 9.677, de 2 de julho de 1998).

Parágrafo único. Considera-se também hediondo o crime de genocídio previsto nos arts. 1º, 2º e 3º da Lei no 2.889, de 1º de outubro de 1956, tentado ou consumado.

A curiosidade é a de que todos os crimes mencionados na Lei dos Crimes Hediondos, com uma única exceção – o genocídio – já foram incluídos em outros incisos do rol da LC nº 135/2010. Era mais simples incluir o genocídio. Por outro lado, alterações na Lei dos Crimes Hediondos, com inclusão de outras figuras, repercutirão automaticamente no direito eleitoral.

e, 8. [crimes] de redução à condição análoga à de escravo

O crime de plágio, ou redução de alguém à condição análoga à de escravo, está, com essa rubrica, previsto no art. 149 do Código Penal:

Art. 149. Reduzir alguém a condição análoga à de escravo, quer submetendo-o a trabalhos forçados ou a jornada exaustiva, quer sujeitando-o a condições degradantes de trabalho, quer restringindo, por qualquer meio, sua locomoção em razão de dívida contraída com o empregador ou preposto:

Pena – reclusão, de dois a oito anos, e multa, além da pena correspondente à violência.

§ 1º. Nas mesmas penas incorre quem:

I – cerceia o uso de qualquer meio de transporte por parte do trabalhador, com o fim de retê-lo no local de trabalho;

II – mantém vigilância ostensiva no local de trabalho ou se apodera de documentos ou objetos pessoais do trabalhador, com o fim de retê-lo no local de trabalho.

§ 2º. A pena é aumentada de metade, se o crime é cometido:

I – contra criança ou adolescente;

II – por motivo de preconceito de raça, cor, etnia, religião ou origem.

É crime doloso, de grande potencial ofensivo (tem como bem jurídico a liberdade individual e a dignidade da pessoa humana) e ação penal pública. Gera inelegibilidade. É de se lamentar, somente, a não inclusão da figura do art. 203 do Código Penal, que sob *nomen juris* diferente, protege o mesmo bem jurídico:

Frustração de direito assegurado por lei trabalhista

Art. 203. Frustrar, mediante fraude ou violência, direito assegurado pela legislação do trabalho:

Pena – detenção de um ano a dois anos, e multa, além da pena correspondente à violência.

§ 1º. Na mesma pena incorre quem:

I – obriga ou coage alguém a usar mercadorias de determinado estabelecimento, para impossibilitar o desligamento do serviço em virtude de dívida;

II – impede alguém de se desligar de serviços de qualquer natureza, mediante coação ou por meio da retenção de seus documentos pessoais ou contratuais.

§ 2º. A pena é aumentada de um sexto a um terço se a vítima é menor de dezoito anos, idosa, gestante, indígena ou portadora de deficiência física ou mental.

Embora o tipo simples tenha pena não superior a dois anos (sendo, assim, de menor potencial ofensivo), a figura com a pena aumentada mereceria lugar no rol dos crimes de inelegibilidade.

e, 9. [crimes] contra a vida e a dignidade sexual

Os crimes contra a dignidade sexual receberam essa designação por meio da Lei nº 12.015/2009, que alterou a vetusta denominação de "crimes contra os costumes", existente no Título VI do Código Penal. Abrange os crimes definidos nos arts. 213 a 234-B.

Há dois crimes de menor potencial ofensivo, o "ato obsceno", art. 233, cuja pena não excede um ano de detenção e o "escrito ou objeto obsceno", art. 234.[5] Ao contrário da normativa anterior, na qual os crimes eram, como regra, de ação penal privada, a Lei nº 12.015/2009 trouxe, como padrão, a ação penal pública condicionada à representação da vítima e, em alguns casos, incondicionada.

Todos os crimes contra a dignidade sexual, portanto, geram inelegibilidade.

e, 10. [crimes] praticados por organização criminosa, quadrilha ou bando

Nesse inciso, é o *modus* de cometimento do crime, e não a figura delituosa praticada ou o bem jurídico tutelado, que permite sua inclusão entre os geradores de inelegibilidade. Qualquer que seja o crime praticado (mesmo se de menor potencial ofensivo ou ação penal privada!), a condenação colegiada ou transitada em julgado implicará na inelegibilidade por oito anos. Difícil tão somente é conceber crime culposo praticado por meio de organização criminosa...

A quadrilha ou bando (os termos são sinônimos) encontra-se definida no art. 288 do Código Penal:

> *Quadrilha ou bando*
>
> *Art. 288. Associarem-se mais de três pessoas, em quadrilha ou bando, para o fim de cometer crimes:*
>
> *Pena – reclusão, de um a três anos.*
>
> *Parágrafo único. A pena aplica-se em dobro, se a quadrilha ou bando é armado.*

---

5. Para nós, não recepcionado pela Constituição de 1988. Ver o nosso: *Mandados Expressos de Criminalização e a Proteção de Direitos Fundamentais na Constituição Brasileira de 1988,* Ed. Fórum, 2007.

Mais complexa é a questão da definição de organização criminosa. Prevalece o entendimento de que a Lei, a despeito de anunciar que disporia *"sobre a utilização de meios operacionais para a prevenção e repressão de ações praticadas por organizações criminosas"* e de dizer, em seu art. 1º, *que "define e regula meios de prova e procedimentos investigatórios que versem sobre ilícitos decorrentes de ações praticadas por quadrilha ou bando ou organizações ou associações criminosas de qualquer tipo"*, omitiu-se em definir as tais organizações.

Prevalece o entendimento de que a definição de organização criminosa é dada pela Convenção das Nações Unidas Contra o Crime Organizado Transnacional, promulgada em nosso país e executável nos termos do Decreto Presidencial nº 5.015, de 12 de março de 2004. O Tratado define "grupo criminoso organizado" como sendo o *"... grupo estruturado de três ou mais pessoas, existente há algum tempo e atuando concertadamente com o propósito de cometer uma ou mais infrações graves ou enunciadas na presente Convenção, com a intenção de obter, direta ou indiretamente, um benefício econômico ou outro benefício material"*.

Entendemos, ao contrário, que a Lei valeu-se da técnica da "interpretação analógica", na qual a menção à quadrilha ou bando e às organizações criminosas é exemplificadora da regra geral que menciona as "associações criminosas de qualquer tipo". Exige-se tão-somente, portanto, o *pactum sceleris*, capaz de dar permanência a atuação de duas ou mais pessoas no sentido de praticar crimes.

8. Crítica ao rol dos crimes que geram inelegibilidade

A determinação constitucional é que lei complementar crie inelegibilidades para a proteção da probidade administrativa, da moralidade, da normalidade e legitimidade das eleições, estas últimas em face da influência do poder econômico e do abuso do poder político (art. 14, § 9º).

Os crimes indicados para a geração da inelegibilidade devem, portanto, atender a tais finalidades. O rol apresentado pela Lei Complementar nº 135/2010 cumpre esse desiderato. A probidade administrativa deve ser compreendida para além das condutas previstas na Lei nº 8.429/1992, como o conjunto de comportamentos que devem ser praticados por um administrador republicano e com poderes limitados, cônscio de que não administra coisa própria, mas da sociedade. A moralidade deve ser despida de seu componente "sexual ou de costumes", para incluir um elevado padrão ético e político, que dignifica o exercente do poder diante da comunidade que o elegeu. Quanto ao poder econômico (na verdade, ao seu abuso) e ao poder político, devem ser rejeitadas práticas indicativas do uso dos recursos financeiros com objetivo de dominância eleitoral, prejudicando o mínimo de paridade entre os candidatos ao pleito eleitoral, ou o desvio de finalidade no emprego dos meios à disposição do administrador público.

Em face do permissivo constitucional, não é possível descartar o exame em concreto sobre se o crime objeto da condenação colegiada ou transitada em julgado é ofensivo à moralidade, probidade ou protetivo em face do poder econômico e político para, só então, conformar-se a inelegibilidade. Nesse sentido, julgado do Tribunal Superior Eleitoral, em face da anterior redação do art. 1º, I, letra "e" da LC nº 64/1990, recusando a inelegibilidade por condenação pelo crime de desobediência: RO 171 – Paraíba, Rel. Min. Neri da Silveira, julgado em 27.8.1998.

Esse exame, obtempera-se, é da Justiça Eleitoral e não da Justiça Criminal, pois a inelegibilidade é efeito automático da condenação.

O rol dos crimes de inelegibilidade, a despeito de extenso, mostra-se comedido por força da exclusão dos crimes de menor potencial ofensivo, dos culposos e dos que demandam ação penal privada. Não vemos, *a priori*, figuras desbordantes da autorização do art. 14, § 9º.

Por outro lado, é inadequada a não inclusão de algumas figuras do Código Penal, como a violência doméstica, art. 129, § 9º. Ou de crimes contra a liberdade individual, como o sequestro ou cárcere privado, art. 148.

O Código de Trânsito traz figuras que poderiam ser lembradas, como a condução de veículo em condições de embriaguez, art. 306, ou a participação em "pegas" ou "rachas", art. 308, indicativas de comportamentos imorais, denotando descaso pela comunidade que deveria ensejar inelegibilidade.

O mesmo em relação a tipos penais do Estatuto da Criança e do Adolescente, como os dos arts. 240 a 244-A, que caracterizam figuras de exploração sexual de crianças ou adolescentes.

E há condutas do Estatuto do Idoso, Lei nº 10.741/2003, que por igual poderiam ter sido lembradas.

A despeito destas omissões, o rol de crimes previsto na Lei Complementar nº 135/2010 oferece notável instrumento para que a sociedade possa expungir, dos candidatos a cargos eletivos, aqueles que, pela vida pregressa a qual optaram por seguir, não são dignos de representar o povo brasileiro.

Estatuto Eleitoral e Finanças Públicas

Apontamentos sobre os novos aspectos da inelegibilidade decorrente da rejeição de contas

Márlon Jacinto Reis[1]

Lucieni Pereira[2]

---

1. MÁRLON JACINTO REIS é Juiz de Direito; Presidente da ABRAMPPE – Associação Brasileira dos Magistrados, Procuradores e Promotores Eleitorais; membro do Comitê Nacional do MCCE; vencedor do I Prêmio *Innovare* "O Judiciário do Século XXI". Possui Diploma de Estudos Avançados outorgado pela Universidade de Zaragoza (Espanha), e é Doutorando pela mesma instituição. É autor do livro *Uso Eleitoral da Máquina Administrativa*, editado pela Fundação Getúlio Vargas.

2. LUCIENI PEREIRA é Auditora Federal de Controle Externo do Tribunal de Contas da União desde 2004; especialista em Controle Externo pela Fundação Getúlio Vargas do Rio de Janeiro; segunda Vice-Presidente do Sindicato dos Servidores do Poder Legislativo Federal e do Tribunal de Contas da União (Sindilegis) – mandato 2010-2013 – e Assessora de Defesa Profissional da União dos Auditores Federais de Controle Externo do Tribunal de Contas da União (Auditar).

1. Introdução

O Direito Eleitoral brasileiro acaba de ser profundamente transformado em suas premissas. Uma legislação ineficiente e permissiva foi substituída por outra cujo principal fundamento é, justamente, o da legitimidade democrática da Justiça Eleitoral, para, sob o pálio da normatividade introduzida a partir da iniciativa popular, restringir candidaturas consideradas pela lei como de risco social e institucional.

Amparados pelo princípio constitucional da proteção – expressamente acolhido pelo § 9º do art. 14 da Constituição – os novos instrumentos precisam ser agora mais bem conhecidos e compreendidos.

Uma das regras que sofreu as mais profundas transformações foi certamente a alínea "g" do inciso I do art. 1º da Lei de Inelegibilidades, que passou a ter a seguinte redação:

> *São Inelegíveis: (...) os que tiverem suas contas relativas ao exercício de cargos ou funções públicas rejeitadas por irregularidade insanável que configure ato doloso de improbidade administrativa, e por decisão irrecorrível do órgão competente, salvo se esta houver sido suspensa ou anulada pelo Poder Judiciário, para as eleições que se realizarem nos 8 (oito) anos seguintes, contados a partir da data da decisão, aplicando-se o disposto no inciso II do art. 71 da Constituição Federal, a todos os ordenadores de despesa, sem exclusão de mandatários que houverem agido nessa condição.*

Há diversas alterações a comentar.

2. Ato doloso de improbidade administrativa

A primeira delas é a explicitação legal do que se considera "irregularidade insanável". Não havia na redação anterior do dispositivo qualquer preocupação em indicar ao intérprete quais os aspectos que caracterizariam a insanabilidade do vício.

Agora, considera-se insanável a irregularidade "que configure ato doloso de improbidade administrativa".

Uma leitura precipitada do texto poderia levar o intérprete à conclusão de que houve uma redução do escopo do instituto jurídico. Mas não foi o que ocorreu.

A jurisprudência do Tribunal Superior Eleitoral já havia firmado há tempos o entendimento de que "*irregularidade insanável* é aquela que indica ato de *improbidade* administrativa" (Vide Acórdão nº 588, JTSE 1/2003).

No mesmo sentido são os seguintes e elucidativos julgados:

> *A irregularidade que enseja a aplicação da alínea "g", inciso I do art. 1° da LC nº 64/1990 é insanável, que tem a ver com atos de improbidade (CF, arts. 15, V, e 37, § 4°) não se prestando para tal finalidade aquela de caráter meramente formal.* (Referências: Acórdãos nºs 9.816, 10.136 e 11.976)

> *(...) irregularidade insanável é aquela que indica ato de improbidade administrativa ou qualquer forma de desvio de valores.* (Acórdão nº 21.896, de 26.8.2004, Rel. Min. Peçanha Martins)

Nesse aspecto, nada mais fez o legislador que introduzir no texto normativo algo já sedimentado na jurisprudência do TSE, com o que não houve alteração alguma.

Acorde com o entendimento jurisprudencial, a doutrina também já afirmava que:

> *Insanáveis*, frise-se, são as irregularidades graves, decorrentes de condutas perpetradas com dolo ou má-fé, contrárias ao interesse público; podem causar dano ao erário, enriquecimento ilícito, ou ferir princípios constitucionais reitores da Administração Pública. Por isso podem configurar improbidade administrativa ou mesmo delito criminal. (GOMES, José Jairo. *Direito Eleitoral*. 5ª ed., Belo Horizonte: Editora Del Rey, 2010, p. 173)

Poder-se-ia discutir se a presença da expressão "ato doloso" não estaria igualmente reduzindo a abrangência do comando legal. Mais uma vez a resposta é negativa.

Não é cabível aqui qualquer referência ao conceito que o *dolo* recebe em se tratando de Direito Penal. Lembremos que estamos diante de um pronunciamento da Justiça Eleitoral acerca de irregularidades descritas em um parecer ou acórdão de um Tribunal de Contas. Não há em tais documentos referências suficientes para se aquilatar o psiquismo do responsável pelas contas, a ponto de tornar possível uma análise minimamente sofisticada do seu elemento volitivo.

A *vontade do agente*, cuja perquirição é inafastável da verificação do dolo, é simplesmente impossível nessa matéria se buscamos aqui o mesmo conceito de dolo a que estão acostumados os penalistas.

Mais uma vez, a mudança reafirma a independência epistemológica do Direito Eleitoral como disciplina jurídica, que se submete a institutos próprios.

A referência a *dolo* foi inserida no texto do dispositivo com o específico fim de excluir da aplicação do dispositivo aquele administrador que evidentemente em nada concorreu para a ocorrência do vício detectado quando da tomada de contas.

O administrador tem toda a sua atividade determinada por limites legais. A sua atividade é imposta por *deveres de conduta*. Sua inação diante de uma medida de cautela ou fiscalizatória não constitui uma simples *negligência*, senão muito mais apropriadamente uma *omissão dolosa*.

De outra parte, a atuação ordinária do administrador é sempre pautada por atos de vontade. É assim, por exemplo, quando encaminha ao legislativo mensagem de lei orçamentária que desrespeita os limites constitucionais de gasto com a educação ou a saúde. Ocorre o mesmo quando, desrespeitando o orçamento corretamente definido, deixa de efetuar as despesas de que se sabe obrigado. Na primeira hipótese, tivemos uma infração político-administrativa dolosa simples; na segunda estamos diante de uma omissão dolosa.

Por outro lado, quando a lei faz menção à *improbidade administrativa*, reporta-se a atos positivos ou negativos que defluem do comportamento do administrador, que agiu ou deixou de agir ao arrepio das obrigações pela quais se sabe limitado.

É justamente nesse sentido que o art. 11 da Lei de Improbidade Administrativa (LIP – Lei nº 8.492/1992) dispõe constituir "*ato de improbidade administrativa que atenta contra os princípios da administração pública qualquer ação ou omissão que viole os deveres de honestidade, imparcialidade, legalidade, e lealdade às instituições (...)*".

Vejam-se os atos que o referido dispositivo considera ilícitos:

I – praticar ato visando fim proibido em lei ou regulamento ou diverso daquele previsto, na regra de competência;

II – retardar ou deixar de praticar, indevidamente, ato de ofício;

III – revelar fato ou circunstância de que tem ciência em razão das atribuições e que deva permanecer em segredo;

IV – negar publicidade aos atos oficiais;

V – frustrar a licitude de concurso público;

VI – deixar de prestar contas quando esteja obrigado a fazê-lo;

VII – revelar ou permitir que chegue ao conhecimento de terceiro, antes da respectiva divulgação oficial, teor de medida política ou econômica capaz de afetar o preço de mercadoria, bem ou serviço.

Nenhum deles comporta a alegação de que tenham decorrido de um comportamento culposo.

No inciso II desse dispositivo proscreve-se a omissão dolosa típica: "retardar ou deixar de praticar, indevidamente, ato de ofício". Estará incurso nesse dispositivo todo administrador que não agiu conforme o dever de vigilância que lhe impõem a Constituição e as leis. É bem esse o caso daquele que, omitindo-se de atividades pelas quais se sabe obrigado, deixa de observar limites de gastos ou de realizar concurso ou licitação públicos.

Por bastante recorrente a hipótese, é preciso frisar que o administrador que não observa a obrigação constitucional de prover cargos efetivos com servidores concursados, não pode alegar tê-lo feito por negligência.[3] Trata-se de evidente omissão dolosa a impor o reconhecimento da inelegibilidade do administrador ímprobo, desde que a irregularidade reste reconhecida no acórdão ou parecer proferido pelo tribunal de contas.

Da mesma forma, o administrador que deixa de realizar licitação pública quando a lei o determina, pratica um ato pautado por grave omissão dolosa, a reclamar o seu afastamento dos pleitos a realizarem-se pelos oito anos seguintes. Nesse sentido, segue plenamente aplicável a jurisprudência do Tribunal Superior Eleitoral, que quanto ao tema já pontificava que: *"(...) o descumprimento da Lei de Licitações configura irregularidade insanável. Precedentes: RO nº 1.207, de minha relatoria, publicado na sessão de 20.9.2006 e REspe nºs 22.704 e 22.609, Rel. Min. Luiz Carlos Madeira, DJ de 19.10.2004 e 27.9.2004, respectivamente"*. Assim deve ser, pois o inciso VIII do art. 10 da LIP que inclui essa prática entre as hipóteses de improbidade administrativa.

Não há como, para os fins previstos na legislação eleitoral, considerar a possibilidade de cometimento "culposo" de atos de desonestidade, parcialidade, ilegalidade e deslealdade às instituições.

No caso do art. 9º da Lei de Improbidade Administrativa, em que se alinham hipóteses em que houve o enriquecimento ilícito do administrador ímprobo, descarta-se igualmente de saída qualquer hipótese de alegação de ato meramente culposo.[4]

---

3. Nesse sentido, o Tribunal de Justiça de São Paulo vem entendendo acertadamente que: "Não comprovado que os cargos, para os quais houve contratação sem concurso público, eram em comissão, mas sim para o exercício de funções normais e técnicas, não havendo especial necessidade de aptidão ou técnica incomum a ser desempenhada, tampouco necessidade de excepcional interesse público, a contratação sem concurso não se justifica e caracteriza improbidade administrativa" (Apelação Com Revisão: CR 5958605800 SP, Relator(a): Regina Capistrano, julgamento: 26.8.2008, Órgão Julgador: 1ª Câmara de Direito Público, Publicação: 3.9.2008).

4. Art. 9º. Constitui ato de improbidade administrativa importando enriquecimento ilícito auferir qualquer tipo de vantagem patrimonial indevida em razão do exercício de cargo, mandato, função, emprego ou atividade nas entidades mencionadas no art. 1º desta Lei, e notadamente: I – receber, para si ou para outrem, dinheiro, bem móvel ou imóvel, ou qualquer outra vantagem econômica, direta ou indireta, a título de comissão, percentagem, gratificação ou presente de quem tenha interes-

O terceiro dispositivo da LIP que relaciona atos de improbidade faz expressa referência à ação ou omissão *dolosas*. Embora ali também se preveja a possibilidade do cometimento dessas condutas sob a forma *culposa*, essa muito raramente poderá ser encontrada na realidade concreta. Isso porque todas elas se tratam de casos que ensejam "perda patrimonial, desvio, apropriação, mal baratamento ou dilapidação dos bens ou haveres" do Poder Público.

Estão relacionadas abaixo as hipóteses do aludido art. 10:

> *I – facilitar ou concorrer por qualquer forma para a incorporação ao patrimônio particular, de pessoa física ou jurí-*

---

se, direto ou indireto, que possa ser atingido ou amparado por ação ou omissão decorrente das atribuições do agente público; II – perceber vantagem econômica, direta ou indireta, para facilitar a aquisição, permuta ou locação de bem móvel ou imóvel, ou a contratação de serviços pelas entidades referidas no art. 1º por preço superior ao valor de mercado; III – perceber vantagem econômica, direta ou indireta, para facilitar a alienação, permuta ou locação de bem público ou o fornecimento de serviço por ente estatal por preço inferior ao valor de mercado; IV – utilizar, em obra ou serviço particular, veículos, máquinas, equipamentos ou material de qualquer natureza, de propriedade ou à disposição de qualquer das entidades mencionadas no art. 1º desta Lei, bem como o trabalho de servidores públicos, empregados ou terceiros contratados por essas entidades; V – receber vantagem econômica de qualquer natureza, direta ou indireta, para tolerar a exploração ou a prática de jogos de azar, de lenocínio, de narcotráfico, de contrabando, de usura ou de qualquer outra atividade ilícita, ou aceitar promessa de tal vantagem; VI – receber vantagem econômica de qualquer natureza, direta ou indireta, para fazer declaração falsa sobre medição ou avaliação em obras públicas ou qualquer outro serviço, ou sobre quantidade, peso, medida, qualidade ou característica de mercadorias ou bem fornecidos a qualquer das entidades mencionadas no art. 1º desta Lei; VII – adquirir, para si ou para outrem, no exercício de mandato, cargo, emprego ou função pública, bens de qualquer natureza cujo valor seja desproporcional à evolução do patrimônio ou à renda do agente público; VIII – aceitar emprego, comissão ou exercer atividade de consultoria ou assessoramento para pessoa física ou jurídica que tenha interesse suscetível de ser atingido ou amparado por ação ou omissão decorrente das atribuições do agente público, durante a atividade; IX – perceber vantagem econômica para intermediar a liberação ou aplicação de verba pública de qualquer natureza; X – receber vantagem econômica de qualquer natureza, direta ou indiretamente, para omitir ato de ofício, providência ou declaração a que esteja obrigado; XI – incorporar, por qualquer forma, ao seu patrimônio bens, rendas, verbas ou valores integrantes do acervo patrimonial das entidades mencionadas no art. 1º desta Lei; XII – usar, em proveito próprio, bens, rendas, verbas ou valores integrantes do acervo patrimonial das entidades mencionadas no art. 1º desta Lei.

dica, de bens, rendas, verbas ou valores integrantes do acervo patrimonial das entidades mencionadas no art. 1º desta Lei;

II – permitir ou concorrer para que pessoa física ou jurídica privada utilize bens, rendas, verbas ou valores integrantes do acervo patrimonial das entidades mencionadas no art. 1º desta Lei, sem a observância das formalidades legais ou regulamentares aplicáveis à espécie;

III – doar à pessoa física ou jurídica bem como ao ente despersonalizado, ainda que de fins educativos ou assistências, bens, rendas, verbas ou valores do patrimônio de qualquer das entidades mencionadas no art. 1º desta Lei, sem observância das formalidades legais e regulamentares aplicáveis à espécie;

IV – permitir ou facilitar a alienação, permuta ou locação de bem integrante do patrimônio de qualquer das entidades referidas no art. 1º desta Lei, ou ainda a prestação de serviço por parte delas, por preço inferior ao de mercado;

V – permitir ou facilitar a aquisição, permuta ou locação de bem ou serviço por preço superior ao de mercado;

VI – realizar operação financeira sem observância das normas legais e regulamentares ou aceitar garantia insuficiente ou inidônea;

VII – conceder benefício administrativo ou fiscal sem a observância das formalidades legais ou regulamentares aplicáveis à espécie;

VIII – frustrar a licitude de processo licitatório ou dispensá-lo indevidamente;

IX – ordenar ou permitir a realização de despesas não autorizadas em lei ou regulamento;

X – agir negligentemente na arrecadação de tributo ou renda, bem como no que diz respeito à conservação do patrimônio público;

XI – liberar verba pública sem a estrita observância das normas pertinentes ou influir de qualquer forma para a sua aplicação irregular;

XII – permitir, facilitar ou concorrer para que terceiro se enriqueça ilicitamente;

XIII – permitir que se utilize, em obra ou serviço particular, veículos, máquinas, equipamentos ou material de qualquer natureza, de propriedade ou à disposição da qualquer das entidades mencionadas no art. 1º desta Lei, bem como o trabalho de servidor público, empregados ou terceiros contratados por essas entidades.

XIV – celebrar contrato ou outro instrumento que tenha por objeto a prestação de serviços públicos por meio da gestão associada sem observar as formalidades previstas na lei;

XV – celebrar contrato de rateio de consórcio público sem suficiente e prévia dotação orçamentária, ou sem observar as formalidades previstas na lei.

Não há, definitivamente, entre essas hipóteses, uma só delas que admita a sua realização na forma culposa. Mesmo na referência legal a "agir negligentemente na arrecadação de tributo ou renda, bem como no que diz respeito à conservação do patrimônio público" (inciso X, do art. 10 da LIP), o uso da expressão *negligentemente* não se deu no sentido técnico.

Estando o administrador obrigado a arrecadar tributos nos marcos legais e a velar pela conservação do patrimônio público, sua inação diante de tais comportamentos não constitui mera negligência, mas típica omissão dolosa, a implicar na exclusão temporária da sua aptidão eleitoral passiva.

Como se vê, nesse ponto a Lei da Ficha Limpa nada mais fez que explicitar a correção da jurisprudência atualmente reinante no TSE, sendo inadmissível qualquer conclusão de que houve um abrandamento do instituto.

É preciso ter em vista, sempre, o contexto sócio-político em que se deu a aprovação da iniciativa popular de projeto de lei. Toda a mobilização realizada teve por motivação justamente o excesso de leniência da redação original da Lei de Inelegibilidades. Seria por tudo inadmissível interpretar-se o novo instituto à luz de premissas que não levem em conta os afluxos sociológicos e teleológicos que devem informar a hermenêutica do novo dispositivo de lei.

3. O que são *vícios sanáveis*

Para que estejamos diante de *irregularidades sanáveis* – não capazes de gerar inelegibilidade – teremos que ter presentes irregularidades menores, de cunho meramente procedimental, que não sejam capazes de afastar a substância do ato, tisnando a sua moralidade e probidade perante as normas que informam a Administração Pública.[5]

4. Desnecessidade da propositura da ação de improbidade

Ao fazer referência à improbidade administrativa, a lei não exigiu de qualquer modo a propositura da ação correspondente na órbita civil como requisito para a ocorrência da inelegibilidade.

Para que o administrador com contas rejeitadas fique inelegível, basta que a irregularidade apurada pelo órgão responsável – tribunal de contas ou parlamento, conforme o caso – corresponda abstratamente a uma das formas de improbidade relacionadas nos arts. 9º a 11 da Lei de Improbidade Administrativa.

Essa equação é feita a partir da leitura do parecer ou acórdão proferido pelo tribunal de contas, confrontando-se os fatos ali narrados com as figuras previstas nos referidos dispositivos da LIP.

---

5. José Jairo Gomes preleciona que: "Está claro não ser qualquer tipo de irregularidade que ensejará a inelegibilidade enfocada. Assim, pequenos erros formais, deficiências inexpressivas ou que não cheguem a ferir princípios regentes da atividade administrativa, evidentemente, não atendem ao requisito legal (...) Não obstante, apesar de não ensejarem a inelegibilidade em foco, poderão – e deverão – determinar a adoção de providências corretivas no âmbito da própria Administração" (*Op. cit.*, p. 173).

5. Revisão da rejeição de contas pelo Judiciário e suspensão da inelegibilidade

No regime da anterior redação da alínea "g"[6] sob estudo, baixou o Tribunal Superior Eleitoral a sua contestada Súmula n° 1, segundo a qual: *"Proposta a ação para desconstituir a decisão que rejeitou as contas, anteriormente à impugnação, fica suspensa a inelegibilidade"*.

Essa orientação da jurisprudência seguiu firme até o ano de 2006, quando o TSE passou a decidir pela necessidade que a decisão sobre as contas tenha sido suspensa ou anulada pelo Poder Judiciário como condição para o resgate da elegibilidade.[7]

Entretanto, o Tribunal Superior Eleitoral jamais revogou explicitamente o Enunciado n° 1 da sua súmula jurisprudencial. Além disso, o texto legal seguia afirmando bastar o mero ajuizamento de demanda contra a decisão que rejeitou as contas, o que poderia ensejar retorno à jurisprudência anterior após a mudança de composição do tribunal.

Por isso mesmo, andou muito bem o legislador ao exigir um pronunciamento do Judiciário como condição para o afastamento da decisão.

Note-se que, por aplicação analógica ao disposto no art. 26-C da Lei de Inelegibilidades, com as alterações operadas pela Lei da Ficha Limpa, se o Judiciário conceder cautelarmente a suspensão do órgão tomador de contas, deverá conferir tramitação prioritária para a

---

6. Assim dispunha o dispositivo cuja redação foi reformada: g) os que tiverem suas contas relativas ao exercício de cargos ou funções públicas rejeitadas por irregularidade insanável e por decisão irrecorrível do órgão competente, salvo se a questão houver sido ou estiver sendo submetida à apreciação do Poder Judiciário, para as eleições que se realizarem nos 5 (cinco) anos seguintes, contados a partir da data da decisão.

7. Veja-se, a respeito, o seguinte julgado: *"A partir das eleições 2006, este Tribunal firmou jurisprudência no sentido de que o ajuizamento de ação desconstitutiva não é suficiente para suspender a inelegibilidade apurada no momento do registro de candidatura, em razão da rejeição de prestação de contas"* (Agravo Regimental no Recurso Especial Eleitoral nº 34.352/PE, rel. Min. Joaquim Barbosa, em 17.2.2009).

lide em que deferida a medida. Se afinal restar confirmada a rejeição das contas, desconstituir-se-á o mandato eventualmente obtido pelo gestor ímprobo.

Trata-se de assegurar à Lei de Inelegibilidades a sua efetividade máxima, garantindo-se a aplicação da norma segundo a coerência do sistema inaugurado pela LC n° 135/2010.

6. Órgão responsável

A Lei da Ficha Limpa, ao modificar a redação da alínea "g", manteve quase que integralmente a competência para a rejeição de contas já acolhida pela jurisprudência do Tribunal Superior Eleitoral.

Assim, as denominadas *contas de governo*, ou *contas políticas*, são em regra apreciadas pelo Parlamento (Congresso Nacional, Assembleias Legislativas e Câmara Legislativa Distrital, e Câmaras Municipais), que para isso se vale do concurso dos respectivos tribunais de contas, nos termos do que preceitua o art. 71, I, da CF, aplicável por simetria aos Estados e Municípios.[8]

Exceção a isso é feita no que toca à prestação de contas relativa a recursos transferidos por um ente da Federação a outro, tal como normalmente ocorre com a realização de transferências voluntárias entre Estados e Municípios ou entre a União e Municípios ou Estados, assim como as ocorridas no âmbito do Sistema Único de Saúde e outras obrigatórias que estejam fora da órbita do pacto federativo fiscal.

Nesses casos, o julgamento das contas dos administradores e demais responsáveis é realizado pelo tribunal de contas competente de acordo com a origem do recurso, que por isso não está adstrito à mera emissão de parecer, mas ao julgamento com imputação direta de sanções previstas em lei, em caso de ilegalidade de despesa ou irregularidade de contas, sem prejuízo do ressarcimento ao erário.

8. Art. 71. O controle externo, a cargo do Congresso Nacional, será exercido com o auxílio do Tribunal de Contas da União, ao qual compete: I – apreciar as contas prestadas anualmente pelo Presidente da República, mediante parecer prévio que deverá ser elaborado em sessenta dias a contar de seu recebimento; (...).

Tudo isso segue inalterado pela nova legislação.

A grande novidade introduzida pela nova alínea "g" é o explícito reconhecimento de que, quando o agente político deixa de agir nessa qualidade para atuar como mero *ordenador de despesas*, perde com isso o direito de ver as suas contas julgadas pelo Parlamento desde uma perspectiva política, igualando-se a todos os que atuam diretamente com a movimentação de recursos monetários da Administração.

A Constituição não estabelece qualquer distinção entre os que operam como responsáveis diretos por dinheiros e outros bens públicos. Estando todos eles passíveis de julgamento técnico pelos tribunais de contas nos explícitos termos do art. 71, II, da Constituição.[9]

A distinção constitucional é clara: o julgamento das contas políticas se opera em âmbito parlamentar, enquanto que o pronunciamento sobre os atos de ordenação de despesas é prerrogativa do Tribunal de Contas.

Por isso mesmo José Jairo Gomes já alertava que:

> *(...) ao ordenar pagamentos e praticar atos concretos de gestão administrativa, o prefeito não atua como agente político, mas como técnico, administrador de despesas públicas. Não haveria, portanto, razão para que, por tais atos, fosse julgado politicamente pelo Poder Legislativo. Na verdade, a conduta técnica reclama métodos e critérios técnicos de julgamento, o que – em tese, ressalve-se! – só poder ser feito pelo Tribunal de Contas.* (*Op. cit.*, p. 177).

Isso ficou agora explicitado em legislação complementar à Constituição, em norma cuja evidente constitucionalidade decorre do explícito conteúdo do disposto nos incisos I e II do art. 71 da CF.

---

9. Art. 71. O controle externo, a cargo do Congresso Nacional, será exercido com o auxílio do Tribunal de Contas da União, ao qual compete: (...) II – julgar as contas dos administradores e demais responsáveis por dinheiros, bens e valores públicos da administração direta e indireta, incluídas as fundações e sociedades instituídas e mantidas pelo Poder Público federal, e as contas daqueles que derem causa a perda, extravio ou outra irregularidade de que resulte prejuízo ao erário público.

Frise-se que a expressa referência ao inciso II do art. 71 da Constituição feita pela nova alínea "g" não estabeleceu um regime de exclusividade segundo o qual somente as contas julgadas tecnicamente pelos tribunais de contas podem acarretar inelegibilidade. O que o dispositivo fez foi afirmar a regra de que a inelegibilidade decorre da rejeição irrecorrível das contas por qualquer órgão competente, apenas ressaltando que, no caso dos ordenadores de despesa, sejam eles mandatários ou não, a competência para essa decisão será sempre do Tribunal de Contas.

7. Aspectos gerais das transferências intergovernamentais

Segundo os marcos definidos pelo cotejo entre o art. 71 da Constituição e a nova alínea "g" do inciso I do art. 1º da Lei de Inelegibilidades, nas hipóteses em que corra transferência de recursos entre governos, competente para *julgar* as contas públicas será sempre o tribunal de contas responsável pela fiscalização das movimentações do ente concessor da vantagem.

Apresentamos abaixo, de forma especificada, as diversas maneiras de como essas transferências podem ocorrer.

O estudo sobre as transferências intergovernamentais passa pela questão do pacto federativo fiscal. O modelo federativo delineado pela Constituição de 1988 é pautado na repartição de competências normativas, materiais e tributárias entre a União, os Estados, o Distrito Federal e os Municípios, todos autônomos nos termos do art. 18.

No que tange ao federalismo fiscal mais precisamente, a estrutura tributária disposta na Constituição permanece tripartida em imposto, taxas e contribuições de melhoria, de competência da União, dos Estados, do Distrito Federal e dos Municípios, nos termos e limites fixados na própria Constituição.[10]

---

10. PEREIRA, Lucieni. "Transferências Intergovernamentais". Escola de Administração Fazendária (ESAF). Gestão de Finanças Públicas Municipais – Projeto Brasil Municípios (Módulo 3). Jul. 2009.

Os entes subnacionais contam, ainda, com a repartição da receita tributária federal e estadual, abrangida a contribuição de intervenção sobre o domínio econômico (CIDE), conforme previsto nos arts. 153, § 5º, 157 a 159 da Constituição. Esse constituiu o principal tipo de transferência intergovernamental, cujos repasses não se sujeitam a condicionantes impostas pelo ente transferidor, salvo as estabelecidas expressamente na própria Constituição.

O pacto federativo fiscal é pautado por esses dispositivos, cujas transferências intergovernamentais recebidas constituem receita própria dos Estados, do Distrito Federal e dos Municípios, sujeitas ao controle local. Tais transferências são realizadas de forma regular e automática, sem qualquer restrição em período eleitoral.

Outro aspecto importante na análise se refere à amplitude das transferências intergovernamentais, que vai muito além do pacto federativo fiscal. O art. 23, parágrafo único da Constituição, por exemplo, prevê que leis complementares fixarão formas de cooperação entre a União, os Estados, o Distrito Federal e os Municípios, tendo em vista o equilíbrio do desenvolvimento e do bem-estar em âmbito nacional, o que não se confunde com o pacto federativo fiscal.

Os arts. 30, incisos VI e VII, 198, § 3º inciso II e 211, § 1º da Lei Fundamental também preveem formas de cooperação financeira entre os entes da Federação, algumas realizadas sob a forma de transferência obrigatória, outras por meio de transferências voluntárias, as quais não se confundem com pacto federativo fiscal.

É de relevo observar, ainda, que as transferências intergovernamentais ocorrem entre os entes da Federação, não entre órgãos da administração direta e entidades da indireta, razão pela qual as condicionantes constitucionais e legais devem ser observadas por todos os Poderes e órgãos e entidades mantidos pelos orçamentos fiscal e da seguridade social do ente da Federação, conforme o caso, sob pena de comprometer os propósitos confessados pela própria Constituição.

No plano da cooperação financeira, a Lei Complementar nº 101, de 4 de maio de 2000, ou Lei de Responsabilidade Fiscal, cumpre o papel fundamental de fixar as condicionantes e exigências para o ente beneficiário receber recursos a título de transferência voluntária dos orçamentos fiscal e da seguridade social do ente transferidor, em geral a União e os Estados.

Além das condicionantes previstas no Estatuto Fiscal, as transferências voluntárias também estão sujeitas a condicionantes e restrições eleitorais devido ao forte aspecto discricionário que permeia tais repasses financeiros, os quais, se não forem bem monitorados, podem acarretar desequilíbrio nas condições da competição eleitoral.

8. Tipos de transferências intergovernamentais

As transferências intergovernamentais são classificadas entre obrigatórias e voluntárias, pois ou um ente é obrigado a repassar recursos ou executar suas despesas em cooperação com outros entes da Federação, o que caracteriza o gênero "*transferência obrigatória*"; ou então as autoridades do ente transferidor decidem, de forma discricionária, quais as ações que realizarão em cooperação com outros entes da Federação. No segundo caso, o repasse jamais pode ser caracterizado como transferência obrigatória, até porque o orçamento da União, por exemplo, não comportaria realizar uma mesma ação de investimento com todos os Estados e mais de 5.560 Municípios.[11]

Para discernir sobre esses dois gêneros, há que se refletir sobre a essência da repartição de competência material entre os entes da Federação das três esferas de governo, todos autônomos nos termos do art. 18 da Carta Republicana, fator que alicerça o pacto federativo delineado em 1988.

O debate e a reflexão sobre a natureza das transferências intergovernamentais, distinguindo os repasses realizados pelo ente concedente a título de transferências obrigatórias e voluntárias, além dos repasses *sui generis* destinados ao Sistema Único de Saúde (SUS), precisam estar guarnecidos dessa amplitude, sob o risco de se desestruturar as finanças públicas do País.

---

11. PEREIRA, Lucieni. "Transferências Intergovernamentais". Escola de Administração Fazendária (ESAF). Gestão de Finanças Públicas Municipais – Projeto Brasil Municípios (Módulo 3). Jul. 2009.

Com exceção da previsão do art. 160, parágrafo único da Constituição, que possibilita a União e os Estados condicionarem a entrega das transferências constitucionais que alicerçam o pacto federativo fiscal, nenhuma outra condição ou restrição pode ser imposta à entrega dos recursos previstos nos arts. 157 a 159 da Carta Política, constituindo esse tipo de repasse o exemplo mais puro de transferência obrigatória, cujos valores constituem receitas próprias do ente recebedor.

No que concerne às transferências voluntárias, também há restrições constitucionais e legais que norteiam a realização de repasses intergovernamentais.

A previsão de condições para a realização de repasses federais e estaduais desempenha papel importante para a consolidação e manutenção da estabilidade fiscal, que, por sua vez, constitui um dos objetivos fundamentais do Programa de Estabilidade Fiscal, sendo a Lei Complementar nº 101, de 2000, em paralelo com a recente Reforma Administrativa ditada pela Emenda nº 19, de 1998, uma das medidas de natureza estrutural, editada com o objetivo de alcançar o equilíbrio sustentável das contas públicas nas três esferas de governo.

Nesse contexto, a Lei Complementar nº 101, de 2000, representa instrumento indutor da gestão dos recursos públicos com responsabilidade, a partir de regras claras e precisas, aplicadas a todas as esferas de governo, em todos os níveis, relativamente à gestão de receita e despesa públicas, endividamento e gestão do patrimônio, sob a ótica transparente dos resultados fiscais alcançados pelo administrador público.

O primeiro desafio a ser enfrentado pelo intérprete quando da classificação dos repasses diz respeito à previsão de transferências voluntárias em leis e medidas provisórias. No âmbito da administração pública, é bastante comum a confusão se transferência legal ou prevista em lei é sinônimo de transferência obrigatória. A resposta é não. A simples previsão da transferência em lei não é suficiente para alterar a natureza implícita do repasse financeiro a ponto de permitir a sua caracterização como obrigatório, com todos os impactos que essa classificação acarreta, em especial no campo das finanças públicas e eleitoral.

Exemplo de artifício dessa espécie pode ser encontrado, por exemplo, no contexto da Medida Provisória nº 387, de 31 de agosto de

2007, convertida na Lei nº 11.578, de 26 de novembro de 2007, editada com a finalidade de rotular como "*obrigatória*" as transferências discricionárias federais realizadas no âmbito do PAC (Programa de Aceleração do Crescimento do Governo Federal).

Na esfera federal, é frequente a edição de leis e medidas provisórias com a finalidade de estabelecer diretrizes operacionais para os repasses realizados em determinadas funções de governo, tais como educação, saúde, assistência social, segurança pública, dentre outras.

Ao assim proceder, a União, na maior parte das vezes, dispensa a celebração de instrumentos jurídicos como convênio, acordo, termo de compromisso, ajuste e formas congêneres, com vistas a tornar o processo operacionalmente mais racional, o que se consegue com êxito nas transferências voluntárias realizadas no formato fundo a fundo, por exemplo.

Essa prática de ordem operacional, porém, não é suficiente para conferir caráter obrigatório à transferência de recursos financeiros federais aos demais entes da Federação.

As transferências são de fato obrigatórias quando decorrem de determinação constitucional ou legal, que gere para o ente transferidor uma obrigação incondicional.

Voluntárias são as transferências permeadas de caráter discricionário, que resultam de negociação entre as autoridades centrais e os governos subnacionais, com a mediação de seus representantes no parlamento. Sua função é complementar e auxiliar as transferências "estruturais" por apresentar maior flexibilidade em situações excepcionais de curto prazo.[12]

A constatação se uma transferência é voluntária ou obrigatória não é trivial, não sendo raras classificações equivocadas que se chocam com as diretrizes e objetivos traçados pela Constituição e normas gerais de finanças públicas.

---

12. GOMES, Emerson Cesar da Silva. "Fundamentos das transferências intergovernamentais". *Jus Navigandi*, Teresina, ano 11, n. 1580, 29 out. 2007. Disponível em: <http://jus2.uol.com.br/doutrina/texto.asp?id=10589>. Acesso em: 28 jun. 2009.

9. Transferência obrigatória[13]

O conceito de transferência obrigatória pode ser extraído do art. 25, *caput* da Lei Complementar nº 101, de 2000, que exclui da definição de transferência voluntária a entrega de recursos, correntes ou de capital, que decorram de determinação – ou imposição – constitucional ou legal.

Embora o Congresso Nacional tenha se valido da expressão "*determinação constitucional ou legal*" para caracterizar as transferências obrigatórias, isso não é suficiente para que toda e qualquer transferência prevista em lei – ou legal – seja tida como obrigatória ou incondicional.

Se a simples previsão do repasse em lei fosse suficiente para caracterizar a sua obrigatoriedade ou entrega incondicional, levando o argumento apenas pela ótica da literalidade, inexistiriam transferências voluntárias, pois a realização de qualquer despesa pública, seja corrente ou de capital, está condicionada à sua previsão na Lei Orçamentária Anual (LOA). No extremo do raciocínio jurídico, o simples fato de a despesa com o repasse financeiro constar da LOA, implicaria classificar a transferência como "*transferência obrigatória*", eliminando, na prática, as transferências voluntárias.

Para classificar uma transferência como "*obrigatória*" é necessário, primeiramente, identificar a natureza do repasse, que pode ser aferida pela constatação dos seguintes elementos:

a) não-exigência de cumprimento de condição pelo ente transferidor ao ente beneficiário por ocasião da entrega do recurso;

b) previsão de critérios isonômicos para a definição dos entes beneficiários (Estados, Distrito Federal e Municípios) e do quanto lhes será repassado;

c) regularidade dos repasses, não limitados temporalmente à execução de determinado projeto específico;

---

13. PEREIRA, Lucieni. "Transferências Intergovernamentais". Escola de Administração Fazendária (ESAF). Gestão de Finanças Públicas Municipais – Projeto Brasil Municípios (Módulo 3). Jul. 2009.

d) obrigação efetiva de transferência do recurso, sem qualquer óbice à sua entrega, tampouco discricionariedade (ou subjetividade) do gestor.

Pela via tão-somente legal, têm-se, a título de exemplo, as seguintes transferências obrigatórias federais:

a) quota do salário-educação que a União entrega, sistematicamente, aos Estados, ao Distrito Federal e aos Municípios, correspondente a 2/3 da contribuição social de competência exclusiva da União, cuja distribuição com os demais entes possui amparo tão-somente nas Leis nºs 9.424, de 1996 e 9.766, de 1998;

b) compensação financeira do ICMS-Desoneração, a qual constitui despesa própria da União instituída por força do art. 31 da Lei Complementar nº 87, de 1996 ("Lei Kandir"), com vistas a compensar os Estados e os Municípios pelas perdas do ICMS nas exportações, hipótese em que a União faz às vezes de "contribuinte" do tributo estadual. Originalmente, a transferência é instituída apenas pela via legal. Porém, com a promulgação da Emenda nº 42, de 2003, esta transferência ganhar *status* de constitucional, tendo em vista a redação dada ao art. 91, § 3º do ADCT.

Transferências com essas características não são suspensas em período de eleições, pois tais repasses não representam risco de desequilíbrio na disputa eleitoral.

10. Transferência voluntária

O conceito de transferência voluntária é definido no art. 25, *caput* da Lei Complementar nº 101, de 2000, correspondente à entrega voluntária de recursos correntes ou de capital a outro ente da Federação, a título de cooperação, auxílio ou assistência financeira, que não decorra de determinação constitucional, legal ou os destinados ao Sistema Único de Saúde (SUS).

No plano das razões administrativas, as transferências voluntárias, via de regra, podem ser usadas para a implementação de ações do governo central, cuja competência material é concorrente, em locais onde o ente central não dispõe de estrutura administrativa para gerenciá-las. Para exemplificar, citam-se a construção de moradias e outros programas habitacionais, que integram a atividade de competência comum dos entes Federados prevista no art. 23 da Constituição.

O principal atributo desse tipo de transferência é a ausência de imposição para a realização do repasse financeiro pelo ente transferidor.

Os serviços essenciais no âmbito de cada Unidade da Federação autônoma devem ser assegurados a partir dos recursos dos impostos diretamente arrecadados e das transferências constitucionais, estas, sim, não sujeitas a qualquer tipo de condição ou restrição à entrega e ao emprego, conforme assegura o art. 160 da Constituição, ressalvados os casos previstos no seu parágrafo único.

As transferências voluntárias não possuem o condão de assegurar os serviços essenciais, pois se assim fosse restaria por afrontar o pacto federativo, já que tais transferências, pela sua natureza, são realizadas quando e nas condições e montantes que o ente transferidor estiver disposto a cooperar e pactuar, visando à realização conjunta de determinado programa, com um ou outro Estado ou Município, não com todos.

Vale registrar que pode ser mais vantajoso, sob o prisma econômico-financeiro, para a União ou o Estado realizar a ação governamental diretamente, sem o repasse financeiro aos demais entes da Federação.

Para identificar a natureza da transferência voluntária é necessário observar os seguintes elementos:[14]

a) exigência de cumprimento de condição pelo ente transferidor ao ente beneficiário por ocasião da entrega do recurso;

---

14. PEREIRA, Lucieni. "Transferências Intergovernamentais". Escola de Administração Fazendária (ESAF). Gestão de Finanças Públicas Municipais – Projeto Brasil Municípios (Módulo 3). Jul. 2009.

b) ausência de critérios obrigatórios para a definição dos entes beneficiários (Estados, Distrito Federal e Municípios) e do quanto lhes será repassado. O ente transferidor decide com qual Estado ou Município pretende celebrar a cooperação financeira;

c) não há garantia de regularidade dos repasses;

d) vinculação do recurso ao objeto pactuado;

e) não há obrigação de transferência do recurso, que pode, inclusive, ser objeto de contingenciamento na execução orçamentário-financeira do ente transferidor.

As transferências voluntárias podem ter previsão em lei, sem alterar a natureza do repasse. São exemplos de transferência voluntária com previsão legal:

a) Medida Provisória nº 2.178, de 2001:[15] Programas Nacionais de Merenda Escolar (PNAE) e Dinheiro Direto na Escola (PDDE);

b) Lei nº 11.129, de 2005, e MP nº 411, de 2007: Programa Nacional de Inclusão de Jovens (ProJovem).[16]

Outro aspecto fundamental a ser observado na aplicação de recursos recebidos a título de transferência voluntária refere-se à disposição do art. 167, inciso X da Constituição, que veda a aplicação de recursos recebidos a esse título para pagamento de despesa com pessoal.

É de se registrar que a existência ou não de convênio, acordo, ajuste ou outros instrumentos congêneres (fundo a fundo, termo de compromisso, dentre outros), para realizar o repasse federal a Estado, ao Distrito Federal ou a Município, é questão irrelevante para definir a natureza obrigatória ou voluntária da transferência.

Esses instrumentos constituem, apenas, a forma de materializar a entrega do recurso, possível adoção de outros meios, conforme prevê o próprio comando do art. 71, inciso VI da Constituição.

---

15. Vide art. 15.

16. Vide arts. 11 e 20.

O instrumento jurídico adotado para formalizar o repasse também é irrelevante para definir os órgãos de controle competentes para realizar a fiscalização da aplicação desses recursos.[17] A competência dos órgãos de controle interno e externo, do Ministério Público e dos órgãos do Poder Judiciário, é definida pela Constituição e, no campo das finanças públicas, está diretamente ligada à origem do recurso, ou seja, de que orçamento público os valores são originários, se os repasses estão ou não no bojo do pacto federativo fiscal, se constituem recursos próprios dos entes beneficiários ou não.

Exemplo disso pode ser encontrado no Recurso Extraordinário (RE) nº 215.741,[18] em que o Pleno do Supremo Tribunal Federal (STF) declarou, por unanimidade, competente a Justiça Federal para processar e julgar causa que envolve a Fundação Nacional de Saúde (FNS), entidade federal criada pelo art. 14 da Lei nº 8.029, de 1990, sem qualquer menção à personalidade jurídica atribuída à referida fundação. Com essa decisão, o STF encerra controvérsia instaurada no âmbito do próprio Poder Judiciário.[19]

---

17. Vide Decisão nº 506/1997/TCU-Plenário sobre fiscalização de recursos do SUS repassados na modalidade fundo a fundo.

18. RE nº 215.741: "RECURSO EXTRAORDINÁRIO – FUNDAÇÃO NACIONAL DE SAÚDE – CONFLITO DE COMPETÊNCIA ENTRE A JUSTIÇA FEDERAL E A JUSTIÇA COMUM – NATUREZA JURÍDICA DAS FUNDAÇÕES INSTITUÍDAS PELO PODER PÚBLICO. 1. A Fundação Nacional de Saúde, que é mantida por recursos orçamentários oficiais da União e por ela instituída, é entidade de direito público. 2. Conflito de competência entre a Justiça Comum e a Federal. Art. 109, I da Constituição Federal. Compete à Justiça Federal processar e julgar ação em que figura como parte fundação pública, tendo em vista sua situação jurídica conceitual assemelhar-se, em sua origem, às autarquias. 3. Ainda que o art. 109, I da Constituição Federal, não se refira expressamente às fundações, o entendimento desta Corte é o de que a finalidade, a origem dos recursos e o regime administrativo de tutela absoluta a que, por lei, estão sujeitas, fazem delas espécie do gênero autarquia. 4. Recurso extraordinário conhecido e provido para declarar a competência da Justiça Federal. (BRASIL. Superior Tribunal de Justiça. Recurso Extraordinário nº 1697 215.741, do Superior Tribunal de Justiça. Conflito de competência entre as Justiças Federal e Estadual. Natureza jurídica das fundações instituídas pelo Poder Público. (Diário da Justiça, Brasília, DF, 4 jun. 1999). Disponível em: <http://www. stf.gov. br/ portal/processo/verProcessoAndamento.asp? numero=215741&classe= RE&codigoClasse=0&origem=JUR&recurso=0&tipoJulgamento=M>. Acesso em: 18 jun. 2010.

19. PEREIRA, Lucieni. "Fundações Estatais na Organização do Estado Brasileiro". *Revista de Direito Sanitário*, São Paulo (USP). v. 10, nº 1 p. 98-135 mar/jul. 2009.

A origem do recurso é, sem dúvida, um dos principais fatores para definir os órgãos competentes pela fiscalização da aplicação do recurso público.

Ainda no que tange às transferências intergovernamentais, inclusive as obrigatórias, é importante verificar se os repasses federais e estaduais constituem repartição de receita tributária, com a definição da receita, percentuais e cotas explicitamente na legislação, ou despesa obrigatória da União ou dos Estados realizada por outro ente da Federação, como ocorre com frequência nas áreas de saúde e educação, sem que tal modalidade de aplicação do recurso afaste a consideração das referidas despesas nos limites constitucionais do ente transferidor.

Exemplo de despesas próprias da União realizadas por outros entes da Federação consiste na aplicação, pelos Estados e Municípios, dos recursos recebidos a título de complementação constitucional da União ao Fundo de Manutenção e Desenvolvimento da Educação Básica e de Valorização dos Profissionais da Educação (Fundeb)[20] e os expressivos repasses federais realizados aos demais entes por meio da modalidade fundo a fundo no âmbito do SUS.[21]

O Ministério da Educação estima que, em 2010, a União repassará, a nove Estados e respectivos Municípios, os seguintes valores a título de complementação ao Fundeb:

Estado	UF	Valor Estimado da Complementação da União ao Fundeb em 2010
Alagoas	AL	290.481.331,3
Amazonas	AM	207.491.732,2
Bahia	BA	1.766.679.700,7
Ceará	CE	876.502.476,2
Maranhão	MA	1.403.476.377,4
Pará	PA	1.413.815.975,6

20. Vide art. 60 do ADCT.

21. Vide art. 77, § 3º do ADCT; art. 198, § 3º, inciso II da Constituição e Leis nºs 8.080 e 8.142, de 1990.

Paraíba	PB	132.486.428,5
Pernambuco	PE	428.646.620,5
Piauí	PI	341.529.527,9
Total		6.861.110.170,3

Fonte: Ministério da Educação[22]

É oportuno registrar que, nos Estados onde não há complementação da União ao Fundeb, os recursos que transitam pelo referido Fundo são de origem estritamente estadual e municipal, provenientes da retenção de 20% (vinte por cento) dos impostos e das transferências constitucionais recebidas a título de repartição de receita tributária, as quais constituem recursos próprios dos Estados e dos Municípios. Nesse cenário, a fiscalização da aplicação dos recursos do Fundeb fica a cargo dos órgãos de controle locais, sendo a Justiça Estadual a competente para processar e julgar as causas que envolvam aplicação irregular de tais recursos.

No exercício de 2010, por exemplo, os órgãos federais de controle somente fiscalizarão a aplicação dos recursos do Fundeb nos nove Estados indicados no quadro precedente beneficiados com a transferência da complementação da União, cujo rol de beneficiários pode variar a cada ano.

11. Transferências do Sistema Único de Saúde (SUS)

A análise histórica do contexto em que foram delineadas as disposições da Lei Complementar nº 101, de 2000, é fator essencial para entender a redação dada ao seu art. 25, em especial ao destaque que se confere às transferências do SUS. Por outro ângulo, é preciso considerar que o legislador, por maior que seja o seu esforço, não consegue ser infalível, até por conta dos desafios próprios das ciências jurídicas.

À primeira vista, a redação do art. 25, *caput* da Lei Complementar nº 101, de 2000, pode parecer límpida e de fácil leitura, mas

22. Disponível em: <http://www.fnde.gov.br/index.php/fundeb-consultas>. Acesso em: 19 jun. 2010.

quando o seu teor é analisado de forma sistemática, o dispositivo apresenta contornos complexos, difíceis de serem compreendidos a partir da leitura tão-somente literal do comando.

Um dos grandes desafios quando da formulação do art. 25 do Estatuto Fiscal, foi, sem dúvida, a retirada dos repasses realizados no âmbito do SUS do raio de abrangência do conceito de transferência voluntária, o que levou à criação de uma espécie *sui generis* de repasse intergovernamental.

É cediço que boa parte da execução do orçamento da União no âmbito do SUS se processa por meio de transferências fundo a fundo realizadas nos termos e condições do art. 34 da Lei nº 8.080, de 1990, e art. 4º da Lei nº 8.142, de 1990, à semelhança das transferências fundo a fundo próprias de outras funções de governo, de caráter inequivocamente voluntário.

Nesse contexto, o ente beneficiário só recebe o recurso da União se cumprir algumas exigências que fazem com que o repasse seja permeado de um discricionarismo próprio das transferências voluntárias.

O art. 4º da Lei nº 8.142, de 1990, por exemplo, estabelece exigências muito semelhantes, em alguns casos idênticas, às identificadas em outras transferências cuja natureza é voluntária, tais como o PDDE, PNAE, ProJovem como a exigência de contrapartida orçamentária, o que é descabido em transferência obrigatória.

É importante registrar que esse figurino do SUS foi desenhado em 1990, quando inexistia vedação expressa que impedisse os Estados, o Distrito Federal e os Municípios de aplicarem recursos de transferência voluntária em despesa de pessoal.

A partir da nova ordem que se instaura com a Reforma Administrativa de 1998, a União e os Estados ficaram proibidos de realizar transferência voluntária aos demais entes para o custeio de despesas com pessoal ativo, inativo e pensionista, por vedação expressa prevista no art. 167, inciso X da Constituição.

Dessa alteração surge o risco de descontinuidade de programas fundamentais consolidados no âmbito do SUS mantidos com repasses federais, como os Programas de Saúde da Família (PSF) e de

Agentes Comunitários (PACS), cuja principal despesa refere-se a pagamento de pessoal.

Para resolver esse impasse jurídico que surgiu com a Emenda nº 19, de 1998, foi delineada a Proposta de Emenda à Constituição (PEC) que resultou na Emenda nº 29, de 2000. O Projeto de Lei que resultou na Lei Complementar nº 101, de 2000 (PLP nº 18, de 1999) também foi influenciado por esse cenário de incertezas.

A Lei Fiscal foi editada em maio de 2000, enquanto a Emenda 29 só foi promulgada em setembro do mesmo ano. Para resolver esse impasse jurídico deflagrado no âmbito do SUS, o legislador complementar, preocupado com a situação da saúde, dispôs, ao formular o conceito de transferência voluntária no contexto do art. 25, *caput* da Lei Complementar nº 101, de 2000, que as transferências do SUS constituem uma espécie *sui generis* de repasse intergovernamental, excetuando-as da abrangência de transferência voluntária de forma explícita, com o propósito de afastar a vedação do art. 167, inciso X, reproduzida no art. 25, § 1º, inciso III do Estatuto Fiscal.

Com essa medida, o Congresso Nacional preservou a continuidade dos programas federais no âmbito do SUS destinados a pagamento de pessoal executados pelos entes de outras esferas, ainda que a realização dos repasses permanecesse condicionada ao cumprimento de exigências que são próprias da natureza de transferência voluntária, como prevê o art. 4º da Lei nº 8.142, de 1990.

Em setembro de 2000, com a promulgação da Emenda nº 29, são criadas as bases para que as transferências federais e estaduais no âmbito do SUS sejam revestidas do atributo de determinação constitucional e legal. O art. 198, § 3º, inciso II, da Constituição, com redação dada pela referida Emenda, prevê que lei complementar estabelecerá os critérios de rateio dos recursos da União vinculados à saúde destinados aos Estados, ao Distrito Federal e aos Municípios, e dos Estados destinados a seus respectivos Municípios, objetivando a progressiva redução das disparidades regionais.

Esse dispositivo conferirá caráter obrigatório, pela via constitucional e legal, às transferências do SUS da União e dos Estados aos respectivos Municípios, ainda pendente de regulamentação.

A reflexão sobre a natureza conceitual de transferências obrigatórias e voluntárias precisa ser guarnecida dessa amplitude, sob pena de não analisar a questão com a fidelidade que a matéria suscita.

Quadro das Transferências Obrigatórias e Voluntárias

<table>
<tr><th colspan="4">TRANSFERÊNCIAS INTERGOVERNAMENTAIS FEDERAIS</th></tr>
<tr><th colspan="2">Obrigatórias</th><th rowspan="2">Voluntárias</th><th rowspan="2">Sistema Único de Saúde</th></tr>
<tr><td>Por determinação Constitucional</td><td>Por determinação legal</td></tr>
<tr><td>Repartição das receitas tributárias (FPM e FPE)</td><td>Cota do salário-educação</td><td rowspan="5">Quaisquer repasses realizados por convênio, ajuste, acordo, termo de compromisso, de forma automática, fundo a fundo e outros instrumentos congêneres.
Exemplos: PNAE, PDDE, e outros programas de educação mantidos pelo FNDE; Projovem, Pronasci e outros programas mantidos pelo Ministério da Justiça; programas de assistência social, saneamento básico,</td><td rowspan="5">Transferências da União realizadas de acordo com o que dispõem as Leis nºs 8.080, de 1990 e 8.142, de 1990</td></tr>
<tr><td>Transferências da CIDE</td><td rowspan="4">ICMS – Desoneração, no período de 1996 a 2003, antes da redação dada ao Art. 91, § 3º do ADCT</td></tr>
<tr><td>Complementação da União ao FUNDEB</td></tr>
<tr><td>Compensação financeira e participação pela exploração de recursos naturais (royalties)</td></tr>
<tr><td>ICMS – Desoneração a partir da redação dada ao art. 91, § 3º do ADCT)</td></tr>
</table>

		de saneamento moradia; programas básico implementados pela FUNASA, dentre outros	
TRANSFERÊNCIAS INTERGOVERNAMENTAIS ESTADUAIS			
Obrigatória		**Voluntária**	**Sistema Único de Saúde**
Por Determinação Constitucional	Por Determinação Legal		
Repartição das receitas tributárias (ICMS, IPVA, IPI-Exportação)	Transferências da compensação financeira de que trata a Lei nº 7.990, de 1989 (royalties) Eventuais transferências obrigatórias previstas em leis do Estado	Quaisquer repasses realizados por convênio, ajuste, acordo, termo de compromisso, de forma automática, fundo a fundo e outros instrumentos congêneres que não constituam nenhuma imposição constitucional ou legal	Transferências do Estado realizadas no âmbito do SUS (do Fundo Estadual de Saúde para o Fundo Municipal de Saúde)

12. Condicionantes constitucionais e legais para transferências intergovernamentais

A Lei de Responsabilidade Fiscal constitui uma das medidas delineadas no bojo do Programa de Estabilidade Fiscal (PEF), que veio surgir conjuntamente com a Reforma Administrativa de 1998. Sua inspiração é a de estabelecer controles claros e concretos de gastos públicos, ditando padrões máximos em seara de relevo dentro do âmbito financeiro dos entes da Federação.

Editada com o objetivo de alcançar o equilíbrio sustentável das contas públicas nas três esferas de governo, a Lei Complementar nº 101, de 2000, constitui um dos principais instrumentos para os governantes gerenciarem com responsabilidade os recursos públicos dentro de regras claras e precisas, aplicadas a todas as esferas de governo, em todos os níveis, relativamente à gestão da receita e despesa públicas que figuram nos orçamentos fiscal e da seguridade social, endividamento e gestão do patrimônio, sob a ótica transparente dos resultados fiscais alcançados pelo administrador público.

Daí a importância de se exercer o controle do cumprimento de seus ditames, pois é marco regulatório da administração responsável. Qualquer desequilíbrio ou permissividade aos limites nela estabelecidos, às suas características, preceitos, ditames, essência, tenderá a desvirtuar as contas públicas e enfraquecer os resultados positivos alcançados desde a sua edição.

Para garantir o alcance e a manutenção dos propósitos confessados, a Lei Complementar nº 101, de 2000, prevê uma série de condicionantes para que o ente da Federação beneficiário receba transferências voluntárias e obtenha garantias de outro ente. As condicionantes previstas no art. 25, § 1º do Estatuto Fiscal, todavia, nada mais são do que a mera reprodução de condicionantes e princípios constitucionais, em especial daqueles que pautam o princípio da não-intervenção previsto nos arts. 34 e 35 da Lei Fundamental.

A correlação entre as condicionantes constitucionais e as do Estatuto Fiscal pode ser assim espelhada:

Condicionantes e Vedações	**Constituição de 1988**	**Lei nº 101, de 2000**
Pagamento da dívida fundada ou consolidada no prazo pactuado	Arts. 34, V, "a" e 35, I, e 160, parágrafo único, I	Art. 25, IV, "a" e "c"
Prestação de contas no prazo fixado em lei (probidade administrativa)	Arts. 34, VII, "d" e 35, II; 37, § 4º	Art. 25, IV, "a"

Cumprimento anual dos limites constitucionais da educação e da saúde	Arts. 34, VII, "e", 35, III, e 160, parágrafo único, II	Art. 25, § 1º, "b"
Eliminação do excedente do limite fixado para despesa com pessoal no prazo definido em lei complementar (até dois quadrimestres)	Art. 169, § 2º	Arts. 23, *caput* e § 3º, I; 25, § 1º, IV, "c"
Proibição de aplicação dos recursos de transferência voluntária em despesa com pessoal	Art. 167, X	Art. 25, III

Embora o próprio texto original do art. 160 da Constituição trate a não-entrega das transferências constitucionais por repartição de receita como condicionante – não como sanção ao ente da Federação –, cuja lógica se reproduz em todo texto da Lei Complementar nº 101, de 2000, é cada vez mais frequente o ajuizamento de ações judiciais pelos Estados e Municípios na tentativa de afastar a comprovação do cumprimento das condicionantes constitucionais e legais por parte de todos os Poderes e órgãos com autonomia administrativo-financeira (ou *poder de autogoverno*) e entidades da administração indireta.

É oportuno ressaltar que, de acordo com a lógica traçada na Constituição, não há repasses financeiros entre órgãos e entidades da administração indireta, senão transferências intergovernamentais entre os entes da Federação, que devem fazer consigná-las em seus respectivos orçamentos públicos.

Alegam os autores que o art. 5º, inciso XLV, da Constituição prevê que as sanções jurídicas somente podem ser aplicadas à pessoa do infrator. Invocam para tanto o princípio da *intranscendência* subjetiva das obrigações e das sanções jurídicas,[23] além do art. 2º da Constituição, que estabelece a separação de Poderes.

---

23. Precedentes: AC 1033, Min. Celso de Mello; AC 1857 (SE), Min. Ricardo Lewandowski; AC 1834 (CE), Min. Cármen Lúcia; AC 1828 (SE), Min. Gilmar Mendes; AC 1601 (PA), Min. Cezar Peluso; AC 1742 (PB) e 2040 (RS), Min. Ricardo Lewandowski; AC 1761 (AP), Min. Eros Grau; AC 1763 (SE), Min. Carlos Britto, e AC 1621 (SP), Min. Marco Aurélio.

O principal problema reside na comprovação, por parte de todos os Poderes e órgãos com *poder de autogoverno* do ente da Federação beneficiário, do cumprimento do limite fixado para respectiva despesa com pessoal.

É cediço que os Poderes e órgãos com *poder de autogoverno* dispõem de autonomia para gerarem suas despesas com pessoal na forma da legislação vigente, sem que haja ingerência administrativa ou subordinação de um sobre o outro. No que diz respeito ao limite para despesa com pessoal, embora as autarquias, as fundações e as empresas estatais dependentes disponham de personalidade jurídica própria, tais entidades se mantêm vinculadas ao limite-percentual de pessoal fixado para o Poder Executivo. Essas entidades não dispõem de *poder de autogoverno* como é assegurado constitucionalmente ao Ministério Público, ao Tribunal de Contas e à Defensoria Pública estadual, além dos Poderes.

Diante disso, a eficácia do limite de pessoal somente foi possível ser alcançada, de fato, com a repartição do limite global de pessoal entre os Poderes e órgãos com *poder de autogoverno*, criando as condições jurídico-operacionais para exigir a eliminação do excedente e, sobretudo, responsabilizar o titular que descumprir os parâmetros estabelecidos no Estatuto Fiscal.

No que tange à despesa com pessoal, o ente da Federação só consegue comprovar o cumprimento das condicionantes constitucionais e legais se todos os Poderes e órgãos autônomos comprovarem a eliminação de eventuais excedentes da despesa com pessoal no prazo de até dois quadrimestres, conforme determina o art. 23 do Estatuto Fiscal.[24]

Em caso de descumprimento desse parâmetro fiscal por qualquer dos Poderes e órgãos autônomos, a ordem constitucional[25] impõe a suspensão imediata de todos os repasses federais e estaduais aos Estados, ao Distrito Federal e aos Municípios. Destaque-se que o mandamento constitucional impede a realização de repasse ao ente da

24. Vide ADI nº 3.756.

25. Art. 169, § 2º.

Federação, pois assim são processadas as transferências intergovernamentais, entre entes da Federação, não entre órgãos e entidades da administração indireta.

Outro aspecto que deve ser observado é que o comando do art. 169, § 2º da Carta Política determina a suspensão de todos os repasses, sem prever exceções. O legislador complementar poderia, com base nesse dispositivo, fixar, inclusive, o bloqueio das transferências constitucionais por repartição de receita, à semelhança da condicionante do art. 160, parágrafo único da Constituição, o que poderia vir a ser desastroso para as finanças estaduais e municipais, já que a eliminação do excesso do limite de pessoal não é questão trivial que possa ser eliminado em um curto espaço de tempo, tendo sido previstos dois quadrimestres para essa finalidade.

Talvez, por ter essa consciência, ao regulamentar o art. 169, § 2º da Constituição, o legislador complementar condicionou apenas o recebimento de transferências voluntárias à comprovação da eliminação do excedente da despesa com pessoal, prevalecendo interpretação mais benéfica do comando constitucional, conforme redação dada ao art. 23, § 3º, inciso I do Estatuto Fiscal.

Já no que se refere à dívida pública e à contratação de operações de crédito, embora os Poderes, órgãos autônomos e entidades da administração indireta, pratiquem diretamente atos de gestão que podem resultar em endividamento público, os limites para a dívida consolidada, operação de crédito e concessão de garantia são fixados em montantes e percentuais globais para o ente da Federação,[26] sem condições para a repartição entre Poderes, órgãos autônomos e entidades, o que confere contornos complexos ao controle desses componentes de relevo da gestão fiscal.

Todas essas condicionantes constitucionais e legais até podem, à primeira vista, parecer perversas, por aparentemente prejudicarem o seguimento de ações que beneficiariam a população local. Porém, a questão precisa ser analisada de forma panorâmica.

---

26. Art. 52, VI, VII, VIII e IX.

A preocupação do legislador constituinte em criar mecanismos indutores da manutenção da ordem financeira nas esferas estadual e municipal não ocorre por acaso. De um lado, o constituinte assegura autonomia à União, aos Estados, ao Distrito Federal e aos Municípios, adotando como regra o princípio da não-intervenção. De outro, para garantir a ordem pública, o princípio da não-intervenção pode ser afastado quando se verificam situações de risco à integridade da Federação, à moralidade pública e à observação dos preceitos constitucionais.

Nesses casos, a Constituição autoriza a União a intervir na administração dos Estados-Membros e do Distrito Federal, ou do Estado intervir no Município, no caso excepcional de alguma dessas situações se concretizar.

A intervenção pressupõe o afastamento temporário das prerrogativas totais ou parciais próprias da autonomia do ente estadual ou municipal, passando o interventor a interferir na administração do ente sob intervenção. E, embora a inobservância dos princípios norteadores da ordem pública seja questão de elevada gravidade, a intervenção é remédio extremamente "*amargo*", o que levou o constituinte a prever mecanismos de ordem fiscal com vistas a evitar que a desorganização das finanças públicas locais possam comprometer a estabilidade macroeconômica.

Além de tentar evitar esse contratempo de ordem democrática, os mecanismos constitucionais e legais pretendem inserir elemento de racionalidade às finanças públicas, impedindo que os gastos com pessoal dos Poderes e órgãos com *poder de autogoverno* e o endividamento público de cada ente da Federação alcancem patamares expressivos que possam ressuscitar o cenário de descontrole fiscal que começou a ser ajustado em meados da década de noventa.

A medida também visa promover a elevação do grau de *accountability* horizontal, o qual possui direta relação com a *accountability* vertical, que é aquela em que os atores sociais se organizam para cobrar dos gestores públicos o correto uso do erário, a prestação de contas e o cumprimento dos limites e normativos a que estão subordinados, inclusive por parte dos órgãos responsáveis por realizar a fiscalização, como os Tribunais de Contas e o Ministério Público.

13. O princípio da *intranscendência* nas finanças públicas

As normas gerais sobre finanças públicas se inserem no Capítulo II do Título VI da Constituição, que dispõe sobre a Tributação e o Orçamento, constituindo o núcleo da Constituição Financeira norteadora das receitas e das despesas públicas, incluído o endividamento do Estado.

São normas inseridas no campo do Direito Financeiro, que representa o conjunto de normativos previstos para regular a atividade financeira do Estado, em conjunto com o Direito Tributário e o Direito Econômico.

Ao estabelecer as normas de finanças públicas, o legislador constituinte se distancia do cidadão e se volta para o Estado. Nesse sentido, o paralelo entre as condicionantes próprias das finanças e as previstas no Capítulo dos Direitos Políticos é bastante apropriado. Da mesma forma que as condicionantes de elegibilidade eleitoral não são tidas como penalidade, limitação de direito ou consequência gravosa, as condicionantes próprias das finanças públicas também não o são.

Se as proibições e condicionantes formuladas para proteger o Estado fossem sinônimas de sanção administrativa, chegaríamos ao absurdo de a simples relação de parentesco, a nacionalidade estrangeira ou o analfabetismo serem considerados sanção ou limitação constitucional, conforme previsto no Capítulo dos Direitos Políticos da Constituição (art. 14).

Não se trata de privação de direitos ou bens de um órgão ou entidade sem o devido processo legal, tampouco da imposição de sanção ou de medidas gravosas consubstanciadoras de limitação de direitos. O direito à elegibilidade e ao recebimento de transferências constitucionais e legais, por exemplo, somente se configura se forem previamente cumpridas as condicionantes impostas pela Constituição e pelas normas gerais que disciplinam as respectivas matérias.

Após a edição da Lei Complementar nº 101, de 2000, os Estados e Municípios iniciaram uma corrida ao Poder Judiciário contra as condicionantes constitucionais e legais materializadas na formulação do Cadastro Único de Convênio (CAUC), por meio do qual se verifica, eletronicamente, o cumprimento dos limites e demais exigências previstos para que o ente da Federação receba transferências constitucionais e voluntárias da União.

O que se precisa discutir não é o funcionamento do sistema eletrônico do Governo Federal, mas se a Constituição de 1988 e Emendas posteriores poderiam ou não condicionar a entrega de recursos que integram o pacto federativo fiscal e as transferências voluntárias entre os entes da Federação.

O princípio da *intranscendência*, como dito, é instituto próprio do Direito Penal, aplicável à responsabilização administrativa quando tem como foco o indivíduo, cuja responsabilidade é estritamente pessoal, ou seja, a pena não pode ultrapassar a pessoa do agente.

Diante das controvérsias deflagradas na esfera Judicial, vale a pena uma breve passagem pelo Voto do então Presidente do Tribunal Superior Eleitoral, Ministro Ayres Britto, no âmbito da Resolução nº 22.842, de 2008 (Processo Administrativo nº 19.919/TSE), referente à consulta sobre as eleições de 2008. Embora vencido, o Voto do Ministro constitui importante fonte de luz para o correto entendimento sobre os direitos e garantias individuais consagrados pelo art. 5º da Magna Carta e agitados nas ações cautelares que tramitam na Corte Suprema:

> *Os direitos e garantias fundamentais se distribuem por blocos menores ou subconjuntos em apartado, pela clara razão de que eles não mantêm vínculo funcional imediato com os mesmos princípios constitucionais estruturantes. É como dizer: trata-se de direitos e garantias que, operacionalmente, se vinculam mais a uns proto-princípios constitucionais do que a outros. Isso porque são modelos de direitos e garantias fundamentais que têm a sua própria história de vida ou o seu inconfundível perfil político-filosófico, definidor das respectivas finalidades. Um perfil político-filosófico, atente-se, que é a própria justificativa do vínculo funcional mais direto com determinados princípios constitucionais do que com outros.*
>
> *(...) o bloco dos direitos e garantias individuais e coletivos (Capítulo I do Título II da Constituição Federal) está centralmente direcionado para a concretização do princípio fundamental da "dignidade da pessoa humana" (inciso III do art. 1º). A reverenciar por modo exponencial, então, o indivíduo e*

seus particularizados grupamentos. Por isso que protege mais enfaticamente os bens de "personalidade individual" e os de "personalidade corporativa", em tradicional oponibilidade à pessoa jurídica do Estado. Tudo de acordo com o clássico modelo político-liberal de estruturação do Poder Público e da sociedade civil, definitivo legado do iluminismo enciclopedista que desembocou na Revolução Francesa de 1789. (...) Já o subsistema dos direitos sociais (arts. 6º e 7º do Magno Texto), sem deixar de se pôr como ferramenta de densificação do princípio da dignidade da pessoa humana, mantém um vínculo operacional mais direto com a concretização do princípio fundamental que atende pelo nome de "valores sociais do trabalho" (inciso IV do art. 1º da CF). (...)

(...) o exercício de direitos não é para servir imediatamente a seus titulares, mas para servir imediatamente a valores de índole coletiva: os valores que se consubstanciam, justamente, nos proto-princípios da soberania popular e da democracia representativa (também chamada de democracia indireta). (...), os direitos políticos de eleger e de ser eleito se caracterizam por um desaguadouro impessoal ou coletivo. Estão umbilicalmente vinculados a valores, e não a pessoas, sob o prisma da benfazeja imediatidade do seu exercício. (...)

I – subjaz à configuração constitucional dos direitos individuais uma inspiração político-filosófica de apriorístico antagonismo entre o indivíduo e o Estado. Antagonismo que, em linha de princípio, se resolve em favor do indivíduo, a quem se reconhece como que um direito natural de se presentear em plenitude nos atos da vida civil.

É possível notar as dificuldades de se dispensar os princípios que norteiam os direitos e garantias individuais quando da exigência de cumprimento das condições impostas no campo das finanças públicas,[27] para que um ente da Federação realize as transferências obrigatórias ou voluntárias a outro ente.

---

27. Arts. 160, parágrafo único e 169, § 2º da Constituição, LC nº 101, de 2000, e Resoluções Senatoriais.

Não se pode dizer que as condições constitucionais e legais para a realização de transferências obrigatórias e voluntárias constituem um antagonismo entre o indivíduo e o Estado. São normas que disciplinam a relação entre a União, os Estados, o Distrito Federal e os Municípios, não entre os titulares de seus Poderes e entidades. A responsabilização dos agentes públicos pelo descumprimento das normas de finanças públicas se processa à luz da Lei de Crimes Fiscais (Lei nº 10.028, de 2000), Lei de Improbidade Administrativa (Lei nº 8.429, de 1992) e dos arts. 359-A a 359-H do Código Penal, dentre outras normas.

A aplicação do *princípio da intranscendência* quando da interpretação do mandamento contido no art. 160, parágrafo único da Constituição, é medida que implicaria, necessariamente, rever todo o arcabouço jurídico-previdenciário que norteia os parcelamentos de débito com o Instituto Nacional do Seguro Social (INSS)[28] e com a Receita Federal do Brasil, o qual desde a promulgação da Constituição não foi pautado por tal princípio.

A revisão desse arcabouço, por sua vez, poderia comprometer os propósitos confessados da Lei Fundamental original, com repercussão imediata no equilíbrio do regime geral de previdência previsto no art. 201 da CF, mediante o aumento o *deficit* previdenciário, devido aos expressivos débitos dos Estados e Municípios de ordem previdenciária.

Há que se pensar, ainda sobre esse tema, que a norma do art. 52, incisos VII a IX da Constituição, dispõe que ao Senado Federal compete a fixação de limites globais para realização de operação de crédito, obtenção de garantia e saldo da dívida consolidada da União, dos Estados, do Distrito Federal e dos Municípios, sendo juridicamente impossível – a considerar o ordenamento vigente – aplicar o *princípio da intranscendência* ou da *personalidade jurídica* com vistas a segregar esses limites por Poder e órgão autônomo do ente da Federação,[29] tampouco eliminar as condições constitucionais pela aplicação de sanções ao agente que der causa à irregularidade.

---

28. Art. 56 da Lei nº 8.212, de 1990.

29. Vide análise de risco no Relatório que fundamenta Voto e Acórdão nº 352/2008-TCU/Plenário.

INELEGIBILIDADE DECORRENTE DE REJEIÇÃO DE CONTAS PÚBLICAS

Edson de Resende Castro[1]

Art. 1º. São inelegíveis:

I – para qualquer cargo: (...)

*g) os que tiverem suas contas relativas ao exercício de cargos ou funções públicas rejeitadas por **irregularidade insanável** que configure **ato doloso de improbidade** administrativa, e por **decisão irrecorrível** do órgão competente, salvo se esta houver sido **suspensa ou anulada pelo Poder Judiciário**, para as eleições que se realizarem nos **8 (oito) anos** seguintes, con-*

1. EDSON DE RESENDE CASTRO é Promotor Eleitoral em Minas Gerais; Coordenador do Centro de Apoio Eleitoral do Ministério Público de Minas Gerais; Vice-Presidente e fundador da ABRAMPPE, Associação Brasileira de Magistrados, Procuradores e Promotores Eleitorais; Professor de Direito Eleitoral na pós-graduação da PUC-Minas, da ESMEC e da UnB (convidado); Palestrante de Direito Eleitoral no MP, TRE e OAB em diversos Estados; membro da Comissão de juristas nomeados pelo Senado Federal para a elaboração do Novo Código Eleitoral Brasileiro; Autor do livro *Teoria e Prática do Direito Eleitoral*, 5ª ed., Del Rey, 2010.

tados a partir da data da decisão, aplicando-se o disposto no inciso ***II do art. 71 da Constituição Federal, a todos os ordenadores de despesa****, sem exclusão de mandatários que houverem agido nessa condição; (*LC nº 64/1990, com redação dada pela LC nº 135/2010) (grifos nossos).

Trata-se de uma das inelegibilidades mais cogitadas na prática, ao lado das condenações criminais.

Ainda pensando na vida pregressa do candidato e na necessidade de preservação da moralidade e probidade administrativas, valores inscritos no art. 14, § 9º, da CF/88, a LC nº 64/1990, já na sua redação original, impôs a inelegibilidade daqueles *"que tiverem suas contas relativas ao exercício de cargos ou funções públicas rejeitadas por irregularidade insanável e por decisão irrecorrível do órgão competente, (...)"*.

Sabe-se que todos os ordenadores de orçamento e de despesas públicas são obrigados a prestar contas de sua gestão ao respectivo Tribunal de Contas, que exerce o controle externo das contas públicas, ora julgando-as, ora oferecendo parecer prévio que auxilia a decisão da Casa Legislativa. Então, os Prefeitos, Governadores, Presidente da República, Presidentes do Senado, da Câmara dos Deputados, das Assembleias Legislativas e das Câmaras Municipais, os Presidentes de Tribunais, os Procuradores Gerais de Justiça, como também os dirigentes de Autarquias e Fundações Públicas, dentre outros, porque têm a gestão do orçamento ou a administração de bens ou valores públicos, estão obrigados a prestar contas da execução orçamentária e da realização das despesas ao Tribunal de Contas. Se essas contas forem rejeitadas por irregularidade insanável e por decisão irrecorrível do órgão julgador, aquele gestor e/ou administrador fica inelegível.

1. Órgão competente para o julgamento

Como a inelegibilidade pressupõe decisão irrecorrível do *órgão competente*, necessário primeiramente verificar de quem é a competência para a apreciação e *julgamento* das contas dos mencionados gestores. Não há dúvida de que será sempre o Poder Legislativo o órgão julgador dos atos de *gestão do orçamento*. Assim, o Congresso

Nacional julga as contas do Presidente da República, as Assembleias Legislativas julgam as contas do Governador e as Câmaras Municipais julgam as contas do Prefeito.

Mas como as contas anuais ordinárias do Poder Executivo envolvem, além da mencionada gestão orçamentária, também a *realização de despesas*, é necessário saber qual o papel desempenhado pelos Tribunais de Contas neste particular, ou seja, na apreciação dos atos de administração de recursos. São eles meros auxiliares do Congresso Nacional, das Assembleias Legislativas e das Câmaras Municipais, emitindo pareceres prévios que serão acolhidos ou não por aquelas Casas, ou efetivamente julgam essas contas?

Inquestionável que a Constituição Federal, ao tratar do Tribunal de Contas da União como órgão auxiliar do Poder Legislativo, confere-lhe atribuições para emitir *parecer prévio* sobre a gestão do orçamento[2] e para *julgar as contas* do ordenador das despesas públicas.[3] Percebe-se, então, que gerir o orçamento é algo diferente de ordenar despesas, até porque sobre aquela primeira atividade (gestão do orçamento) o TCU apenas emite parecer prévio para a apreciação e julgamento do Congresso Nacional, enquanto que a ordenação de despesas é julgada pelo próprio Tribunal de Contas.

O Presidente da República, o Governador de Estado ou mesmo o Prefeito Municipal têm nas mãos o orçamento público, que é aprovado por lei específica para execução no ano seguinte. Ali estão previstas verbas para desenvolvimento do ensino, para as ações da saúde, para pagamento de pessoal, para a segurança pública, etc. Durante o ano de sua execução, o gestor do orçamento está obrigado a observá-lo fielmente, até porque, como dito, trata-se de lei, não obstante seja a ele reservada a possibilidade de contingenciamentos, como a abertura de créditos especiais, mas sempre nos limites da lei orçamentária. Quando o Prefeito, ou o Governador, ou o Presidente da República distribuem as verbas orçamentárias entre os diversos órgãos da Administração, dotando os Ministérios ou Secretarias das verbas necessárias ao desenvolvimento das ações esboçadas no orçamento, ele está

2. Art. 71, I, da CF.
3. Art. 71, II, da CF.

gerindo o orçamento, cumprindo a vontade manifestada pelo Legislador na Lei Orçamentária, daí que agindo tipicamente como Agente Político. Não está, pelo menos nesse momento, realizando despesas públicas, ou seja, agindo como administrador, mas limitando-se a distribuir a receita pública para que os órgãos da Administração, estes sim, realizem as despesas, adquiram bens, liquidem a folha de pessoal, contratem serviços, etc. Aquela atividade (distribuição do dinheiro público entre os Ministérios e Secretarias) constitui a gestão do orçamento, caracterizada como atividade política do governo, porque é com isso que a Administração escolhe, nos limites da lei orçamentária, suas prioridades. No que pertine a essa atividade (gestão do orçamento), como já se adiantou, o Tribunal de Contas não tem competência para julgar o Gestor, porque não se trata de realização de despesas, mas apenas de distribuição de recursos orçamentários. Por esse motivo, a CF diz que o Tribunal de Contas apenas emite um *parecer prévio* a ser submetido à apreciação do Congresso Nacional. Cabe a este o *julgamento*, por exemplo, do Presidente da República, no que diz respeito à gestão do orçamento da União.

Em resumo, pode-se dizer que, toda vez que o Tribunal de Contas aprecia a gestão do orçamento, ele se limita a emitir parecer prévio, hipótese em que o julgamento é da Casa Legislativa propriamente dita, porque essa decisão é política. Por conseguinte, o *órgão competente* a que se refere a lei de inelegibilidades, neste particular, é o Congresso Nacional, ou a Assembleia Legislativa, ou a Câmara Municipal. É essa decisão que vai gerar a inelegibilidade de que trata a alínea em estudo.

Não é só a execução do orçamento, entretanto, que é submetida à apreciação dos Tribunais de Contas. Tão importante quanto distribuir bem o orçamento é ordenar com probidade as despesas públicas; é adquirir apenas os bens e serviços necessários à Administração; é adotar o procedimento licitatório adequado para as aquisições de bens e serviços e, a partir dele, escolher – sempre e invariavelmente – o menor preço e a melhor qualidade, mesmo nas hipóteses de dispensa e inexigibilidade de licitação, fugindo do superfaturamento; é evitar o desvio do dinheiro público nas suas mais variadas formas. Quando o Administrador Público contrata a construção de uma ponte, ordena o pagamento da folha de pessoal, autoriza o reembolso de despesas de viagem de servidores, etc., está ordenando despesas. Essa atividade é da alçada daquele a quem a lei da contabilidade pública[4] chama de *ordenador da despesa*, que é o agente público que vai efetivamente assinar a nota de empenho (após a fase de liquidação, ou seja, a fase em que se assegura que o serviço foi prestado ou a mercadoria foi entregue), autorizando o pagamento e possibilitando materialmente a concretização do gasto. Não é atribuição do Presidente da República, por exemplo, e, na maioria das vezes, de Governadores de Estado. Muitos Prefeitos, todavia, concentram em suas mãos a quase totalidade das hipóteses de ordenação de despesa, embora possam delegar legalmente essa atividade aos seus Secretários (na saúde, a lei até recomenda essa delegação).

O certo é que o Tribunal de Contas, quando examinando a execução da despesa pública, ou seja, esse ato de ordenação de despesa, profere *julgamento das contas*, aprovando-as ou rejeitando-as. O TC não vai, neste particular (ordenação de despesas, repita-se), emitir parecer prévio para apreciação da Casa Legislativa. Vai, repita-se, proferir um julgamento, porque é dele a competência para o juízo definitivo, nessa instância, a respeito das contas de tal natureza. Via de consequência, a decisão que vai tornar inelegível o ordenador das despesas públicas é aquela pronunciada pelo Tribunal de Contas, se as tiver rejeitado, perdendo relevância eventual pronunciamento da Câmara Municipal, da Assembleia Legislativa ou do Congresso Nacional, ainda que seja no mesmo sentido.

É muito comum que a Câmara Municipal, ao receber o expediente do Tribunal de Contas, em que há apreciação geral das contas anuais (envolvendo gestão orçamentária e ordenação de despesas), acabe "julgando" tudo, muitas vezes aprovando contas que o TC rejeitou. Todavia, como já se disse, o pronunciamento da Câmara Municipal será efetivo julgamento do agente político apenas quanto à gestão do orçamento, uma vez que o julgamento do agente público ordenador de despesas, mesmo quando o seja o próprio agente político, já terá sido feito pela Corte de Contas.

---

4. Lei nº 4.320/1964.

Em conclusão, o órgão competente, de cuja decisão irrecorrível de rejeição das contas resulta a inelegibilidade aqui examinada, é a Casa Legislativa correspondente (quanto à execução orçamentária) e o Tribunal de Contas (quanto à realização das despesas). E é bom lembrar que a *execução de convênios (como também a administração de autarquias e fundações públicas)* é atividade de realização de despesas, suportadas com recursos especialmente aportados no órgão convenente, daí que o Tribunal julga as contas, e essa decisão não se submete ao Congresso Nacional, ou à Assembleia Legislativa, ou à Câmara Municipal, porque, insista-se, não se trata de parecer prévio.

> *Recurso Especial. Registro de candidato. Inelegibilidade. Rejeição de contas pelo Tribunal de Contas. Ausência de prestação de contas de recursos provenientes de convênio. O posterior reembolso do débito não tem o condão de afastar a causa de inelegibilidade prevista no art. 1º, inciso I, alínea "g", da LC nº 64/1990 (...)* (TSE, REspe nº 12.976-SE, Rel. Min. Ilmar Galvão, *DJU* 12.11.1996)

> *Rejeição de contas. Aplicação de verbas obtidas mediante convênio com o Estado. Hipótese em que o Tribunal de Contas profere julgamento e não apenas parecer prévio.* (TSE, REspe nº 13.299-ES, Rel. Min. Eduardo Ribeiro, *DJU* 27.11.1996).

> *Alegação de incompetência do TCU para rejeitar contas municipais: improcedência, por se tratar de convênio firmado entre o município e o Ministério da Ação Social.* (TSE, Rec. Ord. nº 595, em 19.9.2002, Rel. Min. Sepúlveda Pertence)

Também as contas da Câmara Municipal, que tem autonomia orçamentária, administrativa e financeira, são apreciadas e efetivamente julgadas pelo Tribunal de Contas.

> *Inelegibilidade – Rejeição de contas do Presidente da Câmara Municipal – Parecer prévio do Tribunal de Contas do Estado – Caráter definitivo. I – Em relação às contas de Câmara Municipal, basta o parecer prévio do Tribunal de Contas do Estado (art. 71, II, da Constituição Federal), sendo despicienda a decisão da Câmara Municipal sobre a matéria.* (TSE, REspe nº 12.875-CE, Rel. Min. Eduardo Alckmin, *DJU* 5.11.1996)

Contas da Câmara Municipal – Julgamento – Tribunal de Contas – Competência – *(...) O Tribunal de Contas é competente para julgar as contas da Mesa da Câmara Municipal, bem como para fixar responsabilidades, cabendo-lhe julgar tecnicamente as contas dos administradores municipais e dos demais responsáveis por dinheiro, bens e valores da Administração Municipal e as contas daqueles que deram causa a perda, extravio ou outra irregularidade que resulte prejuízo ao erário, a teor do art. 71, II, c/c o art. 75 da CF/88 e do art. 76, II e III, c/c o art. 180, § 4º, da Constituição do Estado de Minas Gerais (...).* (TJMG, Ap. Cível nº 252.500-4/00, Belo Horizonte, Rel. Des. Brandão Teixeira, em 18.3.2003 – Destaquei)

É esclarecedora a manifestação de Frederico Pardini, na sua tese de doutorado na UFMG:

Se, por um lado, como declara a Constituição em seu art. 71, caput, *o controle externo está a cargo do Congresso Nacional, e será exercido com o auxílio do Tribunal de Contas, por outro lado, no mesmo* caput, *está claramente preceituado que todas as competências enumeradas nos incisos I a XI, do mesmo art. 71, são outorgadas diretamente ao Tribunal de Contas. É ao Tribunal de Contas que compete o exercício e a prática da maioria absoluta das atividades de controle externo, ou seja, o exercício da fiscalização contábil, financeira, orçamentária, operacional e patrimonial dos atos e desempenho dos órgãos e entidades da administração direta e indireta, quanto à sua legalidade, legitimidade e economicidade, fiscalização esta que, como dispõe o art. 70, será exercida mediante controle externo, e pelo controle interno de cada poder.*[5]

O Professor Luciano Ferraz afirma:

O Tribunal de Contas desempenha sua função de exame mediante parecer prévio e julgamento de contas. O primeiro

---

5. PARDINI, Frederico. "Tribunal de Contas – Órgão de destaque constitucional". *Apud* FERRAZ, Luciano de Araújo. *Controle da Administração Pública – Elementos para a compreensão dos Tribunais de Contas.* Belo Horizonte: Mandamentos, 1999, p. 107.

consiste na avaliação das contas globais e anuais dos chefes do Poder Executivo; o segundo consiste na análise dos atos de captação de receitas e ordenamentos de despesas, ou seja, atos com repercussão imediata para o erário respectivo. Noutras palavras, a Administração Pública presta contas por intermédio do Chefe do Poder Executivo, agregando as contas dos demais Poderes e entidades da Administração Indireta, que se submete a julgamento perante os representantes do povo que compõem o Parlamento. Não obstante, cada unidade da Administração Direta ou entidade da Administração Indireta presta contas da sua restrita gestão diretamente ao Tribunal de Contas, que se incumbirá de julgá-las, independentemente do pronunciamento do Legislativo. A dualidade entre o que sejam contas globais anuais, sujeitas ao sistema do parecer prévio, e contas de cada unidade administrativa, submetidas ao sistema de julgamento perante as Cortes de Contas, é tênue. Todavia, apartar o conteúdo de ambas é imprescindível, e sua repercussão prática é relevante, eis que os fatos em apuração obedecem a procedimentos diferentes e juízos diversos.

Prossegue o professor mineiro, lembrando a decisão do Supremo Tribunal Federal, na ADIn nº 849/MT, publicada em 23.4.1999:

Tribunal de Contas dos Estados – Competência – Observância compulsória do modelo federal – Inconstitucionalidade de subtração ao Tribunal de Contas da competência do julgamento das contas da Mesa da Assembleia Legislativa compreendidas na previsão do art. 71, II, da Constituição Federal, para submetê-las ao regime do art. 71, c/c art. 49, IX, que é exclusivo da prestação de contas do chefe do Executivo.

I – O art. 75 da Constituição Federal, ao incluir as normas federais relativas à fiscalização nas que se aplicariam aos Tribunais de Contas dos Estados, entre essas compreendeu as atinentes às competências institucionais do TCU, nas quais é clara a distinção entre a do art. 71, I – de apreciar e emitir parecer prévio sobre as contas do Chefe do Poder Executivo, para serem julgadas pelo Legislativo – e a do art. 71, II – de julgar as contas dos demais administradores e responsáveis entre eles, dos órgãos do Poder Legislativo e do Poder Judiciário.

II – A diversidade entre as duas competências, além de manifesta, é tradicional, sempre restrita a competência do Poder Legislativo para o julgamento às contas gerais da responsabilidade do Chefe do Poder Executivo, precedidas de parecer prévio do Tribunal de Contas: cuida-se de sistema especial adstrito às contas dos Poderes, mas como responsável geral pela execução orçamentária: tanto assim que a aprovação política das contas presidenciais não libera do julgamento de suas contas específicas os responsáveis pela gestão financeira das inúmeras unidades orçamentárias do próprio Poder Executivo, entregue à decisão definitiva do Tribunal de Contas.

A doutrina e a jurisprudência do STF não divergem quanto a essa dualidade de funções reservadas ao TCU e, por similitude, imposta pela própria Constituição Federal aos Tribunais de Contas Estaduais: há um parecer prévio sobre a execução orçamentária para que o chefe do Executivo seja julgado politicamente pelo Legislativo; e há um julgamento técnico das despesas ordenadas nas unidades administrativas de todos os órgãos da Administração.

A questão se complica quando, no Município, se verifica que o Prefeito cumula as funções de agente político (ordenador do orçamento) com as de administrador da receita, ordenando despesas e assinando pessoalmente notas de empenho e cheques. A doutrina é também não dissente no sentido de que, em hipóteses tais, o Prefeito se submete ao julgamento da Câmara Municipal como agente político (*gestor do orçamento*) e ao julgamento direto do Tribunal de Contas como mero *gestor de recursos públicos*, tal como os demais administradores e responsáveis por bens, dinheiros e valores públicos (art. 71, II, da CF).

Mas com a Lei Complementar nº 135, de 4 de junho de 2010, que conferiu a redação atual à inelegibilidade aqui tratada, desnecessária a discussão – para efeitos eleitorais – que se desenvolveu no STF[6] e no

---

6. O STF é do entendimento de que o Prefeito, como chefe do Executivo, só pode ser julgado por outro Poder, ou seja, pelo Legislativo, ainda que na condição de gestor do dinheiro e ordenador de despesas. Diz aquela Corte Suprema: “Quando,

TSE,[7] sobre ser ou não o Tribunal de Contas o órgão julgador do agente político, quando ordenando despesas, exatamente porque agora a alínea "g" faz expressa referência à atribuição do art. 71, II, da CF, como sendo a decisão irrecorrível causadora da inelegibilidade, inclusive quando relativa a mandatários que houverem agido na condição de ordenadores de despesa. De fato, a nova disposição legal, ao determinar a aplicação do "*inciso II do art. 71 da Constituição Federal, a todos os ordenado-*

---

então, o Tribunal, a par dessas contas globais, particulariza atos de gestão atribuídos ao Prefeito, contratos, empenhos, licitações e outros documentos de despesas, penso que o material recolhido desses processos, sobretudo de relatórios de inspeção, está destinado a ser anexado às contas gerais do Chefe do Executivo e submetido à apreciação da Câmara dos Vereadores, porque, por autoridade e jurisdição privativa, só pode o Tribunal julgar as contas daqueles já citados ordenadores de despesa, exatores e almoxarifes, quando não foi o Prefeito que haja diretamente exercido uma dessas atribuições, o que pode até suceder, em município de pequeno porte." (STF, RExt. nº 132.747-1/DF, Rel. Min. Marco Aurélio, vencido o Min. Carlos Mário Velloso, publicado em 7.12.1995)

7. O TSE, no julgamento do REspe 12.645 e 12.694, relatados pelo Min. Sepúlveda Pertence, e no de nº 13.174, relatado pelo Min. Francisco Rezek, adotou a mesma linha de raciocínio, assentando que: "Recurso Especial. Inelegibilidade (art. 1º, I, g, da LC nº 64/1990). Órgão competente para rejeição das contas. Só com relação às contas dos Chefes do Executivo é que o pronunciamento do Tribunal de Contas constitui mero parecer prévio, sujeito à apreciação da Câmara Municipal, antes do qual não há inelegibilidade (STF, RE 132.747). As contas de todos os demais responsáveis por dinheiros e bens públicos são julgadas pelo Tribunal de Contas e suas decisões a respeito geram inelegibilidade (CF, art. 71, II). Inconstitucionalidade dos arts. 95, II, "d", e seu § 1º, *in fine*, da Constituição do Estado da Bahia, quando estendem às contas das Mesas das Câmaras Municipais o regime do art. 31, § 2º, da Constituição Federal, que é exclusivo das contas dos Prefeitos." (no mesmo sentido, REspe nº 13.367-PE e nº 12.936-TO)

Parece haver equívoco do STF e do TSE, porquanto o Tribunal de Contas é órgão auxiliar do Poder Legislativo, com a missão constitucional de examinar e julgar as contas dos ordenadores de despesas, dos gestores do dinheiro público, com melhor aparelhamento intelectual para o julgamento, daí que com o *status* constitucional que lhe foi reservado, com a autonomia de que é dotado e com as prerrogativas próprias de magistrados previstas para os seus membros. Ademais, quando o Prefeito ordena diretamente a despesa pública, não está agindo como Agente Político (única razão para justificar a prerrogativa especial de ser julgado politicamente), mas como mero gestor/administrador de despesas públicas, reforçando ainda mais a necessidade de um julgamento técnico, que só pode ser feito pelo Tribunal de Contas. (A respeito desse assunto, é obrigatória a leitura da obra do Prof. Luciano Ferraz: *Controle da Administração Pública – Elementos para a compreensão dos Tribunais de Contas*, já citada.)

res de despesa, ***sem exclusão de mandatários*** *que houverem agido nessa condição",* impõe como órgão competente, para o efeito da inelegibilidade, o Tribunal de Contas, que neste particular não emitirá parecer prévio e sim julgamento. Por conseguinte, a partir da decisão do TC, rejeitando as contas dos administradores e demais responsáveis por dinheiros, bens e valores públicos da administração direta e indireta, ainda quando sejam eles agentes políticos, contam-se os 8 (oito) anos do impedimento ao exercício da capacidade eleitoral passiva.

2. Insanabilidade das irregularidades

De outro lado, diz a referida alínea "g" que a irregularidade que levou à rejeição das contas, para gerar a inelegibilidade, deve ser *insanável, configurando ato doloso de improbidade administrativa.*

No exame das contas dos mencionados gestores públicos, encontram-se irregularidades meramente contábeis e outras das quais resultam prejuízos ao patrimônio público ou a bens jurídicos especialmente tutelados pela lei. Assim, na análise técnica a que procede o Tribunal de Contas, percebe-se, *v.g.*, que houve classificação equivocada de determinadas contas; ou que não se aplicou no desenvolvimento do ensino o percentual previsto na Constituição Federal; ou que há despesas públicas que não se fizeram acompanhar de notas fiscais e recibos; ou que não se observou o procedimento da licitação para a aquisição de bens e contratação de serviços.

Todas as irregularidades encontradas nas contas do administrador público levam à sua inelegibilidade? A toda evidência que não. Ao contrário, quis o legislador complementar que apenas aquelas tidas como irregularidades insanáveis. Mas o que é uma irregularidade insanável?

Mesmo com a redação original da LC nº 64/1990, construiu-se o entendimento de que irregularidade insanável, capaz de gerar a inelegibilidade desta alínea, é aquela que traz em si a *nota da improbidade administrativa*, por causar prejuízo ao patrimônio público, possibilitar o enriquecimento sem causa ou atentar contra os princípios norteadores da Administração. Evidentemente que aquelas situações conceituadas pelo próprio TC como "meras irregularidades contábeis", não podem gerar a consequência de que aqui se fala, até porque a sanção seria desproporcional à conduta. De outro lado, quando o ordenador do orçamento deixa de dotar o setor de educação com o percentual mínimo previsto na Constituição Federal para o seu desenvolvimento, está ele causando um prejuízo irreparável a um bem jurídico especialmente protegido pela norma maior: a educação de seu povo, o que não é passível de reparação nem mesmo com destinação de percentual de compensação no ano seguinte. Da mesma ordem são as hipóteses de liquidação de despesas sem notas fiscais ou recibos, com o que não se sabe se ao gasto público correspondeu alguma vantagem para a Administração; também a falta de licitação, nos casos em que a lei a exige, porque feridos os princípios da legalidade e da impessoalidade e frustrada a oportunidade de todos participarem do certame. Em todos esses casos, percebe-se que o gestor do orçamento ou o ordenador da despesa terá cometido improbidade administrativa, por não observar princípios básicos da Administração Pública, ou causar prejuízo ao patrimônio público, ou proporcionar enriquecimento ilícito.

> *Recurso Especial. Registro de candidato. Inelegibilidade. Rejeição de contas pelo Tribunal de Contas. Ausência de prestação de contas de recursos provenientes de convênio. O posterior reembolso do débito não tem o condão de afastar a causa de inelegibilidade prevista no art. 1º, inciso I, alínea "g", da LC nº 64/1990. (...).* (TSE, RESPE nº 12.976-SE, Rel. Min. Ilmar Galvão, *DJU* 12.11.1996)
>
> *(...) Verificada a ocorrência de irregularidade insanável, esta não se afasta pelo recolhimento ao Erário dos valores indevidamente utilizados. (...).* (Ac. nº 19.140, de 7.12.2000, Rel. Min. Waldemar Zveiter; no mesmo sentido os acórdãos nº 161, de 4.9.1998, Rel. Min. Néri da Silveira e 128, de 2.9.1998, Rel. Min. Eduardo Alckmin.)
>
> *A insanabilidade das irregularidades que causaram a rejeição das contas pode ser aferida pela Justiça Eleitoral nos processos de registro de candidatura.* (TSE, Rec. Ord. nº 577, de 3.9.2002, Rel. Min. Fernando Neves)

Rejeitadas as contas com nota de improbidade administrativa, hão de ser elas consideradas de natureza insanável. (TSE, Rec. Ord. nº 626, de 1º.10.2002, Rel. Min. Barros Monteiro)

(...) O descumprimento da Lei de Licitação importa irregularidade insanável (art. 1º, I, "g", da LC nº 64/1990). (...). (Ac. nº 661, de 14/9/2000, Rel. Min. Nelson Jobim; no mesmo sentido os acórdãos nºs 16.549, de 19.9.2000, Rel. Min. Jacy Garcia Vieira e 124, de 22.9.1998, Rel. Min. Eduardo Alckmin)

E é esse, também, o pensamento autorizado de Pedro Henrique Távora Niess.[8]

O acréscimo da expressão "*ato doloso de improbidade administrativa*" (LC nº 135/2010) acabou por consolidar o dito entendimento jurisprudencial. Não é mesmo possível concluir pela causa de inelegibilidade nas hipóteses em que as irregularidades detectadas pelo TC não contem com a efetiva participação do agente, mas, ao contrário, sejam praticadas, por exemplo, por delegatário. A rejeição das contas da saúde não pode levar o prefeito à inelegibilidade, quando este tiver delegado ao respectivo secretário a ordenação daquelas despesas, porque, então, a hipótese será de dolo do secretário e culpa "in eligendo" do prefeito. E a lei não quis alcançar os mandatários nestas hipóteses. Mas, ao contrário, será de responsabilidade do prefeito, sempre dolosa e geradora do impedimento, a conduta ordenadora de despesas não precedidas de licitação, ou não acompanhadas dos documentos fiscais que asseguram a prestação do serviço ou o recebimento da mercadoria, etc. O agente que assume a administração de dinheiros, bens e valores públicos (como nos convênios) ou a ordenação da despesa age dolosamente quando causa prejuízo ao erário, proporciona desvio ou enriquecimento ilícito ou dá de ombros para os princípios de observância cogente na administração.

8. NIESS, Pedro Henrique Távora. *Direitos Políticos*, p. 155.

3. O juízo de insanabilidade

Mas essa definição – sobre ser insanável a irregularidade e caracterizadora de ato doloso de improbidade – não será encontrada na decisão de rejeição de contas, ou seja, o Tribunal de Contas, quando julga as contas dos responsáveis pela ordenação de despesas, ou quando oferece parecer prévio sobre as contas gerais anuais dos chefes do Executivo, não vai pronunciar-se sobre a natureza das irregularidades encontradas, se sanáveis ou insanáveis, se caracterizam ou não improbidade administrativa. O Tribunal de Contas rejeita contas sob o argumento de ter faltado prova da realização da despesa, ou por inobservância do procedimento de licitação, ou por aplicação de verba na educação em percentual inferior ao previsto na Constituição, etc.

Cabe à Justiça Eleitoral, quando da apreciação da candidatura, com ou sem impugnação (vale a pena relembrar que a inelegibilidade é matéria de ordem pública, que deve ser conhecida até mesmo de ofício pelo Juiz), avaliar se a irregularidade constatada quando da rejeição das contas é insanável ou não. Sendo insanável, indefere a candidatura, porque inelegível o candidato, desde que, evidentemente, ainda dentro dos 8 (oito) anos desde a decisão irrecorrível de rejeição.

> *À Justiça Eleitoral compete formular juízo de valor a respeito das irregularidades apontadas pelo Tribunal de Contas, vale dizer, se as irregularidades configuram ou não inelegibilidade. (...).* (STF, MS nº 22.087-2/DF, Rel. Min. Carlos Velloso, *DJU* 10.5.1996)
>
> *Registro de candidatura. Rejeição de contas. Decisões do Tribunal de Contas da União. Convênios com verbas repassadas (...) pelo FNDE. (...) Acórdão que teve como fundamento a necessidade de ter sido ajuizada ação por improbidade, nos termos da Lei nº 8.429/1992, calcada nos fatos objeto da decisão da Corte de Contas e, ainda, a natureza sanável das irregularidades apontadas em uma das decisões do TCU. Afastamento do primeiro fundamento. (...) Irregularidades de natureza insanável, com viso de improbidade administrativa. Inelegibilidade caracterizada. 1. A inelegibilidade da alínea "g" do inci-*

so I do art. 1º da LC nº 64/1990 decorre de decisão irrecorrível do órgão competente por irregularidade insanável, não estando condicionada à existência de ação por improbidade. (...). (Ac. nº 19.027, de 26.10.2000, Rel. Min. Fernando Neves.)

4. Suspensão ou anulação judicial da decisão de rejeição

Essa inelegibilidade, decorrente da decisão que rejeitou as contas do gestor de dinheiro público por irregularidade insanável, pode ser *suspensa ou anulada pelo Poder Judiciário*. A nova redação desta alínea "g", ao valer-se da expressão: *"salvo se esta* (decisão irrecorrível) *houver sido suspensa ou anulada pelo Poder Judiciário",* revoga em definitivo o enunciado da Súmula nº 1 do TSE, que, com a exigência da legislação anterior de mera submissão da questão à apreciação do Judiciário, chegou a contentar-se apenas com o protocolo da petição inicial de uma ação declaratória desconstitutiva da rejeição de contas, na Justiça Comum, para entender suspensa a inelegibilidade, que quase nunca era cumprida. Era bastante simples: o candidato com contas rejeitadas – portanto inelegível – ajuizava a ação, questionando todos os pontos considerados pelo Tribunal de Contas, e, com isso, suspendia a inelegibilidade e podia concorrer livremente às eleições. Era exatamente isso que dizia a leitura fria da Súmula nº 1 do TSE:

> *Proposta a ação para desconstituir a decisão que rejeitou as contas, anteriormente à impugnação, fica suspensa a inelegibilidade.* (Súmula nº 1 do TSE).

A nova redação da alínea "g", ao que se vê, veio ao encontro do novo entendimento que se firmou nos tribunais eleitorais desde o pleito de 2006,[9] não mais bastando o ajuizamento da ação desconstitutiva,

---

9. "Eleições 2006. Registro de Candidato. Deputado Estadual. Pedido indeferido. *Rejeição de contas. Ação sem eficácia suspensiva.* (...) 1. Para se aplicar a súmula 1 do TSE, é senhor que tenha sido concedida eficácia à ação proposta contra a decisão que rejeitou as contas, ainda que por meio de tutela antecipada (RO nº 912). (...)" (TSE, Ag. Reg. em RO nº 1.067, Rel. Min. Antônio Cezar Pelos, *DJ* de 4.12.2006).

"Registro de candidatura. Candidato a Deputado Estadual. *Contas rejeitadas* pelo Poder Legislativo Municipal. Ex-Prefeito. Recurso provido para se indeferir

ou seja, o protocolo de uma inicial. Necessário, agora também por força da LC nº 135, que haja o pronunciamento do Judiciário, na mencionada ação desconstitutiva, anulando ou suspendendo a decisão de rejeição das contas, ainda que por força de antecipação de tutela ou liminar, do que resultará a suspensão da inelegibilidade.

Em boa hora a alteração legislativa, pois que a suspensão da inelegibilidade com o tão-só protocolo da inicial da ação desconstitutiva consagrou o uso meramente oportunista do Poder Judiciário, com a finalidade apenas de possibilitar a candidatura, já que a discussão em torno das contas rejeitadas quase nunca importava verdadeiramente. Rejeitadas as contas, o candidato contra isso não se insurgia de imediato, deixava correr a inelegibilidade e só ajuizava a ação às vésperas do registro da candidatura, revelando, com isso, sua única pretensão: suspender a inelegibilidade.

Há importante dissenso na jurisprudência a respeito da possibilidade de, nessa ação declaratória desconstitutiva, discutir-se o *mérito da rejeição* das contas. O TJMG[10] tem decidido que a apreciação judi-

---

o registro. *1. O dilatado tempo entre as decisões que rejeitaram as contas e a propositura das ações anulatórias evidencia o menosprezo da autoridade julgada para com os seus julgadores.* 2. O ajuizamento da ação anulatória na undécima hora patenteia o propósito único de buscar o manto do enunciado sumular nº 1 deste Superior Eleitoral. Artificialização da incidência do verbete. 3. A ressalva contida na parte final da letra 'g' do inciso I do art. 1º da Lei Complementar nº 64/1990 há de ser entendida como a *possibilidade, sim, de suspensão de inelegibilidade mediante ingresso em juízo, porém debaixo das seguintes coordenadas* mentais: a) que esse bater às portas do Judiciário traduza a continuidade de uma 'questão' (no sentido de controvérsia ou lide) já iniciada na instância constitucional própria para o controle externo, que é, sabidamente, a instância formada pelo Poder Legislativo e pelo Tribunal de Contas (art. 71 da Constituição); b) que a petição judicial se limite a esgrimir tema ou temas de índole puramente processual, sabido que os órgãos do Poder Judiciário não podem se substituir, quanto ao mérito desse tipo de demanda, a qualquer das duas instâncias de Contas; c) que tal petição de ingresso venha ao menos a obter provimento cautelar de explícita suspensão dos efeitos da decisão contra a qual se irresigne o autor. Provimento cautelar tanto mais necessário quanto se sabe que, em matéria de contas, 'as decisões do tribunal de que resulte imputação de débito ou multa terão eficácia de título executivo' (§ 3º do art. 71 da Lei Constitucional) 4. Recurso ordinário provido." (TSE, RO nº 963, SP, Rel. Min. Carlos Ayres Britto).

10. Também o entendimento recente do TSE, no RO nº 963, SP, Rel. Min. Carlos Ayres Britto, conforme nota 9, supra.

cial limita-se ao aspecto formal da decisão do Legislativo, porque a apreciação do mérito seria indevida intromissão do Judiciário em atribuição exclusiva daquele. Nesse sentido:

> *Não compete ao Judiciário julgar as contas do Prefeito Municipal, pois, em sendo função exclusiva do Poder Legislativo Municipal o controle externo do Poder Executivo Municipal, circunscreve-se às Câmaras Municipais o exercício do controle sobre as contas do alcaide, observado o parecer do TC. Admitir-se o contrário importaria em violação ao princípio da independência dos Poderes, insculpido no art. 2º da Constituição Federal. Ao Judiciário cabe tão-somente examinar o aspecto formal da sessão convocada para a apreciação das contas do Prefeito Municipal.* (TJMG, Ap. Cível nº 96.808-1/00, Pará de Minas, Rel. Des. Isalino Lisboa, 26.10.2000)

> *Contas da Câmara Municipal – Julgamento – Tribunal de Contas* – Competência – Ação de nulidade ou retificação do ato de julgamento proposta por Vereador – (...) –Decisão técnica do Tribunal de Contas – Revisão – Poder Judiciário – Incompetência – Análise restrita aos aspectos formais do ato – Intimação do Presidente da Câmara – Notificação dos outros Vereadores – Desnecessidade – (...) – O Poder Judiciário é incompetente para rever as decisões técnicas do Tribunal de Contas, mormente no que diz respeito à metodologia do exame de contas. *O Judiciário deve-se ater à análise da legalidade dos aspectos formais do ato administrativo, não podendo pronunciar-se sobre o mérito, em respeito ao princípio da independência dos Poderes.* (TJMG, Ap. Cível nº 252.500-4/00, Belo Horizonte, Rel. Des. Brandão Teixeira, em 18.3.2003 – Destaquei)

No STJ, todavia, o pensamento verte no sentido da possibilidade de questionamento do mérito da rejeição:

> *Prestação de contas. Prefeito. Rejeição pela Câmara de Vereadores por falta de quórum. Ação anulatória, prevista no art. 1º, inciso I, letra g, da Lei Complementar nº 64/1990. Cabimento. Âmbito. A ação anulatória referida no citado preceito legal complementar é cabível contra a decisão da Câmara de*

Vereadores, incluindo-se, no seu âmbito, as questões relativas à regularidade do processo e à existência dos motivos atinentes ao ato de rejeição das contas. (STJ, RESPE nº 80.419-MG, Rel. Min. Antônio de Pádua Ribeiro, *DJU* 13.5.1996)

Essa decisão judicial de suspensão ou anulação da rejeição de contas não produzirá o efeito de suspensão da inelegibilidade se não for juntada ao pedido de registro ou se não chegar à Justiça Eleitoral pelo menos até o julgamento deste, quando são analisadas as condições de elegibilidade e causas de inelegibilidade, inclusive as alterações fáticas e jurídicas posteriores à formalização do pedido de registro, como autorizado pelo novo § 10, do art. 11, da Lei nº 9.504/1997, a chamada elegibilidade superveniente.[11]

Durante toda a tramitação da mencionada ação desconstitutiva, a inelegibilidade permanece suspensa (se obtido provimento neste sentido) e o prestador das contas pode candidatar-se livremente. Se o pedido for julgado improcedente (hipótese em que terá subsistido a irregularidade questionada), a inelegibilidade decorrente da rejeição das contas volta a produzir seus efeitos, ou seja, o prestador das contas está novamente inelegível, agora pelo período de tempo que faltava quando da suspensão. Explica-se: o administrador público tem suas contas rejeitadas pelo TC em decisão irrecorrível em 30 de abril de 2006. Por aplicação da regra contida no art. 1º, I, *g*, da Lei Complementar nº 64/1990, na redação que lhe deu a LC nº 135/2010, está inelegível até 30 de abril de 2014 (8 anos). Já nas eleições de 2006, apresenta sua candidatura e, para não tê-la indeferida, propõe a ação anulatória. Suspensa a inelegibilidade por força de antecipação de tutela na Justiça Comum, em 30 de junho de 2006, percebe-se que faltavam ainda 7 anos e dez meses de inelegibilidade a serem cumpridos. Durante a tramitação daquela ação desconstitutiva, o prestador das contas rejeitadas pode-se candidatar livremente. Quando o seu pedido for julgado improcedente, a inelegibilidade volta a produzir seus efeitos pelo referido tempo restante, ficando ele impedido de concorrer a qualquer cargo eletivo por mais 7 anos e 10 meses, a partir

11. No *Teoria e Prática do Direito Eleitoral*, 5ª ed., Del Rey, 2010, de minha autoria, o tema foi mais detalhadamente desenvolvido.

do trânsito em julgado da sentença de improcedência na mencionada ação. Eventual revogação da liminar ou tutela antecipada também fará incidir a inelegibilidade.

> *Inelegibilidade. Rejeição de contas. Ação anulatória. A propositura de ação, tendente a desconstituir a decisão de rejeição de contas, suspende a inelegibilidade e, em consequência, não flui o prazo de cinco anos. Transitada em julgado a sentença, não acolhendo o pedido, volta a correr aquele prazo,*[12] *persistindo a inelegibilidade pelo tempo que faltar. Impossibilidade de admitir-se seja o interessado elegível e, ao mesmo tempo, tenha curso o prazo durante o qual será inelegível.* (Ac. nº 237, de 8.9.1998, Rel. Min. Néri da Silveira; no mesmo sentido os acórdãos nºs 459, de 10.10.2000, Rel. Min. Fernando Neves, e 16.433, de 5.9.2000, Rel. Min. Fernando Neves)

Mas é bom lembrar que a inelegibilidade que decorre da decisão irrecorrível de rejeição das contas públicas só se suspende ou se anula por decisão judicial, porque essa foi a única hipótese prevista no texto. Fixada a inelegibilidade a partir da decisão de rejeição, a sua suspensão ou anulação pelo Poder Judiciário constitui exceção ao impedimento dos que cometeram irregularidades insanáveis na administração, como tal devendo ser interpretada restritivamente, não se admitindo a suspensão ou anulação provinda, por exemplo, do próprio órgão julgador das contas, em procedimento de revisão muitas vezes instaurado *ex officio*.

5. O novo prazo da inelegibilidade

A reforma da lei das inelegibilidades ainda alterou, para todas as hipóteses ali tratadas, o prazo de duração do impedimento, agora unificado em 8 (oito) anos, que no caso da rejeição de contas públicas conta-se a partir da decisão irrecorrível do órgão competente. Então, relembre-se que (1) se as contas forem rejeitadas por irregularidades na gestão do orçamento, a inelegibilidade conta-se a partir da decisão

12. Esse prazo de cinco anos foi alterado para oito, pela LC nº 135.

da Casa Legislativa que confirmar o parecer prévio do TC; e (2) se a rejeição basear-se em irregularidades de administradores e responsáveis pela ordenação de despesas, a decisão irrecorrível do TC é termo inicial para a contagem dos 8 (oito) anos de impedimento.

Duas Causas de Inelegibilidade

Alínea 'e' (condenação criminal) e alínea 'g' (rejeição de contas) Alterações na LC nº 64/1990

Francisco de Assis Vieira Sanseverino[1]

1. Breve observação preliminar

Delimita-se como objeto deste artigo destacar, de forma sintética e objetiva, aspectos relevantes e essenciais das alterações da LC nº 64/1990 feitas pela LC nº 135/2010 em relação a duas causas de inelegibilidade: alínea 'e' (condenação criminal) e alínea 'g' (rejeição de contas). Registra-se, por oportuno, que a abordagem será feita na perspectiva jurídica de forma preponderante, não obstante a relevância

---

1. FRANCISCO DE ASSIS VIEIRA SANSEVERINO é Procurador Regional da República – 4ª Região; ex-Procurador Regional Eleitoral no RS (2000-2; 2002-4); Mestre em Instituições do Direito e do Estado pela PUC-RS; Professor de Direito Eleitoral na Escola Verbo Jurídico (Pós Graduação – Especialização), na Escola Superior da Magistratura – AJURIS; Professor de Direito Constitucional na Escola da Magistratura Federal – ESMAFE – RS; Livros publicados pela Verbo Jurídico Editora: *Compra de votos – análise à luz dos princípios constitucionais*; *Uso da máquina pública nas campanhas eleitorais* e *Direito Eleitoral.*

de outras perspectivas (histórica, sociológica, política, econômica, etc.) e da perspectiva interdisciplinar.

Torna-se oportuno e necessário ressalvar que não se tem a pretensão de fazer a interpretação de forma exaustiva de cada uma daquelas causas de inelegibilidade, embora sua eminente importância e essencialidade.[2]

Este artigo, inicialmente, refere-se, de forma resumida, à origem histórica da nova redação da LC nº 64/1990, que parte dos princípios constitucionais fundamentais (Republicano, Democrático, Federativo), os quais servem de fundamento ao Direito Eleitoral; após, relembra o conceito de inelegibilidade. Finalmente, passa a estudar as duas causas de inelegibilidade.

Trata-se de uma primeira contribuição para debater e interpretar as novas regras; o que será enriquecido gradativamente pela interpretação e aplicação feitas pelos Tribunais, pelo Ministério Público, pelos Advogados, pela Doutrina, no âmbito do Direito Eleitoral.

---

2. Sobre inelegibilidades: ver SANSEVERINO, Francisco de Assis Vieira. *Direito Eleitoral*, 3ª ed., Porto Alegre: Verbo Jurídico, 2010, especialmente, item 5.3 e Capítulo XIII – Breves comentários à LC nº 135, de 7.6.2010, no qual há a análise de cada um dos dispositivos. – Ver também ALVES, José Carlos Moreira. "Pressupostos de elegibilidades e inelegibilidades". *In Estudos em homenagem a Aliomar Baleeiro*. Editora Universidade de Brasília, 1976, pp. 225-232; CERQUEIRA, Thales Tácito Pontes Luz de Pádua. *Direito Eleitoral brasileiro: O Ministério Público Eleitoral, as eleições em face da Lei nº 9.504/1997*. 2ª ed. rev., ampl. e atual., Belo Horizonte: Del Rey, 2002; CÂNDIDO, Joel J. *Inelegibilidades no Direito Brasileiro*. Bauru-São Paulo: EDIPRO, 1999; COSTA, Adriano Soares da. *Teoria da Inelegibilidade, Direito Processual Eleitoral e Comentários à Lei Eleitoral*. 5ª ed. rev. e atual., Belo Horizonte: Del Rey, 2002; FERREIRA, Pinto. *Princípios Gerais do Direito Constitucional Moderno*. 6ª ed. ampl. e atual., São Paulo: Saraiva, 1983; MENDES, Antônio Carlos. *Introdução à Teoria das Inelegibilidades*. São Paulo: Malheiros: 1994; MICHELS, Vera Maria Nunes. *Direito Eleitoral, de acordo com a Lei nº 9.504/1997*. 2ª ed. rev. atual. ampl., Porto Alegre: Livraria do Advogado, 2002; NIESS, Pedro Henrique Távora. *Direitos Políticos – Elegibilidade, Inelegibilidade e Ações Eleitorais*. 2ª ed. rev. e atual., Bauru-São Paulo: EDIPRO, 2000; PORTO, Walter Costa. *Dicionário do Voto*. Brasília: Editora Universidade de Brasília: São Paulo: Imprensa Oficial do Estado, 2000; RAMAYANA, Marcos. *Direito Eleitoral*. Rio de Janeiro: Impetus, 2004; SILVEIRA, José Néri da. *Aspectos do Processo Eleitoral*. Porto Alegre: Livraria do Advogado, 1998; SILVA, José Afonso da. *Curso de Direito Constitucional Positivo*. 17ª ed., São Paulo: Malheiros, 2000.

2. Breve registro histórico

No plano histórico e sociológico, o *Projeto de lei sobre a vida pregressa dos candidatos* trata-se de nova mobilização popular, organizada pelo MCCE[3] lançada em abril de 2008. Na campanha denominada de "Ficha Limpa", o MCCE iniciou a coleta de assinaturas para um novo projeto de lei de iniciativa popular em maio de 2008, para dispor sobre a vida pregressa dos candidatos e para tornar mais rigorosos os critérios de inelegibilidade.[4]

Em setembro de 2009, o projeto de lei de iniciativa popular foi encaminhado com 1,6 milhão de assinaturas à Câmara dos Deputados; e, posteriormente, aprovado pelo Senado Federal no dia 19.5.2010.

Finalmente, a LC nº 135/2010 foi publicada no dia 7.6.2010.

Na perspectiva histórica mais recente da legislação, a redação original da CF previa que lei complementar estabeleceria outros casos de inelegibilidade e os prazos de sua cessação, a fim de proteger a normalidade e legitimidade das eleições contra a influência do poder econômico ou o abuso do exercício de função, cargo ou emprego na administração direta ou indireta.

Regulamentando o § 9º do art. 14 da CF, foi editada a LC nº 64/1990, de 18.5.1990, a qual estabelece casos de inelegibilidade infraconstitucional, prazos de sua cessação e outras providências.

Posteriormente, a Emenda Constitucional de Revisão nº 4/94 deu nova redação ao § 9º do art. 14, prevendo que Lei Complementar estabeleceria outros casos de inelegibilidade e os prazos de sua cessação, a fim de proteger a probidade administrativa, a moralidade para o exercício do mandato (considerada a vida pregressa do candidato), e a normalidade e legitimidade das eleições contra o abuso do poder econômico ou abuso do poder político.

A LC nº 64/1990, desde então, havia sido alterada somente em um tópico, mais especificamente, a alínea 'b' do inciso I do art. 1º, pela LC nº 81/1994. A LC nº 64/1990 sofre agora alteração mais extensa e profunda com a LC nº 135/2010.

---

3. Movimento de Combate à Corrupção Eleitoral – MCCE: *www.mcce.org.br*.

4. V. sobre o projeto de lei original, site do MCCE: *www.mcce.org.br*.

3. Princípios constitucionais[5]

Como ponto de partida, pode-se tomar, de forma mais geral, os princípios constitucionais fundamentais que exercem diferentes funções em relação ao Direito Eleitoral: (a) servem de fundamento para o Direito Eleitoral; (b) fornecem coerência e unidade ao Direito Eleitoral como sistema; (c) orientam o intérprete e o aplicador na busca do sentido e alcance das demais normas (princípios e regras) que integram o Direito Eleitoral.

Desta forma, o Direito Eleitoral serve para desdobrar e efetivar os princípios fundamentais, especialmente os Princípios Republicano, Democrático e Federativo, os quais lhes dão fundamento. Passa-se então a fazer um panorama geral destes princípios fundamentais, de forma resumida.

Princípio Republicano: a Constituição, de 1988, consagra, como forma de governo, o Princípio Republicano. Pode-se dizer que República consiste na forma de governo em que o povo elege periodicamente os governantes, para exercerem mandatos temporários com responsabilidade. No conceito, encontram-se as três características da República, apontadas pela doutrina clássica: temporariedade, eletividade e responsabilidade. Em relação ao tema, cabe destacar a *responsabilidade* (civil, política, administrativa, penal). De forma mais geral, pode-se afirmar que, na República, os governantes, os agentes públicos, em sentido amplo, devem responder pelos seus atos. Por exemplo, a CF estabelece a responsabilidade civil (art. 37, § 6°); administrativa (art. 37, § 4°); político-criminal (crimes de responsabilidade do Presidente da República, art. 85); responsabilidade política (prestação de contas, feita anualmente pelo Chefe do Poder Executivo ao Poder Legislativo; competência do Congresso Nacional, art. 49, IX); competência do Poder Legislativo Municipal, os Tribunais de Contas, como órgão auxiliar (art. 31, §§ 1º a 4º; v. regra sobre parecer prévio, emitido pelo órgão competente, art. 31, § 2º); temos como consequências

5. Cf. *Compra de votos: análise à luz dos princípios constitucionais*. Porto Alegre, Verbo Jurídico, 2007, de nossa autoria, especialmente a Parte I, que examina os Princípios Constitucionais, o Princípio Democrático e o Princípio Republicano.

no Direito Eleitoral: a suspensão dos direitos políticos por condenação criminal transitada em julgado (CF, art. 15, III), por improbidade administrativa nos termos do art. 37, § 4º, a inelegibilidade pela rejeição das contas (LC nº 64, art. 1º, I, 'g').

Princípio Democrático: no que se refere ao regime político, o *Princípio Democrático*, especialmente, a Democracia Representativa, a qual consiste basicamente em que o povo exerce o poder político, através de representantes eleitos (CF, art. 1°, parágrafo único). Cabe, desde agora, utilizar este conceito de "democracia representativa" com a aplicação as noções de Direito Eleitoral: "*o povo elege os representantes no Legislativo e no Executivo com base nos candidatos, escolhidos em convenção e apresentados pelos partidos políticos ou pelas coligações*". No que se refere ao regime político, o *Princípio Democrático*, especialmente, a Democracia Representativa, consiste basicamente em que o povo exerce o poder político, através de representantes eleitos (CF, art. 1°, parágrafo único). Cabe, então, utilizar este conceito de "democracia representativa" com a aplicação às noções de Direito Eleitoral: "*o povo elege os representantes no Legislativo e no Executivo com base nos candidatos, escolhidos em convenção e apresentados pelos partidos políticos ou pelas coligações*". Desta forma, por ser um desdobramento do Princípio Democrático, impõe-se registrar a importância da elegibilidade (condições de elegibilidade e causas de inelegibilidade) em relação ao cidadão que pretenda concorrer a cargo eletivo e alcançar a condição de representante do povo.

Em relação à *forma de Estado*, o Estado brasileiro, com base no *Princípio Federativo* (art. 1° c/c art. 18 da CF), é formado pela união indissolúvel da União, dos Estados, do Distrito Federal e Municípios, todos dotados de autonomia político-constitucional. No que se refere à competência legislativa, compete privativamente à União legislar sobre Direito Eleitoral (art. 22, I).[6] De outro lado, em cada unidade da Federação (União, Estados, DF, Municípios), o povo (o conjunto de cidadãos) elege seus representantes para o Legislativo e para o Execu-

6. Vale registrar ainda que o CE (art. 243, VIII), lei federal, de competência da União, prevê que não será tolerada propaganda que contravenha a posturas municipais, de competência exclusiva do Município.

tivo, dentre os candidatos que devem ter domicílio eleitoral, pelo menos um ano antes das eleições, naquelas circunscrições eleitorais (CF, art. 14, § 3°, IV; Lei n° 9.504/1997, art. 9°).

4. Conceito, distinção, fundamentos constitucional e legal das causas de inelegibilidade

Inelegibilidade, no sentido comum, poderia ser tomada pelo seu antônimo que é a elegibilidade. Se elegibilidade significa a aptidão de ser eleito, inelegibilidade seria a inaptidão de ser eleito, *a contrario sensu*, o não preenchimento das condições de elegibilidade. Entretanto, dita interpretação acarreta equívocos já que elegibilidade e inelegibilidade são institutos jurídicos distintos, não podendo ser tomados como o verso e o reverso da mesma moeda.[7]

O cidadão, ao concorrer a cargo eletivo, deve preencher as condições de elegibilidade (requisitos positivos) e não deve incorrer nas causas de inelegibilidade (requisitos negativos).

As inelegibilidades, segundo Moreira Alves, posicionamento também esposado por Néri da Silveira,

> *[...] são impedimentos que, se não afastados por quem preencha os pressupostos de elegibilidade, lhes obstam concorrer a eleições, ou – se supervenientes ao registro ou se de natureza constitucional – servem de fundamento à impugnação de sua diplomação, se eleito.*[8]

Relevante a observação feita por Néri da Silveira no sentido de que as inelegibilidades implicam restrições ao direito político do cidadão de ser votado para cargos eletivos, um dos direitos fundamentais. Em face disso, ressalta-se a necessidade de a matéria ser regulada pela própria Constituição, de forma exaustiva, ou, no mínimo, nela estarem previstos os princípios básicos delas regentes.[9]

---

7. MENDES, *op. cit.*, p. 108.
8. ALVES, *op. cit.*, p. 228; SILVEIRA, 1998, p. 31.
9. SILVEIRA, *op. cit.* p. 32.

No Direito Eleitoral brasileiro, as inelegibilidades consistem, basicamente, em causas que restringem o direito de ser votado do cidadão e se originam antes ou após o registro da candidatura, previstas na Constituição ou em lei complementar.

Cabe examinar, de forma sintética, os elementos da noção apresentada. Trata-se de impedimento ou restrição que atinge o direito político de ser eleito. Não alcança o direito de voto do cidadão, se reconhecida sua inelegibilidade.

Tais causas de inelegibilidade podem ocorrer antes do registro da candidatura (inelegibilidades anteriores), ou após aquele registro (inelegibilidades supervenientes), sendo que essas duas categorias têm importância em face da possibilidade de ocorrer a preclusão, conforme o respectivo fundamento constitucional ou legal.[10]

A parte final da noção refere-se ao respectivo fundamento constitucional ou legal. As inelegibilidades têm fundamento na Constituição e em lei complementar. A CF, antes da modificação da EC nº 16, de 4.6.1997, previa as causas de inelegibilidades no art. 14, §§ 4º, 5º,

---

10. MENDES, *op. cit.*, pp. 136-7. O autor entende que é discutível, sob o enfoque metodológico, a expressão inelegibilidade superveniente: "Essa expressão é utilizada pela elaboração pretoriana, tendo como referência o procedimento de registro de candidatos. Todavia 'inelegibilidade superveniente' sugere a existência de obstáculo ao *ius honorum* cujo prazo de desincompatibilização completa-se após o registro ou o dia das eleições respectivas. Do ângulo do Direito positivo brasileiro, a inelegibilidade é situação objetiva preexistente ao registro e às eleições e, nessa perspectiva, a denominação é desaconselhável. Porém, em tese, é possível o candidato contrair núpcias, por exemplo, com a filha do chefe do Executivo após o registro de candidato ou ser nomeado para cargo ou função durante o período suspeito, tornando-se, assim, inelegível. Mas a rigor, e na maioria das vezes, a expressão 'inelegibilidade superveniente' é utilizada para significar hipóteses de suspensão dos direitos políticos, determinando a anulação do registro de candidato ou do diploma por ilegalidade". O autor menciona que é corrente a utilização da expressão. Não cabe aprofundar o debate, em face das limitações impostas neste trabalho. Entretanto, registra-se a discordância com o posicionamento do autor contra aquela expressão. S.M.J., a doutrina e a jurisprudência consagraram as expressões, inelegibilidade superveniente, em contraste com a inelegibilidade anterior, vinculadas ao momento em que ocorre a causa de inelegibilidade, se antes do registro da candidatura e à questão da preclusão (art. 259 do CE).

6º, e 7º.[11] Com a edição da EC nº 16/1997, o § 5º do art. 14 deixou de prever a inelegibilidade (também denominada de irreelegibilidade) para o mesmo cargo, no período subsequente, dos Chefes do Poder Executivo nas três esferas de governo (federal, estadual e municipal) e passou a admitir a sua reeleição. Hoje, as inelegibilidades constitucionais têm fundamento nas hipóteses dos §§ 4º, 6º, 7º do art. 14.

As demais hipóteses de inelegibilidades decorrem de lei complementar, editada com base nas matérias e diretrizes do § 9º do art. 14 da CF e aprovada por maioria absoluta (art. 69 da CF). Atualmente, está em vigor a LC nº 64/1990, editada com fundamento no § 9º do art. 14 da CF. O § 9º do art. 14 da Constituição, com redação da EC de Revisão nº 4, de 7.6.1994, prevê que lei complementar estabelecerá outros casos de inelegibilidade e os prazos de sua cessação, a fim de proteger a probidade administrativa, a moralidade para o exercício do mandato, consideradas a vida pregressa do candidato e a normalidade e legitimidade das eleições contra a influência do poder econômico ou o abuso do exercício de função, cargo ou emprego na administração direta ou indireta. Recentemente, a LC nº 64/1990 sofreu alteração extensa e profunda com a LC nº 135/2010.

Embora sejam relevantes as hipóteses de inelegibilidades previstas na Constituição e na LC nº 64/1990, editada com fundamento no § 9º do art. 14, não cabe o seu exame mais detalhado nos limites estabelecidos neste artigo.[12]

---

11. BRASIL. CF. Art. 14. *§ 4º. São inelegíveis os inalistáveis e os analfabetos. § 5º. São inelegíveis para os mesmos cargos, no período subsequente, o Presidente da República, os Governadores de Estado e do Distrito Federal, os Prefeitos e quem os houver sucedido ou substituído nos seis meses anteriores ao pleito.* (Redação anterior à Emenda Constitucional nº 16, de 4.6.1997). *§ 6º Para concorrerem a outros cargos, o Presidente da República, os Governadores de Estado e do Distrito Federal e os Prefeitos devem renunciar aos respectivos mandatos até seis meses antes do pleito. § 7º São inelegíveis, no território de jurisdição do titular, o cônjuge e os parentes consanguíneos ou afins, até o segundo grau ou por adoção, do Presidente da República, de Governador de Estado ou Território, do Distrito Federal, de Prefeito ou de quem os haja substituído dentro dos seis meses anteriores ao pleito, salvo se já titular de mandato eletivo e candidato à reeleição.*

12. Sobre os casos de inelegibilidade alterados e os novos casos, ver *Direito Eleitoral*. 3ª ed., Porto Alegre: Verbo Jurídico, 2010, Capítulo XIII – Breves comentários à LC nº 135, 7.6.2010, no qual há a análise de cada um dos dispositivos.

Cabe agora examinar as duas causas de inelegibilidade, objeto deste artigo: alínea 'e' (condenação criminal) e alínea 'g' (rejeição de contas) do art. 1º, inciso I, da LC nº 64/1990, alterada pela LC nº 135/2010.

5. Alínea 'e' – a vida pregressa e a condenação criminal

Trata-se de causa de inelegibilidade infraconstitucional com a finalidade de proteger a moralidade para exerício de mandato, considerada a vida pregressa do candidato (CF, 14, § 9º).

O art. 1º, inciso I, alínea 'e', da LC nº 64/1990, com a redação da LC nº 135/2010, prevê a inelegibilidade dos que forem condenados, em decisão transitada em julgado ou proferida por órgão judicial colegiado, desde a condenação até o transcurso do prazo de 8 (oito) anos após o cumprimento da pena, pelos crimes:

> *1. contra a economia popular, a fé pública, a administração pública e o patrimônio público;*
>
> *2. contra o patrimônio privado, o sistema financeiro, o mercado de capitais e os previstos na lei que regula a falência;*
>
> *3. contra o meio ambiente e a saúde pública;*
>
> *4. eleitorais, para os quais a lei comine pena privativa de liberdade;*
>
> *5. de abuso de autoridade, nos casos em que houver condenação à perda do cargo ou à inabilitação para o exercício de função pública;*
>
> *6. de lavagem ou ocultação de bens, direitos e valores;*
>
> *7. de tráfico de entorpecentes e drogas afins, racismo, tortura, terrorismo e hediondos;*
>
> *8. de redução à condição análoga à de escravo;*
>
> *9. contra a vida e a dignidade sexual; e*
>
> *10. praticados por organização criminosa, quadrilha ou bando;*

A questão da constitucionalidade: impõe-se examinar a questão da constitucionalidade da nova redação da causa de inelegibilidade em face da garantia constitucional do inciso LVII do art. 5º da CF (*ninguém será considerado culpado até o trânsito em julgado de sentença penal condenatória*). Embora relevantes e importantes, outros aspectos desta garantia constitucional, não fazem parte dos objetivos aqui delimitados.

Cabe delimitar que a matéria será examinada no âmbito dos direitos políticos (direitos de participação política), especialmente no que se refere ao direito de ser votado (capacidade eleitoral passiva). Com efeito, a condenação criminal transitada em julgado, enquanto durarem os seus efeitos, suspende os direitos políticos do cidadão (CF, art. 15, III). Vale dizer, na medida em que suspende os direitos de participação política em qualquer de suas modalidades (votar, ser votado, participar do tribunal do júri, ajuizar ação popular, etc.), a regra constitucional exige o trânsito em julgado da condenação, estabelece o tempo de sua duração, enquanto durarem os efeitos da condenação.

De forma mais geral, pode-se também dizer que o cidadão, para exercer cargo público, deve prestar concurso público, além de preencher outros requisitos.

De maneira mais ampla, pode-se ainda afirmar que os critérios de escolha de um empregado também baseiam-se em determinados critérios, como a confiabilidade, a experiência na atividade, a formação, etc.

A título de comparação ainda, os requisitos, positivos e negativos, que o cidadão deve preencher para outros cargos que exercem funções do poder político (do Poder Judiciário, do Ministério Público, do Tribunal de Contas) devem ter grau de exigência rigoroso.

A questão central da nova regra de inelegibilidade situa-se somente no âmbito do direito de ser votado (capacidade eleitoral passiva). Trata-se do direito a ser eleito para exercer as funções do poder político do Estado (legislar e administrar ou executar as leis); para exercer o poder em nome do povo (como seu representante); para exercer cargos dos Poderes Legislativo e Executivo, no âmbito da União, dos Estados, do Distrito Federal e dos Municípios. Trata-se do processo de eleição (escolha), a ser feita pelo povo, do cidadão que exercerá alguma daquelas funções, algum daqueles cargos.

Dessa forma, os requisitos positivos e negativos, que o cidadão tem que preencher, devem ser rigorosos para participar desse processo de eleição e devem também ter um grau de exigência inflexível. Os requisitos positivos são as condições de elegibilidade (CF, art. 14, § 3º, I a VI); os requisitos negativos são as causas de inelegibilidade, previstas na CF (art. 14, §§ 4º, 6º e 7º) e na LC nº 64/1990.

A própria Constituição, ao prever que lei complementar estabelecerá outros casos de inelegibilidade, estabelece *os valores* que devem ser protegidos: a probidade administrativa, a moralidade para o exercício do mandato (considerada a vida pregressa do candidato), e a normalidade e legitimidade das eleições contra o abuso do poder econômico ou abuso do poder político (art. 14, § 9º).

No caso, trata-se de cláusula constitucional de *"proteção da moralidade para o exercício do mandato, devendo ser considerada a vida pregressa do candidato"*.

Quanto à vida pregressa do candidato, o critério da regra anterior da LC nº 64/1990 exigia a condenação criminal transitada em julgado. Agora, o novo critério exige a condenação transitada em julgado e acrescenta a possibilidade de decisão proferida por órgão judicial colegiado.

Os órgãos judiciais colegiados podem ser os Tribunais de Justiça, os Tribunais Regionais Federais, os Tribunais Regionais Eleitorais, os Tribunais Superiores (STJ, TSE) e o STF, no exercício de competência originária ou recursal. Deve-se levar em consideração que, em princípio, as decisões devem ser colegiadas, não proferidas por somente um juiz, pressupondo a possibilidade de exame, de discussão entre os membros dos Tribunais.

As alterações na alínea 'e': as principais alterações são as seguintes.

Em relação ao prazo de cessação da inelegibilidade, pode-se dizer que existem duas modificações. A primeira refere-se ao prazo da inelegibilidade, antes era de 3 anos, agora o prazo da inelegibilidade é desde a condenação até 8 anos após o cumprimento da pena.

A segunda refere-se ao início dos efeitos da inelegibilidade. Com efeito, a nova regra prevê o requisito da existência de decisão condenatória proferida por órgão colegiado ou o trânsito em julgado da decisão condenatória.

Em relação aos recursos, o órgão colegiado do Tribunal ao qual couber a apreciação do curso contra a decisão colegiada, poderá, em caráter cautelar, suspender a inelegibilidade, preenchidos os requisitos e na forma, previstos no art. 26-C.[13]

Cabe destacar que a mudança antecipa os efeitos da inelegibilidade para a condenação proferida pelo órgão colegiado. Num segundo momento, havendo o trânsito em julgado da sentença condenatória, ocorrerá a suspensão dos direitos políticos enquanto durarem os seus efeitos (CF, art. 15, III). Num terceiro momento, após o cumprimento da pena, transcorrerá novamente o prazo de inelegibilidade pelo período de 8 anos.

Além disso, a nova regra aumentou a lista de crimes que acarretam a inelegibilidade, conforme se poder verificar no quadro abaixo:

Redação anterior	**Nova redação da LC nº 64/1990**
contra a economia popular, a fé publica, o patrimônio público	*1. contra a economia popular, a fé pública, a administração pública e o patrimônio público*
contra o mercado financeiro	*2. contra o patrimônio privado, o sistema financeiro, o mercado de capitais e os previstos na lei que regula a falência*
	3. contra o meio ambiente e a saúde pública
eleitorais	*4. eleitorais, para os quais a lei comine pena privativa de liberdade*

13. V. sobre a possibilidade de suspender os efeitos da decisão que declara a inelegibilidade nos comentários ao art. 26-C da LC nº 64/1990.

	5. de abuso de autoridade, nos casos em que houver condenação à perda do cargo ou à inabilitação para o exercício de função pública
	6. de lavagem ou ocultação de bens, direitos e valores
tráfico de entorpecentes	*7. de tráfico de entorpecentes e drogas afins, racismo, tortura, terrorismo e hediondos*
	8. de redução à condição análoga à de escravo
	9. contra a vida e a dignidade sexual
	10. praticados por organização criminosa, quadrilha ou bando

Há modificação em relação aos crimes eleitorais; a nova regra prevê os crimes eleitorais para os quais a lei comine pena privativa de liberdade.[14]

Por fim, o § 4º do art. 1º da LC nº 64/1990, acrescentado pela LC nº 135/2010, prevê que a inelegibilidade prevista na alínea "e" do inciso I deste artigo não se aplica aos crimes culposos[15] e àqueles definidos em lei como de menor potencial ofensivo,[16] nem aos crimes de ação penal privada.[17]

14. CP, art. 32, I; art. 33; penas privativas de liberdade são de reclusão e detenção.

15. CP, art. 18. Diz-se o crime: (...) II – culposo, quando o agente deu causa ao resultado por imprudência, negligência ou imperícia.

16. Lei nº 9.099/1995, art. 61. Consideram-se infrações penais de menor potencial ofensivo, para os efeitos desta Lei, as contravenções penais e os crimes a que a lei comine pena máxima não superior a 2 (dois) anos, cumulada ou não com multa.

17. CP, art. 100. A ação penal é pública, salvo quando a lei expressamente a declara privativa do ofendido. (...) § 2º A ação de iniciativa privada é promovida mediante queixa do ofendido ou de quem tenha qualidade para representá-lo.

6. Alínea 'g' – a rejeição de contas por órgão competente

Trata-se de causa de inelegibilidade infraconstitucional com a finalidade de proteger a probidade administrativa (CF, 14, § 9º).

O art. 1º, I, "g", da LC nº 64/1990, com a alteração da LC nº 135/2010 prevê a inelegibilidade dos que tiverem suas contas relativas ao exercício de cargos ou funções públicas rejeitadas por irregularidade insanável que configure ato doloso de improbidade administrativa, e por decisão irrecorrível do órgão competente, salvo se esta houver sido suspensa ou anulada pelo Poder Judiciário, para as eleições que se realizarem nos 8 (oito) anos seguintes, contados a partir da data da decisão, aplicando-se o disposto no inciso II do art. 71 da CF, a todos os ordenadores de despesa, sem exclusão de mandatários que houverem agido nessa condição.

A causa da inelegibilidade passa a ter os seguintes requisitos:

(1) aplicação da inelegibilidade aos que tiverem suas contas relativas ao exercício de cargos ou funções públicas rejeitadas. Aplicação do disposto no inciso II do art. 71 da CF,[18] a todos os ordenadores de despesa, sem exclusão de mandatários que houverem agido nessa condição;

(2) irregularidade insanável que configure ato doloso de improbidade administrativa. Quanto à nota de improbidade administrativa, a lei passa a prever expressamente aspecto que já era objeto da jurisprudência do TSE;

(3) decisão irrecorrível do órgão competente, salvo se esta houver sido suspensa ou anulada pelo Poder Judiciário. Da mesma forma, a possibilidade de suspensão dos efeitos da decisão de rejeição de contas pelo Poder Judiciário;

---

18. CF, art. 71. O controle eterno, a cargo do Congresso Nacional, será exercido com o auxílio do Tribunal de Contas da União, ao qual compete: (...) II – julgar as contas dos administradores e demais responsáveis por dinheiros, bens e valores públicos da administração direta e indireta, incluídas as fundações e sociedades instituídas e mantidas pelo Poder Público federal, e as contas daqueles que derem causa a perda, extravio ou outra irregularidade de que resulte prejuízo ao erário público.

(4) prazo da inelegibilidade no prazo de 8 anos, contados da decisão irrecorrível. Amplia o prazo para 8 anos; o prazo anterior era de 5 anos.

Esta hipótese de inelegibilidade envolve aspectos complexos, os quais, embora sejam importantes, passa-se a analisá-los de forma sintética. A rejeição das contas do administrador público deve ter como fundamento irregularidade insanável que configure ato doloso de improbidade administrativa. Rigorosamente, a nova redação da alínea 'g' não inova; o texto da lei complementar incorpora a cláusula da "nota de improbidade", já consagrada na jurisprudência do TSE, desde a edição da LC nº 64/1990.[19]

A decisão deve ser irrecorrível e proferida pelo órgão competente. Torna-se oportuno trazer alguns exemplos, extraídos da Constituição: (1) é da competência exclusiva do Congresso Nacional, com auxílio do Tribunal de Contas da União – TCU, julgar anualmente as contas prestadas pelo Presidente da República (art. 49, IX, c/c art. 71); (2) no caso dos Municípios, o controle externo da Câmara Municipal será exercido com o auxílio dos Tribunais de Contas dos Estados ou dos Municípios, onde houver; o parecer prévio, emitido pelo órgão competente sobre as contas que o Prefeito deve anualmente prestar, só deixará de prevalecer por decisão de dois terços dos membros da Câmara Municipal (art. 31, §§ 1° e 2°). Veja-se que, nas duas situações – (1) e (2) –, os Tribunais de Contas atuam como órgãos auxiliares. (3) Compete ao TCU julgar as contas dos administradores e demais responsáveis por dinheiros, bens e valores públicos da administração direta e indireta, incluídas as fundações e sociedades instituídas e mantidas pelo Poder Público federal, e as contas daqueles que derem causa a perda, extravio ou outra irregularidade de que resulte prejuízo ao erário (art. 71, II).[20]

---

19. V. *RTSE* 2 (1):178-83, Acórdão 11.145, j. 15.8.1990; *RTSE* 2 (2):147-51; *RTSE* 2 (2)190-2.

20. A Lei n° 9.504/1997 prevê no art. 11, § 5°: *Até o dia 5 de julho do ano da eleição, os Tribunais de Contas deverão tornar disponível à Justiça Eleitoral relação dos que tiveram suas contas relativas ao exercício de cargos ou funções públicas rejeitadas por irregularidade insanável e por decisão irrecorrível do órgão competente, ressalvados os casos em que a questão estiver sendo submetida à apreciação do Poder Judiciário, ou que haja sentença judicial favorável ao interessado.*

Deve-se referir ainda que o cidadão pode recorrer ao Poder Judiciário com a finalidade de anular a decisão de rejeição de contas. A propósito, no En. nº 1 da Súmula do TSE, consta que *proposta a ação para desconstituir a decisão que rejeitou as contas, anteriormente à impugnação, fica suspensa a inelegibilidade.*[21] Pode-se referir dois posicionamentos da jurisprudência do TSE até o julgamento de 24.8.2006. O primeiro posicionamento consistia basicamente no aspecto de que bastava a propositura da ação para desconstituir a decisão de rejeição de contas antes do registro da candidatura para suspender a inelegibilidade. Quanto ao segundo posicionamento, adotado na sessão de 24.8.2006, ao julgar o Recurso Ordinário (RO nº 912), o TSE, por maioria, entendeu que o simples fato de um candidato a cargo eletivo ingressar na Justiça comum com uma ação para anular decisão que impugnou a sua candidatura, não é suficiente para torná-lo apto para a disputa eleitoral.[22]

---

21. *RTSE* 2 (1):210-7, Acórdão 11.146, j. 15.8.1990; *RTSE* 2 (2):39-45; *RTSE* 2 (2):190-2.

22. No caso concreto, o candidato a candidato a deputado estadual de Roraima pela coligação A Serviço do Povo (PP-PL), na época em que era prefeito de São Luiz do Anauá (RR), teve as contas do município que administrava rejeitadas por irregularidade insanável. Segundo o relator: "*Consta do acórdão regional que o recorrente foi condenado pela Corte de Contas, com trânsito em julgado, no dia 19.8.2003 (acórdão nº 020/2003), e no dia 27.12.2004 (nº 037/2004), tendo somente em 4.7.2006, ou seja, um dia antes do término do prazo para requerimento do registro de sua candidatura, ajuizado a respectiva ação anulatória junto ao juízo da Comarca de São Luiz do Anauá/RR*". O relator destaca ainda o relatório do TCE/RR: "Os presentes autos apresentam, ao se avaliar as irregularidades apontadas e a defesa carreada pelo Responsável, fato *sui generis*, posto ter-se detectado por esta Corte de Contas a inexistência de alunos de ensino fundamental na rede de ensino daquele município, o que, vislumbrando-se todas as consequências, este fato macularia quaisquer avaliações sobre a forma de utilização dos recursos do FUNDEF pela Prefeitura Municipal de São Luiz do Anauá, que, aliás, foram eivados de irregularidades como já citado em relatório onde constam as proficientes observações da Equipe Técnica. Ocorre, Excelências, que mesmo que os recursos tivessem sido utilizados observando-se as formalidades legais, ainda que os recursos do FUNDEF tivessem a adequada aplicação, mesmo assim a presente Tomada de Contas estaria plenamente irregular, não somente pela omissão em prestar contas, nem exclusivamente por causa das irregularidades e ilegalidade apontadas, mas, sobretudo, pelo simples fato de que a Prefeitura Municipal de São Luiz do Anauá não tinha direito a receber um real sequer do FUNDEF, já que, como afirmado e não contestado ou justificado, não havia no exercício em tela qualquer aluno de

Pode-se afirmar que a nova redação da alínea 'g', inciso I, do art. 1º da LC 64/1990, dada pela LC nº 135/2010, acolhe o entendimento mais recente do TSE ao prever que a causa de inelegibilidade não incidirá se a decisão de rejeição de contas houver sido suspensa ou anulada pelo Poder Judiciário. Em outras palavras, o cidadão deverá ajuizar na Justiça comum ação com o objetivo de anular a decisão de rejeição de contas; deverá obter decisão liminar que suspenda os efeitos da decisão de rejeição de contas; ou decisão de mérito que anule os efeitos da decisão de rejeição de contas.

Torna-se oportuno ainda mencionar que a ação com a finalidade de anular a decisão de rejeição de contas deverá ser ajuizada na Justiça comum antes do pedido de registro da candidatura.[23]

7. O art. 26-C da LC nº 64/1990 – suspensão da inelegibilidade

O art. 26-C da LC nº 64/1990, com a redação da LC nº 135/2010,[24] prevê que o órgão colegiado do tribunal ao qual couber a apreciação do recurso contra as decisões colegiadas a que se referem

---

ensino fundamental na rede escolar daquele Município. O candidato somente ingressou com a ação para desconstituir as decisões de rejeição de contas no dia 4.7.2006, um dia antes do término do prazo para o registro das candidaturas.

23. Sobre a possibilidade de alteração, fática ou jurídica, supervenientes ao registro de candidatura, v. *Direito Eleitoral*, *op. cit.*, item 5.3.4 e comentário ao art. 11 § 10, da Lei nº 9.504/1997, com a redação da Lei nº 12.034/2009 no Capítulo XII. Há precedente do TSE, na época da edição da LC nº 64/1990, sobre a exigência de a questão ser submetida ao Poder Judiciário antes do pedido de registro da candidatura: *RTSE* 2(1):210-7, j. 15.8.1990; *RTSE* 2(2):39-45, j. 21.8.1990.

24. Art. 26-C. O órgão colegiado do tribunal ao qual couber a apreciação do recurso contra as decisões colegiadas a que se referem as alíneas "d", "e", "h", "j", "l" e "n" do inciso I do art. 1º poderá, em caráter cautelar, suspender a inelegibilidade sempre que existir plausibilidade da pretensão recursal e desde que a providência tenha sido expressamente requerida, sob pena de preclusão, por ocasião da interposição do recurso. § 1º. Conferido efeito suspensivo, o julgamento do recurso terá prioridade sobre todos os demais, à exceção dos de mandado de segurança e de *habeas corpus*. § 2º. Mantida a condenação de que derivou a inelegibilidade ou revogada a suspensão liminar mencionada no *caput*, serão desconstituídos o registro ou o diploma eventualmente concedidos ao recorrente. § 3º. A prática de atos manifestamente protelatórios por parte da defesa, ao longo da tramitação do recurso, acarretará a revogação do efeito suspensivo.

as alíneas “d”, “e”, “h”, “j”, “l” e “n” do inciso I do art. 1º poderá, em caráter cautelar, suspender a inelegibilidade sempre que existir plausibilidade da pretensão recursal e desde que a providência tenha sido expressamente requerida, sob pena de preclusão, por ocasião da interposição do recurso.

Torna-se oportuno registrar que não há a previsão da alínea ‘g’, do inciso I, do art. 1º. Primeiro, porque a decisão é proferida pelo órgão competente (Legislativo ou Tribunal de Contas, conforme o caso); segundo, caberá ao cidadão submeter a questão ao Judiciário (Justiça Comum, federal ou estadual) antes do pedido de registro da candidatura e obter a suspensão da decisão de rejeição de contas.

Quanto à alínea ‘e’, caberá ao órgão colegiado do tribunal ao qual couber a apreciação do recurso contra a decisão colegiada suspender os efeitos da decisão condenatória. A competência é conferida ao órgão colegiado *ad quem* (Turma, Câmara, órgão especial, Pleno); não cabe ao Relator ou ao Presidente do Tribunal, de forma isolada, suspender os efeitos da decisão condenatória, proferida pelo órgão colegiado *a quo*.

Em relação à decisão colegiada a que se refere a alínea ‘e’, pode-se fazer a seguinte distinção: (a) decisão proferida no âmbito da competência originária no caso de réu que tenha direito a foro por prerrogativa de função; ou (b) decisão proferida no âmbito da competência recursal.

Cabe relembrar a competência dos órgãos da Justiça Eleitoral. O TRE exerce competência originária nas eleições federais e estaduais; o TSE, nas eleições presidenciais.

Nas eleições municipais, os TRE’s e o TSE serão órgãos colegiados no âmbito da competência recursal; nas eleições federais e estaduais, o TSE será o órgão colegiado no âmbito da competência recursal.

Desta forma, o TSE ou o TRE, conforme o caso, poderá suspender a inelegibilidade, preenchidos os seguintes requisitos: (a) existência de plausibilidade da pretensão recursal; e (b) desde que a providência tenha sido expressamente requerida, sob pena de preclusão, por ocasião da interposição do recurso.

O § 1º do art. 26-C da LC nº 64/1990 prevê que, conferido efeito suspensivo, o julgamento do recurso terá prioridade sobre todos os demais, à exceção dos de mandado de segurança e de *habeas corpus*.

O § 2º do art. 26-C da LC nº 64/1990 estabelece que, mantida a condenação de que derivou a inelegibilidade ou revogada a suspensão liminar mencionada no *caput*, serão desconstituídos o registro ou o diploma eventualmente concedidos ao recorrente.

O § 3º do art. 26-C da LC nº 64/1990 prevê que a prática de atos manifestamente protelatórios por parte da defesa, ao longo da tramitação do recurso, acarretará a revogação do efeito suspensivo.

8. Consideração final

Não cabe aqui retomar as considerações feitas no corpo deste artigo.

Torna-se relevante observar que as novas regras sobre inelegibilidade, previstas na LC nº 64/1990, com a redação da LC nº 135/2010, significam mais um passo para o aprimoramento da democracia, no sentido de assegurar e proteger a probidade administrativa e a moralidade para exercício do mandato, considerada a vida pregressa do candidato, reforçam também o grau de normalidade e, principalmente, legitimidade das eleições, previstos no § 9º do art. 14 da CF.

Cabe, agora, aos órgãos do Poder Judiciário, ao Ministério Público, aos advogados e aos partidos políticos dar efetividade àquelas regras nas eleições futuras.

Inelegibilidade e Improbidade Administrativa

A Restrição a Candidaturas como Decorrência de Condenação Colegiada em Ação de Improbidade

Douglas de Melo Martins[1]

1. Introdução

A Lei Complementar nº 135, de 4 de junho de 2010,[2] alterou a Lei Complementar nº 64, de 18 de maio de 1990,[3] e disse a que veio já

1. DOUGLAS DE MELO MARTINS é Juiz de Direito, Presidente do Conselho Estadual de Defesa dos Direitos Humanos do Maranhão; possui Diploma de Estudos Avançados em Sociologia Jurídica e Instituições Políticas, outorgado pela Universidade de Zaragoza (Espanha), e é Doutorando pela mesma instituição; foi vice-presidente da União Nacional dos Estudantes; coordenou o Mutirão Carcerário do Conselho Nacional de Justiça na Paraíba; um dos responsáveis pela garantia do acesso ao voto para os presos provisórios no Estado da Paraíba.
2. Lei Complementar nº 135, de 4 de junho de 2010. *DOU* de 7.6.2010. Disponível em: <http://www.planalto.gov.br/ccivil_03/Leis/LCP/Lcp135.htm>. Acesso em: 22 jun. 2010.
3. Lei Complementar nº 64, de 18 de maio de 1990. DOU de 21.5.1990. Disponível em: <http://www.planalto.gov.br/ccivil_03/Leis/LCP/Lcp64.htm>. Acesso em: 22 jun. 2010.

em sua ementa, ao declarar que inclui outras hipóteses de inelegibilidade que visam proteger a probidade administrativa e a moralidade no exercício do mandato. Essa é, sem dúvida, a essência da nova Lei.

As forças sociais organizadas em torno do MCCE (Movimento de Combate à Corrupção Eleitoral) experimentaram uma mudança significativa no processo eleitoral com a aplicação da Lei nº 9.840/1999[4] (primeira de iniciativa popular). Esse experimento trouxe para a sociedade a esperança de que é possível um processo eleitoral mais equânime. A esperança, quando frustrada, resulta em desespero e pode conduzir à apatia ou anomia. Assim, era preciso avançar com um novo projeto de lei de iniciativa popular que desse mais um passo importante no aperfeiçoamento das instituições, especialmente na parte referente ao enfrentamento da improbidade administrativa.

A verdade é que as sociedades civilizadas passaram ou estão passando por algum processo de aperfeiçoamento de suas instituições na parte referente ao enfrentamento da improbidade administrativa. Esse aperfeiçoamento acontece de diversas formas: algumas traumáticas, resultando em muitas prisões, ou em outras formas igualmente drásticas de enfrentamento do tema. No Brasil, seguindo sua tradição, a prevenção pela via eleitoral tem sido a marca principal. A Lei nº 9.840/1999 impediu a ascensão ou manutenção, em cargos públicos, de pessoas que a justiça criminal ou civil foi incapaz de condenar. A hora agora é da prevenção, para evitar que essas mesmas pessoas voltem a ocupar cargos, estando condenadas por órgão colegiado. Enfim, a Lei da Ficha limpa põe o Brasil em outro patamar de combate à improbidade administrativa. Tentar impedir a efetividade da Lei é impelir o povo cheio de esperança para o desespero.

É de fácil percepção que o sistema jurídico e o comportamento das instituições frente a ele dependem da correlação de forças sociais em uma sociedade que se organiza segundo interesses. O Estado é ou se proclama Democrático de Direito, mas o Direito e a própria Democracia têm um nível de controle que não se põem em risco. Tratando-se de uma construção política num espaço e num tempo específicos

---

4. Lei nº 9.840, de 28 de setembro de 1999. DOU de 29.9.1999. Disponível em: <https://www.planalto.gov.br/ccivil_03/leis/l9840.htm>. Acesso em: 22 jun. 2010.

próprios, é imperioso que a sociedade civil esteja organizada e em movimento para que seus interesses se sobreponham aos dos detentores do poder.

O que se alcançou de regramento constitucional sobre inelegibilidades, visando à probidade administrativa em 1988, foi o possível naquele instante, e, bem como a Emenda de Revisão nº 4, de 1994,[5] indicou o caminho para que uma Lei Complementar estabelecesse outros casos de inelegibilidade e os prazos de sua cessação, a fim de proteger a probidade administrativa. Aguardou-se um momento mais propício em que o anseio de uma sociedade governada de forma mais proba saísse da inércia. Saiu e gerou a Lei da Ficha Limpa. No Congresso Nacional prevaleceu a vontade popular. O desafio agora é de interpretação ou de execução da nova Lei.

A divisão da sociedade em classes sociais, sexos, categorias profissionais, etc., nem sempre se faz representar em proporções justas no poder. Daí vem a percepção de que a correlação de forças existente na sociedade precisa se refletir de forma mais fiel no sistema jurídico e nas instituições. Mas isso não depende somente dos números ou da vontade, é preciso o movimento, e ele veio para convencer o Congresso Nacional a aprovar a Lei da Ficha Limpa que é o marco mais importante para a prevenção da corrupção no Brasil em sua história recente.

2. A proteção da sociedade contra a improbidade administrativa

Dito isso, vamos ao que pretende a Constituição e a nova lei quanto às inelegibilidades e à prevenção da improbidade administrativa. Pois bem, o direito de alguém disputar eleições no Brasil (elegibilidade) sofre restrições previstas nos parágrafos do art. 14 da própria Constituição Federal[6] e, não sendo suficientes aquelas restrições, o §

---

5. Emenda Constitucional de Revisão nº 4, de 7 de junho de 1994. DOU de 9.6.1994. Disponível em: <http://www.planalto.gov.br/ccivil_03/constituicao/emendas/ecr/ecr4.htm>. Acesso em: 22 jun. 2010.

6. Constituição da República Federativa do Brasil de 1988. Disponível em: <http://www.planalto.gov.br/ccivil_03/constituicao/constitui%C3%A7ao.htm>. Acesso em: 22 jun. 2010.

9º estabelece o mecanismo para que outras hipóteses de inelegibilidades sejam previstas, nos termos seguintes:

> *Lei complementar estabelecerá outros casos de inelegibilidade e os prazos de sua cessação, a fim de proteger a probidade administrativa, a moralidade para exercício de mandato considerada vida pregressa do candidato, e a normalidade e legitimidade das eleições contra a influência do poder econômico ou o abuso do exercício de função, cargo ou emprego na administração direta ou indireta.* (Redação dada pela Emenda Constitucional de Revisão nº 4, de 1994)

A Lei da Ficha Limpa veio exatamente para dar eficácia a este mandamento constitucional, prevendo outros casos de inelegibilidade.

3. Questões constitucionais relevantes

Ainda sobre esta questão há de se superar duas polêmicas que atormentam especialmente os penalistas: o fato de inelegibilidade ser ou não pena, e se as condenações oriundas de órgãos colegiados, mesmo sem trânsito em julgado, resultando em inelegibilidade, representariam um precedente perigoso para a democracia.

Desde que entrou em vigor a Lei Complementar nº 64/1990, o STF vem reiterando a afirmação que hoje fazemos de que inelegibilidade não é pena e, portanto, a sua aplicabilidade a fatos pretéritos é tranquila. Destaco, entre outros, o Mandado de Segurança relatado pelo Ministro Carlos Velloso, cuja ementa está transcrita abaixo, vejamos:[7]

> *CONSTITUCIONAL – ELEITORAL – INELEGIBILIDADE – CONTAS DO ADMINISTRADOR PÚBLICO – REJEIÇÃO. Lei Complementar nº 64, de 1990, art. 1º, I, "g". I. – Inclusão em lista para remessa ao órgão da Justiça Eleitoral do nome do administrador público que teve suas contas rejeitadas pelo TCU, além de lhe ser aplicada a pena de multa. Inocorrência de dupla punição, dado que a inclusão do nome do ad-*

7. STF (MS nº 22087, Relator(a): Min. Carlos Velloso, Tribunal Pleno, julgado em 28.3.1996, *DJ* 10.5.1996, p. 15132; *Ementário,* v. 1827-03, p. 444).

*ministrador público na lista não configura punição. II. – **Inelegibilidade não constitui pena**. Possibilidade, portanto, de aplicação da lei de inelegibilidade, Lei Complementar nº 64/1990, a fatos ocorridos anteriormente a sua vigência. III. – A Justiça Eleitoral compete formular juízo de valor a respeito das irregularidades apontadas pelo Tribunal de Contas, vale dizer, se as irregularidades configuram ou não inelegibilidade. IV. – Mandado de segurança indeferido.*

A falta de clareza quanto a ser ou não pena a inelegibilidade decorre da inexistência de institutos parecidos, mas com natureza jurídica diversa. Essa mesma perplexidade atingiu o instituto da suspensão condicional do processo inserido em nosso ordenamento jurídico pelo art. 89 da Lei nº 9.099/1995[8] e, mesmo depois de 15 anos de sua existência, ainda há quem sustente a sua inconstitucionalidade porque, entre as condições para seu exercício, estão os requisitos que autorizariam a suspensão condicional da pena (art. 77 do Código Penal[9]). Além disso, estabelece outras condições, tais como: I – reparação do dano, salvo impossibilidade de fazê-lo; II – proibição de frequentar determinados lugares; III – proibição de ausentar-se da comarca onde reside, sem autorização do Juiz; IV – comparecimento pessoal e obrigatório a juízo, mensalmente, para informar e justificar suas atividades. Sem falar na possibilidade de o Juiz especificar outras condições a que fica subordinada a suspensão, desde que adequadas ao fato e à situação pessoal do acusado (§ 2º do art. 89).

As condições para o *sursis* processual têm restrições ao direito de ir e vir, visto que o beneficiado não pode se ausentar da comarca, nem frequentar determinados lugares, entre outras restrições. Essas condições causaram perplexidade, e até hoje ainda persistem algumas resistências, sob o fundamento de sua inconstitucionalidade, embora não parta de doutrinadores dos mais autorizados.

---

8. Lei nº 9.099, de 26 de setembro de 1995. *DOU* de 25.9.1995. Disponível em: <http://www.planalto.gov.br/ccivil/leis/L9099.htm>. Acesso em: 22 jun. 2010.

9. Decreto-Lei nº 2.848, de 7 de dezembro de 1940. *DOU* de 31.12.1940. Disponível em: <http://www.planaltogov.br/ccivil/decreto-lei/del2848.htm>. Acesso em: 22 jun. 2010.

O fato para o qual quero chamar a atenção, com essa comparação, é a dificuldade de alguns juristas entenderem os novos institutos quando eles têm correspondentes com outros do mesmo ou de outro ramo do Direito, mas com natureza jurídica distinta.

A condição de não frequentar determinados lugares, ou de não se ausentar da comarca, prevista como condição para o *sursis* processual (art. 89 da Lei nº 9.099/1995), não lhe confere natureza jurídica de pena somente porque tem correspondência com o *sursis* do art. 77 do Código Penal. Quando tais fatos forem decorrentes de sentença penal condenatória, é pena; e quando posto como requisito para a suspensão condicional do processo, é condição, por mais que a restrição ao direito de ir e vir seja a mesma.

De igual modo, não se pode confundir a pena de suspensão dos direitos políticos decorrente de condenação por ato de improbidade administrativa com a inelegibilidade prevista na Lei Complementar nº 135/2010. Lá, se trata de pena, aqui, é requisito. Lá (Lei de Improbidade), se pune a conduta lesiva ao patrimônio público, aqui (Lei da Ficha Limpa), se previne, evitando que pessoas que poderão vir a lesionar o patrimônio público alcancem os cargos públicos.

Para simplificar a questão, se inelegibilidade fosse pena, a lei não contemplaria como inelegíveis os parentes das autoridades a que faz alusão o § 3º do art. 1º da Lei Complementar nº 64/1990, já que, em tese, ninguém pode ser condenado se não concorrer para o ato de outrem, como bem posto no inciso XLV do art. 5º da Constituição Federal.

Isso sem falar dos analfabetos, inelegíveis por imposição da própria Constituição Federal, mesmo que não tenham concorrido para tal. Qual seria o motivo de tal pena? Não seria o analfabeto uma vítima? Qual o bem jurídico protegido por essa inelegibilidade? As respostas para essas perguntas não serão razoáveis ao se entender que inelegibilidade é pena.

Outra perplexidade, esta digna de nota, é a referente ao dolo lançados nas alíneas "g" e "l", senão vejamos:

> *g) os que tiverem suas contas relativas ao exercício de cargos ou funções públicas rejeitadas por irregularidade insa-*

nável que configure ***ato doloso de improbidade administrativa****, e por decisão irrecorrível do órgão competente, salvo se esta houver sido suspensa ou anulada pelo Poder Judiciário, para as eleições que se realizarem nos 8 (oito) anos seguintes, contados a partir da data da decisão, aplicando-se o disposto no inciso II do art. 71 da Constituição Federal, a todos os ordenadores de despesa, sem exclusão de mandatários que houverem agido nessa condição;*

l) os que forem condenados à suspensão dos direitos políticos, em decisão transitada em julgado ou proferida por órgão judicial colegiado, por ***ato doloso de improbidade administrativa*** *que importe lesão ao patrimônio público e enriquecimento ilícito, desde a condenação ou o trânsito em julgado até o transcurso do prazo de 8 (oito) anos após o cumprimento da pena;*

Observa-se que no caso da alínea "g", o enunciado legal contempla duas hipóteses de inelegibilidade, quais sejam: aqueles que tiveram suas contas rejeitadas, ainda que a decisão seja passível de recurso, quando a causa para a desaprovação for por "*irregularidade insanável que configure* ***ato doloso de improbidade administrativa***"; e aqueles que tiveram suas contas rejeitadas, "*por decisão irrecorrível do órgão competente*", seja por conduta dolosa ou culposa.

4. Dolo

Sobre a inserção do dolo, tanto no primeiro, como no segundo caso, evidentemente não se tem a pretensão de excluir da aplicação da lei os gestores que tiverem suas contas rejeitadas por ato culposo no sentido emprestado pelo direito penal.

A aplicação do conceito de dolo nos diversos ramos do direito deve ser fundada nos interesses e objetos protegidos por cada um deles. Sobre o tema, a melhor síntese é de Hugo Nigro Mazzilli[10] ao afirmar que "*o dolo (para fins de aplicação da lei de improbidade)*

10. MAZZILI, Hugo Nigro. *A Defesa dos Interesses Difusos em Juízo.* 7ª ed., São Paulo: Saraiva, p. 162.

que se exige é o comum; é a vontade genérica de fazer o que a lei veda ou não fazer o que a lei manda".

A vontade (dolo) que interessa ao Direito Administrativo é o de violar a norma, fazendo o que a lei proíbe ou deixando de fazer o que a lei manda. Sobre a vontade do administrador, o doutrinador Hely Lopes Meirelles[11] assevera que: "*Na Administração Pública não há liberdade nem vontade pessoal. Enquanto na administração particular é lícito fazer tudo que a lei não proíbe, na Administração Pública só é permitido fazer o que a lei autoriza. A lei, para o particular, significa 'poder fazer assim'; para o administrador significa 'deve fazer assim'*".

O conceito de dolo ganha, aqui, contornos próprios, de conteúdo tipicamente eleitoral. O que interessa ao intérprete é verificar se era esperável do condenado por improbidade que praticasse o ato segundo contornos diversos dos observados no julgado que lastreia a inelegibilidade. Exigência maior do que essa defraudaria o próprio espírito da lei, que em nenhum momento pretendeu favorecer a elegibilidade de pessoas declaradas ímprobas por um órgão jurisdicional colegiado.

No caso da aplicação da Lei da Ficha Limpa, que tem o fim de proteger a probidade administrativa e a moralidade no exercício do mandato, a inserção da condicionante do dolo deve ser interpretada tendo em vista o seu desiderato.

Naturalmente, a inserção do dolo como condicionante para a inelegibilidade nas condenações por ato de improbidade administrativa (alínea "l"), ou os que tiverem suas contas relativas ao exercício de cargos ou funções públicas rejeitadas por irregularidade insanável que configure ato doloso de improbidade administrativa (alínea "g") foi só para excluir administradores que evidentemente nada tinham a ver com a causa da rejeição das contas.

O administrador que, *v.g.*, deixa de publicar um ato que a Constituição Federal ou uma lei impõe que seja publicado; deixa de realizar ou faz licitação em modalidade diversa da prevista em lei; faz pagamentos sem o devido empenho; deixa de observar patamares mínimos

11. MEIRELLES, Hely Lopes. *Direito Administrativo Brasileiro*. 24ª ed. rev. e amp., São Paulo: Malheiros Editores, 1999, p. 82.

de investimento na educação ou na saúde; nomeia parentes para o exercício de cargos públicos, violando a Constituição; aplica irregularmente verba pública; desvia verba pública; deixa de prestar contas; frustra concurso de processo licitatório; promove superfaturamento de obra pública; age, sempre, com dolo. Deve-se ter sempre em conta que a vontade do administrador é limitada pela lei.

5. Enriquecimento ilícito próprio ou de terceiro

Registro, por fim, que a lei considera irrelevante discutir se da improbidade decorreu o enriquecimento ilícito próprio ou de terceiro, sendo bastante o reconhecimento de que qualquer valor, por menor que seja, tenha deixado ilicitamente o Erário para ingressar nos cofres de algum particular (pessoa física ou jurídica).

O desvio ético do administrador que implica no enriquecimento ilícito de terceiro é tão lesivo para a Administração quanto o que beneficia o próprio administrador ímprobo. Assim, por exemplo, a outorga de obra ou de uso de bem público por particular segundo forma vedada pela lei importa, sempre, em enriquecimento ilícito decorrente de ato de improbidade, sendo certa a inelegibilidade daquele que se houve nessa ilicitude sempre que esse fato reste reconhecido por um órgão jurisdicional colegiado. O mesmo se pode dizer em relação a todas as demais formas de improbidade, sempre que delas decorra qualquer prejuízo material para a Administração.

Dessa forma, vê-se que o combate à improbidade administrativa ganha uma importante aliada para enfrentamento da improbidade, desta feita, pela via da prevenção.

6. Alcance dos condenados em ações populares

O dispositivo legal aqui comentado (art. 1º, I, "l" da Lei da Ficha Limpa) provoca a inelegibilidade de todo aquele condenado em ação civil pública contra o qual se reconheça presente ato de improbidade administrativa de que derivou o enriquecimento ilícito de quem quer que seja. Sendo assim, os condenados em ações populares nas quais se tenha verificado o desvio de recursos públicos estarão igualmente inelegíveis. As ações populares são verdadeiras ações civis de natureza pública, titularizadas por cidadãos que em tais casos atuam como substitutos processuais de toda a coletividade.

Na ação popular, não há condenação à suspensão dos direitos políticos. Nem isso infirma a aplicação do referido dispositivo, ante a fácil constatação de que o legislador quis se reportar a qualquer ação civil pública – e a ação popular também possui essa natureza – na qual se reconheça o desvio de verbas ou bens públicos para proveito particular do mandatário ou de terceiro. Seria absurda a interpretação que concluísse pela inelegibilidade de alguém condenado em ação civil pública e pela elegibilidade de outro cuja responsabilização decorreu de uma ação popular, ainda que neste caso uma falha mais grave possa ter sido observada. A interpretação da norma, em tema de direitos políticos, deve ser feita sempre à luz do princípio da proteção, que reconhece como preponderantes os direitos de todos a um governo probo.

Da Inelegibilidade por Renúncia a Mandato Eletivo no Curso de Processo Político

Emmanuel Roberto Girão de Castro Pinto[1]

1. Introdução

Historicamente, as eleições no Brasil sempre foram marcadas por episódios de fraude, corrupção, abuso do poder econômico e político, e coação sobre a vontade dos eleitores. A própria criação da Justiça Eleitoral em 1932 fez parte de uma reforma no processo eleitoral promovida por participantes da Revolução de 1930, com o objetivo de que as eleições tivessem o aval de um órgão teoricamente imune à influência dos

1. EMMANUEL ROBERTO GIRÃO DE CASTRO PINTO é graduado em Direito pela Universidade de Fortaleza. Mestre em Ordem Jurídica Constitucional pela Universidade Federal do Ceará (UFC) e Especialista em Direito Constitucional e Processo Constitucional pela Universidade Estadual do Ceará. Professor de Direito Eleitoral da Unifor e da ESMEC. Promotor de Justiça, exercendo a Coordenação do Centro de Apoio Operacional Eleitoral da Procuradoria Geral de Justiça do Estado do Ceará.

mandatários[2] e, com isso, pudessem garantir a verdade das urnas, assegurando o princípio constitucional da soberania popular, segundo o qual todo o poder emana do povo e em seu nome será exercido.

Como representantes do povo e responsáveis diretos pela consecução dos objetivos do Estado, que podem ser sinteticamente resumidos no dever de promover o bem estar social de todos os que o compõem, os detentores de cargos políticos devem ostentar inabalável conduta, reputação ilibada, valores éticos elevados e todas as qualidades compatíveis com o sublime mister que lhes foi conferido, de modo a honrá-lo.

Nos dias atuais, não obstante o restabelecimento pleno do regime democrático e o fortalecimento das polícias judiciárias, do Ministério Público e do Poder Judiciário, ainda se constatam sucessivos escândalos de corrupção envolvendo políticos nas diversas esferas e instâncias de poder. A corrupção generalizada e constante assemelha-se a uma peste endêmica a corroer silenciosamente as bases do regime democrático brasileiro. A sociedade costumava assistir a tudo passivamente, protestando de forma tênue, manifestando repúdio aos políticos corruptos e descrédito na política e nas instituições.

Contudo, a partir desse quadro caótico, a sociedade passou, paulatinamente, a se organizar visando criar mecanismos legais de combate à corrupção, podendo se constatar a sua primeira reação no projeto de lei de iniciativa popular, convertido na Lei nº 9.840, de 28 de setembro de 1999, que permitiu a cassação de centenas de políticos eleitos ilegitimamente, posto que praticantes da captação ilícita de sufrágio. A criação desta lei se deveu ao Movimento de Combate à Corrupção Eleitoral – MCCE, composto por 46 entidades, cuja atuação se estende por todo o País e que acompanha de perto a atuação do Tribunal Superior Eleitoral e mantém contato com os responsáveis pela adoção de medidas que favoreçam a lisura do processo eleitoral em todo o Brasil.

Em seguida, teve-se início nova mobilização de algumas entidades da sociedade civil organizada, que passaram a reclamar que se

---

2. TAYLOR, Mathew. "Justiça Eleitoral". *In* AVRITZER, Leonardo; ANASTÁSIA, Fátima (Org.). *Reforma Política no Brasil*. Belo Horizonte: UFMG, 2006, p. 142-149.

garantisse efetividade ao preceito previsto no art. 14, § 9º da Constituição Federal, pugnando para que a Justiça Eleitoral somente concedesse registro de candidatura àqueles com vida pregressa compatível com o cargo que poderão vir a exercer.

Como o Tribunal Superior Eleitoral e o Supremo Tribunal Federal expressaram entendimento de que o art. 14, § 9º, da Carta Magna não é autoaplicável, exigindo a edição de lei complementar que estabelecesse os critérios para definir as inelegibilidades de pessoas com vida pregressa maculada de concorrerem a mandato eletivo, o Movimento de Combate à Corrupção Eleitoral – MCCE iniciou nova campanha de coleta de assinaturas e apresentação de outro projeto de lei de iniciativa popular, a fim de suprir a inércia do Poder Legislativo, que jamais teve a iniciativa de regulamentar este preceito constitucional.

Após dois anos de muito trabalho do MCCE, em 4 de junho de 2010, foi aprovada, por votação unânime na Câmara dos Deputados e do Senado Federal, a Lei Complementar nº 135, que estabeleceu, de acordo com o § 9º do art. 14 da Constituição Federal, casos de inelegibilidade, os respectivos prazos de cessação e determinou outras providências, para incluir hipóteses de inelegibilidade que visam proteger a probidade administrativa e a moralidade no exercício do mandato.

Uma das inovações da mencionada lei complementar, que ficou conhecida popularmente como "Lei Ficha Limpa", foi a criação de uma hipótese de inelegibilidade para os detentores de cargos eletivos do executivo e do legislativo que renunciarem a seus mandatos desde o oferecimento de representação ou petição capaz de autorizar a abertura de processo que possa acarretar a perda do mandato, para as eleições que se realizarem durante o período remanescente do mandato para o qual foram eleitos e nos 8 (oito) anos subsequentes ao término da legislatura. Esta nova hipótese de inelegibilidade constitui o objeto do presente trabalho.

2. Direitos políticos e causas de inelegibilidade

Os direitos políticos correspondem ao conjunto dos direitos conferidos ao cidadão, que lhe permite, através do voto, do exercício de cargos públicos ou da utilização de outros instrumentos constitucionais e legais, ter efetiva participação e influência nas atividades de governo. Para José Afonso da Silva:[3]

> *Os direitos políticos positivos consistem no conjunto de normas que asseguram o direito subjetivo de participar no processo político e nos órgãos governamentais. Eles garantem a participação do povo no poder de dominação política por meio das diversas modalidades de sufrágio: direito de voto nas eleições, direito de elegibilidade (direito de ser votado), direito de voto nos plebiscitos e referendos, assim como por outros direitos de participação popular, como o direito de iniciativa popular, o direito de propor ação popular e o direito de organizar e participar de partidos políticos.*

Os direitos políticos são considerados como direitos fundamentais, contudo, tal não implica que não possam sofrer restrições. A própria Constituição Federal estabelece certos critérios que devem ser observados por todos que pretendam se lançar na disputa de cargos eletivos. Além disso, a Carta Magna autorizou também o legislador infraconstitucional a fixar outros desses parâmetros, de modo a excluir dos prélios aqueles incursos em certas circunstâncias ou particularidades que a sociedade considera inadequadas para os seus mandatários, sempre no intuito de proteger a probidade administrativa, a moralidade para exercício de mandato, considerada a vida pregressa do candidato, e a normalidade e legitimidade das eleições contra a influência do poder econômico ou o abuso do exercício de função, cargo ou emprego na administração direta ou indireta.

Segundo Márlon Jacinto Reis:[4]

> *[...] por meio das inelegibilidades é estabelecido o perfil esperado dos pleiteantes a cargos eletivos. Esse perfil é desenhado negativamente, excluindo-se do processo eletivo os que*

---

3. SILVA, José Afonso da. *Curso de Direito Constitucional Positivo*. 27ª ed., São Paulo: Malheiros, 2006, p. 348.

4. REIS, Márlon Jacinto. "Inelegibilidade e vida pregressa: questões constitucionais". Brasília, mar. 2009. Disponível em: <http://www.mcce.org.br/node/34>. Acesso em: 20 jun. 2010.

incidam de modo objetivo em determinadas hipóteses normativamente delineadas.

Pode-se deduzir, portanto, a partir da leitura do § 9º do art. 14 da Constituição Federal, que é objetivo das inelegibilidades proteger a probidade administrativa e a moralidade para o exercício do mandato, considerada a vida pregressa. Assim, tem-se que o próprio legislador constituinte originário elegeu estes valores de especial relevância, dotados de robusto conteúdo ético e moral, como orientadores da atividade legiferante no tocante à limitação da capacidade eleitoral passiva, evitando-se, com isso, o casuísmo legal e o oportunismo daqueles que se encontrem transitoriamente investidos no poder.

José Afonso da Silva percebeu o conteúdo ético que possuem as inelegibilidades, pontificando que:

> *As inelegibilidades possuem, assim, um fundamento ético evidente, tornando-se ilegítimas quando estabelecidas com fundamento político ou para assegurarem o domínio do poder por um grupo que o venha detendo, como ocorreu no sistema constitucional revogado. Demais, seu sentido ético correlaciona-se com a democracia, não podendo ser entendido como um moralismo desgarrado da base democrática do regime que se instaure.*[5]

Pinto Ferreira, em sentido consonante, porém mais abrangente, assim se manifestou:

> *O fundamento ético das inelegibilidades é a preservação do regime democrático, a sua legitimidade e legalidade, a luta contra o abuso do poder político e econômico, a moralidade, isto é, há um sentido ético, político e econômico no estabelecimento das inelegibilidades.*[6]

Conclui-se, portanto, que as inelegibilidades, fundamentadas na probidade administrativa e na moralidade exigida para o exercício do mandato e de natureza eminentemente preventiva e protetiva, existem

---

5. SILVA, José Afonso da. *Curso de Direito Constitucional Positivo*. 27ª ed., São Paulo: Malheiros, 2006, p. 388.

6. FERREIRA, Pinto. *Código Eleitoral Comentado*. 3ª ed. ampliada e atualizada. São Paulo: Saraiva, 1989, p. 313.

para assegurar a solidez do Estado Democrático de Direito, a Democracia Representativa e o Princípio Republicano.

3. Da inelegibilidade decorrente de renúncia a mandato eletivo

Inicialmente, coube à Lei Complementar nº 64, de 18 de maio de 1990, estabelecer as hipóteses de inelegibilidade, regulamentando o art. 14, § 9º, da Constituição Federal, no entanto, este diploma legal se mostrou insuficiente para cumprir o objetivo primordial das inelegibilidades: proteger a probidade administrativa, a moralidade para exercício de mandato, considerada a vida pregressa do candidato, e a normalidade e legitimidade das eleições contra a influência do poder econômico ou de autoridade, impedindo a eleição de alguém que presumivelmente causará dano à Administração Pública.

Assim, considerando a finalidade estabelecida constitucionalmente, as causas de inelegibilidade se justificam para afastar preventivamente da disputa aos cargos eletivos aqueles que: a) podem ser eleitoralmente beneficiados por sua posição na estrutura do Poder Público; b) podem tirar proveito eleitoral de relações de parentesco com os titulares do poder; c) lançaram mão de meios ilícitos e indignos para a conquista de mandato, capazes de influir no resultado do pleito; d) praticaram atos outros capazes de indicar objetivamente sua inaptidão para a prática de atos de gestão da coisa pública.[7]

Nesta última categoria, podem ser enquadrados os detentores de mandato eletivo do executivo ou do legislativo que renunciaram a seus mandatos após o oferecimento de representação ou petição capaz de autorizar a abertura de processo por infringência a dispositivo da Constituição Federal, da Constituição Estadual, da Lei Orgânica do Distrito Federal ou da Lei Orgânica do Município como artifício para evitar a apuração dos fatos respectivos e evitar a incidência dos dispositivos constitucionais e legais pertinentes.

---

7. REIS, Márlon Jacinto. "Inelegibilidade e vida pregressa: questões constitucionais". Brasília, mar. 2009. Disponível em: <http://www.mcce.org.br/node/34>. Acesso em: 20 jun. 2010.

Com efeito, o art. 52 da Constituição Federal estabelece que o Presidente e o Vice-Presidente da República serão processados pelo Senado Federal em caso de prática de crime de responsabilidade e, em caso de condenação, além da perda do cargo, se tornarão inabilitados por oito anos para o exercício de função pública, sem prejuízo das demais sanções judiciais cabíveis.

As Constituições Estaduais e as Leis Orgânicas dos Municípios trazem dispositivos semelhantes aplicáveis aos Governadores, Vice-Governadores; Prefeitos e Vice-Prefeitos, respectivamente.

Além disso, a Lei Complementar nº 64/1990 prevê a inelegibilidade dos membros do Congresso Nacional, das Assembleias Legislativas, da Câmara Legislativa e das Câmaras Municipais que hajam perdido os respectivos mandatos por infringência do disposto nos incisos I e II do art. 55 da Constituição Federal, dos dispositivos equivalentes sobre perda de mandato das Constituições Estaduais e Leis Orgânicas dos Municípios e do Distrito Federal, para as eleições que se realizarem durante o período remanescente do mandato para o qual foram eleitos e nos oito anos subsequentes ao término da legislatura.

Já em relação a Governador e Vice-Governador de Estado e do Distrito Federal, Prefeito e Vice-Prefeito que perderem seus cargos eletivos por infringência a dispositivo da Constituição Estadual, da Lei Orgânica do Distrito Federal ou da Lei Orgânica do Município, a mencionada lei complementar previa a inelegibilidade para as eleições que se realizassem durante o período remanescente e nos 3 (três) anos subsequentes ao término do mandato para o qual tenham sido eleitos. Este prazo foi aumentado para 8 (oito) anos pela Lei Complementar nº 135, de 4 de junho de 2010.

Como se pode observar, a Constituição Federal e a legislação infraconstitucional trazem a previsão de inelegibilidade ou inabilitação para o exercício de função pública na hipótese de detentores de mandatos eletivos que vierem a perder seus cargos em virtude da prática de atos graves, como os crimes de responsabilidade e os atos incompatíveis com o decoro parlamentar, com o objetivo de afastar dos cargos públicos aqueles que ostentam vida pregressa inadequada, em respeito aos princípios constitucionais da moralidade pública e da probidade administrativa.

Sucede que, no Brasil, tais dispositivos jamais ostentaram a efetividade que o constituinte pretendeu, pois os detentores de cargos eletivos sujeitos a processos de natureza política sempre se utilizaram de uma manobra relativamente simples para evitar a incidência dos preceitos legais, qual seja, a renúncia antes do desfecho do procedimento investigatório.

Neste diapasão, um dos casos mais célebres foi o chamado escândalo dos "Anões do Orçamento". No final de 1993, a partir das denúncias do economista José Carlos Alves dos Santos, chefe da assessoria técnica da Comissão do Orçamento do Congresso, foi instaurada uma Comissão Parlamentar de Inquérito no Congresso Nacional que esmiuçou o esquema de propinas montado por deputados que atuavam na Comissão. Dezoito parlamentares foram acusados, seis foram cassados, oito absolvidos e quatro renunciaram para fugir da inelegibilidade.

Outro caso emblemático foi o da quebra do sigilo do painel eletrônico do Senado Federal. Em fevereiro de 2001, a revista *IstoÉ* publicou gravação do procurador Luiz Francisco de Souza em que o Senador Antônio Carlos Magalhães afirmou saber quem tinha votado contra a cassação do Senador Luiz Estevão. Por causa do conteúdo da gravação, o Conselho de Ética do Senado decidiu pela instauração de processo de cassação de Antônio Carlos Magalhães e de José Roberto Arruda, que afirmou ter recebido a lista com os votos dos parlamentares de funcionários da casa e que a entregou para o senador baiano. Antes da cassação, no dia 30 de maio, os dois renunciaram para evitar a inelegibilidade.

Até mesmo o Ex-Presidente Fernando Collor de Melo tentou se utilizar do artifício. Após a instauração de processo de *impeachment* fundamentado em denúncias de corrupção, como último recurso para evitar sua inabilitação para o exercício de função pública, tentou renunciar ao mandato antes do início do julgamento pelo Congresso, mas a sessão teve continuidade e a renúncia foi considerada um ato de esperteza política pelos ministros do Supremo Tribunal Federal, que confirmaram a cassação, ficando o mesmo impedido de exercer qualquer função pública por oito anos.

Outro episódio recente e de desagradável lembrança foi o chamado "Mensalão do Distrito Federal", no qual o governador daquela unidade da federação estrelou em rede nacional um dos mais repugnantes espetáculos de corrupção já vistos na história. Sem nenhum pudor, políticos foram filmados recebendo dinheiro de propina em meias, bolsas, cuecas e até por via postal e depois ainda rezaram agradecendo a Deus a "graça" alcançada. No curso das investigações vários deputados distritais e o Vice-Governador renunciaram aos seus mandatos com a mesma finalidade de não serem alcançados pela inelegibilidade prevista em lei.

A verdade é que, enquanto em outros países políticos investigados por corrupção renunciam aos seus mandatos por não terem mais condições morais de exercê-los e até por vergonha dos seus eleitores, implicando o ato praticamente no fim da carreira política do abdicante, no Brasil ocorre exatamente o oposto, a renúncia é utilizada com o propósito exclusivo de garantir que os envolvidos em desvios de conduta não venham a ser afastados da disputa pelos cargos eletivos, burlando o preceito constitucional protetivo previsto no art. 14, § 9º da Constituição Federal.

Para tentar evitar este procedimento, a Emenda Constitucional de Revisão nº 6 de 1994 incluiu o § 4º ao art. 55 da Constituição Federal estabelecendo que a renúncia de parlamentar submetido a processo que vise ou possa levar à perda do mandato, nos termos deste artigo, terá seus efeitos suspensos até as deliberações finais. Contudo, ainda restou a possibilidade de renúncia antes do recebimento da representação, de modo que acabou não havendo grande mudança no cenário político.

Somente com a alteração da Lei Complementar nº 64/1990 pela Lei Complementar nº 135/2010 a situação pode ser revertida, privilegiando-se a moralidade pública e a probidade administrativa. Com efeito, passou a dispor a Lei das Inelegibilidades que:

> *Art. 1º. São inelegíveis:*
>
> *I – Para qualquer cargo: (...)*
>
> *k) o Presidente da República, o Governador de Estado e do Distrito Federal, o Prefeito, os membros do Congresso Na-*

cional, das Assembleias Legislativas, da Câmara Legislativa, das Câmaras Municipais, que renunciarem a seus mandatos desde o oferecimento de representação ou petição capaz de autorizar a abertura de processo por infringência a dispositivo da Constituição Federal, da Constituição Estadual, da Lei Orgânica do Distrito Federal ou da Lei Orgânica do Município, para as eleições que se realizarem durante o período remanescente do mandato para o qual foram eleitos e nos 8 (oito) anos subsequentes ao término da legislatura;

Deste modo, o detentor de cargo eletivo que vier a sofrer representação ou tiver apresentada contra si petição capaz de autorizar a abertura de processo que possa acarretar a perda do mandato e inelegibilidade deverá aguardar a apuração dos fatos e o desfecho do processo. Se fizer a opção pela renúncia ao mandato, estará sujeito à inelegibilidade pelo período remanescente do mandato para o qual foi eleito e pelos oito anos subsequentes, ou seja, suportará consequências análogas às que lhe adviriam se o processo tivesse tramitação até o final, com a total apuração dos fatos que ensejaram a sua instauração.

Assim, agiu corretamente o legislador ao estabelecer a inelegibilidade do detentor de cargo eletivo que renunciar após o oferecimento de representação ou petição capaz de autorizar a abertura de processo que possa implicar perda do mandato e inelegibilidade. Neste caso, o ato caracteriza fraude mediante o desvirtuamento da faculdade de renunciar a mandato eletivo, de modo a ilidir-se a incidência do preceito legal disposto no § 9° do art. 14 da CF, havendo desvio da finalidade do direito à renúncia. A inovação certamente terá o condão de fazer com que os desvios de conduta sejam apurados integralmente, salvo quando o seu autor tiver a certeza da própria culpa e optar pela renúncia.

Impende salientar que este preceito não pode ser considerado novidade no ordenamento jurídico brasileiro. Segundo o art. 172 da Lei nº 8.112/1990, que dispõe sobre o regime jurídico dos servidores públicos civis da União, o servidor que estiver respondendo a processo disciplinar somente poderá ser exonerado a pedido ou aposentado voluntariamente, após a conclusão do processo e o cumprimento da penalidade eventualmente aplicada. Além disso, de acordo com os arts. 134 e 135 dessa lei, se posteriormente for comprovada a prática de falta punível com a demissão dentro do prazo prescricional de cinco anos, o servidor já afastado poderá ter sua aposentadoria e sua disponibilidade cassadas, ou a sua exoneração poderá ser convertida em destituição de cargo em confiança.

Deste modo, tem-se como razoável e compatível com o princípio da moralidade pública a Lei Complementar nº 135/2010 estabelecer a inelegibilidade do detentor de mandato eletivo que se utiliza da renúncia com a finalidade exclusiva de ilidir a incidência do preceito constitucional disposto no § 9° do art. 14 da CF.

Obviamente, quando a renúncia for realizada para atender à desincompatibilização exigida na Lei Complementar nº 64/1990, com vistas a candidatura a cargo eletivo ou para assunção de mandato não se cogitará da incidência da inelegibilidade prevista na alínea "k", do art. 1º da referida lei, salvo se a Justiça Eleitoral reconhecer que o ato foi praticado no intuito de fraudar suas disposições.

4. Aspectos polêmicos sobre a aplicação da lei no tempo

Questão que certamente provocará controvérsias no meio jurídico diz respeito à aplicação da Lei nº 135/2010 aos que, antes da sua vigência, renunciaram ao exercício de mandatos eletivos após o oferecimento de representação ou petição capaz de autorizar a abertura de processo visando a cassação, como foi o caso dos envolvidos no chamado "Mensalão do Distrito Federal".

Deve-se entender pela aplicabilidade da Lei da Ficha Limpa a pessoas que, no passado, praticaram atos por ela reputados como suficiente para implicar inelegibilidade.

O art. 11, § 10, da Lei nº 9.504/1997 estabelece que as condições de elegibilidade e as causas de inelegibilidade devem ser aferidas no momento da formalização do pedido de registro da candidatura, ressalvadas as alterações, fáticas ou jurídicas, supervenientes ao registro que afastem a inelegibilidade. Deste modo, todos que se enquadrarem nos critérios de inelegibilidade na data do pedido de registro de candidatura devem ser considerados inelegíveis nos termos gizados na Lei Complementar nº 135/2010.

Não se trata de aplicação retroativa da nova lei, mas da aplicação dos seus efeitos a partir da edição da norma, confrontando-a com eventos pretéritos. Isso é perfeitamente possível. Primeiro, em virtude do caráter preventivo e protetivo das inelegibilidades; em segundo lugar, por não possuírem natureza de pena; e em terceiro, por não haver direito adquirido à elegibilidade.

Recentemente, o Tribunal Superior Eleitoral, ao julgar a Consulta nº 1.120-26/DF, Relator, Ministro Hamilton Carvalhido, acolheu o entendimento do Ministro Aldir Passarinho Júnior, que ao proferir o seu voto assentou que não há direito adquirido, considerando que as condições de elegibilidade e as inelegibilidades somente são aferidas no momento do registro de candidatura, que aconteceu em 5 de julho de 2010, bem assim que a alteração trazida pela nova lei é linear, incidindo sobre todos os partidos e candidatos de maneira uniforme.

O detentor de cargo eletivo que abdicou do mandato que lhe foi conferido pelo povo no intuito de burlar a incidência de preceito constitucional de proteção à moralidade pública e à probidade administrativa deve arcar com todas as consequências jurídicas decorrentes dessa situação. A sua renúncia pode, com base no art. 1°, I, "k", da Lei Complementar nº 64/1990, alterada pela Lei da Ficha Limpa, impedir sua candidatura, já que, até o momento do registro da sua candidatura, o pretendente a candidato ainda não conseguiu se livrar do seu incômodo *status* jurídico. Por isso ele incide no critério de inelegibilidade.

Outrossim, não se deve afastar a incidência do novo comando normativo pelo simples fato de o texto legal ter feito uso do verbo no futuro do subjuntivo (...que renunciarem a seus mandatos...). É que na redação de hipóteses de inelegibilidade, é comum se empregar o verbo no futuro do subjuntivo, como se verifica na própria redação original da Lei Complementar nº 64/1990, como, por exemplo, no texto do art. 1º, I, "g", da mencionada lei, que reza que: *"são inelegíveis os que tiverem suas contas relativas ao exercício de cargos ou funções públicas rejeitadas (...)"*.

Na época, vários candidatos questionaram a aplicação do dispositivo a casos passados, levando o Supremo Tribunal Federal a proferir a seguinte decisão:

> *CONSTITUCIONAL. ELEITORAL. INELEGIBILIDADE. CONTAS DO ADMINISTRADOR PÚBLICO – REJEIÇÃO. LEI COMPLEMENTAR Nº 64, DE 1990, ART. 1º, I, "g". (...) II – Inelegibilidade não constitui pena. Possibilidade, portanto, de aplicação da lei de inelegibilidade, Lei Complementar nº 64/1990, a fatos ocorridos anteriormente a sua vigência.* (MS nº 22087-2, Rel.: Min. Carlos Velloso).

Desta forma, não há que se falar em eficácia retroativa, o que só ocorreria se a nova lei permitisse a desconstituição de mandatos obtidos na vigência da lei anterior, mas tão somente a aplicação de novos critérios de inelegibilidade, sempre baseados na confrontação entre circunstâncias fáticas e o conteúdo da lei.

Márlon Reis enfatiza que, "quando a Constituição vedou a sucessão por cônjuges e parentes, no território de jurisdição do titular de cargo de chefe do executivo, certamente não se imaginou permitir que aqueles que já estavam nessa condição antes da edição da norma pudessem participar do pleito. Ninguém cogitou que a Lei das Inelegibilidades somente se aplicaria aos que viessem a contrair matrimônio ou aos parentes que viessem a nascer após a vigência da Constituição Federal".[8]

5. Considerações conclusivas

A Campanha Ficha Limpa, que culminou com a aprovação da Lei Complementar nº 135/2010, após votação unânime na Câmara dos Deputados e no Senado Federal, pode ser considerada uma vitória do provo brasileiro, que se mobilizou de forma jamais vista anteriormente, nem mesmo por ocasião da aprovação da Lei nº 9.840/1999, também originada de projeto de iniciativa popular.

---

8. REIS, Márlon Jacinto. "Inelegibilidade e vida pregressa: questões constitucionais". Brasília, mar. 2009. Disponível em: <http://www.mcce.org.br/node/34>. Acesso em: 20 jun. 2010.

A sinalização do titular do poder foi clara. O povo brasileiro espera que suas normas sejam aplicadas desde logo, atingindo todos aqueles que estiverem incursos nas hipóteses delineadas na nova lei.

A Constituição Federal, da forma como vem sendo interpretada usualmente pelo Supremo Tribunal Federal e pelo Tribunal Superior Eleitoral no tocante aos direitos políticos e às inelegibilidades, autoriza a aplicação imediata da lei como já se manifestaram publicamente vários juristas de escol. Espera-se, portanto, que o Poder Judiciário que tem o poder-dever de velar pela aplicação dos preceitos constitucionais de proteção à probidade administrativa e à moralidade para o exercício do mandato mantenha a interpretação da norma que privilegia o interesse público.

O detentor de cargo eletivo que renuncia ao exercício do mandato após o oferecimento de representação ou petição capaz de autorizar a abertura de processo pela prática de desvio de conduta, que poderia ter como desfecho a cassação do mandato com o propósito exclusivo de evitar a cabal apuração dos fatos, e elidir a incidência dos dispositivos legais de proteção à moralidade pública e à probidade administrativa não pode ser considerado como de vida pregressa idônea. A efetividade da Constituição e da Lei Complementar que a regulamenta não pode ficar na dependência exclusiva de um ato de vontade do particular, que analisa os fatos assacados contra si e decide egoisticamente sobre a permanência da sua elegibilidade. Assim, agiu corretamente o legislador ao estabelecer que aquele que faz uso de tal artifício, deve sofrer a mesma consequência que a perda do mandato decorrente do processo político respectivo teria acarretado, qual seja a inelegibilidade pelo período remanescente do mandato e pelos oito anos subsequentes.

Não se olvida que o direito de acesso aos cargos públicos, inclusive os que dependem da via eletiva, é uma garantia universal dos cidadãos brasileiros, conforme expressamente enunciado na Carta Magna. No entanto, também não se ignora que, tanto os cargos providos por concurso público (art. 37, I, da CF), como aqueles preenchidos por processo eleitoral (art. 14 da CF), se submetem aos requisitos estabelecidos pela Constituição, de modo que a garantia do livre acesso há de ser entendida dentro das limitações legitimamente normatizadas.

Por derradeiro, admite-se que a Lei Complementar nº 135, de 4 de junho de 2010, por certo não representará o fim da corrupção no Brasil, mas indubitavelmente colaborará para a sua redução, impondo-se como mais uma medida rumo à moralização da coisa pública. A era da indolência e da apolitização parece estar chegando ao fim. Paulatinamente, o povo brasileiro deixa a coadjuvação para protagonizar a sua própria história e assumir as rédeas do seu destino, avocando para si a responsabilidade de construir um Brasil melhor.

6. Referências bibliográficas

FERREIRA, Pinto. *Código Eleitoral Comentado*. 3ª ed. ampliada e atualizada. São Paulo: Saraiva, 1991.

SILVA, José Afonso da. *Curso de Direito Constitucional Positivo*. 27ª ed., São Paulo: Malheiros, 2006.

REIS, Márlon Jacinto. "Inelegibilidade e vida pregressa: questões constitucionais". Brasília, mar. 2009. Disponível em: < http://www.mcce.org.br/node/34 >. Acesso em: 20 jun. 2010.

TAYLOR, Mathew. "Justiça Eleitoral". *In* AVRITZER, Leonardo; ANASTÁSIA, Fátima (Org.). *Reforma Política no Brasil*. Belo Horizonte: UFMG, 2006, p. 142-149.

A "Ficha Limpa": Renúncia e Inelegibilidade

Daniel Seidel[1]

Marcello Lavenère Machado[2]

Márlon Jacinto Reis[3]

---

1. DANIEL SEIDEL é Secretário Executivo da Comissão Brasileira de Justiça e Paz – CBJP da CNBB e Mestre em Ciência Política pela Universidade de Brasília (UnB); é Professor e Coordenador da Pós-graduação em Direitos Humanos da Universidade Católica de Brasília (UCB) e membro do Comitê Nacional do MCCE – Movimento de Combate à Corrupção Eleitoral.
2. MARCELLO LAVENÈRE MACHADO é advogado com bacharelado na Faculdade de Direito do Recife da Universidade Federal de Pernambuco e bacharelado em Filosofia pela Faculdade de Filosofia da Universidade Federal de Alagoas, onde foi professor, bem como na Faculdade de Direito da Universidade de Brasília. Presidiu a OAB-AL e o Conselho Federal da OAB no biênio 2000/2002. Foi coautor do pedido de *impeachment* do presidente Collor e presidiu em 2003/2006 a Comissão de Anistia Política do Ministério da Justiça. É membro da Comissão Brasileira Justiça e Paz da CNBB.
3. MÁRLON JACINTO REIS é Juiz de Direito; Presidente da ABRAMPPE – Associação Brasileira dos Magistrados, Procuradores e Promotores Eleitorais; membro do Comitê Nacional do MCCE; vencedor do I Prêmio *Innovare* "O Judiciário do Século XXI". Possui Diploma de Estudos Avançados outorgado pela Universidade de Zaragoza (Espanha), e é Doutorando pela mesma instituição. É autor do livro *Uso Eleitoral da Máquina Administrativa*, editado pela Fundação Getúlio Vargas.

A Constituição autoriza o legislador a fixar, por lei complementar, quais hipóteses são consideradas suficientemente relevantes a ponto de se impedir desde logo a participação eleitoral, evitando-se o lançamento de candidaturas consideradas de risco para as instituições democráticas e para a sociedade. É o que dispõe o art. 14, § 9º, da CF.

A atenção ao dispositivo constitucional acima citado foi finalmente disciplinada por meio da edição da Lei Complementar n° 135/2010, já conhecida como a Lei da Ficha Limpa.

Não descuidou a referida lei – fruto da mobilização de mais de 1,6 milhão de brasileiros – de dar tratamento legal a uma prática tão infamante quanto presente na vida política brasileira: a renúncia ao mandato eletivo como forma de evitar apuração de denúncias.

Muitos foram aqueles que se valeram da fragilidade da nossa legislação eleitoral para renunciar ao mandato obtido pelo voto, dele dispondo como se um bem particular fosse, pelo vil propósito de impedir a descoberta de graves atos de corrupção ou fraude. E a República teve que assistir a tudo isso inerte, como se todos fôssemos estupefatos assistentes de uma comédia de mau gosto.

A Lei da Ficha Limpa pôs fim a isso. Diz o novo art. 1º, I, "k", da Lei de Inelegibilidades:

> *k) o Presidente da República, o Governador de Estado e do Distrito Federal, o Prefeito, os membros do Congresso Nacional, das Assembleias Legislativas, da Câmara Legislativa, das Câmaras Municipais, que renunciarem a seus mandatos desde o oferecimento de representação ou petição capaz de autorizar a abertura de processo por infringência a dispositivo da Constituição Federal, da Constituição Estadual, da Lei Orgânica do Distrito Federal ou da Lei Orgânica do Município, para as eleições que se realizarem durante o período remanescente do mandato para o qual foram eleitos e nos 8 (oito) anos subsequentes ao término da legislatura;*

Como se vê, a norma é clara ao afastar do pleito qualquer um que – estando às voltas com a apresentação de qualquer pedido que possa implicar na aplicação de sanções políticas – abandonou o mandato popular para satisfazer interesse pessoal de impunidade.

Trata-se de nova causa de inelegibilidade, a atingir não apenas aqueles que vierem a incidir nessa conduta, como todos os que, já havendo renunciado no passado, o tenham feito isso nos limites temporais fixados pela norma.

O Ministro Arnaldo Versiani, em seu voto relativo à consulta respondida pelo Tribunal Superior Eleitoral no último dia 17 de junho, foi claro ao afirmar: "As novas disposições legais atingirão igualmente a todos aqueles que, repito, *"no momento da formalização do pedido de registro da candidatura"*, incidirem em alguma causa de inelegibilidade, não se podendo cogitar de direito adquirido às causas de inelegibilidade anteriormente previstas". Seis dos sete Ministros do TSE acompanharam esse entendimento.

Isso acontece porque, como afirmado à unanimidade pelo Supremo Tribunal Federal, *inelegibilidade não é pena, atingindo, por isso, fatos praticados anteriormente à sua vigência* (MS nº 22087-2, Rel. Min. Carlos Velloso). Trata-se de um critério jurídico-político a ser observado pela autoridade responsável pela apreciação do pedido de registro de candidatura.

O fato é que quem renunciou antes da vigência da Lei da Ficha Limpa também será por ela atingido, a não ser que o tenha feito há muito tempo. Explica-se: é que o prazo de inelegibilidade definido pela lei nesse caso não é de apenas oito anos. A restrição acompanha o renunciante pelo resto do prazo do mandato, só depois começa a contagem dos oitos anos.

Exemplificando, imaginemos a hipótese de um deputado federal que, eleito em 2002, renunciou ao seu cargo em 2003. Sua inelegibilidade começou no momento da renúncia, mas perdurará até 2014 (término do mandado em 2006, mais oito anos). No caso de senador eleito em 2006 que haja renunciado ao seu cargo eletivo em 2007, sua inelegibilidade só chegará ao fim em 2022, já que seu mandato terminaria em 2014, havendo-se de acrescentar a esse ano o período extra de oito anos de restrição adotado pela Lei da Ficha Limpa.

Ainda no caso dos Senadores, cujo mandato é de oito anos, mesmo os eleitos em 1998 que, eventualmente, hajam renunciado ao mandato antes de 2006 estão inelegíveis. Como seus mandatos terminariam no último ano citado, só em 2014 (oito anos depois do término da designação popular) estará encerrada a restrição à sua candidatura.

Resta dar um último esclarecimento: o candidato que ficou inelegível por haver renunciado não pode fazer campanha após o indeferimento do seu registro, mesmo que venha a recorrer. É que, agora, não há mais a necessidade do trânsito em julgado para o afastamento da candidatura. Para isso a Lei da Ficha Limpa alterou o art. 15 da Lei de Inelegibilidades. Antes, o efeito suspensivo era automático e decorria da simples interposição do recurso. Agora, estamos diante de mais um caso de execução imediata das decisões da Justiça Eleitoral. *Publicada a decisão que nega o registro à candidatura por considerar inelegível o pretendente, produz-se eficácia obstrutiva imediata, ainda quando dela se tenha recorrido.* A lógica é simples: quem não é elegível não pode ser autorizado a fazer campanha.

Como se vê, também nesse aspecto a LC n° 135/2010 trouxe para a sociedade brasileira um excelente instrumento de prevenção de afrontas aos mandatos. Ao instituir a inelegibilidade do renunciante de má-fé, a lei de iniciativa popular apresentou à sociedade importante e pedagógica disposição legal que, desde logo, robustece a ideia de República, impedindo o acesso aos mandatos por aqueles que nem mesmo tiveram a dignidade de defenderem-se de graves acusações de corrupção.

As Inelegibilidades Decorrentes da Prática de Ilícitos Eleitorais: Reflexões sobre o Perfil da nova alínea "j", do art. 1º, inciso I, da Lei Complementar nº 64/1990

Marcelo Roseno de Oliveira[1]

1. Introdução

A disciplina das inelegibilidades no Direito Eleitoral brasileiro sofreu profundas alterações com a edição da Lei Complementar nº 135, de 4 de junho de 2010. O diploma é fruto da proposição de inicia-

---

1. MARCELO ROSENO DE OLIVEIRA é Juiz Estadual no Ceará; Pós-graduado em Direito Público e Direito Processual Civil pela UFC e Mestre em Direito Constitucional pela Unifor. Professor dos Programas de Pós-Graduação em Direito Eleitoral mantidos pela UnB e pela Escola Superior da Magistratura do Estado do Ceará. Diretor de Estudos e Pesquisas Eleitorais da ABRAMPPE. Autor de *Direito Eleitoral – Reflexões sobre temas contemporâneos* (ABC Editora, 2008) e *O sistema jurisdicional de controle das eleições: virtudes e vícios do modelo constitucional brasileiro de apuração da verdade eleitoral* (no prelo).

tiva popular apelidada de "Ficha Limpa", a qual estimulou o Congresso Nacional a purgar mora que durava mais de quinze anos, desde quando editada a Emenda de Revisão nº 4/1994, responsável por alterar a redação do art. 14, § 9º, da Constituição Federal, nele fazendo incluir os valores da "probidade administrativa" e da "moralidade para o exercício do mandato, considerada a vida pregressa do candidato" como aptos a fundamentar a criação de impedimentos à disputa de cargos públicos eletivos.

Distanciando-se da tradição do constitucionalismo brasileiro, a Carta de 1988, ao estabelecer os valores que deveriam nortear a atividade do legislador complementar na fixação de outros obstáculos ao exercício da capacidade eleitoral passiva, não alinhou a moralidade para o exercício do mandato e a probidade administrativa, limitando-se a apontar a necessidade de proteção à normalidade e à legitimidade das eleições contra o abuso de poder econômico ou político.[2]

Quando o constituinte revisor cuidou de fazê-lo, já nos idos de 1994, estava em plena vigência a Lei Complementar nº 64/1990, que estabeleceu diversas hipóteses de inelegibilidade, as quais, a rigor, somente poderiam estar fundadas nos valores contemplados na redação original do § 9º, do art. 14, vigente ao tempo da edição do citado diploma legal. Ainda assim, parece inegável que o legislador complementar desbordou tal limite, vindo a fixar impedimento fundado na vida pregressa do candidato, embora tal valor sequer estivesse previsto na Lei Maior.[3]

---

2. Para um exame da evolução no constitucionalismo brasileiro da inelegibilidade fundada na moralidade para o exercício do mandato, conferir o nosso OLIVEIRA, Marcelo Roseno de. *Direito Eleitoral – Reflexões sobre Temas Contemporâneos*. Fortaleza: ABC, 2008, p. 49-98.

3. Referimo-nos à redação original do art. 1º, inciso I, alínea "e", da Lei Complementar nº 64/1990, que, ao estabelecer a inelegibilidade em decorrência da condenação definitiva pela prática de crimes específicos, depois de cumprida a pena, estava claramente a considerar o valor da vida pregressa, em que pese não consagrado até então na Carta Magna. A situação bem poderia ser explicada em virtude de a disciplina legal anterior (Lei Complementar nº 05/1970) fixar o impedimento para os que tivessem sido condenados ou estivessem respondendo a processo judicial por determinados crimes (art. 1º, I, alínea "n"). O certo é que, ao tempo da edição da LC nº 05/1970, a Emenda Constitucional nº 01/1969 contemplava expressamente "a moralidade para o exercício do mandato, levada em consideração

É certo que após a emenda à Constituição, passou a ganhar corpo em alguns juízos e tribunais eleitorais a tese segundo a qual seria possível ao Poder Judiciário, com base em novos postulados da interpretação constitucional, assegurar a pronta aplicação dos valores então incluídos, ainda que ausente lei que disciplinasse quais circunstâncias objetivamente seriam capazes de gerar impedimento.

O Tribunal Superior Eleitoral, contudo, sumulou o entendimento de que o dispositivo não seria autoaplicável (verbete 13), o que foi igualmente proclamado pelo Supremo Tribunal Federal. Tal posição, ainda assim, não foi suficiente para conter movimento no sentido de que a mora do Congresso Nacional não deveria ser obstáculo para que o Judiciário garantisse a observância dos novos valores contemplados na Constituição, o qual ganhou força nas eleições de 2004 e 2006 por iniciativas do Tribunal Regional Eleitoral do Rio de Janeiro, as quais, porém, findaram não confirmadas pelo TSE. Já em 2008, mesmo com a posição assumida por Presidentes de TRE's e por diversos Procuradores Eleitorais no sentido da possibilidade de aplicação imediata do art. 14, § 9º, a tese não frutificou, seja por pronunciamento do órgão máximo da Justiça Eleitoral, seja por força de decisão do Supremo Tribunal Federal (ADPF nº 144).

Com a entrada em vigor da Lei Complementar nº 135/2010 alcançou-se finalmente a edição de ato normativo que disciplina quais situações devem ser consideradas para o fim de que se conclua que determinado cidadão não ostenta vida pregressa que permita postular mandato eletivo, evitando, assim, tenha o Judiciário que se substituir ao legislador no exercício de tal mister.

---

a vida pregressa do candidato" como valor a ser observado pelo legislador complementar quando se dedicasse a fixar os impedimentos, o que não ocorria com o texto constitucional vigente quando editada a Lei das Inelegibilidades de 1990. A questão chegou a ser objeto de impugnação perante o Supremo Tribunal Federal (ADIn nº 1493/DF), todavia o relator, mesmo admitindo a possibilidade de que a alínea "e" não encontrasse apoio claro na redação originária do § 9º, do art. 14, da CF, entendeu que passou a tê-lo com a redação dada pela Emenda de Revisão nº 04/1994. A cautelar foi denegada e a ação findou extinta em 2010, sem apreciação do mérito, por vício de representação, uma vez que o advogado subscritor da inicial não estaria munido de procuração com poderes específicos, defeito não sanado no prazo legal.

É certo que a lei desperta controvérsias jurídicas fundadas, especialmente por haver adotado, como base principiológica, a premissa segundo a qual o direito fundamental à presunção de inocência deve estar restrito ao campo penal, no que contraria entendimento assentado pelo Supremo Tribunal Federal.[4] Assim, admite que os impedimentos alcancem situações processuais ainda não consolidadas, como ocorre com os obstáculos opostos aos condenados, em situações específicas, por órgãos judiciais colegiados, mesmo que ausente o trânsito em julgado das respectivas decisões.

Tal situação imporá, por certo, que os Tribunais Eleitorais (em provocações incidentais às impugnações de pedido de registro) e o Supremo Tribunal Federal (diante de casos concretos ou pela via do controle concentrado) sejam chamados em breve a examinar a compatibilidade da norma com a Constituição, notadamente em vista do entendimento do TSE no sentido de que a nova lei é aplicável já nas eleições de 2010.[5]

Igual exame caberá aos que se ocupam do estudo do Direito Eleitoral, a quem cumpre, de igual, se impor analisar com acuidade as principais inovações trazidas pelo novo diploma.

Dentre elas, uma das principais está prevista na alínea "j", do art. 1º, inciso I, da Lei Complementar nº 64/1990, que passa a impor obstáculo aos que "forem condenados, em decisão transitada em jul-

---

4. O Dep. José Eduardo Cardozo, relator da matéria na Comissão de Constituição e Justiça da Câmara, afirmou: "Ao contrário do que ocorre com os princípios do devido processo legal (CF, art 5º, LIV) e do contraditório e da ampla defesa (CF, art. 5º, LV), acreditamos que ao aludido princípio da presunção de inocência não se pode dar interpretação ampliativa capaz de abranger toda e qualquer situação restritiva de direitos decorrente de ato jurisdicional. Seu âmbito de aplicação deve ser circunscrito exclusivamente ao processo penal, como, aliás, resulta diretamente da interpretação literal do dispositivo constitucional que o agasalha. Não fosse assim, salvo melhor juízo, jamais poderiam ter quaisquer sentenças que impõem condenações ou sanções de âmbito material diverso das do mundo penal, a possibilidade de gerar eficácia jurídica imediata, o que contrariaria por completo as lições doutrinárias firmadas no âmbito da nossa Teoria Geral do Processo e as nossas próprias regras de direito positivo".

5. Trata-se da resposta à Consulta nº 1120-26.2010.6.00.0000 – Classe 10 – Brasília – Distrito Federal, Rel. Min. Hamilton Carvalhido, j. 10.06.2010.

gado ou proferida por órgão colegiado da Justiça Eleitoral, por corrupção eleitoral, por captação ilícita de sufrágio, por doação, captação ou gastos ilícitos de recursos de campanha ou por conduta vedada aos agentes públicos em campanhas eleitorais que impliquem cassação do registro ou do diploma, pelo prazo de 8 (oito) anos a contar da eleição".

Constitui objetivo do presente ensaio examinar o novel dispositivo, especialmente seus desdobramentos para fins de incidência dos impedimentos criados, o que se fará após fixadas algumas noções introdutórias sobre a teoria das inelegibilidades.

2. Notas preliminares sobre as inelegibilidades

Se não se pode opor dúvida ao caráter de fundamentalidade dos direitos políticos, sob os aspectos formal ou material, com igual razão não se haverá de questionar o fato de que as inelegibilidades nada mais são do que **restrições ao exercício de tais direitos**,[6] alcançando uma de suas principais manifestações que é a do direito de ser votado, ou do exercício da capacidade eleitoral passiva.

O direito de ser votado e, por conseguinte, o *status* de candidato é reconhecido a todo cidadão que: a) atenda às condições de elegibilidade previstas no art. 14, § 3º, da Constituição;[7] b) não incorra em quaisquer das hipóteses de inelegibilidade (constitucionais ou legais); e, por fim, c) requeira e obtenha o registro de candidatura, e se conduza de modo a mantê-lo durante todo o desenrolar da campanha eleitoral, evitando o cometimento dos diversos ilícitos atualmente previstos em legislação infraconstitucional, puníveis com a sua cassação.

---

6. Cf. a propósito o que dissemos em OLIVEIRA, Marcelo Roseno. *op. cit.* p. 93, em especial quanto a se constituir a previsão do art. 14, § 9º, da CF, uma " [...] restrição ao direito fundamental de participação no processo político, todavia em situação que demanda atividade legislativa posterior". Cf. também ZÍLIO, Rodrigo López. *Direito Eleitoral*. Porto Alegre: Verbo Jurídico, 2008, p. 169, para quem a inelegibilidade representa: "[...] severa restrição a exercício de direito fundamental [...]".

7. No caso dos militares, além das condições do § 3º, ainda devem estar presentes as do § 8º.

A partir de tais premissas é possível elaborar a seguinte equação:

CE – HI + R = direito de ser votado (Candidato)

O direito de ser votado, a conferir, portanto, a qualidade de candidato, somente pode se considerar alcançado quando o cidadão demonstre atender às condições de elegibilidade (CE), não incorrer em hipóteses de inelegibilidade (HI), e ainda quando tenha obtido e mantido o registro (R) de candidatura, pondo-se a salvo de eventuais sanções pelo cometimento de ilícitos previstos em lei.

É certo que a ausência de condições de elegibilidade, a presença de impedimentos ou mesmo o indeferimento ou cassação do registro de candidatura influenciam no resultado final, isto é, importam a ausência do direito de ser votado, todavia não se afigura correto afirmar todo aquele a quem se reconhece a ausência de tal direito seria inelegível.

A inelegibilidade, com efeito, não pode ser tomada como mera ausência ou perda de elegibilidade, ou como similar à ausência do direito de ser votado.[8] Este, como visto, é resultado da relação estabelecida entre requisitos (positivos ou negativos) de três categorias, das quais, é certo, podem decorrer efeitos que o afetarão. Em suma, as inelegibilidades conduzem à ausência do direito de ser votado, todavia a falta deste não corresponderá necessariamente à presença daquelas, pois tal pode decorrer da ausência de condições de elegibilidade ou mesmo do indeferimento ou cassação do registro de candidatura.

O registro de candidatura, com efeito, não está abrangido pelas categorias do "elegível" ou do "inelegível", havendo de ser examinado de forma autônoma.

Embora não seja esta a sede própria para aprofundar debates sobre a teoria das inelegibilidades, é imperioso assentar, à luz do exposto, a premissa segundo a qual a cassação do registro de candidatura não corresponde a inelegibilidade, constituindo, em verdade, sanção pela prática de ilícitos eleitorais específicos, distinta dos impedimentos (constitucionais ou legais) ao exercício do direito de participação no processo político.

---

8. As afirmações são de COSTA, Adriano Soares da. *Instituições de Direito Eleitoral.* 7ª ed., Rio de Janeiro: Lumen Juris, 2008, p. 141-142.

Entendido o sufrágio em sua acepção ampla, a abranger todas as formas de participação dos cidadãos na formação da vontade política do Estado (ou de "intromissão do indivíduo na esfera política decidida pelas autoridades do Estado"),[9] inclusive e especialmente a de ascender aos cargos públicos eletivos, as inelegibilidades importam em restrições ao exercício do direito fundamental de participação no processo político.[10]

As restrições, conforme anota Jane Reis Gonçalves Pereira, correspondem a previsões normativas e interpretações que operam uma "diminuição da esfera máxima de incidência do direito" que, a princípio, podem ser extraídas de sua definição constitucional, mediante o estabelecimento de condições e obstáculos ao seu exercício.[11]

Devem ser fixadas em clara observância ao princípio da proporcionalidade, que funciona como verdadeira "ferramenta metodológica no controle de validade das restrições aos direitos fundamentais".[12] No campo das restrições aos direitos políticos, como já tivemos oportunidade de asseverar noutra sede, as limitações observam valores específicos e não devem estabelecer obstáculos desarrazoados, uma vez que:

---

9. Cf. DIMOULIS, Dimitri; MARTINS, Leonardo. "Definição e características dos direitos fundamentais". *In* LEITE, George Salomão; SARLET, Ingo Wolfgang (Coord.). *Direitos Fundamentais e Estado Constitucional: Estudos em homenagem a J. J. Gomes Canotilho*. São Paulo: Revista dos Tribunais; Coimbra: Coimbra Editora, 2009, p. 118-136; e também SARMENTO, Daniel. *Direitos Fundamentais e Relações Privadas*. 2ª ed., Rio de Janeiro: Lumen Juris, 2006, p. 110.

10. Ainda os que acolhem o sufrágio em sua acepção restrita – limitado ao direito de votar e ser votado – não negam que, como direito fundamental, assume ele dimensão objetiva, manifestando-se, segundo Manuel Aragón, como o princípio mais básico ou nuclear do Estado Democrático, viabilizando a democracia representativa. Cf. ARAGÓN, Manuel. "Derecho de sufrágio: principio y función". *In* NOHLEN, Dieter *et al.* (comp.). *Tratado de derecho electoral comparado de América Latina*. 2ª ed. México: FCE, Instituto Interamericano de Derechos Humanos, Universidad de Heidelberg, International IDEA, Tribunal Electoral del Poder Judicial de la Federación, Instituto Federal Electoral, 2007, p. 162-177. Sobre a dimensão objetiva dos direitos fundamentais, conferir SARMENTO, Daniel. *Direitos Fundamentais e Relações Privadas*. 2ª ed., Rio de Janeiro: Lumen Juris, 2006, p. 105.

11. PEREIRA, Jane Reis Gonçalves. *Interpretação Constitucional e Direitos Fundamentais*. Rio de Janeiro: Renovar, 2006, p. 138.

12. *Ibid.*, 2006, p. 321.

> *[...] o reconhecimento dos direitos políticos como direitos fundamentais (preponderantemente de defesa) – que expressam, mais do que uma concepção subjetiva, individual, uma série de valores que orientam a ordem jurídica – importa a necessidade de que a interpretação das normas que os contemplem deva favorecer ao seu amplo exercício, não admitindo restrições desproporcionais, que não encontrem fundamento na própria Constituição ou em lei (complementar, no caso das inelegibilidades).*[13]

No mesmo sentido, lembra Luís Roberto Barroso que, no campo da interpretação dos direitos políticos, dada a incidência dos princípios constitucionais da igualdade e da democracia, embora admitidas, inclusive por força de normas constitucionais, as exigências para o seu exercício "deverão ser razoáveis e guardar relação lógica e proporcional com os fins que pretendem proteger ou promover", recordando, ainda, que "qualquer restrição a direitos políticos, e especificamente no que diz respeito à elegibilidade, deverá sempre ser interpretada de forma estrita".[14]

As inelegibilidades, conforme estejam previstas no próprio texto da Constituição ou em normas infraconstitucionais, neste caso mediante autorização da Lei Maior, podem ser classificadas, segundo critério proposto por Robert Alexy, em **restrições diretamente constitucionais** (é o caso, por exemplo, da inelegibilidade decorrente de parentesco, prevista no art. 14, § 7º, da CF), ou **restrições indireta-**

---

13. OLIVEIRA, Marcelo Roseno de. *op. cit.* p. 88.
14. BARROSO, Luís Roberto. "Direitos políticos, inelegibilidades e parentesco. Inteligência do art. 14, § 7º, da Constituição". *Revista Brasileira de Direito Eleitoral.* v. 17. Fortaleza: ABC, 2005, p. 55-96. Na mesma linha, assevera SILVA, José Afonso da. *Curso de Direito Constitucional Positivo.* 19ª ed., São Paulo: Malheiros, 2001, p. 385, que: "O princípio que prevalece é o da plenitude do gozo dos direitos políticos positivos, de votar e de ser votado. A pertinência desses direitos ao indivíduo, como vimos, é que o erige em cidadão. Sua privação ou a restrição do seu exercício configura exceção àquele princípio. Por conseguinte, a interpretação das normas constitucionais ou complementares relativas aos direitos políticos deve tender à maior compreensão do princípio, deve dirigir-se ao direito de votar e de ser votado, enquanto as regras de privação e restrição hão de entender-se nos limites mais estreitos de sua expressão verbal, segundo as boas regras da hermenêutica".

mente constitucionais, como o são todas as previstas na Lei Complementar nº 64/1990, estatuídas em decorrência da autorização prevista no art. 14, § 9º, da Constituição.[15]

Em arremate deste tópico, reiteremos que a ausência ou perda do registro de candidatura, portanto, embora afetando o direito de ser votado (do qual decorre a qualidade de "candidato"), não importa inelegibilidade, signo usado para distinguir impedimentos criados pela Constituição ou por lei para o exercício da capacidade eleitoral passiva, segundo fundamentos éticos (valores) estabelecidos na Lei Maior.

3. O direito fundamental à presunção de inocência e sua incidência no campo dos direitos políticos

Em estudo específico sobre o tema da inelegibilidade fundada na vida pregressa desabonadora, publicado em 2008, afirmamos que:

> *a presunção de inocência se circunscreve à análise estritamente penal e, como se vê, o indeferimento de registro de candidatura sob a alegativa da existência de vida pregressa desabonadora não importa em reconhecimento antecipado de culpa. Com efeito, assoma imprópria a tese de que o sujeito não pode sofrer qualquer restrição a direito enquanto não condenado definitivamente, especialmente quando em vista que as instâncias criminal e eleitoral são distintas, orientando-se por princípios próprios e protegendo valores diversos.*

Em que pese não havermos defendido a autoaplicabilidade do art. 14, § 9º, da CF, o fizemos não em virtude da aplicação do princípio da presunção de inocência (ou mesmo em vista de um suposto conflito entre ele e o princípio da moralidade, cuja existência também refutamos), mas, sim, e, especialmente, por entendermos que o citado dispositivo constitucional continha restrição a direito fundamental autorizada pela Constituição, todavia a demandar regramento posterior, mostrando-se desarrazoado que, na ausência de lei, pudesse o Poder

15. ALEXY, Robert. *Teoria dos Direitos Fundamentais*. São Paulo: Malheiros, 2008, p. 291.

Judiciário interpretar a norma de modo a limitar o exercício dos direitos (de defesa, aliás), quando, na verdade, os vetores interpretativos que orientam a disciplina impõem uma hermenêutica que busque maximizar sua eficácia, ampliando a participação.

Concluímos, assim, que:

> *Imperando, com efeito, o princípio hermenêutico segundo o qual as restrições a direitos políticos devem ser interpretadas de modo estrito, parece não haver dúvida de que, ausente a lei que discipline a moralidade para o exercício do mandato, considerada a vida pregressa do candidato, não se pode sustentar validamente a possibilidade de que o intérprete, na hipótese, restrinja direito fundamental. Estamos diante de um direito de defesa, a possibilitar uma resistência do cidadão a uma ingerência indevida do Estado.*

Ao apreciar a questão na Arguição de Descumprimento de Preceito Fundamental nº 144, o Supremo Tribunal Federal, por voto condutor do em. Min. Celso de Mello, entendeu que o princípio da presunção de inocência se estenderia ao processo eleitoral e que nem mesmo lei complementar editada com apoio no art. 14, § 9º, da Constituição, poderia estabelecer, como causa de inelegibilidade, a "mera instauração, contra o candidato, de procedimentos judiciais, quando inocorrente condenação criminal transitada em julgado".

Observa-se que a Corte, por voto do eminente Relator, aponta claramente que nem mesmo eventual lei que viesse a ser editada poderia ignorar o princípio da presunção de inocência e, assim, considerar como causas de inelegibilidade a existência de processos em curso, e não apenas de natureza criminal, como se colhe do voto condutor:

> *O fato é que não podem repercutir (como já salientado), contra qualquer pessoa, sob pena de transgressão ao postulado constitucional que consagra o estado de inocência, situações jurídico-processuais ainda não definidas por decisão irrecorrível do Poder Judiciário. Isso significa que inquéritos policiais em andamento, processos penais, arguições de inelegibilidade ou processos civis por improbidade administrativa (Lei nº 8.429/1992) ainda em curso ou, até mesmo, condenações cri-*

minais sujeitas a recursos (inclusive aos recursos excepcionais) não podem ser considerados, enquanto episódios processuais suscetíveis de pronunciamento absolutório, como fatores de descaracterização desse direito fundamental proclamado pela própria Constituição da República.

Em pronunciamento durante o I Congresso Brasiliense de Direito Eleitoral, realizado em 6 de maio de 2010, afirmamos que a interpretação do Supremo Tribunal Federal, ao conferir ao princípio da presunção de inocência tamanha amplitude, teria pecado por exagero.[16]

Continuamos entendendo que o exercício dos direitos políticos, orientado por princípios próprios como os da soberania popular e da democracia representativa, justifica a possibilidade de que o acesso a mandatos eletivos seja negado aos que, de acordo com a Constituição, não ostentam moralidade para o exercício do mandato, valor que pode ser definido, como atualmente o faz a LC nº 135/2010, a partir de situações processuais ainda não consolidadas. Os impedimentos, à luz das três dimensões do princípio da proporcionalidade,[17] mostram-se claramente razoáveis em vista dos valores a que o legislador constituinte destinou especial proteção.

Ao barrar as candidaturas em tais casos, não está a lei a afirmar culpa ou a impor punição antecipada, mas sim a proteger a moralidade para o exercício do mandato. Observe-se que, de acordo com a redação do diploma recém-editado, não se cogita de impedir candidaturas diante de mera instauração de processos, mas, sim, em vista de condenações por órgãos judiciais colegiados, o que pressupõe, em grande parte dos casos, julgamento realizado por pelo menos duas instâncias judiciais, e quando eventual inconformismo não mais admitirá reexame de matéria fática.

---

16. Ainda que parcialmente, a posição está retratada em matéria veiculada no site Consultor Jurídico (CONJUR): Especialistas divergem sobre ficha suja. Disponível em: <http://www.conjur.com.br/2010-mai-06/especialistas-divergem-elegibilidade-candidato-folha-penal>. Acesso em: 22 jun. 2010.

17. São os subprincípios da idoneidade, da necessidade e da proporcionalidade em sentido estrito. Cf. PEREIRA, Jane Reis Gonçalves. *Interpretação Constitucional e Direitos Fundamentais*. Rio de Janeiro: Renovar, 2006, p. 324.

É quase certo que o debate será novamente travado no âmbito do Supremo Tribunal Federal, a quem caberá, como guardião da Constituição, a última palavra sobre a compatibilidade da norma com o direito à presunção de inocência.

Ainda assim, continuamos a sustentar nossa posição de que é plenamente possível cindir as esferas penal e eleitoral, garantindo-se que nesta, porque orientada por princípios outros, sejam consideradas situações processuais não consolidadas como aptas a gerar impedimento de candidaturas.

4. Os ilícitos eleitorais punidos com a cassação do registro ou do diploma

A Lei das Eleições (Lei nº 9.504/1997) pune alguns ilícitos eleitorais com a cassação do registro ou diploma do candidato infrator.

Assim é ao prever, por exemplo, que a captação ou os gastos ilícitos de recursos, para fins eleitorais, podem acarretar na cassação do diploma (art. 30-A), ou ainda que a captação ilícita de votos,[18] nos termos do art. 41-A, pode acarretar, além da sanção pecuniária, a cassação do registro ou diploma do postulante.

No campo das condutas vedadas aos agentes públicos nas campanhas eleitorais, outras disposições estabelecem a cassação do registro ou diploma, como as previsões dos arts. 73, § 5º, 74, 75 e 77, que alcançam, por exemplo, o pretendente que comparece a inaugurações de obras públicas nos três meses que precedem o pleito.

Há, com efeito, claro comportamento do legislador ordinário em sancionar ilícitos eleitorais com a cassação do registro ou diploma sem que tal implique criar novas hipóteses de inelegibilidade, o que, aliás, se presente, acarretaria a existência de inconstitucionalidade formal, uma vez que somente lei complementar pode dispor sobre tal espécie de impedimentos.

---

18. Diante da impropriedade terminológica da lei, preferimos o uso da expressão captação ilícita de votos e não de sufrágio.

É certo que, ao menos quanto ao disposto no art. 41-A, aceso debate se ergueu na doutrina e na jurisprudência sobre a possível inconstitucionalidade da norma, a qual foi afastada pelo Tribunal Superior Eleitoral e, posteriormente, pelo Supremo Tribunal Federal por ocasião do julgamento da ADI 3592/DF, Rel. Min. Gilmar Mendes.

Ao tempo em que a aventada inconstitucionalidade formal do art. 41-A, da Lei das Eleições, já é tida por superada, não se constata preocupação maior na doutrina ou mesmo nos tribunais quanto a esclarecer como estaria posicionada a sanção de perda do registro no âmbito da teoria das inelegibilidades.

Ora, se é certo que a perda do registro não acarreta inelegibilidade, qual liame guarda tal sanção com o campo dos impedimentos ao exercício da capacidade eleitoral passiva, quando certo que a perda do registro acarreta, sem dúvida, a impossibilidade de que o cidadão dispute mandato eletivo, afetando o direito de ser votado?

Como já afirmamos em tópico anterior, a perda do registro não acarreta inelegibilidade, pois se trata de requisito enquadrado em categoria distinta. Conforme demonstrado, o indeferimento ou a perda do registro estão situados fora das categorias das condições de elegibilidade e das inelegibilidades, embora todas guardem relação direta com a obtenção do direito de ser votado e a qualidade de candidato.

Assoma importante esclarecer, como expressado anteriormente, que o direito de ser votado é alcançado com a obtenção do registro, mas também com sua manutenção durante a campanha eleitoral. Assim, somente adotando comportamento reto, que não desborde para a mencionada prática de ilícitos, puníveis com a perda do registro, será possível ao cidadão alcançar o dia do pleito sem o risco de ser afastado da disputa, ainda que tal, como é cediço, possa vir a ocorrer em momento posterior, em vista do julgamento de demandas eleitorais mesmo depois de passado o pleito.

Parece claro que se o direito de ser votado, ao contrário do que sustentam alguns, não é mero resultado da presença das condições de elegibilidade e da ausência de inelegibilidades (CE – HI = candidato), uma vez que se mostra indispensável o registro da candidatura, é plenamente possível sustentar que a sua perda não opera efeitos no campo das inelegibilidades.

Sendo assim, releva reiterar que a inelegibilidade é signo com o qual somente podem ser distinguidos aqueles que são alcançados pelos impedimentos (constitucionais ou legais) ao exercício da capacidade eleitoral passiva, estabelecidos na própria Constituição ou em lei complementar editada na esteira do art. 14, § 9º, da Lei Maior.

5. A nova alínea "j" da Lei Complementar nº 64/1990

A alínea "j", introduzida no art. 1º, inciso I, da Lei Complementar nº 64/1990, passa a impor obstáculos ao exercício da capacidade eleitoral passiva aos que *"forem condenados, em decisão transitada em julgado ou proferida por órgão colegiado da Justiça Eleitoral, por corrupção eleitoral, por captação ilícita de sufrágio, por doação, captação ou gastos ilícitos de recursos de campanha ou por conduta vedada aos agentes públicos em campanhas eleitorais que impliquem cassação do registro ou do diploma, pelo prazo de 8 (oito) anos a contar da eleição"*.

Ao que se constata, há diversas situações (impedimentos) enfeixadas em única alínea, atuando o legislador complementar de modo a acrescer a alguns ilícitos, já punidos com a cassação do registro ou do diploma, a inelegibilidade por 8 (oito) anos a partir do pleito em que verificada a infração.

Cuidando o diploma (LC nº 135/2010) de estabelecer casos de inelegibilidade com base nos valores da probidade administrativa e da moralidade para o exercício do mandato, há que se ter presente que todos os impedimentos ali contidos devem, sob pena de incompatibilidade com a Constituição, encontrar fundamento em tais valores.

Assim, é descabido exigir, para a incidência de quaisquer das novas hipóteses trazidas pela Lei Complementar nº 135, a potencialidade de o fato gerador do impedimento influenciar o resultado da eleição, uma vez que não se está a proteger, nesse campo, a normalidade e a legitimidade do pleito.[19]

---

19. É certo que o novo inciso XVI, do art. 22, da LC nº 64/1990, afasta, no campo dos abusos de poder, a figura da potencialidade, asseverando, *in verbis*: "para a confi-

Cumpre examinar detidamente cada uma das situações que passa a gerar o impedimento.

5.1. Corrupção eleitoral

O vício da corrupção, segundo Pedro Henrique Távora Niess, está presente "sempre que se estabelece um pacto ilícito de troca de vantagens, entre duas ou mais pessoas, das quais não se exige qualificação especial, com a finalidade de favorecer a eleição de determinado candidato".[20]

Trata-se de modalidade de vício que abrange diversos ilícitos eleitorais, de naturezas cível e penal, como é o caso das figuras da captação ilícita de votos (art. 41-A, da Lei nº 9.504/1997) e do crime de corrupção eleitoral (Código Eleitoral, art. 299), sendo o seu reconhecimento capaz de conduzir ao comprometimento da higidez da eleição (Código Eleitoral, art. 222) e à impugnação do mandato (CF, art. 14, § 10).

Em que pese algumas vezes interpretada de forma amplíssima pela jurisprudência do Tribunal Superior Eleitoral,[21] ou de forma res-

---

guração do ato abusivo, não será considerada a potencialidade de o fato alterar o resultado da eleição, mas apenas a gravidade das circunstâncias que o caracterizam". Parece-nos particularmente interessante acompanhar como a jurisprudência irá interpretar o dispositivo, em especial diante do fundado risco de que, a pretexto de se examinar a gravidade da conduta, continue a se verificar a potencialidade lesiva, notadamente porque é difícil dissociar aquela dos efeitos que o ato tenha causado para a normalidade da eleição.

20. NIESS, Pedro Henrique Távora. *Ação de Impugnação de Mandato Eletivo*. São Paulo: Edipro, 1996, p. 30. Lembramos que o conceito, porque formulado antes da Lei nº 9.840/1999, merece ser acolhido com reservas no que toca à desnecessidade de qualificação especial das pessoas envolvidas na troca de vantagens, pois sabido que, no caso do art. 41-A, nítido exemplo de corrupção eleitoral, se exige que a conduta tenha como sujeito ativo o candidato (qualificação especial, portanto).

21. Referimo-nos ao voto do Min. Carlos Britto ao relatar o REspE 28.040/BA, julg. 22.4.2008: "[...] para melhor cumprir os seus eminentes fins tutelares, a Constituição preferiu falar de corrupção naquele sentido coloquial (não tecnicamente penal) de 'conspurcação', 'degeneração', 'putrefação', 'degradação', 'depravação', enfim. No caso, conspurcação ou degeneração ou putrefação ou degradação ou

trita pela doutrina,[22] a figura da corrupção tem sido marcadamente relacionada à ideia de compra de votos, tanto que necessário alertar muitas vezes que esta, embora nela esteja compreendida, não a esgota.[23]

Não tendo a redação da novel alínea "j" feito referência expressa à figura do art. 299, do Código Eleitoral, que estabelece o crime de corrupção eleitoral, é forçoso concluir que a inelegibilidade ali prevista alcançará tanto os que vierem a ser condenados pela figura delitiva em referência, como nas hipóteses de procedência de Ação de Impugnação de Mandato Eletivo (AIME) fundada em corrupção.

A redação do dispositivo, aliás, ao elencar separadamente as figuras da corrupção eleitoral e da captação ilícita de "sufrágio" conduziu-se com rigor técnico, mantendo-se atenta para o que já vínhamos defendendo quanto ao fato de que: "[...] todo episódio de captação ilícita de votos, nos termos do art. 41-A, da Lei das Eleições, configura hipótese de corrupção eleitoral, mas nem toda corrupção eleitoral se adequará a tal figura".[24]

---

depravação do processo eleitoral em si, com seus perniciosos e concretos efeitos de cunho ético-isonômico-democráticos. Atenta a nossa Lei Fundamental para o mais abrangente raio de alcance material do termo 'corrupção', se comparado com o abuso do poder político. [...] Em síntese, a palavra 'corrupção', tanto quanto o vocábulo 'fraude', ambos estão ali no § 10 do art. 14 da Magna Carta sob o deliberado intuito de se fazer de uma acepção prosaica um lídimo instituto de Direito Constitucional-eleitoral. Não propriamente de Direito Constitucional-penal, renove-se o juízo. Com o que se afasta o paradoxo de supor que a Constituição-cidadã incorreu no *lapsus mentis* de não considerar o abuso do poder político – logo ele – como pressuposto de ajuizamento da AIME".

22. Temos presente a definição apresentada por GOMES, José Jairo. *Direito Eleitoral.* 5ª ed., Belo Horizonte: Del Rey, 2010, p. 558, segundo a qual a corrupção eleitoral "pressupõe necessariamente o desvirtuamento das atividades desenvolvidas por agente estatal, o qual mercadeja, negocia ou trafica sua atuação na Administração Pública. [...] A ideia de corrupção encontra-se umbilicalmente ligada à Administração estatal, tanto que o Código Penal consagrou-a no capítulo atinente aos 'crimes contra a administração pública' ".

23. Realizamos estudo aprofundado sobre o tema no nosso OLIVEIRA, Marcelo Roseno de. *Direito eleitoral – Reflexões sobre Temas Contemporâneos*. Fortaleza: ABC, 2008, p. 229-245.

24. *Idem. Ibidem.*

Desse modo, todos os que condenados pela prática da figura do art. 299, do Código Eleitoral, seja na modalidade ativa (dar, oferecer e prometer) ou na passiva (solicitar ou receber dinheiro, dádiva ou qualquer outra vantagem em troca do voto ou abstenção) serão alcançados pela nova hipótese de inelegibilidade.

De igual modo, a procedência da AIME, fundada em corrupção importará, além da cassação do mandato, na incidência do impedimento da nova alínea "j". Se é certo que, em sede de AIME, fundada em abuso do poder econômico, a inelegibilidade já vinha sendo agregada à cassação, por força da interpretação ampliativa do vocábulo "representação" contido no art. 1º, I, "d", da LC nº 64/1990, agora também a ação fundada em corrupção passa a gerar, em caso de acolhimento da pretensão, o impedimento ao exercício da capacidade eleitoral passiva pelo prazo de 8 (oito) anos, contados da eleição.

5.2. Captação ilícita de votos

A partir da entrada em vigor da Lei Complementar nº 135/2010, a figura da captação ilícita de votos prevista no art. 41-A, punida com a cassação do registro ou diploma do candidato, e multa, passa a implicar, também, inelegibilidade pelo prazo de 8 (oito) anos.

Como já afirmamos anteriormente, a figura da captação ilícita, ao punir com a cassação do registro ou diploma o candidato que pratica a corrupção eleitoral, não está a impor qualquer inelegibilidade, uma vez que plenamente possível cogitar da incidência de sanção sem reconhecer a existência de impedimento.

Com a edição da nova lei, contudo, às sanções previstas no art. 41-A – as quais, segundo pensamos, não podem ser cindidas[25] – é agregado o impedimento da alínea "j".

A alteração poderia conduzir, em leitura apressada, à tese que reputamos equivocada, segundo a qual, acrescida a inelegibilidade

---

25. Posição contrária, propugnando a "multa como sanção autônoma", todavia não tem encontrado apoio na jurisprudência, é defendida por GOMES, José Jairo. *Direito Eleitoral*. 5ª ed., Belo Horizonte: Del Rey, 2010, p. 510.

como efeito da procedência da representação por captação ilícita de sufrágio, seria de se exigir, doravante, a potencialidade lesiva da infração, vale dizer, a demonstração de sua capacidade para afetar a normalidade da eleição.

É preciso recordar, contudo, que não fora a nova redação do art. 22, XVI, da LC nº 64/1990, a afastar o requisito da potencialidade até mesmo para sancionar os atos de abuso de poder (político ou econômico), contentando-se com a "gravidade das circunstâncias", a nova alínea "j" tem fundamento no valor da "moralidade para o exercício do mandato, considerada a vida pregressa do candidato" e não na necessidade de proteger a normalidade da eleição.

Não há que se perder de vista que a Lei Complementar nº 135/2010, como o denuncia sua própria ementa, altera a Lei Complementar nº 64/1990 "para incluir hipóteses de inelegibilidade que visam a proteger a probidade administrativa e a moralidade no exercício do mandato".

Arredando-se, com efeito, vínculo expresso da nova alínea "j" com o valor da normalidade da eleição, descabe cogitar em potencialidade para a procedência da representação por captação ilícita de votos. Ao que se colhe, o impedimento é estabelecido à luz da conduta *ante acta* do candidato, que finda impossibilitado de disputar mandato eletivo em vista de sua atuação em campanha anterior, quando se conduziu de modo a conspurcar a liberdade do eleitor, bem que continua a ser protegido pela norma do art. 41-A, da Lei das Eleições.

5.3. Doação, captação ou gastos ilícitos de recursos de campanha

A procedência da investigação judicial interposta com fundamento no art. 30-A, da Lei nº 9.504/1997, que pune com a cassação do diploma o candidato que realiza captação ou gastos ilícitos de recursos para fins eleitorais também passa a conduzir à inelegibilidade da alínea "j".

Como o ilícito, por expressa previsão legal, deve ser apurado através de investigação judicial (o que torna mesmo dispensável a previsão do art. 30-A, § 1º, da Lei nº 9.504/1997 quanto ao rito a ser seguido), não resta qualquer dificuldade quanto a agregar-se à sanção de negação ou cassação do diploma, a inelegibilidade pelo prazo assinado.

Embora o bem jurídico protegido na hipótese de que se cuida, consoante indica José Jairo Gomes, seja a "lisura da campanha eleitoral",[26] não há dúvida de que o impedimento, como já ressaltado anteriormente, considera a vida pregressa do candidato que pratica captação ou gastos ilícitos.

Cumpre ainda recordar que a AIJE (Ação de Investigação Judicial Eleitoral) com base no art. 30-A não exclui a possibilidade de manejo da demanda com base no art. 19, da LC nº 64/1990, embora se reconheça ter esta âmbito de incidência mais restrito, posto destinada exclusivamente a apurar "transgressões pertinentes à origem de valores pecuniários", voltando-se, segundo expressa previsão do Parágrafo único do mesmo dispositivo, a "proteger a normalidade e legitimidade das eleições".

Questão interessante é buscar harmonizar as previsões das novas alíneas "j" e "p", do art. 1º, inciso I, da LC nº 64/1990. É que em ambas as hipóteses há referência às doações eleitorais, observando-se, no caso da alínea "p", que o impedimento está voltado para: "a pessoa física e os dirigentes de pessoas jurídicas responsáveis por doações eleitorais tidas por ilegais por decisão transitada em julgado ou proferida por órgão colegiado da Justiça Eleitoral".

O conflito aparente de normas ganha relevância quando observado que os impedimentos, embora com a mesma duração (um dos escopos, aliás, da nova lei), têm marcos iniciais distintos: incidindo o da alínea "j" a partir da eleição em que se verificou o ilícito, e o da alínea "p" desde a decisão que reconheceu a ilegalidade da doação.

Afirmamos tratar-se de conflito aparente, pois, ao que se colhe, a figura da alínea "j", ao incluir a doação ao lado da captação e dos gastos ilícitos, parece estar voltada especificamente a candidato que, beneficiado por doação irregular, venha a ter o diploma negado ou cassado nos termos do art. 30-A, tanto assim que faz incidir o impedimento tendo como marco a eleição.

---

26. *Ibid.*, 2010, p. 496.

É certo que a referência seria mesmo dispensável, uma vez que a doação irregular está abrangida pela captação de recursos em desconformidade com a lei, todavia uma interpretação sistemática da nova lei conduz à conclusão de que a referência da alínea "j" alcança apenas os candidatos beneficiados pela doação irregular e, por isso, condenados pela arrecadação ilícita, enquanto a alínea "p" atinge todos os demais (pessoas físicas ou dirigentes de pessoas jurídicas) que realizarem doações ilegais.

5.4. Condutas vedadas aos agentes públicos em campanhas eleitorais que impliquem cassação do registro ou do diploma

As condutas vedadas, conforme já tivemos oportunidade de asseverar noutra sede,[27] embora constituindo espécies do gênero abuso do poder político,[28] estão submetidas a regime jurídico distinto, o que reclama seja tomada com cautela a categorização dos institutos sob tal viés (gênero/espécie).

---

27. Referimo-nos ao nosso OLIVEIRA, Marcelo Roseno de. *Direito Eleitoral – Reflexões sobre Temas Contemporâneos*. Fortaleza: ABC, 2008, p. 187-204.

28. Cf. CASTRO, Edson de Resende. *Teoria e Prática do Direito Eleitoral*. 4ª ed., Belo Horizonte: Mandamentos, 2008, p. 353: *"Pode-se dizer, como pá de cal, que a Lei Eleitoral apenas tipificou condutas caracterizadoras do abuso do poder político já previsto na Lei Complementar nº 64/1990 como causa de inelegibilidade"*; GOMES, José Jairo. *Direito Eleitoral*. 5ª ed., Belo Horizonte: Del Rey, 2010, p. 527: *"À consideração de que as hipóteses legais de conduta vedada constituem espécie do gênero 'abuso do poder político', o fato que as concretize também 'pode ser apreciado como abuso do poder de autoridade para gerar a inelegibilidade do art. 22 da Lei Complementar nº 64/1990"*; SANSEVERINO, Francisco de Assis Vieira. *O "uso da máquina pública" nas campanhas eleitorais: as condutas vedadas aos agentes públicos*. Porto Alegre: Verbo Jurídico, 2008, p. 43, segundo a qual: *"De maneira mais geral, pode-se afirmar que as condutas vedadas aos agentes públicos, previstas na Lei nº 9.504/1997, são espécie do gênero abuso do poder político, em sentido amplo"*; na jurisprudência do TSE, merece referência o precedente firmado no ARO 718/DF, j. 24.5.2005, Rel. Min. Luiz Carlos Madeira, segundo o qual: *"As condutas vedadas (Lei das Eleições, art. 73) constituem-se em espécie do gênero abuso de autoridade. Afastado este, considerados os mesmos fatos, resultam afastadas aquelas"*.

É certo que a Lei nº 9.504/1997 cuidou de tipificar condutas mais corriqueiras no cotidiano do processo eleitoral quanto ao uso da máquina administrativa, destinando-lhes sanções parcialmente diversas daquelas reservadas às hipóteses em que se tenha por configurado o abuso de poder político, não obstante possam ter por base os mesmos fatos.

Em quaisquer das situações, cuida-se de punir comportamentos de agentes públicos que, se valendo da condição que ostentam, laboram em desvio de finalidade para beneficiar candidatos, utilizando-se de recursos (humanos e/ou materiais) da Administração, ofendendo, no caso de tipificação como conduta vedada, a igualdade de oportunidades entre os postulantes, e, em sede de abuso de poder, a normalidade e a legitimidade das eleições.[29]

Se é certo que as recentes alterações da legislação eleitoral têm abreviado as distinções entre as figuras, hoje já apuradas pelo mesmo rito (art. 22, da LC nº 64/1990), havendo mesmo a possibilidade de que, em sede de AIJE por abuso de poder político, se estabeleça a cassação não só do registro, mas também do diploma do candidato beneficiado, independentemente de outra demanda (fruto, é bem verdade, da novel redação dada pela LC nº 135/2010 ao inciso XIV, do art. 22), não há de se negar, principalmente, que continuam voltadas à proteção de bens jurídicos diversos.[30]

A nova redação da alínea "j", ao que se colhe, mesmo prevendo a inelegibilidade dos que condenados à cassação do registro ou diplo-

---

29. Não há que se negar que em algumas das condutas do art. 73, da Lei nº 9.504/1997, o desvio de finalidade é presumido diante da tão-só prática do ato no período crítico, ainda que não reste demonstrada qualquer conotação eleitoral, ou seja, ainda que aparentemente não haja favorecimento a candidato; é o caso, por exemplo, das previsões dos incisos V, VI, VII e VIII.

30. Conferir o que já dissemos no nosso OLIVEIRA, Marcelo Roseno de. *Direito Eleitoral – Reflexões sobre Temas Contemporâneos.* Fortaleza: ABC, 2008, p. 192: "Há, ainda, uma diferença fundamental entre as figuras: no caso do abuso de poder político, o seu combate visa a proteger a normalidade e a legitimidade das eleições (nos termos do art. 14, § 9º, da CF), daí exigir, para sua configuração, que o comportamento reputado ilícito assuma o potencial de afrontar tais valores. Já no campo das condutas vedadas, se está a cogitar em outro bem jurídico: **a igualdade de oportunidades entre os candidatos**" (grifos do original).

ma pela prática das condutas vedadas, não opera qualquer modificação quanto ao bem jurídico protegido pelo regramento da Lei das Eleições, nem tampouco tem o condão de aproximar de tal campo a figura da potencialidade lesiva, uma vez que não se cogita de proteção à normalidade e legitimidade da eleição.

Neste campo, aliás, já vínhamos defendendo ser descabido cogitar em potencialidade para a configuração dos ilícitos, indicando que a própria lei, ao disciplinar as condutas, o fez sob a perspectiva de que tendem a afetar a igualdade de oportunidade entre os candidatos, tratando-se de presunção objetiva, a impedir mesmo que a Justiça Eleitoral desça a tal exame. Daí que:

> *Se, como visto, não se há de perquirir sequer se a prática tendeu ou não a afetar a igualdade de oportunidades entre os candidatos (pois disso já se encarregou o legislador, ao estabelecer que as ali arroladas tendem efetivamente a afetar), com maior razão se deve rechaçar a tentativa de condicionar o reconhecimento do ilícito à potencialidade de influenciar a normalidade e a legitimidade da eleição – o que somente seria próprio em sede de abuso de poder político.*

No citado trabalho, dado a público em 2008, tivemos a oportunidade de propugnar tese segundo a qual, no campo das condutas vedadas, seria de se afastar a potencialidade lesiva, observando-se, contudo, para fins de aplicação da sanção, o princípio da proporcionalidade, conforme então já proclamado pelo Tribunal Superior Eleitoral, para o que necessário "considerar a gravidade do ilícito, apartando-a, todavia, de qualquer exame da potencialidade do ato para afetar a normalidade e a legitimidade das eleições ou o resultado do pleito",[31] o que, de resto, vem ser expressamente consagrado no novo inciso XVI, do art. 22, da Lei Complementar nº 64/1990, ainda que relativamente ao abuso de poder.

Em arremate deste tópico, cumpre apenas ressaltar que por força de modificação introduzida pela Lei nº 12.034/2009, todas as condutas previstas no *caput*, bem assim a inserta no § 10 do art. 73, da Lei

---

31. *Ibid.*, 2008, p. 203.

das Eleições, são aptas à cassação do registro ou do diploma, o mesmo ocorrendo com as previstas nos arts. 74, 75 e 77, de modo que, em quaisquer dos casos, a procedência da representação importará, além das sanções de cassação do registro ou diploma e multa (as quais, segundo o TSE, podem ser aplicadas de forma autônoma), a inelegibilidade pelo prazo de 8 (oito) anos.

6. Aplicabilidade da alínea "j" aos casos pendentes e aos já julgados pela Justiça Eleitoral

Ao mesmo tempo em que redigíamos o presente trabalho, o Tribunal Superior Eleitoral, por voto condutor do Ministro Arnaldo Versiani, já respondia à Consulta nº 1147-09.2010.6.00.0000/DF, esclarecendo que as disposições da Lei Complementar nº 135/2010 podem atingir todos os que "condenados em processos em tramitação iniciados, ou mesmo já encerrados, antes de sua entrada em vigor, nos quais tenha sido imposta qualquer condenação a que se refere a nova lei".

A posição se nos apresenta correta. Estando assentado, inclusive com base legal (art. 11, § 10, da Lei das Eleições), que as condições de elegibilidade e as causas de inelegibilidade devem ser aferidas no momento da formalização do pedido de registro da candidatura, "ressalvadas as alterações, fáticas ou jurídicas, supervenientes ao registro que afastem a inelegibilidade". Parece óbvio que é nesse momento (do pedido de registro) que se haverá de examinar se o postulante se amolda a quaisquer dos impedimentos previstos na legislação eleitoral.

Em caso positivo, restará alcançado pela inelegibilidade, pouco importando que eventual condenação (definitiva ou não) tenha ocorrido antes ou depois da criação do impedimento.

Conforme assentado pelo Eminente Relator por ocasião da Consulta antes referida, não se estará, mesmo nas hipóteses de casos já definitivamente julgados, em que eventualmente se tenha declarado a inelegibilidade do candidato por prazo inferior, a se cogitar em "agravação de pena". Afirma com razão que:

não se trata de retroatividade de norma eleitoral, mas, sim, de sua aplicação aos pedidos de registro de candidatura futuros, posteriores à sua entrada em vigor, não havendo que se perquirir de nenhum agravamento, pois a causa de inelegibilidade incide sobre a situação do candidato no momento de registro da candidatura.

Outros argumentos assomam rigorosamente procedentes para sustentar a aplicabilidade da lei aos casos pendentes ou mesmo aos já julgados. Quanto àqueles, há que se ter presente o que disciplina o art. 3º, da Lei Complementar nº 135/2010, ao possibilitar que os recursos judiciais interpostos antes da entrada em vigor da lei sejam aditados para o fim de que eventuais postulantes a cargos eletivos, se condenados por órgãos colegiados do Poder Judiciário, tenham a possibilidade de obter provimento que suspenda os efeitos da inelegibilidade.[32]

Já quanto aos casos julgados, cabe relevar que a inelegibilidade, consoante afirmado pelo Min. Versiani, "[...] não precisa ser imposta na condenação. A condenação é que, por si, acarreta a inelegibilidade". Assim, ainda que fixado o prazo de inelegibilidade, ou mesmo em caso de omissão da sentença quanto a tal efeito, o impedimento há de incidir, observado o prazo determinado pela lei vigente ao tempo do pedido de registro da candidatura, a qual regulará as condições de elegibilidade e as inelegibilidades.

A elevação dos prazos, ao que se vê, encontra expresso fundamento em valores constitucionais, somente agora regulamentados pelo legislador, guardando inegável proporcionalidade, com o que não podem restar afastados, descabendo cogitar em qualquer alegada ofensa à coisa julgada.

7. Considerações finais

As novas hipóteses de inelegibilidade previstas na alínea "j", do art. 1º, inciso I, da Lei Complementar nº 64/1990, ao agregarem a

32. Cf. a propósito REIS, Márlon Jacinto. "Ficha Limpa e a polêmica dos tempos verbais". Disponível em: <http://www.brasilwiki.com.br/noticia.php?id_noticia =25493>. Acesso em: 22 jun. 2010.

sanções penais e cíveis-eleitorais (em especial a cassação do registro ou diploma do candidato) o impedimento ao exercício da capacidade eleitoral passiva, reforçam significativamente o arcabouço normativo voltado ao combate de ilícitos eleitorais e à efetiva aplicação da moralidade para o exercício do mandato, buscando impedir o acesso a cargos eletivos dos que, por sua vida *ante acta*, incorreram em condutas (agora objetivamente consideradas) que não recomendam possam exercer a qualidade de representantes do povo.

Mesmo não tendo caráter de pena, é certo que o estabelecimento de inelegibilidades pelo prazo de 8 (oito) anos para os que cometem ilícitos eleitorais poderá inibir os reiterados ilícitos cometidos no cotidiano das campanhas eleitorais no país.

Para além de resguardar valor de envergadura constitucional como o da moralidade administrativa, rigorosamente caro à interpretação e aplicação dos direitos políticos, o novo dispositivo poderá representar instrumento de efetivo avanço para que se persiga, em última *ratio*, a realização de eleições limpas e para que se contribua de forma eficaz para o aperfeiçoamento da democracia representativa.

8. Referências bibliográficas

ALEXY, Robert. *Teoria dos Direitos Fundamentais*. São Paulo: Malheiros, 2008.

ARAGÓN, Manuel. Derecho de sufrágio: principio y función. In: NOHLEN, Dieter *et al.* (comp.). *Tratado de derecho electoral comparado de América Latina*. 2ª ed., México: FCE, Instituto Interamericano de Derechos Humanos, Universidad de Heidelberg, International IDEA, Tribunal Electoral del Poder Judicial de la Federación, Instituto Federal Electoral, 2007, p. 162-177.

BARROSO, Luís Roberto. "Direitos políticos, inelegibilidades e parentesco. Inteligência do art. 14, § 7º, da Constituição". *Revista Brasileira de Direito Eleitoral*. v. 17. Fortaleza: ABC, 2005, p. 55-96.

BRASIL. Câmara dos Deputados. Relatório do Dep. José Eduardo Cardozo sobre o Projeto de Lei Complementar nº 168, de 1993 (do Poder Executivo); apensados PLP's nº 22/1999, 35/2003, 203/2004, 446/2009, 487/2009, 499/2009, 518/2009, 519/2009 e 544/2009, apresentado à Comissão de Constituição e Justiça da Câmara.

———. Supremo Tribunal Federal. ADIn nº 1493/DF, Rel. Min. Cezar Peluso, j. 13.4.2010.

———. Supremo Tribunal Federal. ADPF nº 144/DF, Rel. Min. Celso de Mello, j. 6.8.2008.

———. Tribunal Superior Eleitoral. ARO nº 718/DF, Rel. Min. Luiz Carlos Madeira, j. 24.5.2005.

———. Tribunal Superior Eleitoral. REspE nº 28.040/BA, Rel. Min. Carlos Ayres Britto, j. 22.4.2008.

———. Tribunal Superior Eleitoral. Consulta nº 1120-26.2010. 6.00.0000/DF, Rel. Min. Hamilton Carvalhido, j. 10.6.2010.

———. Tribunal Superior Eleitoral. Consulta nº 1147-09.2010.6. 00.0000/DF, Rel. Min. Arnaldo Versiani, j. 17.6.2010.

CASTRO, Edson de Resende. *Teoria e Prática do Direito Eleitoral*. 4ª ed., Belo Horizonte: Mandamentos, 2008.

COSTA, Adriano Soares da. *Instituições de Direito Eleitoral*. 7ª ed., Rio de Janeiro: Lumen Juris, 2008.

DIMOULIS, Dimitri; MARTINS, Leonardo. "Definição e características dos direitos fundamentais". *In* LEITE, George Salomão; SARLET, Ingo Wolfgang (Coord.). *Direitos Fundamentais e Estado Constitucional: Estudos em Homenagem a J. J. Gomes Canotilho*. São Paulo: RT; Coimbra: Coimbra Editora, 2009, p. 118-136.

"Especialistas divergem sobre ficha suja". Disponível em: <http://www.conjur.com.br/2010-mai-06/especialistas-divergem-elegibilidade-candidato-folha-penal>. Acesso em: 22 jun. 2010.

GOMES, José Jairo. *Direito Eleitoral*. 5ª ed., Belo Horizonte: Del Rey, 2010.

NIESS, Pedro Henrique Távora. *Ação de Impugnação de Mandato Eletivo*. São Paulo: Edipro, 1996.

OLIVEIRA, Marcelo Roseno de. *Direito Eleitoral – Reflexões sobre Temas Contemporâneos*. Fortaleza: ABC, 2008.

PEREIRA, Jane Reis Gonçalves. *Interpretação Constitucional e Direitos Fundamentais*. Rio de Janeiro: Renovar, 2006.

REIS, Márlon Jacinto. "Ficha Limpa e a polêmica dos tempos verbais". Disponível em: <http://www.brasilwiki.com.br/noticia.php?id_noticia=25493 >. Acesso em: 22 jun. 2010.

SANSEVERINO, Francisco de Assis Vieira. *O "uso da máquina pública" nas campanhas eleitorais: as condutas vedadas aos agentes públicos*. Porto Alegre: Verbo Jurídico, 2008.

SARMENTO, Daniel. *Direitos Fundamentais e Relações Privadas*. 2ª ed., Rio de Janeiro: Lumen Juris, 2006.

SILVA, José Afonso da. *Curso de Direito Constitucional Positivo*. 19ª ed., São Paulo: Malheiros, 2001.

ZÍLIO, Rodrigo López. *Direito Eleitoral*. Porto Alegre: Verbo Jurídico, 2008.

Inelegibilidade Decorrente de Condenação por Crimes Ambientais:

Uma Primeira Abordagem Analítica e Constitucional

Jarbas Soares Júnior[1]

Cristiana Nepomuceno de Sousa Soares[2]

Luciano José Alvarenga[3]

---

1. JARBAS SOARES JÚNIOR é membro do Ministério Público do Estado de Minas Gerais. Procurador-Geral de Justiça de 2004 a 2008. Atual Presidente da Associação Brasileira do Ministério Público de Meio Ambiente. Foi Promotor Eleitoral de Belo Horizonte e Assessor do Procurador Regional Eleitoral. Promotor de Justiça de Meio Ambiente e Coordenador do Centro de Apoio Operacional das Promotorias de Justiça de Meio Ambiente. Autor de artigos jurídicos e coordenador de várias obras.
2. CRISTIANA NEPOMUCENO DE SOUSA SOARES é advogada. Possui graduação em Direito e em Biologia pela Pontifícia Universidade Católica de Minas Gerais (PUC/MG). Especialista em Gestão Pública pela Universidade Federal de Ouro Preto (UFOP).
3. LUCIANO JOSÉ ALVARENGA é bacharel em Direito pela Universidade Federal de Minas Gerais (UFMG). Mestrando em Evolução Crustal e Recursos Naturais pela Universidade Federal de Ouro Preto (UFOP). Assessor no Ministério Público do Estado de Minas Gerais. Pesquisador filiado à Sociedade Brasileira para o Progresso da Ciência (SBPC).

1. Introdução

Poucos são os que, ante o aprofundamento da crise no que diz respeito ao aproveitamento dos recursos naturais, negam a centralidade da proteção do meio ambiente, para as presentes e futuras gerações, no contexto amplo das discussões sobre as estratégias de desenvolvimento. A Constituição da República Federativa do Brasil/1988, tendo passado por um processo de "ecologização",[4] reconheceu essa posição central da temática ambiental, consagrando o direito de todos ao "meio ambiente ecologicamente equilibrado, bem de uso comum do povo e essencial à sadia qualidade de vida, cabendo ao Poder Público e à coletividade o dever de defendê-lo e preservá-lo para as presentes e futuras gerações" (art. 225, *caput*).

Para Cristiane Derani, esse direito consiste num desdobramento do direito fundamental à vida, representando "uma conquista prática pela conformação das atividades sociais, que devem garantir a manutenção do meio ambiente ecologicamente equilibrado, abster-se da sua deterioração, e construir a melhoria geral das condições de vida na sociedade".[5]

Além disso, também a demonstrar a relevância especial da questão ambiental no âmbito do sistema jurídico brasileiro, o texto constitucional de 1988 incluiu a defesa do meio ambiente como um princípio da ordem econômica (art. 170, VI).

Nesse contexto jurídico geral, a recente Lei Complementar nº 135, de 4 de junho de 2010, a lei da Ficha Limpa, que alterou a Lei Complementar nº 64, de 18 de maio de 1990, introduziu novas situações geradoras de inelegibilidade, notadamente em relação aos condenados pela prática de crimes graves.

---

4. BENJAMIN, Antônio Herman. Constitucionalização do ambiente e ecologização da Constituição brasileira. *In* CANOTILHO, José Joaquim Gomes; LEITE, José Rubens Morato (orgs.). *Direito Ambiental Constitucional Brasileiro*. São Paulo: Saraiva, 2007.

5. DERANI, Cristiane. "Meio ambiente ecologicamente equilibrado: direito e princípio da atividade econômica". *In* FIGUEIREDO, Guilherme José Purvin de. *Temas de Direito Ambiental e Urbanístico*. São Paulo: Instituto Brasileiro de Advocacia, 1998, p. 97.

Uma das inovações mais importantes foi a inclusão da condenação por crimes ambientais como uma causa geradora de inelegibilidade. Em linhas gerais, são considerados crimes ambientais aqueles cometidos contra o meio ambiente, em razão de condutas transgressivas à proteção de seus elementos constitutivos (fauna, flora, recursos hídricos, etc.), bem assim aqueles praticados contra o ordenamento urbano, o patrimônio cultural e a administração ambiental, na forma da Lei Federal nº 9.605, de 12 de fevereiro de 1998, e de outras leis atinentes à tutela penal do meio ambiente.

O presente texto tem como objetivo promover uma análise geral dos crimes ambientais previstos na referida lei federal, estabelecendo relações entre a prática desses crimes e a configuração de situações de inelegibilidade previstas pela inovadora Lei da Ficha Limpa. Apresenta, além disso, considerações sobre o significado jurídico-político das inovações introduzidas pela lei em questão ante a ordem constitucional brasileira e, destacadamente, ante o projeto constitucional de transformação da realidade social (art. 3º).

2. Os crimes contra o meio ambiente previstos na Lei nº 9.605/1998 como novas situações de inelegibilidade

O legislador definiu no art. 1º, inciso I, alínea "e", da Lei Complementar nº 64/1990, que serão inelegíveis os condenados, em decisão transitada em julgado ou proferida por órgão judicial colegiado, desde a condenação até o transcurso do prazo de 8 (oito) anos após o cumprimento da pena.

No entanto, a própria lei, em sua redação atual, exclui da incidência da norma os crimes culposos e aqueles definidos em lei como de menor potencial ofensivo, bem como os crimes de ação penal privada (art. 1º, § 4º, da Lei Complementar nº 64/1990, com redação determinada pela Lei Complementar nº 135/2010).

Sobre os crimes culposos, leciona Cezar Roberto Bitencourt que "a culpa é a inobservância de dever objetivo de cuidado manifestada numa conduta produtora de um resultado não querido, mas objetivamente previsível".[6] Deste modo, seria culposa a conduta voluntária desatenciosa, causadora de um determinado resultado, que produza um resultado ilícito, não desejado, mas previsível, que poderia ter sido evitado.[7]

Portanto, a Lei da Ficha Limpa não se aplica aos crimes culposos cometidos contra o meio ambiente. Só se tornará inelegível aquele que praticar crime doloso ambiental, ou seja, com a intenção de fazê-lo. Segundo o Código Penal, o crime será doloso "quando o agente quis o resultado ou assumiu o risco de produzi-lo" (art. 18, I).

Também são excluídos da aplicação da norma moralizadora os crimes de menor potencial ofensivo. O conceito de crimes de menor potencial ofensivo foi definido na Lei nº 9.099, de 26 de setembro de 1995, que dispõe sobre os Juizados Especiais Cíveis e Criminais, no seu art. 61, com a alteração dada pela Lei nº 11.313/2006: "Consideram-se infrações penais de menor potencial ofensivo, para efeitos dessa Lei, as contravenções penais e os crimes a que a lei comine pena máxima não superior a 2 (dois) anos, cumulada ou não com multa".

No que se refere à Lei nº 9.605/1998, os crimes de menor potencial ofensivo são aqueles tipificados nos seguintes artigos:

(a) 29, *caput* e §§ 1º, 2º, 3º e 4º; 31 e 32, considerados crimes contra a fauna, pertencentes à Seção I do Capítulo V;

(b) 44, 45, 46, 48, 49, 50, 51 e 52, pertencentes à Seção II, dos crimes contra a flora;

(c) 55 e 60, pertencentes à Seção III, referente à poluição e outros crimes ambientais;

(d) 64 e 65, pertencentes à Seção IV, sobre os crimes contra o ordenamento urbano e o patrimônio cultural;

(e) 69-A, pertencente à Seção V, dos crimes contra a administração ambiental.

---

6. BITENCOURT, Cezar Roberto. *Manual de Direito Penal*. vol. 1 (Parte Geral). 6ª ed., São Paulo: Saraiva, 2000.

7. NUCCI, Guilherme. *Código Penal Comentado*. 7ª ed., rev., atual. e ampl., São Paulo: Revista dos Tribunais, 2007.

A Lei da Ficha Limpa caminhou, do mesmo modo, no sentido de não inserir no rol dos crimes geradores de inelegibilidade aqueles de ação privada.

Como se sabe, a ação penal é o direito de pedir ao Estado a aplicação do Direito Penal objetivo.[8] E ela se divide em ação penal pública e ação penal privada. A primeira apresenta as seguintes subdivisões: (a) ação penal pública incondicionada; (b) ação condicionada a representação; e (c) ação condicionada à requisição do Ministro da Justiça.

A ação penal pública incondicionada é aquela na qual o Ministério Público promove a ação penal independentemente da vontade ou interferência da vítima, ofendido ou de outro legitimado. Já na ação penal pública condicionada, a iniciativa do Ministério Público fica condicionada à manifestação de vontade do ofendido ou de seu representante legal.

A ação penal privada, no entanto, é aquela promovida pela própria vítima ou por seu representante legal.

A Lei nº 9.605/1998 esclarece, em seu art. 26, que "nas infrações penais previstas nesta Lei, a ação penal é pública incondicionada". Portanto, todas as ações penais previstas na lei de crimes ambientais são atribuições do Ministério Público. Dessa maneira, não cabe a ação penal privada na hipótese prevista da lei de crimes ambientais (Lei nº 9.605/1998).

Assim sendo, todas as condenações baseadas na Lei de Crimes Ambientais geram inelegibilidade desde o trânsito em julgado ou decisão de órgão colegiado e até 8 (oito) anos após o cumprimento da pena, exceto quando se tratar de crimes de menor potencial ofensivo. Podemos assim concluir que, nos termos da Lei Ficha da Limpa, serão inelegíveis apenas os condenados pelos crimes ambientais graves, praticados de forma dolosa, tipificados nos artigos seguintes:

(a) § 5º do art. 29, que trata do crime decorrente do exercício da caça profissional;

---

8. TOURINHO FILHO, Fernando da Costa. *Manual de Processo Penal*. 8ª ed., São Paulo: Saraiva, 2006.

(b) art. 30, que trata da exportação para o exterior de peles e couros de anfíbios e répteis, sem autorização da autoridade ambiental competente;

(c) art. 33, que trata da emissão de efluentes ou carreamento de materiais, provocando o perecimento de espécimes da fauna aquática existente nos rios, lagos, açudes, lagoas, baías ou águas jurisdicionais brasileiras;

(d) art. 34, que trata da proibição da pesca no período ou lugar interditado pelo órgão ambiental;

(e) art. 35, que trata da utilização de explosivos, substâncias semelhantes ou tóxicas na pesca;

(f) art. 38, que trata da destruição ou danificação de florestas consideradas de preservação permanente, mesmo que em formação ou utilizá-la contra as normas de preservação;

(g) art. 39-A, que trata da destruição ou danificação da vegetação primária ou secundária em estágio avançado ou médio de regeneração, do Bioma Mata Atlântica;

(h) art. 39, que trata do corte de árvores em floresta considerada de preservação permanente, sem a permissão da autoridade competente;

(i) art. 40, que trata do dano direto ou indireto causado às Unidades de Conservação e às áreas que as circundam num raio de dez quilômetros (art. 27 do Decreto nº 99.274, de 6 de junho de 1990);

(j) art. 41, que trata da provocação de incêndio em mata ou floresta;

(k) art. 42, que trata da fabricação, venda, transporte ou soltura de balões que possam provocar incêndios nas florestas e demais formas de vegetação em áreas urbanas ou qualquer tipo de assentamento urbano;

(l) art. 54, que trata da poluição causada de qualquer natureza em níveis tais que resultem ou possam resultar em danos à saúde humana, ou que provoquem a mortandade de animais ou a destruição significativa da flora;

(m) art. 56, que trata da produção, processamento, embalagem, importação, exportação, comercialização, fornecimento, transporte, armazenamento, guarda, depósito ou uso de produto ou substância tóxica perigosa ou nociva à saúde humana ou ao meio ambiente, em desacordo com as exigências estabelecidas em leis ou nos seus regulamentos;

(n) art. 61, que trata da disseminação de doença ou praga ou espécimes que possam causar dano à agricultura, à pecuária, à fauna, à flora ou aos ecossistemas;

(o) art. 62, que trata da destruição, inutilização ou deterioração de bem especialmente protegido por lei, ato administrativo ou decisão judicial, e ainda, de arquivo, registro, museu, biblioteca, pinacoteca, instalação científica ou similar protegida por lei, ato administrativo ou decisão judicial;

(p) art. 63, que trata da alteração do aspecto ou estrutura de edificação ou local especialmente protegido por lei, ato administrativo ou decisão judicial, em razão de seu valor paisagístico, ecológico, turístico, artístico, histórico, cultural, religioso, arqueológico, etnográfico ou monumental, sem autorização da autoridade competente ou em desacordo com a concedida;

(q) art. 66, que trata da afirmação falsa ou enganosa do funcionário público, omitindo a verdade, sonegando informações ou dados técnico-científicos em procedimentos de autorização ou de licenciamento ambiental;

(r) art. 67, que trata da concessão pelo funcionário público de licença, autorização ou permissão em desacordo com as normas ambientais, para as atividades, obras ou serviços cuja realização depende de ato autorizado pelo Poder Público;

(s) art. 68, que trata da violação daquele que detém o dever legal ou contratual de fazê-lo, de cumprir obrigação de relevante interesse ambiental;

(t) art. 69, que trata do obstáculo ou dificuldade à ação fiscalizadora do Poder Público no trato de questões ambientais.

3. Considerações finais

A previsão da prática de crimes ambientais como uma hipótese de inelegibilidade, pela Lei Complementar nº 135/2010, reflete a posição axiológica de centralidade que a questão da proteção do meio ambiente vem ocupando nos últimos anos, ante o agravamento da crise ambiental. Tal previsão fundamenta-se, além disso, no direito de *todos* ao meio ambiente ecologicamente equilibrado, considerado pela Constituição brasileira/1988 como um "bem de uso comum do povo e essencial à sadia qualidade de vida" (art. 225, *caput*).

De fato, sendo a proteção ambiental um dos valores mais importantes da ordem constitucional e da República Brasileira, é legítimo exigir que os representantes políticos do povo mantenham um compromisso consistente, permanente e verdadeiro com a manutenção das bases físicas, químicas, biológicas e culturais essenciais à vida individual e coletiva, compromisso esse que tem como uma de suas principais demonstrações, à obviedade, o respeito aos princípios e à legislação que procura proteger tais bases.

Neste marco, é oportuno lembrar que, de acordo com o art. 1º, parágrafo único, da Constituição de 1988, os representantes do povo devem exercer o poder "*nos termos* desta Constituição".[9] O exercício do poder político representativo, no contexto da República Federativa do Brasil e do Estado Democrático de Direito que ela constitui, somente é legítimo, portanto, se respeitar o texto constitucional brasileiro e mantiver um compromisso com a realização dos seus objetivos fundamentais, dentre eles a "construção de uma sociedade livre, justa e solidária" (art. 3º, I), na linha do projeto constitucional de transformação da realidade.

Nesse sentido, a implementação da chamada *Lei da Ficha Limpa* poderá vir a contribuir para ampliar as condições de efetivação da legislação ambiental brasileira, coibindo a prática de crimes por parte daqueles de quem a sociedade brasileira espera, de modo legítimo e com fundamento constitucional, uma conduta exemplar do ponto de

9. Itálico nosso.

vista do necessário cuidado com os diversos tipos de bens ambientais (naturais, urbanos e culturais).

4. Referências bibliográficas

BENJAMIN, Antônio Herman. "Constitucionalização do ambiente e ecologização da Constituição brasileira". *In* CANOTILHO, José Joaquim Gomes; LEITE, José Rubens Morato (orgs.). *Direito Ambiental Constitucional Brasileiro*. São Paulo: Saraiva, 2007.

BITENCOURT, Cezar Roberto. *Manual de Direito Penal*. vol. 1 (Parte Geral). 6ª ed., São Paulo: Saraiva, 2000.

DERANI, Cristiane. "Meio ambiente ecologicamente equilibrado: direito e princípio da atividade econômica". *In* FIGUEIREDO, Guilherme José Purvin de. *Temas de Direito Ambiental e Urbanístico*. São Paulo: Instituto Brasileiro de Advocacia, 1998.

NUCCI, Guilherme. *Código Penal Comentado*. 7ª ed., rev., atual. e ampl., São Paulo: Revista dos Tribunais, 2007.

TOURINHO FILHO, Fernando da Costa. *Manual de Processo Penal*. 8ª ed., São Paulo: Saraiva, 2006.

Ministério Público do Estado da Bahia. *Crimes Ambientais em Espécie*. Série "Cadernos Ambientais", volume II. Salvador: Núcleo Mata Atlântica, 2008.

GHIGNONE, Luciano Taques. *Manual Ambiental Penal*. Ministério Público da Bahia. Núcleo Mata Atlântica.

Inelegibilidade dos Excluídos do Exercício Profissional

Marcos Túlio de Melo[1]

Estamos no período mais longo da democracia brasileira. Gozamos do direito de votar, de ser votado, até mesmo de cassar o mandato de nossos representantes. Milhões de cidadãos, de dois em dois anos, cumprem um de seus mais importantes deveres cívicos, entretanto, é possível notar o sentimento de frustração por grande parte da sociedade decorrente da má atuação de alguns eleitos. Hoje, as decepções estão surgindo até mesmo por parte daqueles que escolheram a política partidária e parlamentar como meio de transformação da sociedade. São tantos escândalos de todas as espécies – inclusive lameando os que dignificam e honram o eleitor com seu voto –, que não é comum fazer a distinção do bom e do mau político brasileiro.

No entanto, nesse cenário, cresce o desejo do cidadão comum em participar dos processos decisórios que transformem o seu dia a dia. Há dez anos, o Congresso Nacional aprovou a primeira lei de

---

1. MARCOS TÚLIO DE MELO é graduado pela Faculdade de Engenharia da Universidade Federal de Minas Gerais e pós-graduado em Engenharia Econômica pela Fundação Dom Cabral. Atualmente é presidente do Conselho Federal de Engenharia, Arquitetura e Agronomia – CONFEA. No período 2000/2005, em dois mandatos seguidos ocupou a presidência do Conselho Regional de Engenharia, Arquitetura e Agronomia de Minas Gerais – CREA-MG.

iniciativa popular do país – Lei nº 9.840/1999 –, por meio da qual muitos políticos vêm sendo cassados. Essa Lei fortalece a democracia participativa e torna mais harmoniosa a relação Parlamento e Sociedade. Entretanto, esta ainda não se apropriou plenamente desse instrumento garantido na Constituição de 1988.

Decorridos outros dez anos, a sociedade civil organizada novamente se mobiliza em torno do projeto denominado "Ficha Limpa", que marca um momento de muita reflexão, após crises sucessivas na história política brasileira. Esta Lei Complementar, de nº 135/2010, altera substancialmente a composição do parlamento brasileiro daqui por diante, melhorando, com isso, sua imagem. Certamente espera-se a melhoria da qualidade dos representantes do povo em todas as instâncias dos poderes legislativo e executivo. Foi dado um passo enorme no sentido da democracia participativa, demonstrando, mais uma vez, a vontade popular em torno de um objetivo comum.

Teremos implicações profundas em todos os segmentos da sociedade daqui por diante. Já podemos ver reflexos em algumas agremiações partidárias que tomaram a dianteira e, para as eleições deste ano, estabeleceu-se que só aceitarão candidatos que comprovarem ter "ficha limpa", conforme a regra determinada pela Lei. Essa atitude não será isolada de outros segmentos da sociedade civil organizada, que também estão se apropriando da Lei para alterar seus Estatutos e Regimentos, adequando-os à nova realidade. Não é verdade que ela seja perfeita, nem tão pouco um fim em si mesmo. Aprimoramentos serão necessários para que sua aplicabilidade seja efetiva e eficaz.

Os conselhos de profissões regulamentadas inserem-se nesse contexto, na medida em que participam ativamente de movimentos sociais. Suas origens remontam à época do Império e, a partir de 1945, na era Vargas, ganharam força e prestígio no papel de órgãos fiscalizadores e regulamentadores das profissões que representam. Sem o devido registro no Conselho, o profissional fica impedido de exercer a profissão para a qual se habilitou. Diferentemente de outras entidades associativas, que defendem corporativamente seus interesses, os Conselhos foram criados com atribuições específicas de defesa da sociedade, tendo, inclusive, que prestar contas ao Tribunal de Contas da União. A sua existência está intrinsecamente relacionada à necessidade de proteger a sociedade dos profissionais inabilitados para o exercício da profissão, como também, os que agirem sem a devida ética, transparência e moralidade.

Conforme prevê o art. 1º, inciso I, alínea "m" da Lei da Ficha Limpa, os que forem excluídos do exercício da profissão, por decisão sancionatória do órgão profissional competente, em decorrência de infração ético-profissional, estarão impedidos de concorrer a cargos eletivos no Poder Legislativo e Executivo. Cabe ressaltar que a punição a um profissional percorre um longo caminho, garantindo, no processo, o direito de ampla defesa ao réu. O profissional acusado passa, no mínimo, em dois colegiados no Conselho Regional e dois no Federal. É legítimo e pertinente que um profissional que fere o Código de Ética de seu Conselho não tenha condição de disputar cargo eletivo para representar a sociedade. Entretanto, caso se sinta prejudicado, terá oportunidade de buscar a reparação no Poder Judiciário, podendo, este, suspender, anular ou confirmar a condenação. Os Conselhos Profissionais têm, agora, a tarefa de atualizar seus Códigos de Ética de acordo com a nova lei, tornando-os ainda mais rigorosos e evitando, com isso, que profissionais não-alinhados com os novos dispositivos participem dos processos eleitorais no país.

Outra ação, vinda da sociedade organizada com o objetivo de corroborar com o combate à corrupção, foi o lançamento, pelo Sistema Confea/Crea, do Movimento Anticorrupção na Engenharia, Arquitetura e Agronomia, que tem como um dos objetivos impedir os vícios antigos e permanentes da corrupção nos processos licitatórios na Administração Pública. Algumas empreiteiras montam esquemas poderosos, principalmente no Poder Executivo, para conquistar um número determinado de obras, o que põe em risco a qualidade dos serviços prestados e, consequentemente, a vida dos usuários. Além disso, usam os recursos de forma irregular, para pagamento de propinas ou para o superfaturamento, comprometendo intervenções futuras mais necessárias. São essas e outras práticas que o Movimento Anticorrupção na Engenharia, Arquitetura e Agronomia pretende alcançar, trilhando o mesmo caminho vitorioso do Movimento de Combate à Corrupção Eleitoral.

Acreditamos, ainda, que a Lei da Ficha Limpa represente a abertura do caminho para a Reforma Política. O Legislativo não fez as reformas radicais tão esperadas pela sociedade e, até mesmo, pelos políticos sérios, éticos, que fazem da atividade parlamentar um espaço para debater ideias, projetos e que honram a confiança recebida nas urnas. É preciso debater sobre o financiamento público de campanha, colocando em pé de igualdade e dando total isonomia a todos os candidatos. O custo de uma campanha tem-se elevado a cada processo eleitoral. O voto em lista é outro ponto importante, pois despersonifica a campanha, trazendo-a para o debate programático partidário. O voto distrital é tão importante quanto o voto em lista. A sociedade civil organizada deve aproveitar esse momento glorioso da promulgação dessa Lei, que sofreu ataques de toda ordem, até mesmo dita como inconstitucional, para lançar esse novo desafio: uma radical e profunda Reforma do Sistema Político Brasileiro.

O recado foi muito bem dado pelos milhões de cidadãos e cidadãs signatários da Lei da Ficha Limpa. O desejo é ver banidos, de uma vez por todas, a corrupção, o corporativismo, o jeitinho e o fisiologismo na política brasileira.

DA INELEGIBILIDADE DECORRENTE DE CONDENAÇÃO NÃO TRANSITADA EM JULGADO: ASPECTOS PROCESSUIAS

Delvan Tavares Oliveira[1]

1. Introdução

O acréscimo do art. 26-C à Lei de Inelegibilidades adveio da necessidade de conjugação entre as demandas populares por aumento no rigor das regras que definem o registro de candidaturas e a instituição de veículo para o afastamento cautelar da inelegibilidade decorrente de decisão judicial colegiada recorrível.

Dispõe o referido artigo, *in verbis*:

> *Art. 26-C. O órgão colegiado do tribunal ao qual couber a apreciação do recurso contra as decisões colegiadas a que se referem as alíneas "d", "e", "h", "j", "l" e "n" do inciso I do art. 1º poderá, em caráter cautelar, suspender a inelegibilidade*

---

1. DELVAN TAVARES OLIVEIRA é Juiz de Direito da Comarca de Imperatriz (MA) e bacharel em Direito pela Universidade Federal do Maranhão; pós-graduado em Direito Processual Civil pela Universidade Veiga de Almeida (RJ); Professor de Direito Processual Civil da FACIMP e da UNISULMA.

sempre que existir plausibilidade da pretensão recursal e desde que a providência tenha sido expressamente requerida, sob pena de preclusão, por ocasião da interposição do recurso.

§ 1º. Conferido efeito suspensivo, o julgamento do recurso terá prioridade sobre todos os demais, à exceção dos de mandado de segurança e de habeas corpus.

§ 2º. Mantida a condenação de que derivou a inelegibilidade ou revogada a suspensão liminar mencionada no caput, *serão desconstituídos o registro ou o diploma eventualmente concedidos ao recorrente.*

§ 3º. A prática de atos manifestamente protelatórios por parte da defesa, ao longo da tramitação do recurso, acarretará a revogação do efeito suspensivo.

Art. 3º. Os recursos interpostos antes da vigência desta Lei Complementar poderão ser aditados para o fim a que se refere o caput *do art. 26-C da Lei Complementar nº 64, de 18 de maio de 1990, introduzido por esta Lei Complementar.*

Consideraremos, doravante, os reflexos da introdução desse dispositivo na prática processual eleitoral.

2. Inexistência de suspensão da elegibilidade por órgão alheio à Justiça Eleitoral

A redação do dispositivo parece – ante uma apressada e insuficiente interpretação literal – conduzir o hermeneuta à conclusão de que a Lei Complementar nº 135/2010 autoriza tribunais não integrantes da Justiça Eleitoral a decidirem sobre matéria afeta às causas de inelegibilidade.

Não é isso, todavia, o que ocorre na espécie. O dispositivo parte do pressuposto de que um tribunal integrante da mesma estrutura do Judiciário em que proferida a decisão geradora da inelegibilidade (criminal, civil ou eleitoral) estará melhor habilitado a apreciar o pedido de suspensão cautelar da inclusão daquele julgado como pronunciamento apto a marcar negativamente a vida pregressa do recorrente.

Na verdade, o que ocorre no tribunal ao qual se dirige o pedido de suspensão cautelar é – desde que preenchidos os pressupostos – a vedação ao reconhecimento da decisão judicial colegiada como elemento capaz de conspurcar o *passado objetivo* do candidato. Então, ao decidir sobre a cautelar a que se refere o art. 26-C da Lei de Inelegibilidades, o órgão colegiado a que este se dirige limitar-se-á, ao deferir a medida, a afirmar que o acórdão recorrido não implica nota negativa a lançar nódoa sobre os dados objetivos que formam o histórico pessoal do candidato.

Note-se que, segundo a expressa dicção do § 9º do art. 14 da CF, o legislador foi autorizado a fixar inelegibilidades que tenham por parâmetro a vida pregressa do candidato. É justamente esse dado – a vida pregressa – que resta maculado com a condenação colegiada nas hipóteses indicadas na Lei da Ficha Limpa. Assim, o pretendente à candidatura, afirmando essa condição, pleiteará perante o tribunal para o qual cabe o seu recurso o reconhecimento da não-afetação da sua vida pregressa, fundando o seu pedido na plausibilidade de sucesso de sua atividade recursal. Deferindo o pleito cautelar, o tribunal cingir-se-á a afirmar que a condenação não deve ser considerada documento hábil para figurar, ao menos até que se julgue o recurso, como qualquer registro desfavorável no histórico do postulante.

É incabível valer-se de referência ao princípio constitucional da presunção de inocência (art. 5º, LVII) para fundamentar o pedido de suspensão cautelar. Tal princípio é inaplicável a esta matéria, onde prevalece o princípio da proteção (art. 14, § 9º, da CF). Tampouco é admissível que o tribunal funde a sua análise sobre o pedido no precitado princípio do Direito Penal.

Causaria espécie – e seria até mesmo inconstitucional – que o legislador houvesse optado por outorgar à Justiça Eleitoral a subjetividade dessa análise. A Justiça Criminal ou Civil de onde proveio a decisão colegiada é a única autorizada a adentrar o mérito da decisão, considerando em sede cautelar se esta não deve constituir elemento presente na vida pregressa do candidato.

Com a solução encontrada pelo legislador, à Justiça Eleitoral só resta decidir segundo critérios objetivos, verificando se a decisão colegiada preenche os requisitos das alíneas "d", "e", "h", "j", "l" e "n" do inciso I do art. 1º da Lei de Inelegibilidades e se não está suspensa nos termos do art. 26-C da mesma Lei. Sendo assim, será sempre a Justiça Eleitoral quem se pronunciará pela presença ou não de qualquer causa de inelegibilidade.

Se a decisão colegiada proveio da própria Justiça Eleitoral, o tribunal responsável pela apreciação da medida (sempre o TSE) terá duas tarefas: decidir de forma colegiada, desde logo, o pedido de suspensão cautelar da referência negativa na vida pregressa do candidato e, posteriormente, julgar na forma regimental o recurso por ele interposto.

3. A decisão geradora da inelegibilidade

Trataremos neste tópico de alguns aspectos que podem reclamar maior atenção do hermeneuta quando da análise da decisão colegiada capaz de originar a inelegibilidade.

3.1. Inaplicabilidade a decisões transitadas em julgado

Apesar de o art. 26-C reportar-se a todas as disposições contidas nas alíneas que menciona, obviamente sua aplicação se restringe àquelas em que não se operou o trânsito em julgado. Só as decisões não marcadas pela carga da definitividade podem ser objeto de discussão na cautelar atípica ora introduzida na legislação eleitoral. Essa conclusão é favorecida pela menção expressa do dispositivo ao cabimento de recurso contra a decisão geradora da inelegibilidade (veja-se, a respeito, o § 1º do art. 26-C).

3.2. Condenação colegiada por confirmação ou reforma

A lei considerou suficiente, para a incidência da causa de inelegibilidade, que a decisão condenatória (cível ou criminal) tenha sido proferida por um órgão jurisdicional colegiado. É irrelevante que o pronunciamento se dê em primeira ou superior instância. Em se tratando de condenação proclamada apenas em segunda instância, em reforma de sentença absolutória, igualmente ocorre o afastamento da capacidade eleitoral passiva.

3.3. Prescrição penal e inelegibilidade

As inelegibilidades previstas na alínea "e" do inciso I do art. 1º da LI dependem, para sua ocorrência, exclusivamente da existência de um pronunciamento condenatório oriundo de um órgão colegiado. A efetiva imposição de pena é irrelevante para o surgimento da restrição à candidatura. Sendo assim, dentre as formas de prescrição, a única que impede o surgimento da inelegibilidade é aquela que impede até mesmo a emissão do juízo condenatório, doutrinariamente conhecida como *prescrição da pretensão punitiva propriamente dita* (art. 109 do CP). Já a prescrição superveniente (art. 110, §1º c/c art. 109, CP), a prescrição retroativa (art. 110, §§1º e 2º c/c art. 109, CP) e a prescrição da pretensão executória (art. 110, *caput*, CP) não impedem o surgimento da inelegibilidade decorrente da condenação criminal por órgão colegiado. É que em todos esses casos há um juízo condenatório. Se ele vier a ser proferido por órgão jurisdicional colegiado, presente estará a restrição à capacidade eleitoral passiva. Afigura-se irrelevante para a geração da inelegibilidade que, por razão de política criminal, a lei crie óbices, nos três últimos casos, à efetiva aplicação da pena, já que a Lei da Ficha Limpa não faz tal exigência, nascendo a restrição à candidatura do simples pronunciamento condenatório colegiado. A efetiva aplicação da pena em nenhum momento constitui requisito para a configuração da inelegibilidade dos condenados por órgãos colegiados, a qual não se funda na culpa subjetiva do agente, mas na existência de máculas objetivas em sua vida pregressa.

4. Viabilização da pretensão do potencial candidato

Antes de qualquer outra análise, deve-se afirmar que não basta que o pretenso candidato interponha o recurso com pedido de suspensão da inelegibilidade. É indispensável que ele não só explicitamente requeira como de fato obtenha a medida cautelar suspensiva. A redação da norma é de clareza solar. Assim, a condição de inelegibilidade do pretenso candidato somente será suspensa se o órgão competente para apreciação do recurso proferir decisão suspendendo a condição de inelegibilidade. O pedido deverá estar devidamente alicerçado na probabilidade de sucesso da iniciativa recursal. É dispensável qualquer alegação fundada no *periculum in mora* (risco decorrente da demora no pronunciamento jurisdicional), o que a lei presume, no caso, sempre ocorrente. A causa de inelegibilidade só estará suspensa caso a providência seja expressa e fundamentadamente acolhida pelo órgão jurisdicional a que se dirige o pedido. Decisão nesse sentido desprovida de fundamentação é de reputar-se nula de pleno direito, ante a inobservância do disposto no art. 93, IX, da Constituição da República.

5. Órgão colegiado *a quo*

O legislador referiu-se expressamente a *órgão colegiado*, sem quaisquer outros adjetivos. Não falou, por exemplo, em órgão colegiado de primeiro grau, ou de segundo grau, ou, ainda, de tribunais. Simplesmente órgão colegiado. Isto remete à inequívoca conclusão de que decisões proferidas pelo conselho de sentença do Tribunal do Júri Popular, referentes aos crimes previstos no item 9, primeira parte, da alínea "e", do inciso I, art. 1°, da Lei Complementar nº 64/1990, com a redação dada pela Lei Complementar nº 135/10 (crimes dolosos contra a vida), devem ser consideradas como idôneas e suficientes para aplicação do impedimento ao registro de candidatura. O mesmo se diga das decisões proferidas pelas Auditorias Militares. Não obstante serem órgãos de primeiro grau de jurisdição, são colegiados, cumprindo, por isso, o requisito exigido pela lei complementar em análise.

6. Órgão colegiado *ad quem*

O pedido de suspensão cautelar da referência negativa à vida pregressa do candidato deve ser decidido pelo mesmo órgão colegiado ao qual competirá o julgamento do recurso. Assim, decisões monocráticas proferidas pelos relatores (ou futuros relatores) do recurso não serão admitidas para suspender a inelegibilidade, ainda que haja previsão em lei federal no sentido de que o relator monocraticamente possa negar seguimento a recurso manifestamente inadmissível ou improcedente (art. 557 do CPC) ou que possa dar provimento a recurso, *v.g.*, tomado contra decisão proferida em manifesto confronto com súmula ou com jurisprudência do Supremo Tribunal Federal (§ 1º, art. 557, CPC). Trata-se de norma contida em lei especial, pelo que se afasta a incidência de normas gerais em sentido diverso contidas no Código de Processo Civil ou nos regimentos dos tribunais, que haverão de ser ajustados a esse novo comando normativo. Aqui a questão a ser apreciada, nada obstante estar relacionada com a matéria objeto do recurso, possui outro desiderato: decidir o pedido de suspensão de inelegibilidade. Além do mais, a lei fez uma clara opção no sentido de que a decisão que aprecia o pedido de inelegibilidade seja proferida pelo órgão colegiado competente para apreciação do recurso. Logo, todos os pedidos deverão ser levados à sessão de julgamento e o resultado será sempre colegiado.

Nada impede que o regimento do tribunal atribua o julgamento a turma, câmara ou até ao órgão especial do tribunal a que se dirige o recurso. O que não é possível é o cometimento da matéria a órgão singular, ante a clara determinação contida no dispositivo.

Há, todavia, uma relação de prejudicialidade entre a decisão monocrática que aprecia o recurso e o pronunciamento colegiado acerca do pedido de suspensão de inelegibilidade. Se o recurso interposto (e não o pedido de suspensão da inelegibilidade) for rechaçado de plano pelo relator por ser, *v. g.*, manifestamente inadmissível, parece claro que a apreciação do pedido de suspensão de inelegibilidade resta prejudicada. Sim, porque só se pode falar em análise, pelo órgão colegiado, do pedido de suspensão de inelegibilidade enquanto o recurso for potencialmente capaz de desfazer a decisão judicial colegiada. Assim, caso o pretenso candidato interponha o recurso e peça a suspensão cautelar da inelegibilidade e o relator, no primeiro contato com o recurso, entenda ser este inadmissível, parece óbvio que nada mais haverá a ser levado à apreciação do colegiado no tocante ao pedido de suspensão da inelegibilidade. Dito de outro modo: somente enquanto o recurso possuir viabilidade pode-se admitir a possibilidade de o pretenso candidato obter a suspensão, porque a lei fala expressamente em *plausibilidade da pretensão recursal*.

Mas pode ocorrer situação inversa: o relator poderá, monocraticamente, por expressa previsão legal, dar provimento ao recurso interposto. Nesse caso, poderia, também solitariamente, desfazer a inelegibilidade? Parece-nos que não, exatamente em razão de ter o legislador exigido que esta decisão seja colegiada. Assim, não obstante ter dado provimento ao recurso monocraticamente, deverá levar à apreciação do órgão colegiado o pedido de suspensão da inelegibilidade. O mais razoável, nesses casos, é que leve ao colegiado ambas as discussões em um mesmo momento, possibilitando um julgamento uno, já que a decisão monocrática é uma faculdade e não uma imposição.

7. Competência funcional

A providência cautelar solicitada pode chegar ao tribunal *ad quem* antes mesmo do recurso no qual foi manifestada a irresignação do pretenso candidato. Isto pode perfeitamente ocorrer porque a tramitação do recurso – com ato formal de recebimento, apresentação de contrarrazões, protocolos, etc. – pode demandar tempo superior ao previsto para o processamento do registro da candidatura. Nesse caso, não seria razoável que o pretenso candidato tivesse de aguardar por tempo irrazoável a apreciação do seu pedido cautelar. Pode ele, portanto, ingressar com o pedido diretamente no tribunal, cuja distribuição dar-se-á para a turma ou câmara competente, cível, criminal ou outra, conforme seja a natureza da decisão, fixando-se, desde logo, a competência (funcional) para apreciação do recurso que aportará posteriormente. Cumprirá ao recorrente apenas o ônus de instruir o seu pedido com cópia integral do processo, em especial com as razões do recurso, a fim de que o órgão colegiado *ad quem* possa apreciar a *plausibilidade da pretensão recursal.*

Assim, o recurso não é o único veículo de condução da matéria (pedido de suspensão cautelar da inelegibilidade) ao tribunal colegiado. O fundamental é que o pedido tenha sido formulado no recurso ou por ocasião de sua interposição, como diz expressamente a lei. Se for formulado nas razões recursais não há dúvidas de que o ônus imposto ao pretenso candidato foi cumprido. Pode ele preferir, entretanto, formular sua pretensão em peça autônoma, o que também é perfeitamente possível. Nesse caso, obviamente terá de protocolizar seu pedido dentro do prazo destinado à interposição do recurso, sob pena de preclusão.

8. Natureza jurídica da decisão que suspende a inelegibilidade e seus desdobramentos na perspectiva dos recursos

A providência de natureza cautelar almejada pelo potencial candidato, que visa suspender a sua inelegibilidade, não tem, a toda evidência, natureza de ação. Trata-se mesmo de um pedido incidental. Não se pode falar em partes, contraditório, ampla defesa, resposta, recursos típicos, etc. Assim, o relator, ao receber o pedido – por via do recurso ou por via autônoma – não deverá mandar citar quem quer que seja para contestar, etc. Cingir-se-á a submetê-lo à apreciação de seus pares, julgando-o incidentalmente. Ainda que uma ou outra doutrina visualize natureza de ação nessa providência, não estará com a razão. Não bastasse o seu específico desiderato – viabilizar candidatura – o legislador deixou antever que o pedido constitui um apêndice do recurso, tanto é verdade que, ao se referir aos recursos interpostos antes da vigência da lei, falou em seu aditamento (art. 3º da LC nº 135/2010). Ora, jamais se poderia permitir que uma matéria que devesse ser suscitada no bojo do recurso ou mesmo por ocasião dele tivesse natureza de ação. Seria um contrassenso. Trata-se, sim, de mais um capítulo do recurso, com finalidade bem específica e peculiar.

Nem se poderia argumentar que, tratando-se de medida cautelar, terá esta natureza de ação. Não são poucas, na atualidade, as medidas de natureza cautelar que não constituem ação autônoma. Aliás, há uma tendência em diminuir a utilização de ações cautelares, substituindo-as por pedidos cautelares. O § 7º do art. 273, do CPC, deixa antever tal tendência, ao permitir que o magistrado conceda medidas cautelares incidentais nas ações de conhecimento, ainda que por via transversa. Com efeito, o referido dispositivo autoriza aos juízes concederem medidas cautelares no bojo de ações de conhecimento quando a parte tiver solicitado, equivocadamente, providência de natureza antecipatória. A diferença, portanto, reside apenas no fato de que a medida cautelar de que trata o art. 3º, da LC nº 135/2010, será concedida no bojo do recurso. Somente isso.

Destarte, a parte *ex adversa* na demanda de que se originou a inelegibilidade em virtude da condenação não será intimada para participar do debate relativo à concessão da medida cautelar pleiteada.

Falta-lhe o devido interesse, já que a restrição à capacidade eleitoral passiva é tema decorrente, não constituindo o objeto da lide em que proferida a decisão deflagradora da norma protetiva eleitoral.

Isso não afasta o pronunciamento do Ministério Público, que sempre oficiará nos pedidos incidentais ou autônomos de suspensão cautelar da inelegibilidade, providência que decorre do disposto no art. 127 da Constituição.

9. Irrecorribilidade

Não há que se falar também em recurso da decisão colegiada que aprecia o pedido do pretenso candidato. A decisão do órgão colegiado *ad quem* que defere ou indefere o pedido de suspensão de inelegibilidade é irrecorrível. Não é decisão interlocutória. É decisão final, para qual não há previsão de recurso. Como se sabe, taxatividade e singularidade são princípios recursais aos quais se deve reverência. Se a lei não prevê recurso para determinado provimento judicial, a conclusão não pode ser outra senão a de que é irrecorrível. Nem por isso, evidentemente, fica a parte supostamente prejudicada, impedida de se insurgir contra a decisão do órgão colegiado *ad quem*. Poderá fazê-lo por meio de mandado de segurança, caso estejam, obviamente, presentes os requisitos para o manejo deste remédio constitucional.

10. Aditamento de recursos anteriores

O art. 3° da Lei da Ficha Limpa (LC n° 135/2010) autoriza os condenados por decisões não transitadas em julgado antes da publicação da referida lei a formularem pedidos de suspensão cautelar da inelegibilidade.

Ante a falta de assinação de prazo, é de se entender como adequado que o requerimento de suspensão cautelar de inelegibilidade seja formulado antes do pedido de registro de candidatura, sob pena de seu liminar indeferimento, ante a evidente falta de interesse processual.

A Cautelar Suspensiva de Inelegibilidade e a Competência dos Órgãos Judiciários

Marcus Vinicius Furtado Coelho[1]

Márlon Jacinto Reis[2]

A inelegibilidade, condição negativa cuja incidência impede o deferimento de registro de candidatura às eleições, trata-se de matéria de evidente competência da justiça eleitoral. Tal paradigma há de orientar a adequada interpretação da previsão legal de cautelar suspensiva

1. MARCUS VINICIUS FURTADO COELHO é advogado militante no TSE; Diretor Secretário-Geral do Conselho Federal da OAB; Doutorando pela Universidade de Salamanca (Espanha); membro das Comissões do Senado para elaboração do Novo CPC e do Novo Código Eleitoral; autor de *Direito Eleitoral e Processo Eleitoral*, Editora Renovar

2. MÁRLON JACINTO REIS é Juiz de Direito; Presidente da ABRAMPPE – Associação Brasileira dos Magistrados, Procuradores e Promotores Eleitorais; membro do Comitê Nacional do MCCE; vencedor do I Prêmio *Innovare* "O Judiciário do Século XXI". Possui Diploma de Estudos Avançados outorgado pela Universidade de Zaragoza (Espanha), e é doutorando pela mesma instituição. É autor do livro *Uso Eleitoral da Máquina Administrativa*, editado pela Fundação Getúlio Vargas.

de inelegibilidade, constante na Lei Complementar nº 135, de 2010. Nos casos de cometimento de ato ilícito de natureza não eleitoral, como a improbidade administrativa e crime, a inelegibilidade não é fixada nem suspensa pela justiça comum, mas decorrência da manutenção dos efeitos de decisão condenatória transitada em julgado ou imposta por órgão colegiado.

É dizer, a justiça comum não fixa a inelegibilidade, limita-se em condenar por improbidade ou por prática de crimes, incidindo as sanções cabíveis. Tal condenação por órgão colegiado possui a condição de gerar a inelegibilidade, situação que será reconhecida pela justiça eleitoral quando do pedido de registro de candidatura. Sendo a inelegibilidade decorrência do edito condenatório, a justiça comum não possui a competência de suspender a inelegibilidade, mas tão somente de sustar os efeitos do acórdão condenatório e, por decorrência, afastar um possível óbice ao registro de candidatura.

A novel norma adiciona o art. 26-C na Lei das Inelegibilidades, Lei Complementar nº 64, de 1990, possibilitando ao órgão colegiado competente apreciar o recurso contra a decisão condenatória, em caráter cautelar, a *suspensão da inelegibilidade,* condicionada ao expresso requerimento na petição recursal e à plausibilidade dos fundamentos elencados.

A suspensão cautelar pode ser requerida nas hipóteses das alíneas "n", "h", "j", "d", "l", e "e", do inciso I do art. 1º da Lei das Inelegibilidades. Nas quatro primeiras situações, tem-se uma decisão colegiada da Justiça Eleitoral, consubstanciada no reconhecimento de simulação ou desfazimento de vínculo conjugal ou de união estável para possibilitar a candidatura, de condenação por abuso de poder político ou econômico nas eleições, por corrupção eleitoral, por captação ilícita de sufrágio, por ilicitude na arrecadação e gastos de campanha ou por conduta vedada aos agentes públicos. A suspensão cautelar da inelegibilidade, nestes casos, compete ao Tribunal Superior Eleitoral, pois a inelegibilidade é declarada no próprio julgamento efetuado pelos Tribunais Regionais Eleitorais. Tal ocorre também nos casos de crimes eleitorais, para os quais a lei comine pena privativa de liberdade, pois a condenação de inelegibilidade é fixada pela própria sentença condenatória proferida pela justiça eleitoral.

Distinto são os casos de inelegibilidades decorrentes de condenações por improbidade administrativa e por crimes contra a administração pública e a vida e os crimes de abuso de autoridade, de tráfico de entorpecentes, de racismo, tortura, terrorismo e hediondos; dentre outros fixados na norma. Nessas hipóteses, a condenação é formulada pelos demais ramos da justiça, distintos do eleitoral, sendo a inelegibilidade mera decorrência. É dizer, a inelegibilidade não é fixada na condenação por improbidade ou pelos crimes mencionados, mas se trata de situação que a ela se agrega, uma possibilidade diante da permanência dos efeitos de decisão condenatória.

O próprio novel art. 26-C da LC nº 64/1990, por seu § 1º, versa sobre efeito suspensivo do recurso, para, no seu § 2º, tratar da manutenção da condenação de que derivou a inelegibilidade, hipótese na qual serão desconstituídos o registro ou o diploma eventualmente concedidos ao recorrente. O efeito suspensivo do recurso se refere à condenação e não à inelegibilidade.

Este é o regime vivenciado em relação à inelegibilidade decorrente da rejeição de contas. A justiça comum possui a competência para suspender os efeitos de tal rejeição, jamais para declarar presente a elegibilidade. Ainda que haja tutela judicial afastando a rejeição de contas, cumpre à justiça eleitoral verificar a ocorrência ou não de inelegibilidade, observando os aspectos extrínsecos de tal decisão, como o momento de seu deferimento e a verificação da presença de fundamentos.

Como cediço, a jurisdição estatal é una e indivisível, objetivando a atuação da vontade concreta do direito, por intermédio do juiz no processo. Competência é a delimitação da jurisdição por órgãos judiciais. A Constituição da República disciplina as "justiça especiais", nomeadamente do Trabalho, Eleitoral e a Militar da União, delegando às "justiças comuns", Federal e dos Estados, a competência residual. Em relação à competência da Justiça Federal é auferida uma definição de espectro de competência.

A interpretação ora proposta para a expressão "suspender a inelegibilidade", constante da LC nº 135, de 2010, guarda conformidade com a Constituição Federal que, em seu art. 121, § 4º, III, ao versar sobre os recursos no âmbito da Justiça Eleitoral, fixa a inelegibilidade como matéria de competência desse especializado ramo da justiça. Assim, quando o ato ilícito gerador da condenação possuir natureza eleitoral, a própria justiça especializada cominará ou suspenderá a inelegibilidade. Nos demais casos, a justiça comum poderá apenas tornar sem efeito – para o específico fim de preservar a vida pregressa do candidato – o acórdão que efetuou a condenação, mas não a inelegibilidade em si.

A inelegibilidade derivada de condenação por improbidade e pela prática de crimes não é suspensa por decisão de tribunais não eleitorais. Nessa hipótese, é possível a suspensão dos efeitos da condenação, com o que, por via reflexa, estaria afastada uma hipótese de impedimento de candidatura. Competirá à justiça eleitoral, todavia, a decisão sobre a permanência ou não da situação de inelegível, respeitando a cláusula constitucional de reserva de competências.

Conquistas da Sociedade Civil no Brasil

Da Lei Nº 9.840 à Conquista do Ficha Limpa

Daniel Seidel[1]

A Conferência Nacional dos Bispos do Brasil desde a sua constituição foi um ator ativo na consolidação da democracia brasileira. Exerceu seu profetismo por meio de bispos como Dom Hélder Câmara, Dom Paulo Evaristo Arns, por exemplo. Como exemplo, a CNBB lançou documentos que marcaram época como "Exigências Éticas para uma Nova Ordem Democrática", em 1977. Por meio do laicato lutou pela anistia política dos exilados e pelas *Diretas Já*. Participou ativamente da Assembleia Nacional Constituinte por meio das emendas populares, colocando na pauta os temas sociais e o enfrentamento à pobreza. Acompanhou de perto o processo que resultou no *impeachment* do então presidente Collor. Além disso, por meio da animação das Comunidades Eclesiais de Base e Pastorais Sociais, incentivou a criação de vários movimentos sociais ainda hoje atuantes na realidade social e política do país. A cada ano de eleições gerais lança documentos para fortalecer a educação política para o voto consciente.

---

1. DANIEL SEIDEL é Secretário Executivo da Comissão Brasileira de Justiça e Paz – CBJP da CNBB e Mestre em Ciência Política pela Universidade de Brasília (UnB); é Professor e Coordenador da Pós-graduação em Direitos Humanos da Universidade Católica de Brasília (UCB) e membro do Comitê Nacional do MCCE – Movimento de Combate à Corrupção Eleitoral no Brasil.

Nesta perspectiva, diante do descrédito que a política brasileira alcançou na década de 90, lançou em 1996, uma Campanha da Fraternidade, realizada desde 1964, no tempo da quaresma, com o tema "Fraternidade e Política". Com o método *Ver-Julgar-Agir*, propôs como gesto concreto no agir a ação pela ética na política. A Comissão Brasileira Justiça e Paz (CBJP) propôs, dando consequência concreta à CF/1996, a primeira proposta de Iniciativa Popular de Lei aprovada no Congresso Nacional.

Iniciada a coleta em 1996 até 1999, foram coletadas 1 milhão e 39 mil assinaturas, resultando na aprovação da Lei nº 9.840 (em 29 dias!). As organizações da Sociedade Civil que lideraram foram a CNBB e o Conselho Federal da OAB, juntamente com outras organizações nacionais. A Lei nº 9.840/1999 tipificou como infração eleitoral a compra de votos e o uso da máquina administrativa em campanha eleitoral. O candidato condenado perde o registro da candidatura e o diploma, impedindo que participe da campanha eleitoral em curso ou do exercício do mandato eleitoral.

Para cobrar a aplicação da lei foram criados comitês locais, chamados de Comitês da Lei nº 9.840, integrados por lideranças populares das paróquias, sindicatos, associações de moradores, ONGs, que recebiam as denúncias, verificavam a veracidade e realizavam a denúncia junto ao Ministério Público Eleitoral para formalizar a representação.

Se procedente a denúncia, o condenado perde o registro da candidatura (não podendo mais concorrer nas eleições do ano vigente) ou tem cassado seu diploma, se já tiver sido eleito, perdendo o mandato naquele pleito eleitoral.

A cada ano eleitoral, novas organizações da Sociedade Civil em nível nacional foram se aproximando e colaborando para o fortalecimento dos comitês locais, estaduais e nacional; até chegarmos a um movimento que hoje conta com 44 organizações nacionais, algumas delas que se constituem como redes nacionais de organizações sociais locais. A opção foi ter uma estrutura leve, com uma secretaria executiva em nível nacional, com reuniões periódicas em Brasília (onde a maioria das organizações e redes nacionais mantém as suas sedes), de forma a minorar os custos.

O MCCE promove, a cada ano eleitoral, o SENAJE, Seminário Nacional de Juízes, Promotores e Advogados Eleitorais, na perspectiva de aprofundar o debate sobre a jurisprudência, ampliando a aplicação da Lei nº 9.840, a partir da identificação de novos métodos de compra de votos e de uso da máquina eleitoral. Esses são também momentos ricos de aproximação entre juízes e promotores eleitorais e líderes populares que lideram os comitês estaduais, visto que esses últimos também participam do Seminário, quando têm a oportunidade de dialogar sobre a ação da justiça eleitoral em cada unidade da federação brasileira.

A Lei nº 9.840, após 10 anos, foi aplicada em cinco eleições, cassando cerca de 960 mandatários, em decisão de última instância no país, o Tribunal Superior Eleitoral. É considerada a lei mais eficaz pelo próprio Tribunal Superior Eleitoral. Os juízes eleitorais afirmam: "há a justiça eleitoral antes da aprovação da Lei nº 9.840 e depois". Nas eleições de 2008, contamos com uma interlocução com delegados da Polícia Federal em cada Estado, de forma a realizar flagrantes e prover a coleta de provas materiais para os processos judiciais.

O impacto das mudanças promovidas decorrentes dessas conquistas foi enorme, levando também à proibição da distribuição de brindes e da realização de "showmícios". Outro avanço também foi o estabelecimento de uma sistemática de prestação de contas das campanhas, com a responsabilização dos nomeados como tesoureiros de campanha ou de partidos políticos. Vale mencionar que nestes 10 anos foi estabelecida pelo TSE a fidelidade partidária (políticos que trocam de partido, perdem o mandato, visto que o mandato é do partido) e a verticalização das alianças (as coligações regionais devem seguir a aliança nacional), levando a um maior fortalecimento dos partidos políticos e à sua responsabilização pelas decisões tomadas. Recorda-se ainda o fim do nepotismo em todos os poderes da República como outra conquista.

O limite da Lei nº 9.840 foi o fato de que os candidatos que tiveram seus registros de candidaturas ou diplomas cassados numa eleição retornavam na eleição seguinte, e muitos, apesar das práticas nefastas à democracia, eram eleitos para novos mandatos, aprimorando esquemas de corrupção eleitoral.

Na perspectiva do aprimoramento da democracia representativa, em 2008, uma nova iniciativa foi proposta pelo MCCE e apresentada na Assembleia dos Bispos Católicos do Brasil, que por unanimidade foi apoiada, sendo lançada uma nova iniciativa popular.

A nova proposta foi "batizada" de Campanha Ficha Limpa, ou seja, o estabelecimento de critérios objetivos para a consideração da vida pregressa dos candidatos, prevista no § 9º do art. 14 da Constituição Federal, como condição para que possam se apresentar como candidatos à eleição. Candidatos condenados por crimes ou que forem cassados pela Lei nº 9.840 ou que tenham renunciado para não sofrerem cassação por Comissões de Ética, não poderiam se apresentar nas eleições.

A coleta de assinaturas pelas organizações sociais, movimentos, nos grupos de reflexão, nas pastorais e movimentos eclesiais, após as missas e celebrações nas Comunidades Eclesiais de Base e nas Paróquias foi colocada como o gesto concreto no "agir" da Campanha da Fraternidade de 2009. Algumas Redes Católicas de Educação e Universidades Católicas motivaram os professores para que motivassem em suas turmas cada estudante a levar uma folha para coletar assinaturas de eleitores entre os seus familiares.

Assim, construiu-se uma grande rede de coleta de assinaturas, que durou cerca de um ano e meio, alcançando 1 milhão e 300 mil assinaturas em setembro de 2009. A nova iniciativa foi entregue à Câmara dos Deputados justamente quando a Lei nº 9.840 completava 10 anos! O presidente da Câmara se comprometeu com a aprovação da proposta, que foi apensada a outras nove que já tramitavam na Casa a mais de 17 anos!

As pressões dos partidos que tinham políticos fichas-sujas foi enorme e a iniciativa popular no parlamento brasileiro não avançava. Diante do fato, o MCCE decidiu continuar coletando assinaturas e em dezembro de 2009, entregou outras 300 mil. Começou também intensa mobilização pelas redes sociais disponíveis na internet, quando outros mais de 2 milhões de eleitores fizeram sua adesão à Ficha Limpa e pressionavam os deputados, enviando correios eletrônicos, telefonando e realizando manifestações nos Estados, procurando os deputados para dialogar.

A revelação de um perverso esquema de corrupção, conhecido como Caixa de Pandora, em meados de novembro de 2009, em Brasília, Capital do país, com envolvimento do próprio Governador, tornou insustentável a demora da aprovação do Ficha Limpa na Câmara dos Deputados. A juventude popular, estudantil e universitária, foi para as ruas de Brasília exigir o afastamento dos envolvidos no esquema de corrupção (o que aconteceu apenas em fevereiro de 2010, com a prisão do Governador do Distrito Federal), criando pressão sobre o Congresso Nacional, juntamente com os meios de comunicação, para aprovar o Projeto Ficha Limpa.

Assim, neste clima de mobilização da sociedade civil, em fevereiro de 2010, o projeto de lei da Ficha Limpa começou a caminhar na Câmara dos Deputados com a criação de um grupo de trabalho para juntar as demais propostas apensadas, o que levou a um aprimoramento da proposta inicial. Quando estava pronto para ser votado no início de abril, retornou à Comissão de Constituição e Justiça, para novas emendas, que foram aceitas pelo MCCE. Vale ressaltar que nesse processo se deu um frutuoso diálogo entre o parlamento e a sociedade civil organizada.

Destarte, em meados de maio foi aprovado também no Senado e sancionado no dia 4 de junho, pelo Presidente da República, sem nenhum veto, sendo publicado em 7 de junho de 2010, antes das convenções partidárias iniciarem.

A resposta do TSE a consultas realizadas confirmou a aplicação para as eleições de 2010, quando serão considerados os fatos da vida pregressa no momento da solicitação do registro das candidaturas. Avalia-se que o impacto será muito grande, retirando aproximadamente 20% dos atuais deputados e senadores da disputa eleitoral, por pendências com a Justiça.

O próximo passo é prosseguir no combate à corrupção eleitoral, realizando novas parcerias com a Polícia Federal e com a Controladoria Geral da União, bem como acompanhando a ação da Justiça eleitoral no processo de avaliação dos registros de candidaturas, uma vez que os candidatos terão que apresentar certidões sobre sua vida pregressa.

A CNBB aprovou em março o Documento nº 91, sobre a "Reforma do Estado com participação democrática", valorizando as formas de democracia direta, conjugada com a democracia representativa. Além disso, as organizações nacionais da CNBB, entre elas a CBJP, lançaram as orientações para as eleições gerais de 2010, o documento: "Eleições 2010: o chão e o horizonte", com um diagnóstico da situação brasileira atual, critérios éticos para participação nas eleições, temas prioritários que devem fazer parte da agenda dos candidatos, critérios para escolha dos candidatos e orientações práticas do que as pastorais, movimentos, paróquias e comunidades eclesiais podem fazer para promover a educação política para o voto consciente e para o combate à corrupção eleitoral.

O MCCE, juntamente com a CNBB, já está planejando uma nova iniciativa popular para tratar do tema da Reforma Política. A ideia é tocar no tema do financiamento das campanhas eleitorais, que no Brasil são milionárias, sendo uma fonte de compromissos dos eleitos com os financiadores de suas campanhas eleitorais. Tal atitude abre a porta para a prática da corrupção na utilização dos recursos públicos em obras, prestação de serviços, fornecimento de materiais e equipamentos, entre outros.

Corrupção, Ficha Limpa e Reforma Política

Chico Whitaker[1]

No início dos anos 80, com a ditadura militar em seus estertores e a corrupção se escancarando, lançou-se em São Paulo uma campanha que enumerava condutas a serem exigidas de quem viesse a exercer cargos públicos. Duvidou-se no entanto de sua oportunidade. Talvez por isso não tenha tido maiores repercussões.

Para alguns era desnecessário – ou pelo menos estranho – propor regras que não eram senão obrigações óbvias. Para outros bastaria relembrar, aos que assumissem o poder, a frase de Lord Acton, historiador inglês do século XIX: "o poder corrompe e o poder absoluto corrompe absolutamente". E havia os que pensavam que não era o caso de dar sobrevida a um "moralismo udenista" ultrapassado. Para estes o importante era organizar o povo para recuperar seus direitos e, superadas as ilusões da luta armada para conquistar o poder, construir uma força política de "esquerda" capaz de atender às aspirações da sociedade brasileira.

---

1. CHICO WHITAKER é arquiteto, membro da Comissão Brasileira Justiça e Paz da Conferência Nacional dos Bispos do Brasil; é membro do Conselho Consultivo do *Wikileaks* e um dos idealizadores do Fórum Social Mundial e do Movimento de Combate à Corrupção Eleitoral. Ganhador do Prêmio *Right Livelihood Award*, concedido pelo Parlamento Sueco. Autor de *Desafio do Fórum Social Mundial: um Modo de Ver*.

Vinte anos depois, a "esquerda" chegou à Presidência do país, democraticamente, pela via eleitoral. E hoje, alguns anos para a frente, cresce a indignação diante de uma corrupção que teria tomado conta de tudo.

Ela aumentou com os novos detentores do poder? Não me parece, embora entre eles haja quem pense que "os fins justificam os meios", o que os autorizaria a "flexibilizar" o uso dos recursos públicos. O que aumentou com certeza, nos últimos anos, foi a consciência da extensão e da profundidade da corrupção em nosso país. Urge portanto apoiar-se nisso para tentar interromper a progressão dessa doença, antes que ela deteriore todo o tecido social.

1. Um velho problema da humanidade

Há mais de três mil anos Moisés trouxe do alto da montanha uma mensagem com os princípios que seu povo deveria observar para sobreviver. Eram regras "morais", visando um convívio humano salutar e construtivo. Entre elas estava a de "não roubar".[2]

Nossa justiça perdoa os que roubam para matar a fome. Às vezes o roubo é uma estratégia de sobrevivência, quando se luta desesperadamente para isso, em tempos de desemprego. Há também quem o faça por extrema dependência, como por exemplo da droga. Mas há também motivações menos vitais, como a induzida pelas tentações da sociedade de consumo e sua onipresente publicidade. Ou o desejo de viver melhor do que se vive, ao lado de tanto luxo e ostentação.

Os roubos aumentam com a concentração da riqueza e a ampliação da distância entre ricos e pobres. E se multiplicam rapidamente, passando-se ao uso da violência e, com esta, à neurose coletiva da insegurança, vivida hoje por todos que possuem algo ou mesmo não possuem nada, no Brasil.

2. Segundo algumas versões, o mandamento era de "não furtar", o que é menos grave no vocabulário jurídico, mas quer dizer o mesmo: não se apropriar do que pertence a outros.

Já quando se usa a palavra corrupção pensa-se na apropriação indevida de recursos de propriedade coletiva administrados por governos, embora também se possa chamar de corrupto o encarregado das compras de uma empresa que “acerta” sua compensação com este ou aquele fornecedor pela preferência que lhe der, ou quem nos pergunte que valor colocar na nota para o reembolso de uma despesa – acumpliciando-se conosco por uma gorjeta maior.

Todavia, é para o roubo de recursos públicos que mais se usa a palavra “corrupção”. A sonegação de impostos é tão socialmente aceita que é vista com menos rigor. Mas é sempre a mesma coisa – um roubo – que se faz de diferentes maneiras como, por exemplo, por meio de “comissões” ou propinas por favorecimentos nas supostamente bem controladas grandes licitações e obras.[3]

A essência dos atos é a mesma, mas na corrupção interfere, às vezes fortemente, outra motivação, sobre a qual Moisés também preveniu seu povo: a cobiça, sentimento que precede o roubo. No caso da corrupção ela evolui para a ganância, que pode se tornar descomunal quando nos “cofres” a serem assaltados se encontram descomunais quantidades de riqueza, como é o caso dos recursos dos governos.

2. A impunidade como condição de expansão do mal

Rever o que aconteceu no Brasil nas últimas cinco décadas pode também nos ajudar a entender o quadro atual.

Em 1964 um golpe implantou em nosso país um regime militar, que dizia ter como objetivos acabar com a subversão e com a corrup-

---

3. Em CPI sobre a corrupção na Câmara Municipal de São Paulo, de que participei em 1990, descrevi em detalhe, no seu relatório, 17 maneiras que estavam sendo usadas por vereadores e por funcionários para roubar dinheiro da Câmara: da apropriação direta de bens e serviços públicos aos empregos fantasmas, a salários repassados aos chefes, ao nepotismo, a superfaturamentos em licitações com cartas marcadas, à contratação de obras e equipamentos desnecessários, etc. Alguém brincou dizendo que meu relatório era um desserviço porque fornecia um manual a quem quisesse roubar dinheiro público.

ção. Com o primeiro desses objetivos o que se pretendia, a mando dos privilegiados de nossa sociedade e dos interesses externos que conhecemos, era bloquear as "reformas" que a esquerda daqueles tempos estava procurando fazer, rumo a uma sociedade mais justa. O segundo – acabar com a corrupção – não era senão um pretexto para prender mais gente, já que é corriqueiro dizer que desde os tempos da colônia ela só progrediu em sua ação deletéria entre nós.

Ambos os tiros saíram pela culatra. Hoje um mar "reformista" inunda toda a América Latina, depois de regimes militares de mesmo tipo em toda parte. E a corrupção ganhou o que mais precisava para se espalhar pelo organismo social: a impunidade. Protegida pelo segredo e pela repressão, ela infectou amplamente o país. Os governos que em seguida se instalaram a viram se aprofundar, com o que se tinha aprendido para assegurar a impunidade. O máximo parece ter sido atingido com Collor, eleito com outra bandeira moralizadora – a da caça aos "marajás" – que agravou a corrupção a tal ponto que foi devidamente afastado. De lá para cá ela ficou mais evidente, mas a hipocrisia continuou, como se viu recentemente no Senado com seus "atos secretos", de mesma linhagem dos "decretos secretos" dos militares.

Esses fatos vêm levando no entanto ao aumento da pressão e do controle social. E o combate à corrupção passou a ser – diferentemente da década de 80 – um objetivo imprescindível em todo programa político, mesmo que farisaicamente e em capítulos acessórios.

Com a chegada da "esquerda" ao poder ela reforçou os órgãos de fiscalização e controle interno e o zelo da polícia. Cada vez mais "esquemas" de corrupção estão sendo descobertos, numa sequência que parece infindável, com a mídia os divulgando amplamente.[4] A oposição por sua vez, em sua luta para retomar o poder, assume o papel fiscalizador que deve ter numa democracia, e não perde nenhuma oportunidade de difundir, por meio da "sua" mídia – que não é diminuta – fatos que desgastem a imagem do governo.

---

4. Os nomes curiosos dados pela Polícia Federal às suas "operações" facilita o papel da mídia.

3. A gravidade do mal

Ora, se o aumento dos roubos leva a um sentimento de insegurança, o aumento da corrupção – ou do conhecimento dela – leva a um sentimento de indignação, porque ela tem várias agravantes. A primeira é de que os que roubam não estão do lado de fora mas sim dentro do cofre que é de todos, por serem exatamente os encarregados da sua guarda e administração, fazendo-nos achar que o roubo só vai parar quando o cofre se esvaziar. A segunda é a de que esses ladrões se apoiam na impunidade, herdada da ditadura. E a terceira é o péssimo exemplo que dão, do alto da pirâmide de poder da sociedade. A sabedoria popular nos diz que o exemplo sempre vem de cima. Os corruptos incentivam todos os tipos de roubo pela sociedade afora.[5] Um representante político que rouba, libera seus representados para fazerem o mesmo.

Ainda há, porém, outros agravantes que alimentam a indignação e deveriam fazer com que a sociedade tivesse tanto medo dos corruptos como dos ladrões comuns. Apesar de bem vestidos e sempre sorridentes, sua violência indireta equivale à dos que roubam à mão armada: com poucas ações matam muito mais gente, ao desviar recursos que poderiam estar sendo utilizados para salvar vidas nos serviços públicos de saúde, ou em transportes seguros, ou com obras e medidas de prevenção contra desastres como os ocorridos nas últimas chuvas, ou numa educação que dê perspectivas aos jovens, ou etc., etc., etc.[6] Os que roubam o dinheiro público se comportam como assassinos em massa.

---

5. A plena consciência, por parte dos detentores do poder, da exemplaridade dos seus atos e comportamentos é uma imprescindível forma de se combater, de cima para baixo e de dentro para fora, a corrupção. Lembro-me de um mandatário que, num evento público, jogou no chão o papel em que estava embrulhado o sorvete de que se serviu. A imprensa o fotografou e o criticou pelo mau exemplo que dava.

6. Nossas Universidades poderiam ajudar muito no combate à corrupção no Brasil se quantificassem o desvio de recursos com a corrupção, nos vários níveis de governo. Estudo recentemente divulgado pelo Departamento de Competitividade e Tecnologia da Federação das Indústrias de São Paulo (Fiesp) estima que hoje esse total, no Brasil, se situa entre R$ 41,5 e R$ 69,1 bilhões por ano.

Para complicar, há o mal que a corrupção faz à continuidade democrática. Com tantas informações sobre corrupção somos levados a pensar que o conjunto do sistema político está inteiramente infectado. Com isso ele se desacredita. Diz-se, para salvar um pouco da esperança, que nem todos são assim, mas se torna realmente difícil separar o joio do trigo. No senso comum esse sentimento atinge até a esquerda que se diz ética. Todos os políticos – qualquer que seja sua filiação partidária – são incluídos na categoria pejorativa dos "eles", acima dos pobres mortais, aninhados como máfias nos diferentes governos e parlamentos.[7]

Ora a democracia, por mais capenga que seja e ainda que esteja, como no nosso caso, eivada de procedimentos autoritários, é o único quadro institucional que permite que se resolvam os problemas econômicos, sociais, ambientais e políticos de uma sociedade. Democracia não se reduz a eleições. Ela é debate livre, busca de saídas consensuais, controle social, cidadania ativa. Sua continuidade é necessária porque só dentro dela podemos aperfeiçoá-la. Deus nos guarde da memória curta dos que têm saudades de uma pretensa "ordem" que só os militares sabem impor...

4. A indignação como condição de saída

Dentro desse quadro, bendita seja a indignação da sociedade. A intervenção na realidade, para nela mudar alguma coisa, pode vir de cima para baixo e de dentro para fora assim como também de baixo para cima e de fora para dentro. Ora, no caso da nossa infecção generalizada devida à corrupção, a situação só mudará efetivamente se por intervenção de baixo para cima e de fora para dentro, ou seja, pela ação de uma sociedade indignada. Muita coisa pode ser feita a partir dos centros de poder, no Executivo, no Legislativo e no Judiciário. Mas a luta é insana porque nesses centros as células essenciais já estão

7. E o Judiciário que se cuide, com as repetidas denúncias de venda de sentenças. Falta pouco para que o senso comum jogue seus membros nessa mesma vala comum. Dizem que "já não existem juízes como antigamente". É certo, pelo menos, que já não se fala deles com o mesmo respeito de antigamente...

muito corroídas. "Cortar na própria carne" ou "não legislar em causa própria" são expressões muitas vezes repetidas que mostram a dificuldade da empreitada. Na verdade, só a sociedade pode acender uma luz de esperança, que pode libertar até quem esteja no poder e em cuja consciência existam os anticorpos que podem vencer a doença.

Felizmente multiplicam-se no Brasil de hoje as iniciativas para combater a corrupção em todos os níveis de ação cidadã. Já ficou para trás o receio tolo dos anos 80, de que o combate à corrupção desqualifique politicamente quem nele se empenhe, como se fosse um "moralismo" ingênuo. Os riscos que corre o país com a persistência do mal já não escapam a ninguém.

Uma das iniciativas desse tipo que tem um caráter mais amplo foi lançada no Fórum Social Mundial de Belém do Pará, em janeiro de 2009: a Articulação Brasileira Contra a Corrupção e a Impunidade – ABRACCI.[8] Como indica seu próprio nome, ela quer enfrentar a corrupção e também, direta e explicitamente, a impunidade. Com o apoio dos comunicadores que já "acordaram" para sua responsabilidade, ela interconecta múltiplas iniciativas, dos pactos de integridade de empresários que querem se livrar da pecha de "corruptores" – quando financiam campanhas eleitorais e "molham" as mãos de servidores públicos – às caravanas de cidadãos que percorrem esses nossos interiores para denunciar corruptos. Estruturada horizontalmente sob a forma de rede, acima de partidos, setores sociais e confissões religiosas, a ABRACCI está crescendo ininterruptamente.

Um dos desafios mais difíceis que ela está pretendendo enfrentar é o da cultura da corrupção. Se a maioria considera normais as escorregadas éticas, ou se "em tudo é preciso levar vantagem",[9] torna-se difícil impedir desvios de conduta. Depois de séculos de uma corrupção que muitos consideram irremediavelmente endêmica, o desafio

---

8. *www.abracci.ning.com.*

9. Gerson, um dos grandes campeões deste nosso Brasil do futebol, sem se aperceber do mal que faria e evidentemente sem o desejar, disse, em campanha publicitária sem maior relevância, uma frase que foi muito popularizada: "é preciso em tudo levar vantagem". Teremos que achar uma forma de revogar essa assim chamada "lei de Gerson", que elevou à condição de regra de vida as pequenas e grandes espertezas – só os bobos não se aproveitam – do individualismo irresponsável.

de uma mudança cultural, no comportamento mesmo de cada pessoa, é efetivamente enorme.

5. O ninho da serpente

Outra dessas iniciativas se desenvolveu nos últimos dez anos: o Movimento de Combate à Corrupção Eleitoral – MCCE.[10] Ele enfrenta o que parece esconder o ninho da serpente: o poder legislativo brasileiro. Diz-se frequentemente que nossos parlamentos são um retrato da sociedade brasileira, porque nele estão representados tanto os não corruptos como os corruptos. Mas as proporções não são as mesmas. A parte corrupta da sociedade está sem dúvida sobrerrepresentada no parlamento.

E é exatamente essa distorção na representatividade que abre espaço, entre as inúmeras insuficiências de nossa democracia representativa, para o estabelecimento de relações espúrias entre os Executivos e os Legislativos no Brasil.

O Executivo não pode mexer uma palha sem autorização legislativa. O poder maior está portanto no Parlamento. Um tem a chave do cofre, o outro o segredo com o qual a chave pode ser usada, que é a lei orçamentária. Isto é bom, numa democracia não parlamentarista como a brasileira, em que o Executivo é de um só partido, ou de um conjunto de partidos que se aliaram para ganhar a eleição, enquanto o Parlamento tem dentro dele, pelo menos teoricamente, a representação horizontal, não piramidal, de todos os interesses da sociedade. Por isso é ele que deve decidir em nome do país como um todo, por maioria e não por imposição de ninguém.

Ora, todo esse poder dos nossos parlamentares é extremamente cobiçado por quem queira somente chantagear, em benefício próprio, junto ao Executivo ou junto às empresas que dependam das leis que regulam seu funcionamento ou liberam recursos do governo. Nos mu-

---

10. *www.mcce.org.br* ou *www.lei9840.org.br*. O MCCE reúne hoje 44 entidades nacionais.

nicípios quase faz parte dos folclores locais os vereadores entrarem pobres e saírem ricos. Mais ainda quando se associam aos prefeitos, fechando seus olhos fiscalizadores para que estes também possam enriquecer. Imagine-se o funcionamento dessa relação a nível estadual e federal, onde os valores em jogo são muito maiores.[11]

Trata-se de fato de um mecanismo de corrupção quase perfeito para o Executivo que se dispõe a "comprar" votos para obter as autorizações legais de que necessita.[12] É o famoso "é dando que se recebe" – frase de um deputado falastrão, mas sincero, de vinte anos atrás, que jogou no lixo podre da corrupção o pensamento puro de um santo. Disso não podem senão surgir os múltiplos tipos de "mensalões".

Para completar esse quadro negativo, os diferentes níveis do Parlamento formam o espaço de vida da chamada "classe política", uma estrutura solidária de apoios mútuos entre seus membros, que poderiam ser para o bem, mas acabam se reduzindo a cumplicidades para o mal.[13]

Nisso a esquerda que tomou o poder perdeu uma grande oportunidade de sanear nossos costumes políticos. É bem verdade que, por ser de esquerda, esse governo se tornava, sem maioria no Congresso, muito vulnerável, podendo até ser derrubado. Mas ele embarcou alegremente na dinâmica perversa dessa cultura política, sem questioná-la em nada, por influência dos seus membros mais prag-

---

11. Uma das formas de corrupção mais usuais dentro do Legislativo federal são as já famosas emendas parlamentares ao orçamento apresentado pelo Executivo. Agregam-se a ele recursos destinados a obras ou equipamentos na base eleitoral do parlamentar. Apresentadas como forma dele ajudar os municípios dessa base, elas de fato o ajudam a se reeleger, já que a síndrome da reeleição é uma das doenças mais desesperadoras que atingem os parlamentares em geral. Mas além disso, há sempre outras vantagens. Por exemplo na operação "sanguessugas", da Polícia Federal, constatou-se que as empresas fabricantes de ambulâncias as superfaturavam em benefício próprio e dos autores das emendas com as quais seriam compradas...

12. As verbas só serão de fato liberadas com a garantia do posicionamento político do parlamentar. Executivos "modernos" chegam a informatizar a lista de pedidos e de atendimentos, para subsidiar as conversações a respeito...

13. Na expressão indignada que ouvi de uma cidadã ativa, nossos representantes não nos representam: eles representam só os interesses da chamada classe política de que fazem parte, com suas redes de cumplicidades – mafiosas.

máticos, a pretexto de obter a chamada "governabilidade".[14] O governo anterior, que já não tinha tido nenhum constrangimento em ser "politicamente realista", conseguiu até, em ação escandalosa, um segundo mandato.[15] Deu-se, portanto, uma simples continuidade à essa cultura.[16] Por outro lado, fiel às suas alianças, necessárias para a "governabilidade" mas incompreensíveis para os comuns mortais, o governo vem demonstrando uma extrema condescendência com as práticas de corrupção de seus aliados.[17]

Tudo isso tem um enorme efeito demonstrativo. Mas o pior é que continua pairando no ar a impressão antiga e generalizada de que política é mesmo coisa suja. Menos pessoas "do bem" se interessam em prestar à coletividade o serviço da representação,[18] para ajudar a aumentar a bancada dos bem intencionados, que apesar de tudo existe e luta, nos diversos partidos, pela dignidade de seus mandatos. A corrupção funciona, portanto, como uma doença autoimune suicida, que devasta o corpo a partir dele mesmo, destruindo suas próprias células e impedindo que células sadias renovem os seus tecidos.

6. Compra de votos, ficha limpa e reforma política

O MCCE quer exatamente enfrentar essa doença com a pressão da sociedade que reage à deterioração, pela corrupção, das funções democráticas, mais além do que os cidadãos podem fazer ao escolhe-

14. Os espíritos maldosos poderão dizer que Lula também "esqueceu" o que disse, quando deputado, sobre os "trezentos picaretas".

15. E um de seus melhores ministros – que pagou com sua queda o preço de uma franqueza inadvertidamente pública – chegou a admitir que, quando se tratasse da verdade na ação política, os "escrúpulos" podiam ser deixados "um pouco" de lado.

16. Da mesma forma continuou-se tranquilamente a usar, e até com mais apetite, as tão censuradas "medidas provisórias".

17. Pior: vem protegendo e reabilitando, a pretexto de garantir o direito legítimo a julgamentos "justos" e às liberdades democráticas, um bom número de políticos que fizeram e fazem tantas que o povo preferiria vê-los devidamente "linchados".

18. Inclusive porque o custo das campanhas as tornam quase impensáveis sem um mínimo de "flexibilização" ética.

rem com cuidado seus representantes.[19] Ele surgiu a partir do sucesso, em 1999, de uma Iniciativa Popular de Lei[20] – instrumento de participação popular criado pela Constituição de 1988[21] – que resultou na Lei nº 9.840,[22] a qual pune o crime da compra de votos. Seu primeiro objetivo foi fiscalizar a aplicação da nova Lei,[23] a ser feita pelas organizações que colheram as assinaturas para a Iniciativa Popular, com o lema "voto não tem preço, tem consequências". E, em abril de 2008, lançou uma nova Iniciativa Popular de Lei, que exige ficha limpa para os candidatos, levada ao Congresso em setembro de 2009.[24]

A experiência de diálogo do MCCE com parlamentares que honraram seus mandatos no processo de aprovação da Lei da Ficha Limpa parece ter trazido um pouco mais de brilho à luz da esperança. Já se pode pensar em uma nova iniciativa popular, desta vez nascendo do aprofundamento do diálogo entre representantes e representados, para que se dê mais um passo na reforma política que o Brasil está mais do que necessitado,[25] mas que só será plenamente possível com uma renovação qualitativa efetiva de nosso Congresso. Temos todos o direito de sonhar...

---

19. Um dos grandes passos a serem dados, ao nível de educação política, é o de mostrar que, tão ou mais importante que escolher um bom chefe de Executivo, em cuja candidatura se concentram as campanhas eleitorais, é escolher bem em quem votar para o Legislativo.

20. Para apresentar esse projeto de lei ao Congresso foi colhido o milhão de assinaturas (1% do eleitorado) constitucionalmente exigido.

21. Além da Iniciativa Popular de Lei a Constituinte criou também o Plebiscito e o Referendo, como instrumentos de participação popular que, por falta de uma adequada regulamentação, ainda não foram utilizados por iniciativa da sociedade.

22. A Lei nº 9.840 foi promulgada em 29 de setembro de 1999.

23. Já chega perto de 1.000 o número de mandatos cassados por força dessa Lei, nesses dez anos.

24. A nova proposta de Lei por Iniciativa Popular chegou ao Congresso no dia em que se comemoravam os dez anos da promulgação da Lei nº 9.840, com um milhão e trezentas mil assinaturas, número que tinha subido para um milhão e setecentas mil quando o projeto foi aprovado pela Câmara dos Deputados.

25. Um desses passos pode ser uma melhor regulamentação do financiamento das campanhas, um dos mecanismos de corrupção mais insidiosos, que interfere de forma decisiva na composição dos Parlamentos.

A Ficha Limpa e nossas Instituições

Pedro Valls Feu Rosa[1]

Celebrou-se, há poucos dias, o advento da denominada “Lei da Ficha Limpa”. Trata-se, sem dúvida alguma, de uma verdadeira bênção para um país cujo Congresso Nacional tem 40% de seus integrantes na condição de réus ou condenados por delitos graves pelo Poder Judiciário ou pelos Tribunais de Contas.

Porém, essa nova legislação traz um benefício maior, ainda não devidamente realçado, qual o de ensejar um debate tão simples quanto profundo: coisa triste, um país que precisa de leis tão específicas para banir da vida pública pessoas cujo prontuário criminal não as recomendaria sequer para o exercício de cargos subalternos – na verdade, de cargo algum! E tão mais triste que essa legislação apenas foi possível em função de robusta mobilização popular. Aliás, suprema tristeza: sua companheira, a única lei eficaz contra o abuso de poder econômico nas eleições, nasceu do mesmo berço – as ruas!

---

1. PEDRO VALLS FEU ROSA é Desembargador do Tribunal de Justiça do Estado do Espírito Santo. Presidente do Tribunal Regional Eleitoral daquele Estado. Autor de diversos livros sobre Direito Comunitário, Direito Penal, Direito Processual Penal, Direito Civil, Direito Processual Civil e Direito Constitucional. Programador amador, com trabalhos expostos nos EUA, Suécia, Reino Unido e Austrália. Articulista, com textos publicados em jornais do Brasil, Suíça, Rússia e Angola.

Sim, este é o sério e inadiável debate que se impõe! A quantas andam as instituições de um país nestas condições?

Esta pergunta me traz à memória o nome do japonês Yukihiro Yoshida. O dito cujo, um parlamentar federal, viu-se processado e compareceu perante um Tribunal, em julho de 2005, sob acusações de compra de votos e tentativa de desvio de recursos públicos. Yukihiro Yoshida, três meses depois, já estava condenado.

Naquele mesmo ano, em junho, Jitsuo Inagaki, ex-Ministro de Estado para o Desenvolvimento de Hokkaido e Okinawa, viu-se condenado por tentar lesar investidores, valendo-se de seu cargo. O Juiz, ao condená-lo, escreveu, em sua sentença, que o acusado "estava perfeitamente ciente da natureza ilícita de suas ações".

Sasao Usuda, ex-presidente da "Japan Dental Association", foi condenado pela doação ilegal de 100 milhões de ienes (cerca de 1,8 milhão de reais) a um partido político. Na condenação, o Tribunal registrou que os atos de Sasao Usuda "abalaram a confiança da população no sistema político".

Não menos desafortunado foi o parlamentar Takanori Sakai. Viu-se condenado a 32 meses de prisão após omitir doações recebidas no valor de 168 milhões de ienes (cerca de 3 milhões de reais).

Todas estas pessoas, sob o rótulo de "disgraced" ("desonradas"), foram afastadas da vida pública.

Poucos meses depois destes graves acontecimentos, Hisayasu Nagata, um parlamentar federal, acusou, em plena sessão da Dieta, o filho do Secretário-Geral do Partido do Governo, Tsutomu Takebe, de receber ilegalmente de uma dada empresa 30 milhões de ienes (cerca de R$ 540 mil reais).

Esta grave acusação, endossada por seu Partido, o DPJ, foi objeto de rigorosa apuração, e constatada manifestamente infundada. A imprensa passou a qualificá-la como "fiasco".

O acusador, o parlamentar federal Hisayasu Nagata, sob pressão da opinião pública, renunciou ao mandato conquistado nas urnas – considerou-se que tinha sido irresponsável para com a honra alheia em sua função de oposicionista.

No mesmo dia em que o parlamentar Nagata renunciou ao mandato, toda a cúpula de seu partido político, o DPJ, igualmente renunciou aos seus cargos de direção – desde o presidente até o secretário-geral. A opinião pública considerou inadmissível o fato de um partido de oposição endossar denúncias sem checar a procedência das mesmas.

Entrevistado pelo *Yomiuri Shimbum*, o presidente do partido, Seiji Maehara, declarou-se culpado por ter permitido que denúncias sem fundamento fossem tão longe.

Todos estes fatos, que reputo profundamente ilustrativos, aconteceram há poucos meses no Japão, aquele pequeno e pobre país da Ásia desprovido de petróleo, minérios e quase todos os recursos naturais essenciais, mas cujo PIB, de US$ 4,5 trilhões, o conduz ao posto de segunda economia do planeta.

Enquanto isso, há poucos anos, a revista norte-americana *Newsweek*, referindo-se à nossa querida região, estampou, na seção "World Affairs", o seguinte texto:

> *A imprensa está preenchendo um vácuo: os judiciários estão fracos, o poder está centralizado e a corrupção está tão generalizada que os cidadãos com problemas preferem ir aos jornais locais que procurar ajuda na polícia ou nos tribunais.*

Malgrado considere injusta a generalização proposta, mesmo porque cada país tem seus problemas e peculiaridades, não podemos ignorar o quanto têm ainda a crescer nossas instituições.

É fato: não podemos ignorar a somatória dos males que a fraqueza de nossas instituições causa, levando o rico Brasil, pleno de minérios os mais preciosos, petróleo e tantos outros recursos naturais, a assistir muitos de seus filhos morrendo de fome pelas ruas.

Um dos reflexos deste quadro, e que reputo o mais perigoso, foi objeto de divulgação, em agosto de 2002, pelo periódico *The Economist*: *"apenas 37% dos brasileiros confiam na democracia"*.

Isto em 2002. Temo pelo resultado de pesquisa similar realizada sob o pano de fundo atual, concebido pelos "sanguessugas", "fichas-sujas" e "saúvas", dentre outros espécimes.

É sob este grave quadro que proponho uma análise acerca da atuação de nossas instituições, particularmente daquelas encarregadas de zelar pela correta aplicação das leis.

Inauguremos o tema tratando das candidaturas a membro de Conselhos Tutelares – função que, malgrado honrosa, sequer comparação admite com os mais altos cargos da República.

Em Fortaleza (CE), nos termos da Resolução nº 094/2005, a pré-candidatura ao cargo de membro de Conselho Tutelar exige:

> *"Reconhecida idoneidade moral mediante a apresentação dos seguintes documentos:*
>
> *Certidão de Crimes e de Execuções Criminais fornecida pelo Tribunal de Justiça do Estado do Ceará;*
>
> *Certidão de antecedentes criminais fornecida pela Justiça Federal;*
>
> *Atestado de antecedentes fornecido pela Secretaria de Segurança Pública do Estado do Ceará".*

Ou seja: quem tem maus antecedentes pode ser Deputado Federal, mas não pode sequer ser candidato a membro de Conselho Tutelar. Com certeza, não é esta a vontade da "Constituição Cidadã"...

Em Erechim, um município pouco conhecido do Rio Grande do Sul, o Edital de Concursos nº 025/2003 previa, expressamente, em seu tópico 10.4, que, para fins de posse, o candidato aprovado deveria comprovar: *"não registrar antecedentes criminais"*.

Ou seja: quem responde a processos por corrupção pode ser Senador da República, mas não pode ser Agente de Serviços Básicos em Erechim. Com certeza, não é esta a vontade da "Constituição Cidadã"...

De igual jaez é a Lei nº 4.886/1965, que regula as atividades dos representantes comerciais autônomos, e que exige: *"folha-corrida de antecedentes, expedida pelos cartórios criminais das comarcas em que o registrado houver sido domiciliado nos últimos 10 anos"*.

É realmente incrível: quem tem contra si processos por improbidade pode ser Governador do Estado, mas não pode ser "representante comercial autônomo", nos termos de uma lei federal! Com certeza, não é esta a vontade da "Constituição Cidadã"...

Por sua vez, o Departamento Nacional de Infraestrutura de Transportes (DNIT), através do Edital nº 001/2005, exigia, do candidato aprovado para o cargo de "Técnico de Enfermagem", de nível médio, a comprovação de: *"ser moralmente idôneo e não ter registro de antecedentes criminais"*.

Assim, alguém processado por malversação de recursos públicos pode ser Presidente da República, mas jamais Técnico de Enfermagem em um departamento subordinado, em última análise, à própria Presidência da República.

No linguajar vulgar, mas próprio: o empregado tem que ostentar bons antecedentes, e o chefe não! Com certeza, não é esta a vontade da "Constituição Cidadã"...

No Tribunal Regional Eleitoral do Ceará, conforme edital publicado no dia 5 de agosto de 2002, um candidato aprovado em concurso público para o cargo de Analista Judiciário somente nele será investido se comprovar: *"não registrar antecedentes criminais"*.

Também o Tribunal Regional Eleitoral de Pernambuco preceituou, em edital de concurso publicado no Diário Oficial de 7 de novembro de 2003, tal necessidade.

Idêntica disposição encontramos no tópico 4.7 do Edital 01/97, do Tribunal Regional Eleitoral de Minas Gerais.

Mais rigoroso é o Tribunal Regional Eleitoral do Acre, que exige: *"certidão negativa de antecedentes criminais expedida pelos Foros das Justiças Federal e Estadual dos locais de residência do candidato nos últimos cinco anos"*.

O Tribunal Regional Eleitoral de São Paulo exigiu idêntico requisito de candidato ao cargo de Bibliotecário, de Auxiliar de Enfermagem, de Artífice de Carpintaria e Marcenaria e de Telefonista.

Não custa imaginar o quão absurdo seria concebermos que um Tribunal Eleitoral, para atender a Constituição Federal, fosse obrigado a exigir vida límpida de candidatos a carpinteiro e marceneiro, chancelando, no entanto, candidaturas de pessoas processadas por corrupção aos mais augustos cargos da República. Ouso repetir: com certeza, não é esta a vontade da "Constituição Cidadã"...

Não diverge de tão saudável requisito a "Justiça do Trabalho". Assim, por exemplo, o edital alusivo ao Concurso Público para Provimento do Cargo de Juiz do Trabalho Substituto de 2005 (TRT da 1ª Região) exigia dos candidatos certidão negativa de antecedentes criminais das Polícias Federal e Estadual.

Sugiro, agora, a leitura do art. 2º de Instrução Normativa editada pelo Ministério da Justiça, com vistas ao processo de seleção para o cargo de Policial Rodoviário Federal:

> *"O procedimento irrepreensível e a idoneidade moral inatacável serão apurados, por meio de investigação social e/ou funcional, por ocasião da realização de concursos públicos".*

Chega a ser curioso imaginarmos a possibilidade, real, de um Presidente da República eventualmente portador de péssimos antecedentes escoltado pelas ruas brasileiras por um Policial Rodoviário de "procedimento irrepreensível e idoneidade moral inatacável"! Com toda a certeza, não é esta a vontade da "Constituição Cidadã"...

E nas Forças Armadas? Nos termos da Portaria nº 044, de 21 de outubro de 1988, exige-se de um taifeiro a apresentação de: *"atestado de bons antecedentes e predicados morais".*

Deve ser interessante a cena, perfeitamente possível, de, por exemplo, um Vice-Presidente da República, eventualmente réu por suspeitas fundadas de corrupção, em visita a uma instalação militar, receber um "cafezinho" das mãos de um taifeiro portador de "bons antecedentes" e dotado de "predicados morais"! Com extrema certeza, não é esta a vontade da "Constituição Cidadã"...

No Tribunal de Contas da União, o Edital nº 01/ACE, de 21 de novembro de 2005, exigia, para candidatos ao cargo de Analista de Controle Externo, a apresentação de: *"certidão negativa dos setores de distribuição dos foros criminais dos lugares em que tenha residido, nos últimos cinco anos, da Justiça Federal e Estadual, expedida, no máximo, há seis meses".*

E ainda: *"folha de antecedentes da Polícia Federal e da Polícia dos Estados onde tenha residido nos últimos cinco anos, expedida, no máximo, há seis meses".*

Ou seja: para administrar o erário público e definir os destinos de verdadeiras fortunas, não há necessidade de bons antecedentes. Mas para analisar o destino, por vezes obscuro, de tantas fortunas desviadas, exige-se tal atributo! Com certeza, não é esta a vontade da "Constituição Cidadã"...

E o vestibular da Universidade do Estado do Rio de Janeiro? Entendo própria a leitura do Edital do Vestibular Estadual 2002 – Exame Discursivo, em seu tópico 3.3.3, letra "c": *"não estar respondendo a qualquer procedimento apuratório (inquérito, sindicância ou averiguação) de natureza administrativa ou criminal"*.

Inacreditável: uma candidatura a um vestibular demanda antecedentes imaculados, e uma outra a, por exemplo, Senador da República, não! Com certeza, não é esta a vontade da "Constituição Cidadã"...

Temos também o caso dos Sargentos Músicos do Corpo de Praças de Fuzileiros Navais: exige-se do candidato a este cargo: *"não estar* sub judice*, não possuir antecedentes criminais, registro de ocorrências policiais bem como indiciado em crimes ou contravenções"*.

Vejam a distonia: em um desfile militar, lá poderá estar um Sargento Músico, trombone às mãos, e idoneidade moral inatacável, prestando homenagens a autoridades presentes que talvez estejam respondendo a inúmeros processos por corrupção, práticas de "sanguessugas", "saúvas" e afins! Com certeza, não é esta a vontade da "Constituição Cidadã"...

E chegamos a um paroxismo quando constatamos que alguém processado por corrupção, porém candidato aos maiores cargos da República, em campanhas que custarão centenas de milhões aos cofres públicos, poderá ter seus processos, quando em tramitação pelo Superior Tribunal de Justiça, manuseados por estagiários de reputação ilibada! Confira-se:

> *"Para concorrer à vaga de estágio não-remunerado, o estudante não pode estar respondendo a processo criminal, nem ter sido condenado em nenhuma ação. Também não podem ter sido indiciados em nenhum inquérito" (Notícias do Superior Tribunal de Justiça, 1º de agosto de 2006).*

Neste ponto, pergunto: onde está inserida, na Constituição Federal, a exigência de bons antecedentes para candidatos a taifeiro, músico, carpinteiro, marceneiro, estagiário, policial ou magistrado?

Até onde li, em lugar nenhum. Passei à leitura do Estatuto dos Servidores Públicos Civis. Também nada encontrei.

Essa exigência, no entanto, sabemos todos, é perfeitamente legal.

Mas volto à pergunta: essa exigência é legal por qual motivo?

Com a palavra, o Professor Alexandre de Moraes:

> *A Constituição Federal, ao consagrar o princípio da moralidade administrativa como vetor da atuação da administração pública, igualmente consagrou a necessidade de proteção à moralidade. Dessa forma, deve o Poder Judiciário, ao exercer o controle jurisdicional, não se restringir ao exame estrito da legalidade do ato administrativo, mas, sim, entender por legalidade ou legitimidade a conformação do ato não só com a lei, como também com a moral administrativa e com interesse coletivo.*

Esta a resposta: a Constituição Federal, através de um princípio amplo, geral e superior, não desejou que cargos públicos fossem ocupados por pessoas moralmente incompatíveis. Esse o interesse superior e geral, via de consequência, sobreposto ao particular.

A Constituição Federal não especificou cargos, não detalhou exigências. Foi superior. Foi genérica. Impôs, a todos e sem distinção, um único princípio.

A lógica deste princípio é evidente: seria temerário que um cargo público fosse ocupado por pessoa com ele moralmente incompatível.

É por tal motivo que este princípio veio a ser consagrado pelo Supremo Tribunal Federal, em aresto assim ementado:

> *Funcionário. Inscrição em concurso. Exigência de boa conduta, verificada mediante investigação social. Inocorrência de ofensa a direito líquido e certo. Recurso desprovido.* (RMS 19.105).

Com razão, nossa Suprema Corte! Malgrado inexista disposição constitucional expressa recomendando o exame dos antecedentes, há um princípio maior, quase que pétreo, a recomendá-lo de forma indistinta.

E, especificamente em matéria eleitoral, foi ainda mais longe o legislador constituinte. Deu ao Poder Judiciário Eleitoral até mesmo a faculdade de impugnar um mandato, desde que existam provas de abuso do poder econômico, corrupção ou fraude.

Nesse ponto, é oportuno destacarmos o que estabelece o § 10 do art. 14 da Constituição Federal:

> *O mandato eletivo poderá ser impugnado ante a Justiça Eleitoral no prazo de quinze dias contados da diplomação, instruída a ação com provas de abuso do poder econômico, corrupção ou fraude.*

Ou seja, com fundamento no citado preceito legal, a Justiça Eleitoral pode cassar um mandato, por abuso do poder econômico, corrupção ou fraude, em decisão que irradiará efeitos imediatos.

Em uma expressão: claramente admissível o mais, que é cassar um mandato conquistado nas urnas. Com maior razão, assim, admissível o menos, que é impedir o acesso de alguém moralmente incompatível com funções públicas a instrumentos eleitorais que custam fortunas à população.

Em assim agindo, não estaríamos "suspendendo direitos políticos" de quem quer que seja – apenas teríamos lançado mão de um princípio superior, geral, já aplicado pelos próprios Supremo Tribunal Federal, Tribunal Superior Eleitoral, Congresso Nacional e Poder Executivo a situações bem menos graves, conforme acima exposto.

Em sentido contrário, e somos obrigados, por dever de clareza, ao expor de todos os argumentos, poder-se-ia dizer que este controle negaria vigência aos princípios da "presunção de inocência" e do "devido processo legal", colocando-os abaixo do "princípio da moralidade", o que resultaria inadmissível.

Não penso que isso ocorreria. Conforme sustenta Alexy, em ensinamento reverberado no Supremo Tribunal Federal através da pena brilhante do Ministro Gilmar Mendes, a colisão entre princípios resolve-se pela técnica da "precedência condicionada", em que cada princípio tem seu peso conforme o contexto fático de sua aplicação. Alterando-se o contexto fático, é possível haver uma inversão na precedência dos princípios. Assim, é possível que um princípio prevaleça sobre outro apenas em razão dos fatos que autorizam a sua aplicação, ou seja, naquela hipótese concreta.

Nessa linha de raciocínio, teríamos, em colisão, o princípio da presunção de inocência e o princípio da moralidade que deve ser aplicado por força do § 9º do art. 14 da Constituição da República. No presente caso, a presunção de inocência, embora absolutamente relevante – não nego – tem seu peso reduzido em razão dos diversos (e fortes) elementos de prova que imputam mácula à conduta do interessado. Assim, condicionado ao contexto fático em julgamento, o princípio da moralidade tem precedência sobre o da presunção de inocência.

Ademais, como bem observou o Ministro José Arnaldo da Fonseca:

> *Não se trata de suspensão de direitos políticos com a abrangência prevista no art. 15 da Lei Maior, mas mero caso de inelegibilidade, um* minus *em relação àquela. De resto, o princípio da presunção de inocência cinge-se à esfera do processo penal (...).*
>
> *(...) não se aplicando à matéria eleitoral, conforme pontificou o Excelso Pretório: RE nº 86.297-SP,* in *RTJ 79/671, Relator Ministro Thompson Flores; AgRg no Ag. nº 92.794, RTJ 107/654, Relator Ministro Moreira Alves.*

Adverte-nos, ainda, o eminente Ministro, que:

> *(...) o tema não é novo. Na vigência da Lei Complementar nº 5/1970, na redação original do art. 1º, inciso I, "n", grassou acesa dúvida quanto à constitucionalidade de a causa de inelegibilidade fundar-se em simples denúncia do Ministério Público recebida pelo juiz contra cidadão pela prática de qualquer dos crimes ali especificados.*
>
> *O Supremo Tribunal Federal, por maioria, no RE nº 86.297-SP,* in *RTJ 79/671, Relator Ministro Thompson Flores,*

afastou a eiva de maltrato à Constituição (Emenda Constitucional nº 1/1969, art. 153, §§ 15 e 36).

Alterada a redação da referida letra "n", I, do art. 1º, para instituir como motivo de inelegibilidade, não a denúncia recebida, mas a condenação criminal, enquanto não decretada a absolvição do apenado ou sua reabilitação penal (Lei Complementar nº 42/1982), exsurgiu certa perplexidade no fixar a inteligência do novo texto frente ao implícito princípio da presunção de inocência vislumbrado na Constituição de 1969.

O TSE enfrentou a quaestio vexata, *em alguns acórdãos, e julgou, sem maior relutância, dispensável o trânsito em julgado da decisão condenatória, entendendo inelegível o cidadão simplesmente condenado (TSE: Acórdãos nºs 6.855, de 23.9.1982, 7.282, de 24.2.1983 e 7.610, de 9.8.1983).*

O STF, pela 2ª Turma, também considerou bastante em si para ensejar a restrição à elegibilidade o só fato da condenação criminal sem o aguardo da res judicata *(AgRg no Ag nº 92.794, de 24.6.1983, RTJ 107/654).*

Com a vigência da Constituição de 1988, a Lei Complementar nº 5/1970, alterada pela Lei Complementar nº 42/1982, continuou a ser aplicada, sem restrição, tendo o TSE decidido: "O crime contra a Administração Pública, ainda que a condenação não haja transitado em julgado, acarreta inelegibilidade" (T. Pleno, Ac. nºs 10.255, de 25.10.1988; 10.222, de 24.10.1988; 10.179, de 22.10.1988, Relator Ministro Antonio Villas Boas Teixeira de Carvalho). No mesmo sentido: TSE Ac. nºs 10.262, de 25.10.1988; 10.198, de 24.10.1988, Relator Ministro Aldir Passarinho; 10.189, de 24.10.1988, Relator Ministro Bueno de Souza.

Qual visto, não deparou o tribunal eleitoral, nesses casos, diante do expresso princípio da presunção de inocência.

E mais: entendo, que, se agirmos de forma distinta, veríamos princípio outro, ainda mais magno, sendo ferido: o da igualdade de todos perante a lei.

Neste caso, desculpando-me pela digressão, diria, com Orwell, que "políticos são mais iguais que o povo", pois a este é vedado o acesso a cargos públicos quando tenham maus antecedentes, e àqueles não!

A propósito, e como bem advertiu o Ministro José Arnaldo da Fonseca:

> *No estágio atual, não ocorre a decantada condição de desvantagem do cidadão a que se atribui atos de corrupção, diante do poder punitivo do Estado. Ao revés. O Estado e a sociedade, lesados, é que parecem encontrar-se em posição de impotência em face de práticas deletérias. Impõe-se, pois, imprimir um caráter essencial de instrumentalidade com vistas a dar execução ao princípio da moralidade administrativa em toda sua extensão.*

Tenho, assim, firmada valiosa premissa: a Constituição Federal deseja que o papel da Justiça Eleitoral, ao examinar os registros de candidatura, vá bem além do simples verificar se, por exemplo, a fotografia de um candidato mede 5 x 7 cm – antes, espera a "Constituição Cidadã" que a Justiça Eleitoral desempenhe a magna função de guarda do princípio constitucional da moralidade na administração pública (esta, sim, uma função compatível com a majestade de nossos Tribunais e cargos).

Além deste quadro tão claro, mas que lamentavelmente esbarrou em uma jurisprudência vacilante, havia também a situação daqueles candidatos que, já tendo tido suas contas reprovadas pelos Tribunais de Contas, simplesmente moviam ações ordinárias, a maior parte delas endereçada àquela porção do universo que os críticos denominam de "limbo forense", e se candidatavam repetidas vezes.

Uma vez mais, as vacilações da jurisprudência foram insensíveis ao justo e sobretudo legal clamor das ruas. E assim porque nosso sistema legal nunca, jamais, em tempo algum, reservou a candidatos com contas rejeitadas o acesso a recursos eleitorais caríssimos, pagos com o sacrifício de um país que, ainda hoje, perde vinte de seus filhos a cada dia por conta da falta de um prosaico esgoto sanitário.

Estarei eu, também aqui, exagerando? Não. Inicio a resposta pelo art. 14, § 9º, da Carta Magna, que está assim redigido:

Art. 14. A soberania popular será exercida pelo sufrágio universal e pelo voto direto e secreto, com valor igual para todos, e, nos termos da lei, mediante: (...)

§ 9º. Lei complementar estabelecerá outros casos de inelegibilidade e os prazos de sua cessação, a fim de proteger a probidade administrativa, a moralidade para o exercício do mandato, considerada a vida pregressa do candidato, e a normalidade e legitimidade das eleições contra a influência do poder econômico ou o abuso do exercício de função, cargo ou emprego na administração direta ou indireta.

A Lei Complementar a que se refere este texto é a de nº 64/1990, que assim dispunha:

Art. 1º. São inelegíveis:

I – para qualquer cargo: (...).

g) os que tiverem suas contas relativas ao exercício de cargos ou funções públicas rejeitadas por irregularidade insanável e por decisão irrecorrível do órgão competente, salvo se a questão houver sido ou estiver sendo submetida à apreciação do Pode Judiciário, para as eleições que se realizarem nos 5 (cinco) anos seguintes, contados a partir da data de decisão;

Como emerge claramente do texto constitucional, a Carta Magna preocupou-se em preservar a probidade e a moralidade administrativa no campo eleitoral, fixando-os como objetivos a serem alcançados pela lei que estabelecer os casos de inelegibilidades.

A Lei Complementar nº 64/1990, por sua vez, ao tratar da causa de inelegibilidade pela rejeição de contas relativas ao exercício de função pública, previu uma exceção a respeito, que torna o candidato elegível, dispondo que:

salvo se a questão houver sido ou estiver sendo submetida à apreciação do Pode Judiciário, para as eleições que se realizarem nos 5 (cinco) anos seguintes, contados a partir da data de decisão.

Conflitando tais dispositivos, impõe-se, então, responder a inevitável indagação: é constitucional essa ressalva criada pelo legislador infraconstitucional?

A resposta, indubitavelmente, é negativa, em que pese os respeitados entendimentos em sentido contrário.

Com efeito, como é sabido, vige o princípio da supremacia da Constituição sobre todo o ordenamento jurídico, que vincula, inclusive, o legislador pátrio, o qual terá que encontrar nela a forma de elaboração legislativa e o seu conteúdo.

Assim, toda interpretação constitucional se assenta no pressuposto da superioridade jurídica da Carta Magna sobre os demais atos normativos no âmbito do Estado. Por força da supremacia constitucional, nenhum ato jurídico, nenhuma manifestação de vontade, pode subsistir validamente se for incompatível com a Lei Fundamental.

A propósito, como leciona Joel José Cândido (*in Direito Eleitoral Brasileiro*, 4ª ed., Editora Edipro, 1994):

> *Pela natureza da matéria objeto de seu conteúdo, o Direito Eleitoral sempre terá na Constituição Federal disposições fundamentais indicando o norte de sua trajetória, quer de ordem material e, até mesmo, de ordem processual.*

Partindo dessa premissa, a meu ver, o legislador infraconstitucional, ao prever aquela ressalva, atentou flagrantemente contra os princípios constitucionais da moralidade e da improbidade administrativa.

Nesse mesmo diapasão, eis abaixo o memorável voto do Exmo. Sr. Ministro José Néri da Silveira, proferido no Recurso Ordinário nº 171 – Classe 27ª – PB, Acórdão nº 171-TSE, de 27.8.1998:

> *Entendo que importa dar uma compreensão ao sistema das inelegibilidades infraconstitucionais que não conflite com o bom senso. Não é possível emprestar a um fato, que realmente não atenta contra a probidade administrativa, a moralidade para o exercício do mandato, considerada a vida pregressa do candidato, a normalidade e a legitimidade das eleições, a consequência jurídica da parte final da letra 'e', do inciso I, do art. 1º, da Lei Complementar nº 64/1990 (...).*
>
> *A hipótese de inelegibilidade prevista em lei complementar é válida, salvo quando atentar contra os valores e fins que o art. 14, § 9º quer resguardados, porque a Lei Complementar*

pode prever hipóteses novas de inelegibilidade, (a tanto o legislador infraconstitucional está autorizado), sempre com vistas a resguardar estes valores e fins previstos na norma maior.

De igual forma manifestou-se o Exmo. Sr. Ministro Luiz Carlos Madeira, ao proferir o seu voto no Recurso Especial Eleitoral nº 21.760, de 16 de setembro de 2004:

> *Nessa mesma perspectiva, tenho que o legislador infraconstitucional não está autorizado a desproteger a probidade administrativa, viabilizando a participação eleitoral de quem a administração pública concluiu pela pecha de ímprobo, por um simples ato unilateral seu.*
>
> *A ressalva que se contém na alínea "g" do inciso I do art. 1º da Lei Complementar nº 64/1990 atenta, na minha ótica, 'contra os valores e fins que o art. 14, § 9º quer resguardados', para usar a expressão do Ministro Néri da Silveira. (...).*
>
> *A esses fundamentos, tenho por inconstitucional a ressalva constante da alínea "g" do inciso I do art. 1º da Lei Complementar nº 64/1990. Por consequência, proponho, com todas as vênias, a revogação do enunciado nº 1 da Súmula do Tribunal Superior Eleitoral.*

Consoante discorre a festejada doutrinadora Maria Sylvia Zanella di Pietro, em sua obra *Direito Administrativo* (18ª ed., Atlas, 2005), ensinando a respeito do princípio da moralidade:

> *Em resumo, sempre que em matéria administrativa se verificar que o comportamento da Administração ou do administrado que com ela se relaciona juridicamente, embora em consonância com a lei, ofende a moral, os bons costumes, as regras de boa administração, os princípios de justiça e de equidade, a ideia comum de honestidade, estará havendo ofensa ao princípio da moralidade administrativa.*

Ora, o fato de um candidato possuir as suas contas relativas ao exercício de função pública rejeitadas é o bastante para configurar, se não ato de improbidade administrativa, um ato imoral, que é o suficiente para demonstrar que tal candidato não reúne condições morais básicas para assumir, novamente, uma função pública, em vista da violação do princípio constitucional da moralidade.

Direito, antes de tudo, funda-se no senso comum.

Deste modo, se se fosse consultar um cidadão comum, ainda que leigo em matéria eleitoral, este afirmaria, via de regra, que um candidato na condição acima relatada não está apto para representar a sociedade, mormente porque já lhe foi dada a oportunidade para exercer uma função pública – contudo, não fê-lo a contento, a ponto de ter as suas contas rejeitadas, o que aponta, no mínimo, indícios de improbidade administrativa, ainda que essa decisão não seja definitiva.

A par disso, se para assumir qualquer cargo público, através de aprovação em prévio concurso público, é necessário o preenchimento de diversos requisitos, *v.g.*, certidão de antecedentes e até mesmo boletim de vida pregressa, *a fortiori* para assumir uma função pública tão relevante como a de um Governador, o Chefe do Poder Executivo Estatal, que representa um agente político que dirige os interesses de todo um ente estatal, determinando o seu futuro.

Portanto, há que ser uma pessoa da mais alta estirpe, reunindo, acima de tudo, condições morais suficientes para exercer aquela honrada função, a fim de que sirva de exemplo para toda a sociedade e não seja alvo de suspeitas em matéria de corrupção.

Aliás, hodiernamente, até mesmo um particular, para ser contratado em empresa privada, ainda que em cargos não muito expressivos, necessita comprovar a sua idoneidade moral, através de certidões e outros documentos, quanto mais em se tratando de função pública política.

Tal quadro estava a requerer do Poder Judiciário, como nunca antes, a adoção de medidas enérgicas e veementes para coibir e prevenir a ocorrência de tais atos ilegais, melhorando, desta forma, ainda que minimamente, a imagem das instituições públicas perante a sociedade.

Por conta desse cenário, o momento era plenamente propício para que tivessem sido observados e aplicados, substancialmente, os princípios da moralidade e da probidade administrativa.

Posta assim a questão, tenho que aquela norma infraconstitucional acima transcrita colide, parcialmente, com o texto constitucional, pois esta estatui que, em matéria de inelegibilidade, devem ser resguardados os princípios da moralidade e da improbidade administrativas.

Aliás, respeitante à violação de princípio, quadra lembrar a inolvidável lição do administrativista Celso Antônio Bandeira de Mello:

> *Violar um princípio é muito mais grave do que transgredir uma norma. A desatenção ao princípio implica ofensa não apenas a um específico mandamento obrigatório, mas a todo o sistema de comandos. É a mais grave forma de ilegalidade ou inconstitucionalidade, conforme o escalão do princípio atingido, porque representa ingerência contra todo o sistema, subversão de seus valores fundamentais, contumélia irremissível a seu arcabouço lógico e corrosão de sua estrutura mestra. (Curso de Direito Administrativo*, 5ª ed., Malheiros, 1994, p. 451).

E nem se pode argumentar que, nessa situação fático-jurídica, deve prevalecer, em detrimento do princípio da moralidade e da improbidade administrativa, o princípio da plenitude do gozo dos direitos políticos positivos, já que tal princípio não pode ter – segundo já se sustentou – a sua aplicação restringida, sob pena de violação do princípio do regime democrático representativo.

Segundo o princípio da unidade, as normas constitucionais não podem jamais estar em conflito, cabendo ao intérprete buscar a conciliação possível entre proposições aparentemente antagônicas, através da ponderação de bens ou valores (*abwägung im Recht*), sendo certo que a doutrina tem rejeitado a predeterminação rígida da ascendência de determinados valores ou bens jurídicos.

Nessa linha de raciocínio, para o deslinde do caso em debate, é necessário lançar mão do princípio da proporcionalidade (*Verhältnismassigkeitsgrundsatz*), oriundo do direito alemão, para sopesar os valores em jogo e determinar, *in concreto*, qual deles deve prevalecer.

Por assim ser, indaga-se: o direito individual de um cidadão, consistente no princípio da plenitude do gozo dos direitos políticos positivos, que decorre do princípio do regime democrático representativo, deve prevalecer, *in concreto*, sobre o direito coletivo que pertence a toda a sociedade, consistente no princípio da moralidade e da improbidade administrativa, assim como nos interesses do próprio Estado, para que possua uma administração pública alheia de quaisquer suspeitas?

Sem sombras de dúvidas, a resposta é negativa, porquanto o direito coletivo da sociedade, *in casu*, deve prevalecer sobre o direito individual do cidadão.

Há poucos meses, levantamento feito pelo jornal *O Globo* mostrou que o Brasil perdeu pelo menos R$ 10,8 bilhões com a corrupção nos últimos quatro anos. E lia-se, no mesmo jornal, que, dos 147 deputados que tentam reeleição, 46 (31,3%) estão sob investigação do Supremo Tribunal Federal, de Tribunais de Contas estaduais, ou ligados a escândalos, do tipo "mensalão" ou "sanguessuga".

Estas pessoas, dada a clara supremacia do interesse público sobre o particular, não poderiam ser estagiárias não-remuneradas do Superior Tribunal de Justiça, marceneiros do Tribunal Regional Eleitoral de São Paulo, ou sequer tocar trombone na Banda de Música de nossa impávida Marinha. Seria crível que pudessem apresentar candidatura, aparecendo nos programas eleitorais sustentados com os impostos do povo, no elevado montante de 191 milhões de reais, rumo aos cargos mais augustos do Brasil?

Com efeito, impõe-se aplicar o princípio da supremacia do interesse público sobre o individual.

Como é cediço, na seara penal, consoante expressa previsão constitucional, vigora o princípio da presunção de inocência, do qual decorre a velha máxima *in dubio pro reo*. Portanto, o réu não será considerando culpado até o trânsito em julgado da sentença penal condenatória.

Aqui, contudo, a regra é diferente.

Por se cuidar de Direito Eleitoral, ramo do Direito importantíssimo e fundamental, pois regula os interesses de toda a sociedade e trata da forma pela qual serão escolhidos os nossos representantes políticos, existindo dúvida séria e objetiva acerca da moralidade e improbidade administrativa do candidato, *v.g.*, a sua rejeição de contas, por força do princípio da supremacia do interesse público, o próprio senso comum recomenda que o candidato nessa situação seja inelegível provisoriamente, até que a questão seja resolvida judicialmente de forma segura.

Aplica-se, pois, aqui, segundo a minha ótica, o princípio *in dubio pro societate.*

A propósito, não se pode perder de vista que, segundo o princípio da legitimidade/veracidade, o ato administrativo que rejeita as contas de candidato presume-se como (a) verdadeiro, acerca da certeza dos fatos, bem como (b) legal, pois, se a Administração se submete à lei, presume-se que os seus atos sejam praticados em observância às normas legais.

Diante disso, segue a lição da administrativista Maria Sylvia Zanella Di Pietro, em sua obra anteriormente indicada: "*como consequência dessa presunção, as decisões administrativas são de execução imediata*".

Essa eficácia executiva das decisões dos Tribunais de Contas foi estabelecida pela própria Constituição Federal que, no § 3º do art. 71, dispõe:

> *As decisões do Tribunal de que resulte imputação de débito ou multa terão eficácia de título executivo.*

Ora, se as decisões dos Tribunais de Contas têm presução de legalidade e de veracidade, dispondo, ainda, de eficácia executiva plena e imediata, enquanto não desconstituídas, produzem todos os efeitos que naturalmente delas se esperam. Não será um simples ajuizamento de ação a obstar esses efeitos.

Por conseguinte, até que se prove em contrário, de acordo com o aludido princípio, a conclusão a respeito da rejeição de contas do candidato é considerada legal e verdadeira.

Insta assinalar que, seguindo o entendimento ora defendido, não se está pregando que o ato administrativo de rejeição de contas esteja ileso do controle jurisdicional.

Muito pelo contrário. É direito do cidadão ingressar com ação judicial para que o ato administrativo seja revisto, isto segundo o princípio constitucional da inafastabilidade da jurisdição, já que não vige em nosso país o princípio do administrativo contencioso.

Entrementes, até o desfecho da ação judicial, com espeque nos princípios e razões acima expendidos, tenho comigo que o candidato deveria ficar, provisoriamente, inelegível.

Poder-se-ia argumentar, ademais, que o legislador derivado, para editar a Lei Complementar de que trata o § 9º do art. 14 da Constituição Federal, poderia fazê-lo segundo o seu juízo de conveniência e oportunidade, isto em observância ao princípio da separação dos poderes.

Sob esse enfoque, a ressalva contida no art. 1º, inciso I, *"g"*, da Lei Complementar nº 64/1990, seria constitucional e legítima.

Assim poderia até ser, não fosse por um detalhe sobremaneira relevante: o advento do "princípio da moralidade" é posterior à edição da Lei Complementar nº 64!

É fato: quando do ensejo da edição da Lei Complementar nº 64/1990, que cuida das hipóteses de inelegibilidade, vigia na Carta Magna o antigo e original texto do § 9º do art. 14, que assim estava redigido:

> *Lei complementar estabelecerá outros casos de inelegibilidade e os prazos de sua cessação, a fim de proteger a normalidade e legitimidade das eleições contra a influência do poder econômico ou o abuso do exercício de função, cargo ou emprego na administração direta ou indireta.*

No ano de 1994, após a Emenda Constitucional de Revisão nº 4, o aludido dispositivo sofreu modificação, sendo acrescido o seguinte texto:

> *a fim de proteger a probidade administrativa, a moralidade para exercício de mandato considerada a vida pregressa do candidato.*

Ora, como se infere cristalinamente, aquela ressalva contida na segunda parte da alínea "g" foi editada desprendida dos valores e princípios acrescidos pela referida Emenda Constitucional de Revisão, quando, então, foram erigidos à categoria de fins a serem perseguidos em matéria de inelegibilidade a moralidade e a improbidade administrativa.

Logo, sob essa visão, não pairam dúvidas de que o mencionado dispositivo infraconstitucional não foi recepcionado pela Emenda Constitucional de Revisão nº 4, que deu nova redação ao § 9º do art. 14 da Constituição da República.

Se não bastasse isso, há que se fazer a pergunta referente ao ponto nodal desta discussão: qual é a justificativa plausível do legislador infraconstitucional para prever aquela ressalva?

Sinceramente, não vislumbro nenhuma.

A respeito deste tema, quadra citar o brilhante magistério do Ministro e doutrinador Torquato Jardim, *in Direito Eleitoral Positivo*, 2ª edição, Editora Brasília Jurídica, 1998, *in verbis:*

> *69. A alínea "g", do mesmo inciso I, art. 1º, ensejou copiosa jurisprudência, provocada pelas múltiplas circunstâncias da sociologia política. O mais lamentável da norma, e de sua jurisprudência consequente, é a inexistência de argumento jurídico positivo que permita à Justiça Eleitoral restringir a ressalva excludente de inelegibilidade. O tão-só ajuizamento de uma ação anulatória, a qualquer tempo antes da impugnação do pedido de registro de candidatura, desde que ainda no prazo prescricional de cinco anos (TSE, Ac. 12.674, Rel. Min. Jardim, 21.9.1992), é suficiente para afastar a inelegibilidade (Súmula TSE nº 1).*
>
> *Irrelevante o clamor documental da corrupção do candidato; irrelevante o tempo passado entre a rejeição das contas e o ajuizamento da ação, não raro longo o bastante para evidenciar o descaso com que o candidato recebera a aprovação. A minoria do Tribunal Superior Eleitoral, forte embora no foro ético, no que todos os juízes concordavam, cedeu ao argumento da maioria, à míngua de um critério legal objetivo que contivesse o subjetivismo do julgador, e portanto lhe retirasse qualquer nota de arbitrariedade, em especial quanto ao decurso de tempo que pudesse configurar o descaso, e, por consequência, a inelegibilidade dos que tiveram suas contas rejeitadas.*

70. A ressalva de exclusão deve ser declarada inconstitucional. No sistema de separação de poderes, à distribuição das tarefas específicas correspondem duas ordens: uma de exclusividade, fora do controle de qualquer outro poder, donde a independência; outra, de controle recíproco nos pontos essenciais à eficácia do próprio princípio, onde a harmonia.

Por tais razões, cabe, agora, examinar a *quaestio* em voga sob outro vértice: em vista do princípio da razoabilidade.

Explanando sobre esse assunto, calha trazer à tona o ensinamento do doutrinador Nelson Nery Júnior, em sua excelente obra *Princípios do Processo Civil na Constituição Federal* (8ª ed., RT, 2004):

> *A origem do* substantive due process *teve lugar justamente com o exame da questão dos limites do poder governamental, submetida à apreciação da Suprema Corte norte-americana no final do século XVIII. Decorre daí a imperatividade de o legislativo produzir leis que satisfaçam o interesse público, traduzindo-se essa tarefa no princípio da razoabilidade das leis. Toda lei que não for razoável, isto é, que não seja a* law of the land, *é contrária e deve ser controlada pelo Poder Judiciário.*

Cumpre transcrever, outrossim, a lição do constitucionalista Luís Roberto Barroso, que, em seu profundo e rico livro *Interpretação e Aplicação da Constituição* (4ª ed., Saraiva, 2001), ensina que o princípio da razoabilidade é um parâmetro de valoração dos atos do Poder Público para aferir se eles estão informados pelo valor superior inerente a todo ordenamento jurídico: a justiça.

Sustenta tal autor que essa razoabilidade deve ser aferida, em primeiro lugar, dentro da lei. É a chamada razoabilidade interna, que diz respeito à existência de uma relação racional e proporcional entre seus motivos, meios e fins. De outra parte, havendo a razoabilidade interna da norma, é preciso verificar sua razoabilidade externa. Se a lei contravier valores expressos ou implícitos no Texto Constitucional, não será legítima nem razoável à luz da Lei Fundamental, ainda que o seja internamente.

Por tais motivos, conclui-se que a norma infraconstitucional em foco, ao prever aquela ressalva, feriu flagrantemente o princípio da razoabilidade, seja no prisma interno (pois não há correlação entre o motivo-meio-fim), seja no prisma externo (porquanto infringe o princípio da moralidade).

Na verdade, como anota o jurista Joel José Cândido, em sua supracitada obra, ao comentar a respeito da Lei das Inelegibilidades, esta é:

> *imperfeita como diversas outras; editada sem que o legislador tivesse o auxílio ou assessoramento de especialistas na matéria; elaborada às pressas, dada a proximidade das eleições.*

Não podemos esquecer, ainda, que esta exceção foi inserida pelos próprios parlamentares que estarão sujeitos à sua aplicação, quando se submeterem às eleições. Assim, a ressalva foi criada por aqueles que, eventualmente, delas se beneficiariam. Ora, a advertência feita por Lassale continua atual, não podendo ser permitido que "o representante do povo soberano se transforme no representante soberano do povo".

Daí, pois, que resulta a crítica realizada pelo doutrinador Plauto Faraco de Azevedo, em seu livro *Aplicação do Direito e Contexto Social* (2ª ed., Revista dos Tribunais, 2000), no tocante ao poder ilimitado e irracional com que o legislador brasileiro tem aprovado as leis, expressamente:

> *(...) São leis elaboradas apressadamente, por vezes difíceis de harmonizar com o conjunto da legislação, inidôneas quanto ao fundo e frequentemente defeituosos quanto à forma. Deste modo, sobre a crise geral sobrepõe-se a crise do direito, gerando falsas expectativas e agravando o contexto em que são editadas. (...)*

Feitas todas essas considerações, *data maxima venia* ao posicionamento dos eminentes Ministros do Colendo Tribunal Superior Eleitoral que pensam de modo diverso, tenho que o Enunciado nº 01 da Súmula daquela colenda Corte não possui aplicação na hipótese ora posta, pelas seguintes razões:

- a PRIMEIRA, porque, como explicitado acima, à exaustão, a parte final da alínea "g" do inciso I do art. 1º da Lei Complementar nº 64/1990, ao prever aquela ressalva, é inconsti-

inconstitucional, haja vista transgredir os princípios da moralidade administrativa, da improbidade administrativa, da unidade, da supremacia da Constituição, da presunção de legitimidade/veracidade dos atos administrativos, da supremacia do interesse público sobre o individual, da razoabilidade e da proporcionalidade;

- a SEGUNDA, porquanto a referida Súmula foi publicada aos 25 de setembro de 1992, anteriormente à edição da Emenda Constitucional de Revisão nº 4, que deu nova redação ao § 9º do art. 14 da Carta Magna, acrescentando os princípios da moralidade e da improbidade administrativa; e,
- a TERCEIRA, porquanto, como já afirmou o Exmo. Sr. Ministro Sepúlveda Pertence, a mencionada Súmula foi criada (segundo a melhor exegese, a súmula se interpreta segundo os seus precedentes) tão-somente para delimitar o lapso temporal do ingresso da ação judicial.

De tudo isso, reitero, uma vez mais, que o texto legal em apreço, da Lei Complementar n° 64/1990, é inconstitucional, pois afronta manifestamente a Carta Magna de nosso país.

E, partindo da premissa de que a segunda parte da alínea "g" do inciso I do art. 1º da Lei Complementar nº 64/1990 é inconstitucional, aqueles candidatos que tiveram as suas contas rejeitadas pela autoridade competente são inelegíveis, não obstante o ajuizamento de ação judicial para impugnar tal ato administrativo.

Ante o exposto, claramente inconstitucional, parcialmente, o art. 1º, inciso I, alínea "g", da Lei Complementar nº 64/1990, consistente no texto "*salvo se a questão houver sido ou estiver sendo submetida à apreciação do Pode Judiciário, para as eleições que se realizarem nos 5 (cinco) anos seguintes, contados a partir da data de decisão*", por violar expressamente o art. 14, § 9º, da Carta Magna Federal.

Mas o fato é que, também aqui, a despeito de tanta clareza, mostrou-se vacilante a jurisprudência. E foi assim, diante de um quadro dantesco no qual candidatos com prontuário criminal robusto e contas rejeitadas às mancheias logravam suas reeleições, devidamente chanceladas por nossas instituições, amesquinhadas ao desempenho de papéis quase que meramente burocráticos, que uma vez mais "o povo salvou o povo", ensejando o raiar da Lei da Ficha Limpa, de saudáveis princípios, porém muito mais limitada que os princípios constitucionais estariam a exigir.

Quanto às nossas instituições, que agora preparam-se para aplicar e interpretar esta nova legislação, espera-se que, após uma mobilização popular robusta como a que se viu, o façam atentas ao sábio conselho de Goethe, a nos alertar que "quem perde o valor, perde tudo".

Passado Sujo não dá Futuro: Vote Limpo

Affonso Ghizzo Neto [1]

O ANALFABETO POLÍTICO

O pior analfabeto é o analfabeto político. Ele não ouve, não fala, nem participa dos acontecimentos políticos. Ele não sabe o custo de vida, o preço do feijão, do peixe, da farinha, do aluguel, do sapato e do remédio; depende das decisões políticas.

O analfabeto político é tão burro que se orgulha e estufa o peito dizendo que odeia a política. Não sabe o imbecil que, da sua ignorância política, nasce a prostituta, o menor abandonado, e o pior de todos os bandidos, que é o político vigarista, pilantra, corrupto e lacaio das empresas nacionais e multinacionais.

Bertold Brecht

1. AFFONSO GHIZZO NETO é Promotor de Justiça; Coordenador Estadual e Ex-coordenador Nacional da Campanha "O QUE VOCÊ TEM A VER COM A CORRUPÇÃO?", em andamento; Professor da disciplina de Moralidade Administrativa, junto à Escola do Ministério Público; Membro-fundador da Associação Brasileira de Magistrados, Procuradores e Promotores Eleitorais – ABRAMPPE; vencedor do I Prêmio *Innovare* – O Judiciário do Século XXI – Categoria Ministério Público, FGV DIREITO RIO, Associação dos Magistrados Brasileiros e Ministério Público; Prêmio UNODC 2008, do Escritório das Nações Unidas sobre Drogas e Crimes – Brasil e Cone Sul – ONU; Mestre em Direito pela Universidade Federal de Santa Catarina – UFSC.

1. Introdução

O fenômeno da corrupção no Brasil e suas consequências nefastas para o Estado Democrático de Direito devem ser compreendidos a partir da própria sociedade brasileira. Diversamente de sociedades politicamente organizadas, estruturadas pela racionalização da ação política e administrativa – com mecanismos de controle eficientes e capazes de impor punição exemplar aos infratores –, no Brasil os mecanismos legais de fiscalização e de controle não se prestam efetivamente aos objetivos oficiais a que se destinam, servindo como mera formalidade para justificar práticas corruptas institucionalizadas.

O entendimento da realidade nacional passa, necessariamente, pela compreensão das origens da formação da ética nacional, sendo indispensável a análise das raízes mais profundas do fenômeno da corrupção, não só para compreensão, como para a solução do próprio problema.

Movimentos sociais, revoluções deflagradas, reformas administrativas e processos eleitorais são levados a efeito, todos sem resultados efetivos no combate ao fenômeno da corrupção nacional, restando sólida a mentalidade e os métodos de condução da coisa pública. Ao que parece, cada vez mais se apresenta, modernamente, um grande volume de valores morais negativos, seja no trato da coisa pública, ou no da propriedade privada, adquirindo a corrupção formas mais sofisticadas e planejadas conforme as necessidades apresentadas a cada tempo. Como destaca Zancanaro:

> *Grande número de novos dirigentes políticos e muitos de seus auxiliares – alheios aos princípios éticos propalados em discurso de campanha eleitoral – têm-se portado, junto aos órgãos diretivos e às funções públicas, como se estivessem administrando seus negócios privados.*
>
> *As eventuais medidas corretivas que têm sido postas em prática pelas autoridades judiciárias, objetivando coibir abusos, têm atingido mormente administradores e agentes da vida pública de menor peso e importância, acarretando, com o passar do tempo, um significativo e crescente descrédito na qualidade mo-*

ral dos homens públicos e no valor das leis e das instituições políticas. Não se percebeu ainda por parte das lideranças políticas, supostamente saudáveis e esclarecidas e da própria sociedade como um todo, um real interesse em instaurar mecanismos eficientes de controle da ação político-administrativa, com vistas à superação do estigma da corrupção. Tais constatações favorecem à conclusão de que o problema da corrupção no Brasil possui um caráter estrutural e não conjuntural.

Como combater, pois, uma moléstia, se percebemos apenas difusamente os seus sintomas? Parece óbvio que atacar os efeitos da corrupção, ignorando suas raízes mais profundas, seria o mesmo que abandonar os recursos da medicina preventiva para dedicar-se à abertura de nosocômios. Em breve, toda sociedade estará doente.[2]

A não percepção social do avesso da realidade nacional, a hipocrisia generalizada e o desconhecimento da história e das próprias origens (a invenção e a colonização do Brasil), bem como a ausência de uma reflexão consciente do sujeito pensante, não permitem a compreensão do fenômeno da corrupção na sua integral composição.

A corrupção nacional é decorrência da moral predatória caracteristicamente dominante no Estado patrimonial, que, conscientemente ou não, formatou um conjunto de padrões sociopolíticos de comportamento ético adverso às formas racionais mais modernas de trato da *res* pública. Tal comportamento, hábitos e costumes restaram cristalizados na mentalidade do homem português, orientada pelo pouco apego à lei, o uso pessoal do erário, a valorização da ineficiência, a aversão ao trabalho produtivo, o gosto pela ociosidade, a falta de regramento e disciplina, bem como a banalização da corrupção e da impunidade.

Nesse contexto, cumpre reafirmar a importância de mobilizações sociais com a campanha Ficha Limpa e o projeto “O que você tem a ver com a corrupção?”, a partir do papel instrumental da educação na formação de uma nova consciência cidadã, voltada contra

---

2. ZANCANARO, Antonio Frederico. *A Corrupção Político-Administrativa no Brasil.* São Paulo: Editora Acadêmica, 1994, p. 8.

qualquer espécie de governo déspota, arbitrário, corrupto, etc. Em resumo, o que se propõe no artigo – muito mais do que determinar teorias e fórmulas acabadas – é instigar o espírito crítico do leitor, tendo como ponto de partida a seguinte indagação: o que todos nós temos a ver com as eleições?

2. A corrupção institucionalizada

Não há como negar o fato de que o passado histórico de um povo ou uma nação, suas criações culturais, hábitos e costumes, enfim, seus acontecimentos experimentais, não se originam do vácuo inexistente, da criação divina ou do mero acaso. Cada acontecimento cultural tem sua existência determinada por outros acontecimentos culturais.

Assim sendo, é a partir de valores já existentes que a humanidade recria a história, impondo novos padrões éticos e posturas morais. A ética é, pois, relacional, apresentando uma readequação social constante. Seu caráter instável e renovável possibilita a evolução ou o retrocesso do processo histórico. Representamos nossos exemplos e nossas vivências, construindo, através de ações, o resultado social prático que hoje se apresenta.

A história do indivíduo só pode ser compreendida integralmente dentro do contexto social da experiência coletiva e histórica. Para Pinharanda Gomes, cultura é a "*herança tradicional e multiforme, constantemente atualizada, mediante a opção por sucedâneos e por novas ou até aí ignoradas fórmulas de vida*".[3] Os valores morais e éticos, assim como a cultura, só podem ser realizados através da própria existência, ou seja, a partir das experiências atuais e históricas da humanidade.

Nesse sentido, sendo o fenômeno da corrupção essencialmente cultural, há que se constar a herança de valores e antivalores que formataram o caráter, a índole e a identidade do brasileiro. Zancanaro, ao

---

3. GOMES, Pinharanda. *Fenomenologia da Cultura Portuguesa*. Lisboa: Ultramar. 1970, p. 23.

ressaltar a relevância da influência dos valores e antivalores da cultura política lusitana na formação da ética política nacional, afirma:

> *A corrupção político-adminsitrativa desponta como um fenômeno detectado na cultura política de Portugal por expoentes do pensamento e da cultura lusitana do quilate de um Alexandre Herculano, Antero de Quental, Marcelo Caetano, Manoel Gonçalves Cerejeira, Lúcio de Azevedo, Diogo de Couto, Padre Antônio Vieira, Coelho da Rocha, só para citar alguns. Os longos séculos de dominação privatista e centralizadora permitiram o surgimento de um conjunto de tendências sociopolíticas dadas a difundir padrões antissociais de comportamento. A corrupção político-adminsitrativa pertence a esse quadro de anti-valores culturais. Transplantada para o Brasil-Colônia a partir do descobrimento, incorporou-se às estruturas mentais de largas camadas da sociedade brasileira nascente.*[4]

Embora a cultura de um povo já se apresente realizada, num menor ou maior grau de evolução, a evolução cultural não implica necessariamente uma continuidade linear obrigatória, intransponível ou imodificável. Assim, através de um processo educativo de formação crítica e consciente do sujeito se poderá recuperar um pouco daquilo que o homem "matuto" já chamou de honestidade.

A corrupção[5] pode ser definida como a decomposição, o apodrecimento do Estado padrão normal ou esperado, o processo ou efeito de corromper e alterar as características originais de uma coisa ou um procedimento. É a devassidão, degradação, depravação, prostituição e perversão de hábitos e costumes. Enfim, o suborno, a vantagem indevida, o engodo arquitetado, a peita, o processo ou efeito de corromper e alterar as características originais de uma coisa ou um procedimento. Sob as mais variadas formas e realces múltiplos, o fenômeno da corrupção campeia as diversas áreas da atividade humana, tanto na esfera pública, como na privada.

---

4. ZANCANARO, Antonio Frederico. *Obra citada.* p. 40.
5. A expressão corrupção deriva do latim *corruptione*, proveniente do verbo latino *rumpere*, que significa romper, fender, separar, quebrar, degradar, corromper.

Nesse contexto complexo e arenoso, pode parecer impossível a determinação de um padrão de moralidade pública universal, aplicável indistintamente a todas as sociedades e sujeitos de suas histórias. Ocorre que o fenômeno da corrupção se manifesta no cotidiano humano nas mais variadas formas e estilos, marcando presença em todos os povos e nações, sendo equivocado o entendimento de que se faria sentir somente nos países rotulados como subdesenvolvidos ou, ainda, somente naqueles que implementaram uma organização de dominação patrimonial.

Assim, a definição dos comportamentos políticos e eleitorais, também não foge deste contexto. Quando, por exemplo, manipular-se o exercício do poder político e os diversos vícios tendentes à compra e venda do voto, para obtenção de finalidades alheias aos fins originais públicos, restará caracterizada corrupção eleitoral.

Para Jean-François Revel "*ser corrupto significa utilizar de alguma maneira, direta ou indireta, o poder político e administrativo fora de seu campo legítimo, a fim de obter vantagens em dinheiro ou em espécie, e para distribuí-los entre amigos, servidores, parentes e partidários.*"[6]

A corrupção eleitoral restará evidenciada quando a liberdade de escolha da intenção do voto restar viciada de alguma forma, seja direta ou indiretamente, consciente e inconscientemente. A corrupção eleitoral é definida pelo desejo impróprio de alterar a legitimidade da livre escolha democrática.

3. A corrupção eleitoral

A corrupção eleitoral ganha destaque e importância no processo eleitoral. Práticas ilícitas diversas são institucionalizadas com um único objetivo: alterar o resultado final do pleito eleitoral. É numa eleição que assistimos a degradação humana na velha forma prevista por Marx: "*A exploração do homem pelo homem*".

---

6. REVEL, Jean-François. "Corrupção, ameaça à democracia". Jornal *O Estado de São Paulo*, 17.8.1986. p. 27.

Envolto no que chamamos de processo democrático, o instrumento eleitoral (eleições) pode sofrer, não raras vezes, um processo de deformação determinado pela dominação da população menos esclarecida, quase sempre necessitada e, assim, "assistida" pela elite dirigente. Dito de outra forma: o poder econômico, político ou de autoridade acaba se valendo de manobras ilícitas com a intenção única de manipular e vencer as eleições.

Uma destas manobras consiste na arrecadação do dinheiro necessário aos gastos diversos, lícitos e ilícitos, destinados à campanha eleitoral. Sem generalizar, empresários, profissionais liberais, funcionários públicos (principalmente em cargos de confiança), coagidos ou voluntariamente, são chamados a contribuir para o "Caixa 1". São pessoas investindo em seus próprios interesses para preservação de *status*, dentro da lei e do direito de dispor de seus bens. Mesmo havendo aparente legalidade, essas condutas acabam privilegiando os que têm posses ou aqueles que estão servindo aos atuais detentores da "máquina administrativa". Alguns partidos políticos já não escolhem seus candidatos por suas virtudes, dedicação, passado realizador e honesto, espírito público, etc.; mas sim pela capacidade de financiamento (arrecadação) eleitoral. Não por acaso ganha atenção a discussão sobre o financiamento público das campanhas eleitorais.

De outro norte, a arrecadação de dinheiro proveniente de grandes empresas prestadoras de serviços ou obras públicas as quais, por meio de superfaturamento, colocam parte substanciosa do faturamento a serviço das eleições, numa simbiose entre poder político e econômico, formando o que se convencionou chamar de "Caixa 2". Estas manobras consistentes na formação destes "Caixas", como se vê, servem ao mesmo propósito, qual seja, a transformação do voto em mercadoria e, consequentemente, as eleições num grande e festivo bazar de negócios.

Outra manobra, por vezes utilizada, é a busca de "apoio político". Instituições e profissionais diversos, com atividades na iniciativa privada, em troca do apoio eleitoral, são beneficiados com empréstimos bancários, com grande carência de juros ou a fundo perdido, cujos prazos podem ser prolongados, garantindo, dessa forma, o engajamento dessas instituições ou pessoas "influentes" no processo eleitoral.

Mais um artifício utilizado, via de regra, nas vésperas das eleições, é a utilização indevida de bens e serviços públicos por particulares. Tratores, retroescavadeiras, escavadeiras, caçambas, dentre outros, são utilizados para construir valas, lavrar terras, fazer campos de futebol, construir sedes sociais, calçar ou asfaltar ruas, reformar salões paroquiais, igrejas, hospitais e escolas.

A compra e venda de votos ocorre de formas variadas: dinheiro em espécie, bolsas de estudos, passagens para passeios, empregos em empresas privadas, empregos públicos, medicamentos, internações hospitalares, cirurgias, meios de diagnóstico, cestas básicas de alimentos, forros, telhados, carregamentos de brita, areia e barro, vestimentas, dentaduras, cadeiras de rodas, pneus, reformas, festas de casamento e batizados, etc. Tudo feito com a aparência da caridade, da assistência social e do benefício à comunidade. Até estudantes se reunirem em grupos para solicitarem em troca do apoio político a determinado candidato: excursões, uniformes de esportes, campos, sedes sociais, etc.

Nos últimos dias do pleito eleitoral, mais precisamente na antevéspera, véspera e no dia das eleições, algumas comunidades se transformam num grande mercado clandestino em que a mercadoria é voto. Quem dá mais? Residências, automóveis e pessoas são estrategicamente mapeados nas proximidades dos locais da votação (é a chamada boca-de-urna) com o objetivo de abarcar um maior número de eleitores sujeitos à compra e venda de votos. Uma estranha característica constatada é que o voto alcança um valor máximo no período da manhã no dia das eleições, perdendo valor no período vespertino e, cada vez mais, na medida em que se aproxima o fim do pleito.

Preocupa a aceitação social tácita, indivíduos conformados com vícios nascidos da tradição, da ignorância e da necessidade material. Assim, a compra do voto se transformou numa verdadeira instituição. Talvez, isso explique porque determinados políticos, por mais que se envolvam em denúncias e processos de corrupção, acabam se reelegendo, sempre comprometidos unicamente com seus interesses e privilégios pessoais.

Seja assim resumido: determinados políticos influentes e corruptos transformam o dinheiro público em benefícios pessoais. Do mais influente ao afiliado político, deixando os pequenos desentendimentos de lado, uma fabulosa rede de corrupção transforma práticas ocultas e ilícitas em condutas institucionalizadas. Sonegação de impostos, falsidade ideológica, abuso do poder econômico, fraude eleitoral, notas frias, caixas um e dois, entre outros delitos, nos bastidores da máfia eleitoreira, quem pode mais chora menos. Eventuais condenações criminais, por atos de improbidade administrativa, entre outras, nunca chegam a incomodar.

Educação, saúde, trabalho, lazer e segurança são direitos sociais lembrados somente em época de campanhas eleitorais. Como referido alhures, a compra descarada de votos se dá através das mais variadas formas. Para o eleitor mais chegado é necessário um cargo em comissão, já para o eleitor miserável apenas um pedaço de pão. Se não tiver dentes, sem problemas, é premiado com uma dentadura, metade na hora, outra futuramente. Basta trazer consigo o número do candidato eleito na mão.

Neste contexto, iniciativas populares como a Campanha Ficha Limpa, criada com o desiderato de buscar o aperfeiçoamento das opções e das escolhas dos candidatos aos cargos eletivos, através de novos critérios de inelegibilidades destinados à exclusão de candidatos condenados pela prática de delitos graves (racismo, homicídio, estupro, tráfico de drogas e desvio de verbas públicas) – alterando o conteúdo da Lei Complementar nº 64, de 18 de maio de 1990 –, não se apresentam apenas como opções viáveis, mas como necessidades que se impõem com a máxima urgência.

4. O Ficha Limpa

O país parou para pedir a aprovação da intitulada "Campanha Ficha Limpa". Depois de uma bem sucedida mobilização popular liderada pelo Movimento de Combate à Corrupção Eleitoral – MCCE, com a adesão de mais de 1,5 milhão de brasileiros, o Projeto de Lei Complementar nº 168, de 1993, que alterou a Lei Complementar nº 64, de 1990, no sentido de restringir a entrada na disputa eleitoral de candidatos que não atendam requisitos mínimos de vida pregressa, restou aprovado e sancionado, devendo ser aplicado já para as próximas eleições. O projeto torna inelegíveis candidatos condenados por órgão judicial colegiado. O Ficha Limpa é um bom exemplo do que representa a mobilização social organizada, articulada por lideranças e por entidades associativas, privadas, sociais e religiosas diversas.

Além da mobilização e da pressão popular, determinantes para aprovação do Projeto de Lei, dois pontos merecem uma breve abordagem: a constitucionalidade e a aplicação imediata – já para as próximas eleições – das respectivas alterações legislativas.

Em relação a eventual (in)constitucionalidade do Projeto, há quem sustente que as novas regras de inelegibilidade ferem o conteúdo normativo do art. 5º da Constituição da República, que assevera que "ninguém será considerado culpado até o trânsito em julgado de sentença penal condenatória". Em que pese precedente judicial neste sentido,[7] importante esclarecer que a inelegibilidade não pressupõe culpa formada, não havendo que relacioná-la com o princípio da presunção de inocência. A inelegibilidade pode e está relacionada muitas vezes com circunstâncias diversas e alheias a eventuais condenações judiciais. Portanto, o Ficha Limpa é constitucional!

A aplicação imediata também é questão incontroversa. Em consulta[8] formulada ao TSE, o Ministro Hamilton Carvalhido, constatando a ausência de alteração legislativa no processo eleitoral propriamente dito, conheceu a consulta e respondeu afirmativamente a ela no sentido da aplicação imediata da Lei Complementar nº 135/2010 (Projeto Ficha Limpa). Como assevera, "seus termos não deixam dúvida quanto a alcançar situações anteriores ao início de sua vigência e, consequentemente, as eleições do presente ano, de 2010".

---

7. O STF na Arguição de Descumprimento de Preceito Fundamental nº 144 decidiu pela impossibilidade do impedimento de candidaturas sem as respectivas condenações transitadas em julgado, haja vista o princípio constitucional da presunção de inocência.

8. TSE – Consulta nº 1120-26.2010.6.00.0000 – Classe 10 – Brasília – Distrito Federal. Relator: Ministro Hamilton Carvalhido. Consulente: Arthur Virgílio do Carmo Ribeiro Neto. Advogado: Walter Rodrigues de Lima Júnior.

Como se vê, a situação, ao contrário do que aparenta, é simples e razoável. É que as alterações constantes da Lei Complementar nº 135/2010 possuem natureza de norma eleitoral material, não se cuidando, pois, de normas relativas ao processo eleitoral, deixando de implicar na vedação prevista no art. 16 da CR,[9] que observa o princípio da anualidade, determinando a não aplicação normativa para as eventuais eleições que ocorram no ano da respectiva vigência legal.

Como bem observado pelo Ministro Hamilton Carvalhido,[10] ao confrontar a aplicação do disposto no art. 14, § 9º,[11] com os efeitos da presunção de inocência prevista no art. 5º, inciso LVII, ambos da CR, a vida pregressa abrange antecedentes **sociais** e **penais**, motivo pelo qual deve ser aplicada a presunção de não culpabilidade, enquanto que o disposto no art. 14, § 9º, restringe o direito fundamental à elegibilidade, consagrando o comando constitucional da probidade administrativa para o exercício do mandato político, decorrente dos eventuais crimes praticados pelo candidato inelegível. E, conclui:

> *A regra política visa acima de tudo ao futuro, função eminentemente protetiva ou, em melhor termo, cautelar, alcançando restritivamente também a meu ver, por isso mesmo, a garantia da presunção da não culpabilidade, impondo-se a ponderação de valores para o estabelecimento dos limites resultantes à norma de inelegibilidade.*
>
> *Fê-lo o legislador, ao editar a Lei Complementar nº 135/2010, com o menor sacrifício possível da presunção de não culpabilidade, ao ponderar os valores protegidos, dando eficácia apenas aos antecedentes já consolidados em julgamento co-*

---

9. *Art. 16. A lei que alterar o processo eleitoral entrará em vigor na data de sua publicação, não se aplicando à eleição que ocorra até um ano da data de sua vigência.*

10. TSE – Consulta nº 1120-26.2010.6.00.0000 – Classe 10 – Brasília – Distrito Federal.

11. *Art. 14. [...] § 9º. Lei complementar estabelecerá outros casos de inelegibilidade e os prazos de sua cessação, a fim de proteger a probidade administrativa, a moralidade para o exercício do mandato, considerada a vida pregressa do candidato, e a normalidade e legitimidade das eleições contra a influência do poder econômico ou o abuso do exercício de função, cargo ou emprego na administração direta ou indireta.* (Redação dada pela Emenda Constitucional de Revisão nº 4, de 1994)

mento colegiado, sujeitando-os, ainda, à suspensão cautelar, quanto à inelegibilidade.[12]

Em síntese: o processo eleitoral alcança somente as normas instrumentais diretamente relacionadas com as próprias eleições, incluindo a fase inicial, com a apresentação e análise das candidaturas, até a fase final, finda com a diplomação dos candidatos vitoriosos no pleito eleitoral. Assim, tratando-se de alterações legislativas de caráter material, a aplicação do Projeto Ficha Limpa é medida que se impõe de imediato para as eleições vindouras.

Todavia, como é de fácil percepção, as simples alterações legislativas – não obstante representarem importantes instrumentos de efetividade contra a impunidade e a corrupção que campeiam a coisa pública e o processo eleitoral – não são suficientes, por si só, para mudar uma cultura patrimonial consubstanciada no individualismo e numa simbiose institucional entre a coisa pública e a privada, com destaque bastante visível durante o processo eleitoral.

Assim sendo, é preciso despertar a sociedade para uma grande reflexão envolta num processo educativo para reflexão crítica a partir do sujeito, do meio ambiente em que vive e todas as práticas e vícios consolidados durante a história nacional. Enfim, torna-se necessário construir um novo processo cultural utilizando a educação como instrumento de transformação social. É justamente o que veremos a seguir no próximo item.

5. A educação como instrumento de transformação

O fenômeno da corrupção eleitoral manifesta-se nas eleições de forma tão intensa e diversificada que não há como negar sua generalização na sociedade brasileira. Os desvios de verbas públicas, as fraudes eleitorais, as apropriações indevidas da coisa pública, o nepotismo, os cabides de empregos, os funcionários fantasmas, a confusão

---

12. TSE – Consulta nº 1120-26.2010.6.00.0000 – Classe 10 – Brasília – Distrito Federal.

entre o público e o privado, o jeitinho brasileiro, enfim, a corrupção materializada em hábitos cotidianos tão comezinhos comprova a massificação de um processo eleitoral viciado baseado em vantagens individuais, fortificadas pela ignorância e pela manipulação.

A corrupção eleitoral só poderá ser efetivamente combatida e atenuada a partir da criação de um ambiente com condições propícias para a implantação do Estado Democrático de Direito, com o regular e consciente exercício do sufrágio. Sem a formação de uma consciência eleitoral cidadã, estruturada através de estímulos à reflexão crítica, análise e escolhas dos candidatos, tudo permanecerá como outrora.

Assim, a partir da compreensão histórica do fenômeno da corrupção eleitoral no Brasil, de suas origens patrimoniais, poderemos identificar o caminho da reconstrução cívica, através da educação das novas gerações como instrumento de conscientização para a democracia e usufruto efetivo dos direitos políticos.

Por certo, longe de qualquer discurso fantasioso, o desenvolvimento humano exige o compartilhamento com a igualdade de condições de eleitores e candidatos, sendo razoável a aceitação de um processo eleitoral transparente e fiscalizável. Não se pode, todavia, confundir essa verificabilidade com o discurso hipócrita do rigor legal que escamoteia, na verdade, uma única intenção, um único desejo, com ou sem o pagamento de propinas: a impunidade e a apropriação indevida do espaço público, com a busca frenética de vantagens e privilégios pessoais.

Essencial se torna uma educação voltada para a convivência eleitoral cidadã. Uma sociedade só se modifica quando os indivíduos que a compõem se modificam. A educação das novas gerações é o único instrumento possível, capaz de deter o fenômeno da corrupção eleitoral. Somente se poderá realizar um processo eleitoral verdadeiramente democrático através da reflexão crítica e libertária, da análise transparente das propostas partidárias e dos respectivos candidatos, do envolvimento político e da participação popular direta no processo eleitoral. Urge, portanto, reeducar cada sujeito para o exercício consciente e planejado da cidadania, em busca da sonhada e desejada democracia. Eis a utopia!

5.1. O Projeto: "O que você tem a ver com a corrupção?"

A necessidade de uma conduta ética comum para a convivência coletiva e harmônica deve ser construída a partir da singularidade do sujeito, respeitadas as diferenças e pluralidades múltiplas da raça humana. Uma sociedade só se modifica, quando os indivíduos que a compõem se modificam. E toda mudança envolve educação.

No Brasil, a educação se apresenta como um importante veículo de combate à corrupção, por meio da percepção e do estímulo à ética, à moral e à honestidade do cidadão, e o comprometimento da sociedade na cobrança pela transparência da gestão pública e com o fim da impunidade. Outro fator relevante é a adoção de medidas que contribuam para a diminuição da burocracia judicial, e melhore a eficiência dos serviços da Justiça na punição de corruptos e corruptores. Essa visão estimula a criação de soluções passíveis de serem incrementadas como a atuação preventiva por meio da mobilização e conscientização social.

Partindo dessa premissa, e diante das dificuldades em se coibir práticas corruptas que estão arraigadas na sociedade brasileira, surgiu a ideia do programa de mobilização e conscientização social denominado "O que você tem a ver com a corrupção?". O programa tem o caráter educativo de trabalhar a problemática da corrupção, a partir de soluções práticas visíveis, longe do discurso demagógico, tão comum nos dias de hoje.

O grande trunfo do ineditismo da prática consiste na confecção de um processo cultural de formação de consciência e de responsabilidade dos cidadãos, a partir de três tipos de responsabilidades: a) a responsabilidade para com os próprios atos, ou responsabilidade individual: "estou fazendo a minha parte no meu dia a dia?"; b) a responsabilidade para com os atos de terceiros, ou responsabilidade social ou coletiva: "estamos cobrando individual e coletivamente a efetiva apuração e punição de corruptos?" "Estamos exigindo o fim da impunidade?"; e c) a responsabilidade para com as gerações futuras, a partir de um agir consciente.

É justamente essa última responsabilidade que justifica o estímulo às novas gerações a adotarem uma conduta ética e moral comprometida com o bem-estar coletivo. É extremamente importante conscientizar a juventude sobre as consequências dos vícios e condutas desonestas. Lembremos que se toda humanidade fosse viver em condições financeiras iguais aos 20% dos que mais detêm poder econômico, seriam necessários 10 planetas Terra para satisfazer o consumo de toda a humanidade.

Além do objetivo preventivo por meio da educação, a campanha tem como escopo estimular as denúncias populares dos atos de corrupção, não importando o maior ou menor grau de lesividade à população. Com isso, cria-se um canal direto entre a sociedade e o Ministério Público, facilitando a apuração das mencionadas condutas.

O projeto visa atacar dois pontos fundamentais: 1º) acabar com a impunidade, ou seja, buscar a efetiva punição dos corruptos e dos corruptores, por meio de um canal real para o oferecimento de denúncias; e 2º) educar e estimular as novas gerações, mediante a construção, em longo prazo, de um Brasil mais justo e mais sério, destacando-se o papel fundamental de nossas próprias condutas diárias a partir do seguinte princípio: *é preciso dar o exemplo.*

O tema "corrupção" é colocado em situações cotidianas, e, depois, assume a temática que engloba o incentivo à honestidade e a transparência das atitudes em todos os níveis, de escolas a governos. O que se propõe é simples: a reflexão do que a corrupção pode ocasionar em nossas vidas. Nesse enfoque, a campanha estimula as pessoas a assumirem a responsabilidade com suas próprias atitudes tanto para com elas mesmas como para com as outras pessoas.

Aliás, o projeto tem realizado, constantemente, inúmeras ações e reflexões, por meio de instrumentos diversos (parcerias, convênios, termos de cooperações com entidades públicas e privadas, palestras nas escolas, divulgação nos campos de futebol, peças de teatro, exposições fotográficas sobre o tema, etc.), com o objetivo primordial de renovar essa necessária mobilização social. Nesse sentido, representando mais uma importante ação do projeto, e considerando especialmente o sucesso da campanha intitulada "Ficha Limpa", surge a ideia da elaboração de uma publicidade educativa voltada à consciência eleitoral: "*Passado sujo não dá futuro: vote limpo*".

5.2. Passado sujo não dá futuro: vote limpo

A partir da formalização da parceria entre o Conselho Nacional dos Procuradores-Gerais – CNPG, e a Associação Brasileira dos Magistrados, Procuradores e Promotores Eleitorais – ABRAMPPE, destinada à disseminação do projeto "*O que você tem a ver com a corrupção?*", com o objetivo de transcender e dar efetiva continuidade à mobilização social que determinou o sucesso e a aprovação da Lei Complementar nº 135/2010 (Projeto Ficha Limpa), sem prejuízo de outras ações e propostas, apresenta-se a nova campanha publicitária: "*Passado sujo não dá futuro: vote limpo*".

O objetivo é elaborar uma publicidade educativa derivada do projeto "O que você tem a ver com a corrupção?", intitulada "***Passado sujo não dá futuro: vote limpo***".[13] Além do aproveitamento do símbolo do projeto originário, qual seja, o mascote (boneco) "Zé Moral", a publicidade visa despertar nos cidadãos a importância do exercício do sufrágio; a imprescindibilidade da participação política (cidadanias ativa e passiva); e a relevância das análises e das escolhas dos nossos representantes políticos, assim como as alternativas e as consequências delas decorrentes.

Os parceiros do projeto deverão articular junto aos principais veículos de comunicação nacional, com o apoio de outros colaboradores, um plano de mídia nacional estratégico (jornais, periódicos, editoriais, rádios e veículos de comunicação em geral). Também deverão fomentar a realização de debates públicos sobre o tema. Tudo isso, como se disse, a partir da elaboração de uma campanha publicitária distribuída em quatro roteiros, devidamente formatados para ampliar o alcance da campanha "*Ficha Limpa*" e as ideias educativas do projeto "*O que você tem a ver com a corrupção?*".

---

13. A campanha publicitária "*Passado sujo não dá futuro. Vote limpo.*" foi elaborada, a partir das ideias apresentadas pelo autor deste artigo, pela agência de publicidade D/Araújo Comunicação, parceira voluntária do Projeto "*O que você tem a ver com a corrupção?*", não tendo sido cobrado qualquer remuneração pelos serviços prestados. Oportuno, pois, apresentar nossos agradecimentos.

A intenção é abordar, nos respectivos roteiros, situações cotidianas relacionadas ao pleito eleitoral, como as seguintes: a) o pai que testemunha ao filho a ineficiência do exercício do voto; b) a conversa entre adolescentes, na qual um deles disse que vai votar em qualquer candidato, pois, segundo afirma, é tudo a mesma coisa; c) a mulher, ao receber a visita de um candidato, na véspera das eleições, ganha uma cesta básica de presente; d) o marido que pergunta a esposa sobre o paradeiro do título eleitoral, consignando ao final: "*Pior que esse trabalho todo é só para chegar lá e votar em branco*".

Todas as cenas, em cada roteiro, são sucedidas pelo congelamento das imagens retratadas, ocasião em que um personagem/ator entre em cena, indagando ao espectador/cidadão: "*Você sabe o que nós temos a ver com essa cena? Tudo.*". Ato contínuo, depois de observações próprias, conforme o conteúdo específico de cada roteiro, o personagem/ator destaca: "*Nas próximas eleições, valorize a ética, a honestidade e o voto consciente. Passado sujo não dá futuro. Vote limpo.*".

6. Conclusão

Como se pôde constatar, o fenômeno da corrupção eleitoral possui caráter essencialmente cultural, influência do legado individualista que herdamos. E isso ocorre em virtude da adoção da dominação tradicional patrimonial, caracterizada por um modelo centralizador, absolutista e privatista de poder, o que permitiu a formação de uma estrutura totalmente contrária e lesiva aos interesses sociais, difusos e coletivos, avessa, enfim, ao processo eleitoral democrático.

A corrupção se forma como valor negativo moral da sociedade, levando seus indivíduos a tratarem o público como se fosse privado. Como fenômeno cultural e relacional, a corrupção não se relaciona unicamente com a ação eleitoreira decorrente da utilização indevida do poder constituído em benefício privado, como também, com a maneira de ser dos indivíduos e os valores éticos predefinidos no íntimo pessoal de cada personagem. Quanto vale o seu voto ou o seu apoio político? Como observa Zancaro, "*o fenômeno é anterior ao ato cor-*

rupto propriamente dito. Pelo que, sob um modelo de dominação de características patrimoniais, em princípio, nenhum cidadão pode considerar-se imune aos seus atrativos". [14]

Cumpre, portanto, indagar: a compra descarada de votos, enfim, a banalização de diversos ilícitos eleitorais, não comprovam que a corrupção eleitoral está institucionalizada? Como explicar a visível carência de padrões éticos por parte de muitos dos nossos representantes políticos? O que falar dos nossos eleitores? Será que o cultivo histórico de uma mentalidade individualista, voltada à corrupção generalizada, possibilita alguma chance de transformação?

Torna-se imprescindível tomar consciência de que as eventuais alternativas possíveis para a reformulação da cultura política nacional passam – todas elas –, necessariamente, pela compreensão do passado, pela aposta no presente e pela responsabilidade para com o futuro. A tarefa não é fácil, pois demanda tempo, energia, persistência, coragem e, acima de tudo, reflexão e educação cidadã contínua.

A consciência cidadã eleitoral passa pela realização do presente através da edificação das ações que estiverem ao alcance de cada eleitor. Certamente, somente através de uma mobilização social organizada é que poderemos nos articular e reagir contra o arbítrio e a corrupção eleitoral, fruto da experiência individualista e do abandono da democracia.

Como se comprovou, a corrupção eleitoral não é causa, mas sim efeito da incorporação pelos indivíduos de valores sociais negativos. Assim, somente por meio de um processo educativo voltado para o pleno exercício responsável da cidadania, a longo prazo, é que se poderá alcançar um efeito prático e modificador da realidade atual, consubstanciada na falta de cultivo de uma ética eleitoral, resumida na esperteza do ganho fácil e na compra e venda do voto.

---

14. ZANCANARO, Antonio Frederico. *Obra citada*. p. 157.

7. Referências bibliográficas

CONSTITUIÇÃO DA REPÚBLICA FEDERATIVA DO BRASIL.

GOMES, Pinharanda. *Fenomenologia da Cultura Portuguesa*. Lisboa: Ultramar, 1970.

REVEL, Jean-François. "Corrupção, ameaça à democracia". Jornal *O Estado de São Paulo*, 17.8.1986.

STF / Arguição de Descumprimento de Preceito Fundamental nº 144.

TSE / Consulta nº 1120-26.2010.6.00.0000 – Classe 10 – Brasília – Distrito Federal.

ZANCANARO, Antonio Frederico. *A Corrupção Político-Administrativa no Brasil.* São Paulo: Editora Acadêmica, 1994.

A Lei da Ficha Limpa

Luciano Caparroz Pereira dos Santos[1]

A Sociedade brasileira vem alcançando algum progresso na consolidação da democracia como foi a Constituição de 1988, mas em relação ao processo eleitoral alguns pontos ainda ficaram faltando. Podemos citar, especificamente, a questão dos direitos políticos, de que trata o art. 14. Ali se estabelece as condições para as eleições, voto, condições de elegibilidade e de inelegibilidades e em seu § 9º diz que:

> *Lei complementar estabelecerá outros casos de inelegibilidade e os prazos de sua cessação, a fim de proteger a probidade administrativa, a moralidade para o exercício do mandato, considerada a vida pregressa do candidato...*

Em 18 de maio de 1990, foi promulgada a Lei nº 64/1990, que estabeleceu algumas inelegibilidades, atendendo em parte o disposto no § 9º do art. 14 da Constituição Federal, que teve uma alteração em 13 de abril de 1994, estabelecendo novos prazos de cessação. Ainda assim ficou a pendência quanto aos candidatos que, tendo sido condenados, só ficavam impedidos com o trânsito em julgado de seus processos, conforme decidiu no ano de 2008, o STF, provocado pela AMB, dizendo que só candidatos com condenação definitiva estariam

---

1. LUCIANO CAPARROZ PEREIRA DOS SANTOS é advogado especialista em Direito Eleitoral e membro do Movimento de Combate à Corrupção Eleitoral. Já presidiu a Comissão de Direito Político e Eleitoral da Ordem dos Advogados do Brasil, Seção de São Paulo.

impedidos de se candidatar, exatamente por não existir dispositivo legal que falasse em contrário.

Quando o STF se manifestou sobre este pedido, o Projeto de Lei da Ficha Limpa já se encontrava em gestação, pois em abril de 2008, se iniciou a campanha para coleta de assinaturas.

Logo de início, os debates se deram sobre a constitucionalidade, visto que o Projeto trazia em sua redação a condenação em primeira instância e muitos entendiam que era inconstitucional. Foram meses de debates, e diversos juristas se manifestaram confirmando que o projeto não era inconstitucional, visto que a chamada presunção de inocência não se aplicava à questão de inelegibilidade e, sim, para os processos e condenações criminais, conforme estabelece o inciso LVII do art. 5º da Constituição Federal que diz: *"ninguém será considerado culpado até o trânsito em julgado de sentença penal condenatória"*.

Os que se apegam ao princípio da presunção de inocência se esquecem do princípio da moralidade.

Esse debate avançou até que o projeto foi aprovado nas Comissões de Constituição e Justiça da Câmara dos Deputados e do Senado e em seus respectivos plenários com a alteração da primeira instância para órgão colegiado.

Tivemos outro embate sobre a questão da disposição constitucional da anterioridade anual do art. 16 para lei que altere o processo eleitoral, e esta questão entendemos que não se aplica às inelegibilidades, a exemplo do que ocorreu com a Lei Complementar nº 64/1990 que foi promulgada no dia 18 de maio de 1990, e aplicada já no mesmo ano de 1990, naquelas eleições. Esse assunto também foi objeto de um acalorado debate no TSE, quando da resposta à consulta que indagava se lei que altera inelegibilidade aprovada em ano de eleição se aplicaria para as eleições do mesmo ano e foi respondida no dia 10 de junho de 2010, por seis votos a um, afirmando que a lei se aplica sem problemas.

Se não bastassem todos esses entraves, quando da votação em plenário no Senado foi aprovado com uma emenda que unificava o tempo verbal do projeto, que tinha tempos diferentes, e essa emenda foi objeto de argumentação dos que pretendem que a lei não seja aplicada aos candidatos que tinham condenações antes de sua edição, situação totalmente inaceitável do ponto de vista jurídico pelo próprio espírito do § 9º do art. 14, quando fala que lei complementar estabelecerá outros casos de inelegibilidade considerada a vida pregressa do candidato e, assim, não teria sentido considerar somente condenações vindouras e este deve ser o entendimento do TSE.

Assim, entendo que cumprimos nosso papel ao apresentar o projeto, recolher as assinaturas necessárias e acompanhar a aprovação no Congresso, Câmara dos Deputados e Senado, e a devida promulgação com a sanção do Presidente em 4 de junho de 2010, para que candidatos que tenham condenação conforme o estabelecido na lei e os que tenham renunciado para evitar cassação sejam considerados inelegíveis, a partir das eleições de 2010.

Note-se que, desde a promulgação da Constituição de 1988, esta regulamentação aguardava comando do Parlamento e não logrou êxito nessa atitude. Existia projeto apresentado desde 1993, que não conseguia tramitar. Foi necessária a mobilização da sociedade civil para conseguirmos aprovar tal regulamentação. Seria também possível que os partidos políticos fizessem uma triagem, colocando em suas fileiras somente candidatos que detivessem uma vida pregressa proba e ilibada para apresentar aos eleitores candidatos dignos de serem seus representantes, mas também nunca o fizeram. Agora muitos tentam combater a lei por saber que poderão ser atingidos e ficar fora dos pleitos eleitorais.

Assim tem sido o trabalho do MCCE no combate à corrupção eleitoral e na tentativa de moralizar e tornar melhor o processo eleitoral. Todas as ações são positivas, buscando sempre a melhora do processo sem buscar as questões individuais e, nesse ponto, a sociedade tem respondido de forma positiva dando também sua contribuição.

A vitória na conclusão do processo da Lei da Ficha Limpa nos traz um alento para a descrença da sociedade, e coloca um marco didático na importância da participação do cidadão e da sociedade em que se demonstrou que, quando a sociedade se mobiliza ela consegue as transformações.

Vale a pena salientar que, desde o início, tivemos plena certeza da constitucionalidade do projeto, bem como a confiança de que seria aprovado nas duas casas legislativas e, sancionado pelo Presidente, e aí está mais um instrumento para a sociedade fiscalizar e exigir melhores candidatos. Que esses candidatos que se apresentem, tenham condições de, efetivamente, representar os eleitores e cidadãos dignamente, sem deixar de exortar aos eleitores que ainda continuam a ser os melhores juízes na hora de escolher. “Voto não tem preço, tem consequências”, por isso o eleitor deve ter consciência de que jamais será substituído ou tutelado na hora do voto.

O Ativismo *Online* na Ficha Limpa:

Como a Internet está Mudando a Política

Graziela Nozomi Martino Tanaka[1]

Vários países ao redor do mundo já testemunharam como a mobilização *online* pode ter um grande impacto sobre a política. Com a campanha Ficha Limpa essa tendência internacional foi finalmente comprovada no Brasil. A Internet já é responsável por disseminar e criar oportunidades de mobilização popular, levando a voz de cidadãos comuns para momentos políticos decisivos, seja em questões como o meio ambiente, direitos humanos, campanhas eleitorais ou outras questões políticas, sociais e ambientais. Estamos presenciando o surgimento de uma nova forma de engajamento, que permite uma participação popular mais abrangente, atingindo um número cada vez

1. GRAZIELA NOZOMI MARTINO TANAKA é coordenadora de campanhas da Avaaz.org no Brasil desde a fundação da ONG em janeiro de 2007. Foi Coordenadora Geral do Comitê para Democratização da Informática – Rio de Janeiro (CDI-RJ). Atuou em redes internacionais e nos Estados Unidos, coordenando campanhas sobre direitos à moradia, direitos dos imigrantes, HIV/AIDS e educação, na cidade de Nova York.

maior de pessoas. Através da Internet, qualquer um que se preocupa com questões políticas importantes encontra uma maneira de se manifestar estando em qualquer lugar do mundo.

O potencial do uso da Internet para o "bem" é ilimitado. A sua capacidade de difundir informações rapidamente a tornou uma fonte de comunicação poderosa, e quando colocada ao uso de questões sociais, ambientais e políticas, pode gerar resultados rápidos e surpreendentes, enquanto antes as campanhas levavam meses, senão anos, para atingir o mesmo reconhecimento e impacto. Imagine, por exemplo, os abusos de direitos humanos cometidos por muitos dos governos latino-americanos durante a época das ditaduras militares, os sequestros, desaparecimentos e outros crimes que nunca foram expostos ao público – devido à forte censura que a imprensa sofreu –, dificilmente ficariam omissos hoje em dia quando há redes de solidariedade que usam a Internet como fonte alternativa de comunicação. Essas redes, ONGs, grupos e até mesmo indivíduos, poderiam ter facilmente exposto e denunciado os abusos, nacional e internacionalmente, influenciando a opinião pública e cobrando justiça e uma mudança de postura. Os crimes ambientais, hoje em dia, também podem ser facilmente monitorados, denunciados e levados ao público global, mesmo quando acontecem nas partes mais remotas de uma floresta ou qualquer outra área ameaçada.

O componente *online* da campanha Ficha Limpa, coordenada pela Avaaz, é o maior e o melhor exemplo do poder dessa ferramenta. Ao longo de quatro meses, a propagação da campanha Ficha Limpa pela Internet aconteceu de forma crescente e surpreendente. Os alertas de campanha chegaram aos quatro cantos do país, gerando repercussão midiática, engajando pessoas em diversas ações e, principalmente, levando a mensagem da sociedade civil diretamente aos ouvidos dos deputados e governantes. Os alertas de campanha foram disseminados para mais de 1.6 milhão de pessoas pela ferramenta "Avise seus amigos", sem contar as que foram propagadas diretamente. A petição *online*, somada aos números coletados em papel pelo Movimento de Combate à Corrupção Eleitoral, ganhou centenas de milhares de assinaturas em poucas semanas, empurrando o total de assinaturas para além de 2 milhões de brasileiros. A campanha Ficha Limpa se tornou um "*top trending topic*" (assuntos mais postados) do *Twitter* por uma semana. A lista de apoiadores da Avaaz cresceu ao longo da campanha de 130 mil pessoas para 600 mil pessoas, tornando o Brasil o maior país entre os 5,2 milhões de membros da Avaaz em todos os países do mundo. Esses são apenas alguns números para ilustrar o alcance da campanha e o seu sucesso pelo país, porém, aconteceram ainda inúmeras outras formas de divulgação por redes sociais, blogs, listas de discussão, etc., que não poderiam ser contabilizadas.

Como isso aconteceu? A mobilização *online* parece simples, basta criar uma página de petição em um site e enviar alertas divulgando a campanha, incentivando as pessoas a assinarem, porém, na realidade, são poucas as iniciativas pela Internet que realmente fazem a mobilização *online* de forma eficaz, gerando campanhas virais e conseguindo resultados. Muitas iniciativas não conseguem alcançar um nível de difusão necessário para manter a campanha viva e gerar um impacto político concreto. Campanhas virais, aquelas que crescem de forma exponencial como um vírus, acontecem de forma rara e espontânea. Uma pessoa recebe um *email*, repassa para outras cinco pessoas, essas cinco, por sua vez, repassam para outras cinco. Para se ter uma ideia, de acordo com os dados da Avaaz, cada pessoa repassou os alertas para uma média de outras 47. E aí que está o segredo. Uma boa campanha tem que ter um apelo tão forte que motive as pessoas a acreditarem nela o suficiente para assinar e aderir, e ainda repassarem para a sua lista de contatos. Vemos hoje em dia uma saturação de informação, principalmente por email e na Internet, portanto para ter um crescimento viral, uma campanha precisa se destacar entre tudo que é repassado, chamando a atenção pela sua ideia e conteúdo. A grande força da campanha Ficha Limpa, além de tratar de um tema que revolta os brasileiros, foi uma estratégia política bem amarrada e coordenada com o Movimento de Combate à Corrupção Eleitoral.

Raros são os momentos (se é que já houve um!) em que os brasileiros acompanharam de perto cada passo do processo legislativo, desde a elaboração até a aprovação de um projeto de lei. E mais ainda, não só acompanharam como se manifestaram a respeito. No caso da Ficha Limpa, ao longo dos meses em que o projeto de lei esteve entrando e saindo de comissões, indo para votações e sendo adiado, as pessoas acompanharam cada passo do processo e em todo momento participaram ativamente das campanhas para evitar qualquer retrocesso ou atraso. Essa campanha foi, portanto, uma forma surpreendente de incentivo à cidadania, despertando o interesse dos brasileiros para o processo legislativo, que em outras circunstâncias seria considerado fora do alcance, tedioso ou técnico demais para o cidadão comum.

A Avaaz e o Movimento de Combate à Corrupção Eleitoral conseguiram articular uma ponte entre o que acontecia na Câmara dos Deputados, traduzindo a situação para o público geral por uma ação *online* e, finalmente, repercutindo o resultado da mobilização para o Poder Público e a mídia. Tudo isso aconteceu de forma ágil e rápida, para que cada desdobramento no Congresso Nacional tivesse uma reação da sociedade civil, direta e quase que imediata. O entusiasmo das pessoas que participaram foi inspirador. Centenas de pessoas entraram em contato com a Avaaz com mensagens de incentivo, agradecendo a oportunidade de poder fazer algo para acabar com a corrupção no Brasil. As pessoas escreviam dizendo que assinaram a petição, que divulgaram de todas as formas possíveis, que enviaram mensagens para os deputados, que ligaram para os seus escritórios, etc. Algumas chegaram a dizer que a campanha Ficha Limpa foi a primeira grande mobilização popular por uma questão política desde o movimento dos caras pintadas que pediram o *impeachment* do então presidente Fernando Collor de Mello.

A campanha Ficha Limpa foi uma enorme vitória de mobilização popular. Conforme "twittou" o Senador Cristóvão Buarque: "a Ficha Limpa é uma vitória dos internautas". Quando o Projeto de Lei foi apresentado à Câmara dos Deputados e entregue em mãos ao Presidente da Câmara, Michel Temer, em outubro de 2009, ele mesmo afirmou que não havia apoio político suficiente para aprovar a Ficha Limpa. Apenas oito meses depois, no dia 4 de junho de 2010, o Presidente da República, Luiz Inácio Lula da Silva, sancionou a Lei da Ficha Limpa. A pressão popular crescente ao longo destes oito meses foi, aos poucos, acabando com qualquer oposição ao projeto de lei. Todo e qualquer político sensato viu que desafiar publicamente a Ficha Limpa seria totalmente destrutivo para a sua imagem, porém, não quer dizer que foi fácil e que não houve desafios. A oposição aconteceu de forma velada, com inúmeras tentativas de alterar o texto ou adiar a votação do projeto de lei. Deputados que não eram explicitamente contra a Ficha Limpa diziam apenas que o projeto precisava ser "aperfeiçoado", como desculpa para tentar incluir brechas que o enfraqueceriam, removendo pontos importantes ou abrindo espaço para os condenados recorrerem e não serem impactados pela lei.

Em várias etapas do processo houve tentativas de enfraquecer o projeto Ficha Limpa ou adiar a votação. Quando o Projeto de Lei Ficha Limpa foi enviado para a Comissão de Constituição e Justiça que o iria avaliar e rever, houve uma forte ameaça de alguns deputados que se aproveitaram da situação para tentar novamente alterar e enfraquecer o projeto de lei. Nesse momento, foi enviado um alerta convocando os apoiadores da Avaaz a enviarem mensagens e ligarem para os deputados que compõem a Comissão pedindo que não fosse aprovada nenhuma alteração no texto. Resultado: mais de 40 mil mensagens enviadas e centenas de telefonemas em poucos dias, surpreendendo os deputados ao lotar as caixas de entrada dos seus *emails* e questionando seus posicionamentos por telefone. A Comissão, sentindo a pressão, manteve-se firme ao texto aprovado pela sociedade civil. Mais uma batalha foi ganha, mas ainda havia um longo percurso até a votação final pela aprovação, ou não, da Ficha Limpa em plenário.

O componente mais forte da campanha era conseguir uma petição massiva em apoio à Ficha Limpa, com dois milhões de nomes, para que não houvesse equívoco entre os deputados de que este projeto de lei era uma clara representação dos interesses da sociedade brasileira. Nas semanas que antecederam a votação, a petição *online* deu um salto espetacular. Houve uma difusão tão forte via redes sociais, *Twitter* e *email*, que a petição ganhou centenas de milhares de assinaturas em poucos dias. A entrega da petição foi marcada em um ato simbólico no Congresso Nacional, no que seria uma grande "faxina na política" demonstrando o apoio popular massivo pela Ficha Limpa. Os dias antes do ato foram emocionantes, podia-se observar minuto a minuto o crescimento da petição até que ela atingisse a meta de 2 milhões de brasileiros. A meta foi alcançada a tempo e no dia da entrega da petição. Apoiadores da campanha estavam a postos na rampa do Congresso Nacional com um *banner* gigante, baldes, vassouras e aventais para a faxina. O ato de 2 milhões de brasileiros pela Ficha Limpa foi amplamente coberto pela imprensa, chegando aos principais jornais e noticiários do país. A petição foi entregue para um grupo de parlamentares dentro da Câmara dos Deputados, pedindo o compromisso deles em aprovarem a Ficha Limpa sem alterações nem atrasos. Nesse mesmo dia, já em plenário vários deputados fizeram discursos calorosos a favor da Ficha Limpa citando as nossas 2 milhões de assinaturas e a força da sociedade brasileira em se engajar na luta para aprovar o Projeto de Lei.

Todavia, mesmo durante a votação, as ameaças não pararam. Quando chegou ao plenário da Câmara dos Deputados, vários parlamentares apresentaram destaques, propostas de alterações no texto da lei com o intuito de enfraquecê-la. Tantos foram os destaques que a votação foi se prolongando, passando do tempo previsto e tendo que ser novamente adiada. Os organizadores da campanha, já frustrados com tantas tentativas de alterar a lei e adiar a votação, enviaram mais um alerta. Dessa vez, o alerta pedia para as pessoas agirem urgentemente em defesa da Ficha Limpa enviando mensagens para os deputados dos seus Estados, perguntando como eles se posicionariam e pedindo para que votassem contra todos os destaques propostos. O telefone dos que apresentaram os destaques foi publicado em uma página de campanha, convocando as pessoas a ligarem para esses parlamentares pedindo que eles removessem os seus destaques na sessão da votação. Quando chegou o momento da votação, os destaques foram sendo derrubados um a um, por uma grande margem de vitória. Nenhum foi aprovado.

Nesse momento, ficou claro que o custo político para votar contra a Ficha Limpa era muito alto, até mesmo os deputados notoriamente corruptos não conseguiram votar contra. Quando o Projeto da Ficha Limpa chegou ao Senado, ainda sofreu mais uma ameaça: o Senador Romero Jucá tentou adiar a votação alegando que outros assuntos como o Pré-Sal eram mais urgentes e que não havia pressa do Senado em aprovar a Ficha Limpa. A tentativa do Senador Jucá foi derrubada e foi dada a urgência para a votação da Ficha Limpa, que acabou passando por unanimidade. A sanção do Presidente Lula também aconteceu sem maiores demoras, o que transferiu imediatamente a responsabilidade ao Tribunal Superior Eleitoral em definir a validação ou não da Ficha Limpa para as eleições de outubro de 2010. No dia em que seria anunciada a decisão do TSE, mais um alerta foi enviado pedindo para que as pessoas telefonassem urgentemente para o TSE deixando claro que a expectativa da sociedade civil era a de que a Ficha Limpa passasse a valer já para as eleições de 2010. Ao final, foi anunciada a decisão positiva do tribunal de validar a Lei da Ficha Limpa para as eleições de 2010.

Ao longo da campanha, a crescente disseminação da Ficha Limpa chamou a atenção da mídia, e o número de veículos midiáticos interessados em cobrir a mobilização aumentou progressivamente. A constante presença da campanha nos maiores jornais impressos e televisionados do país manteve a população engajada, assim como continuou a lembrar os políticos que o movimento era incansável e determinado. Mesmo após a lei ter sido sancionada, a cobertura da imprensa sobre a campanha se manteve firme e interessada. O ativismo *online* que até então tinha pouco reconhecimento como forma efetiva de transformação social, passou a despertar o interesse de vários veículos de comunicação, abrindo espaço para o debate da função da Internet na política.

Mais do que um grande exemplo de que o brasileiro, afinal de contas, é mais engajado e otimista do que se diz, a Ficha Limpa representa só o começo de muitas outras comprovações de que estamos preparados para usar a Internet de forma eficaz para trazer transformações sociais e políticas para o país e o mundo. Quando as formas de comunicação mudam e evoluem, a política também tem que mudar. Temos que ter mais espaços e canais de participação democrática, sejam eles meios oficiais do governo ou iniciativas não governamentais. Agora que temos um pequeno sabor do que podemos alcançar, sabemos que ao lutar por causas importantes e urgentes nunca mais seremos ignorados. Cabe aos nossos políticos se adaptarem e evoluírem também, prestando mais atenção aos anseios da sociedade e sabendo que eles trabalham para nós. Eles têm a responsabilidade de representar os nossos interesses e nos ouvir, sabendo que também estamos atentos e prontos para agir quando, surgir a necessidade de lutarmos por questões de cidadania e justiça.

LEGISLAÇÃO

LEI COMPLEMENTAR Nº 135, DE 4 DE JUNHO DE 2010

Altera a Lei Complementar nº 64, de 18 de maio de 1990, que estabelece, de acordo com o § 9º do art. 14 da Constituição Federal, casos de inelegibilidade, prazos de cessação e determina outras providências, para incluir hipóteses de inelegibilidade que visam a proteger a probidade administrativa e a moralidade no exercício do mandato.

O Presidente da República,

Faço saber que o Congresso Nacional decreta e eu sanciono a seguinte Lei Complementar:

Art. 1º. Esta Lei Complementar altera a Lei Complementar nº 64, de 18 de maio de 1990, que estabelece, de acordo com o § 9º do art. 14 da Constituição Federal, casos de inelegibilidade, prazos de cessação e determina outras providências.

Art. 2º. A Lei Complementar nº 64, de 1990, passa a vigorar com as seguintes alterações:

"**Art. 1º.** (...)

I – (...)

c) o Governador e o Vice-Governador de Estado e do Distrito Federal e o Prefeito e o Vice-Prefeito que perderem seus cargos eletivos por infringência a dispositivo da Constituição Estadual, da Lei Orgânica do Distrito Federal ou da Lei Orgânica do Município, para as eleições que se realizarem durante o período remanescente e nos 8 (oito) anos subsequentes ao término do mandato para o qual tenham sido eleitos;

d) os que tenham contra sua pessoa representação julgada procedente pela Justiça Eleitoral, em decisão transitada em julgado ou proferida por órgão colegiado, em processo de apuração de abuso do poder econômico ou político, para a eleição na qual concorrem ou tenham sido diplomados, bem como para as que se realizarem nos 8 (oito) anos seguintes;

e) os que forem condenados, em decisão transitada em julgado ou proferida por órgão judicial colegiado, desde a condenação até o transcurso do prazo de 8 (oito) anos após o cumprimento da pena, pelos crimes:

1. contra a economia popular, a fé pública, a administração pública e o patrimônio público;

2. contra o patrimônio privado, o sistema financeiro, o mercado de capitais e os previstos na lei que regula a falência;

3. contra o meio ambiente e a saúde pública;

4. eleitorais, para os quais a lei comine pena privativa de liberdade;

5. de abuso de autoridade, nos casos em que houver condenação à perda do cargo ou à inabilitação para o exercício de função pública;

6. de lavagem ou ocultação de bens, direitos e valores;

7. de tráfico de entorpecentes e drogas afins, racismo, tortura, terrorismo e hediondos;

8. de redução à condição análoga à de escravo;

9. contra a vida e a dignidade sexual; e

10. praticados por organização criminosa, quadrilha ou bando;

f) os que forem declarados indignos do oficialato, ou com ele incompatíveis, pelo prazo de 8 (oito) anos;

g) os que tiverem suas contas relativas ao exercício de cargos ou funções públicas rejeitadas por irregularidade insanável que configure ato doloso de improbidade administrativa, e por decisão irrecorrível do órgão competente, salvo se esta houver sido suspensa ou anulada pelo Poder Judiciário, para as eleições que se realizarem nos 8 (oito) anos seguintes, contados a partir da data da decisão, aplicando-se o disposto no inciso II do art. 71 da Constituição Federal, a todos os ordenadores de despesa, sem exclusão de mandatários que houverem agido nessa condição;

h) os detentores de cargo na administração pública direta, indireta ou fundacional, que beneficiarem a si ou a terceiros, pelo abuso do poder econômico ou político, que forem condenados em decisão transitada em julgado ou proferida por órgão judicial colegiado, para a eleição na qual concorrem ou tenham sido diplomados, bem como para as que se realizarem nos 8 (oito) anos seguintes;

(...)

j) os que forem condenados, em decisão transitada em julgado ou proferida por órgão colegiado da Justiça Eleitoral, por corrupção eleitoral, por captação ilícita de sufrágio, por doação, captação ou gastos ilícitos de recursos de campanha ou por conduta vedada aos agentes públicos em campanhas eleitorais que impliquem cassação do registro ou do diploma, pelo prazo de 8 (oito) anos a contar da eleição;

k) o Presidente da República, o Governador de Estado e do Distrito Federal, o Prefeito, os membros do Congresso Nacional, das Assembleias Legislativas, da Câmara Legislativa, das Câmaras Municipais, que renunciarem a seus mandatos desde o oferecimento de representação ou petição capaz de autorizar a abertura de processo por infringência a dispositivo da Constituição Federal, da Constituição Estadual, da Lei Orgânica do Distrito Federal ou da Lei Orgânica do Município, para as eleições que se realizarem durante o período remanescente do mandato para o qual foram eleitos e nos 8 (oito) anos subsequentes ao término da legislatura;

l) os que forem condenados à suspensão dos direitos políticos, em decisão transitada em julgado ou proferida por órgão judicial colegiado, por ato doloso de improbidade administrativa que importe lesão ao patrimônio público e enriquecimento ilícito, desde a condenação ou o trânsito em julgado até o transcurso do prazo de 8 (oito) anos após o cumprimento da pena;

m) os que forem excluídos do exercício da profissão, por decisão sancionatória do órgão profissional competente, em decorrência de infração ético-profissional, pelo prazo de 8 (oito) anos, salvo se o ato houver sido anulado ou suspenso pelo Poder Judiciário;

n) os que forem condenados, em decisão transitada em julgado ou proferida por órgão judicial colegiado, em razão de terem desfeito ou simulado desfazer vínculo conjugal ou de união estável para evitar caracterização de inelegibilidade, pelo prazo de 8 (oito) anos após a decisão que reconhecer a fraude;

o) os que forem demitidos do serviço público em decorrência de processo administrativo ou judicial, pelo prazo de 8 (oito) anos, contado da decisão, salvo se o ato houver sido suspenso ou anulado pelo Poder Judiciário;

p) a pessoa física e os dirigentes de pessoas jurídicas responsáveis por doações eleitorais tidas por ilegais por decisão transitada em julgado ou proferida por órgão colegiado da Justiça Eleitoral, pelo prazo de 8 (oito) anos após a decisão, observando-se o procedimento previsto no art. 22;

q) os magistrados e os membros do Ministério Público que forem aposentados compulsoriamente por decisão sancionatória, que tenham perdido o cargo por sentença ou que tenham pedido exoneração ou aposentadoria voluntária na pendência de processo administrativo disciplinar, pelo prazo de 8 (oito) anos;

(...)

§ 4º. A inelegibilidade prevista na alínea "e" do inciso I deste artigo não se aplica aos crimes culposos e àqueles definidos em lei como de menor potencial ofensivo, nem aos crimes de ação penal privada.

§ 5º. A renúncia para atender à desincompatibilização com vistas a candidatura a cargo eletivo ou para assunção de mandato não gerará a inelegibilidade prevista na alínea "k", a menos que a Justiça Eleitoral reconheça fraude ao disposto nesta Lei Complementar." (NR)

"**Art. 15.** Transitada em julgado ou publicada a decisão proferida por órgão colegiado que declarar a inelegibilidade do candidato, ser-lhe-á negado registro, ou cancelado, se já tiver sido feito, ou declarado nulo o diploma, se já expedido.

Parágrafo único. A decisão a que se refere o *caput*, independentemente da apresentação de recurso, deverá ser comunicada, de imediato, ao Ministério Público Eleitoral e ao órgão da Justiça Eleitoral competente para o registro de candidatura e expedição de diploma do réu." (NR)

"**Art. 22.** (...)

XIV – julgada procedente a representação, ainda que após a proclamação dos eleitos, o Tribunal declarará a inelegibilidade do representado e de quantos hajam contribuído para a prática do ato, cominando-lhes sanção de inelegibilidade para as eleições a se realizarem nos 8 (oito) anos subsequentes à eleição em que se verificou, além da cassação do registro ou diploma do candidato diretamente beneficiado pela interferência do poder econômico ou pelo desvio ou abuso do poder de autoridade ou dos meios de comunicação, determinando a remessa dos autos ao Ministério Público Eleitoral, para instauração de processo disciplinar, se for o caso, e de ação penal, ordenando quaisquer outras providências que a espécie comportar;

XV – (revogado);

XVI – para a configuração do ato abusivo, não será considerada a potencialidade de o fato alterar o resultado da eleição, mas apenas a gravidade das circunstâncias que o caracterizam.

(...)." (NR)

"**Art. 26-A.** Afastada pelo órgão competente a inelegibilidade prevista nesta Lei Complementar, aplicar-se-á, quanto ao registro de candidatura, o disposto na lei que estabelece normas para as eleições."

"**Art. 26-B.** O Ministério Público e a Justiça Eleitoral darão prioridade, sobre quaisquer outros, aos processos de desvio ou abuso do poder econômico ou do poder de autoridade até que sejam julgados, ressalvados os de *habeas corpus* e mandado de segurança.

§ 1º. É defeso às autoridades mencionadas neste artigo deixar de cumprir qualquer prazo previsto nesta Lei Complementar sob alegação de acúmulo de serviço no exercício das funções regulares.

§ 2º. Além das polícias judiciárias, os órgãos da receita federal, estadual e municipal, os tribunais e órgãos de contas, o Banco Central do Brasil e o Conselho de Controle de Atividade Financeira auxiliarão a Justiça Eleitoral e o Ministério Público Eleitoral na apuração dos delitos eleitorais, com prioridade sobre as suas atribuições regulares.

§ 3º. O Conselho Nacional de Justiça, o Conselho Nacional do Ministério Público e as Corregedorias Eleitorais manterão acompanhamento dos relatórios mensais de atividades fornecidos pelas unidades da Justiça Eleitoral a fim de verificar eventuais descumprimentos injustificados de prazos, promovendo, quando for o caso, a devida responsabilização."

"**Art. 26-C.** O órgão colegiado do tribunal ao qual couber a apreciação do recurso contra as decisões colegiadas a que se referem as alíneas "d", "e", "h", "j", "l" e "n" do inciso I do art. 1º poderá, em caráter cautelar, suspender a inelegibilidade sempre que existir plausibilidade da pretensão recursal e desde que a providência tenha sido expressamente requerida, sob pena de preclusão, por ocasião da interposição do recurso.

§ 1º. Conferido efeito suspensivo, o julgamento do recurso terá prioridade sobre todos os demais, à exceção dos de mandado de segurança e de *habeas corpus*.

§ 2º. Mantida a condenação de que derivou a inelegibilidade ou revogada a suspensão liminar mencionada no *caput*, serão desconstituídos o registro ou o diploma eventualmente concedidos ao recorrente.

§ 3º. A prática de atos manifestamente protelatórios por parte da defesa, ao longo da tramitação do recurso, acarretará a revogação do efeito suspensivo."

Art. 3º. Os recursos interpostos antes da vigência desta Lei Complementar poderão ser aditados para o fim a que se refere o *caput* do art. 26-C da Lei Complementar nº 64, de 18 de maio de 1990, introduzido por esta Lei Complementar.

Art. 4º. Revoga-se o inciso XV do art. 22 da Lei Complementar nº 64, de 18 de maio de 1990.

Art. 5º. Esta Lei Complementar entra em vigor na data da sua publicação.

Brasília, 4 de junho de 2010; 189º da Independência e 122º da República.

Luiz Inácio Lula da Silva

DOU de 7.6.2010

LEI COMPLEMENTAR Nº 64, DE 18 DE MAIO DE 1990

(Lei das Inelegibilidades)

Estabelece, de acordo com o art. 14, § 9º, da Constituição Federal, casos de inelegibilidade, prazos de cessação e determina outras providências.

- *Atualizada até a Lei Complementar nº 135, de 4.6.2010.*

O Presidente da República

Faço saber que o Congresso Nacional decreta e eu sanciono a seguinte Lei:

Art. 1º. São inelegíveis:

I – para qualquer cargo:

a) os inalistáveis e os analfabetos;

b) os membros do Congresso Nacional, das Assembleias Legislativas, da Câmara Legislativa e das Câmaras Municipais, que hajam perdido os respectivos mandatos por infringência do disposto nos incisos I e II do art. 55 da

Constituição Federal, dos dispositivos equivalentes sobre perda de mandato das Constituições Estaduais e Leis Orgânicas dos Municípios e do Distrito Federal, para as eleições que se realizarem durante o período remanescente do mandato para o qual foram eleitos e nos 8 (oito) anos subsequentes ao término da legislatura;

- *Alínea "b" com redação dada pela Lei Complementar nº 81, de 13.4.1994.*

c) o Governador e o Vice-Governador de Estado e do Distrito Federal e o Prefeito e o Vice-Prefeito que perderem seus cargos eletivos por infringência a dispositivo da Constituição Estadual, da Lei Orgânica do Distrito Federal ou da Lei Orgânica do Município, para as eleições que se realizarem durante o período remanescente e nos 8 (oito) anos subsequentes ao término do mandato para o qual tenham sido eleitos;

- *Alínea "c" com redação dada pela Lei Complementar nº 135, de 4.6.2010.*

d) os que tenham contra sua pessoa representação julgada procedente pela Justiça Eleitoral, em decisão transitada em julgado ou proferida por órgão colegiado, em processo de apuração de abuso do poder econômico ou político, para a eleição na qual concorrem ou tenham sido diplomados, bem como para as que se realizarem nos 8 (oito) anos seguintes;

- *Alínea "d" com redação dada pela Lei Complementar nº 135, de 4.6.2010.*

e) os que forem condenados, em decisão transitada em julgado ou proferida por órgão judicial colegiado, desde a condenação até o transcurso do prazo de 8 (oito) anos após o cumprimento da pena, pelos crimes:

1. contra a economia popular, a fé pública, a administração pública e o patrimônio público;

2. contra o patrimônio privado, o sistema financeiro, o mercado de capitais e os previstos na lei que regula a falência;

3. contra o meio ambiente e a saúde pública;

4. eleitorais, para os quais a lei comine pena privativa de liberdade;

5. de abuso de autoridade, nos casos em que houver condenação à perda do cargo ou à inabilitação para o exercício de função pública;

6. de lavagem ou ocultação de bens, direitos e valores;

7. de tráfico de entorpecentes e drogas afins, racismo, tortura, terrorismo e hediondos;

8. de redução à condição análoga à de escravo;

9. contra a vida e a dignidade sexual; e

10. praticados por organização criminosa, quadrilha ou bando;

- *Alínea "e" com redação dada pela Lei Complementar nº 135, de 4.6.2010.*

f) os que forem declarados indignos do oficialato, ou com ele incompatíveis, pelo prazo de 8 (oito) anos;

- *Alínea "f" com redação dada pela Lei Complementar nº 135, de 4.6.2010.*

g) os que tiverem suas contas relativas ao exercício de cargos ou funções públicas rejeitadas por irregularidade insanável que configure ato doloso de improbidade administrativa, e por decisão irrecorrível do órgão competente, salvo se esta houver sido suspensa ou anulada pelo Poder Judiciário, para as eleições que se realizarem nos 8 (oito) anos seguintes, contados a partir da data da decisão, aplicando-se o disposto no inciso II do art. 71 da Constituição Federal, a todos os ordenadores de despesa, sem exclusão de mandatários que houverem agido nessa condição;

- *Alínea "g" com redação dada pela Lei Complementar nº 135, de 4.6.2010.*

h) os detentores de cargo na administração pública direta, indireta ou fundacional, que beneficiarem a si ou a terceiros, pelo abuso do poder econômico ou político, que forem condenados em decisão transitada em julgado ou proferida por órgão judicial colegiado, para a eleição na qual concorrem ou tenham sido diplomados, bem como para as que se realizarem nos 8 (oito) anos seguintes;

- *Alínea "h" com redação dada pela Lei Complementar nº 135, de 4.6.2010.*

i) os que, em estabelecimentos de crédito, financiamento ou seguro, que tenham sido ou estejam sendo objeto de processo de liquidação judicial ou extrajudicial, hajam exercido, nos 12 (doze) meses anteriores à respectiva decretação, cargo ou função de direção, administração ou representação, enquanto não forem exonerados de qualquer responsabilidade;

j) os que forem condenados, em decisão transitada em julgado ou proferida por órgão colegiado da Justiça Eleitoral, por corrupção eleitoral, por captação ilícita de sufrágio, por doação, captação ou gastos ilícitos de recursos de campanha ou por conduta vedada aos agentes públicos em campanhas eleitorais que impliquem cassação do registro ou do diploma, pelo prazo de 8 (oito) anos a contar da eleição;

- *Alínea "j" acrescida pela Lei Complementar nº 135, de 4.6.2010.*

k) o Presidente da República, o Governador de Estado e do Distrito Federal, o Prefeito, os membros do Congresso Nacional, das Assembleias Legislativas, da Câmara Legislativa, das Câmaras Municipais, que renunciarem a seus mandatos desde o oferecimento de representação ou petição capaz de autorizar a abertura de processo por infringência a dispositivo da Constituição Federal, da Constituição Estadual, da Lei Orgânica do Distrito Federal ou da Lei Orgânica do Município, para as eleições que se realizarem durante o período remanescente do mandato para o qual foram eleitos e nos 8 (oito) anos subsequentes ao término da legislatura;

- *Alínea "k" acrescida pela Lei Complementar nº 135, de 4.6.2010.*

l) os que forem condenados à suspensão dos direitos políticos, em decisão transitada em julgado ou proferida por órgão judicial colegiado, por ato doloso de improbidade administrativa que importe lesão ao patrimônio público e enriquecimento ilícito, desde a condenação ou o trânsito em julgado até o transcurso do prazo de 8 (oito) anos após o cumprimento da pena;

- *Alínea "l" acrescida pela Lei Complementar nº 135, de 4.6.2010.*

m) os que forem excluídos do exercício da profissão, por decisão sancionatória do órgão profissional competente, em decorrência de infração ético-profissional, pelo prazo de 8 (oito) anos, salvo se o ato houver sido anulado ou suspenso pelo Poder Judiciário;

- *Alínea "m" acrescida pela Lei Complementar nº 135, de 4.6.2010.*

n) os que forem condenados, em decisão transitada em julgado ou proferida por órgão judicial colegiado, em razão de terem desfeito ou simulado desfazer vínculo conjugal ou de união estável para evitar caracterização de inelegibilidade, pelo prazo de 8 (oito) anos após a decisão que reconhecer a fraude;

- *Alínea "n" acrescida pela Lei Complementar nº 135, de 4.6.2010.*

o) os que forem demitidos do serviço público em decorrência de processo administrativo ou judicial, pelo prazo de 8 (oito) anos, contado da decisão, salvo se o ato houver sido suspenso ou anulado pelo Poder Judiciário;

- *Alínea "o" acrescida pela Lei Complementar nº 135, de 4.6.2010.*

p) a pessoa física e os dirigentes de pessoas jurídicas responsáveis por doações eleitorais tidas por ilegais por decisão transitada em julgado ou proferida por órgão colegiado da Justiça Eleitoral, pelo prazo de 8 (oito) anos após a decisão, observando-se o procedimento previsto no art. 22;

- *Alínea "p" acrescida pela Lei Complementar nº 135, de 4.6.2010.*

q) os magistrados e os membros do Ministério Público que forem aposentados compulsoriamente por decisão sancionatória, que tenham perdido o cargo por sentença ou que tenham pedido exoneração ou aposentadoria voluntária na pendência de processo administrativo disciplinar, pelo prazo de 8 (oito) anos;

- *Alínea "q" acrescida pela Lei Complementar nº 135, de 4.6.2010.*

II – para Presidente e Vice-Presidente da República:

- *Ver CF/1988, com as alterações introduzidas pela Emenda Constitucional nº 16, de 4.6.1997, principalmente os arts. 14, § 5º; 28; caput; 29, II; 77, caput; e 82.*

a) até 6 (seis) meses depois de afastados definitivamente de seus cargos e funções;

1. os Ministros de Estado;

2. os Chefes dos órgãos de assessoramento direto, civil e militar, da Presidência da República;

3. o Chefe do órgão de assessoramento de informações da Presidência da República;

4. o Chefe do Estado-Maior das Forças Armadas;

5. o Advogado-Geral da União e o Consultor-Geral da República;

6. os Chefes de Estado-Maior da Marinha, do Exército e da Aeronáutica;

7. os Comandantes do Exército, Marinha e Aeronáutica;

8. os Magistrados;

9. os Presidentes, Diretores e Superintendentes de Autarquias, Empresas Públicas, Sociedades de Economia Mista e Fundações Públicas e as mantidas pelo Poder Público;

10. os Governadores de Estados, do Distrito Federal e Territórios;

11. os Interventores Federais;

12. os Secretários de Estado;

13. os Prefeitos Municipais;

14. os membros dos Tribunais de Contas da União, dos Estados e do Distrito Federal.

15. o Diretor-Geral do Departamento de Polícia Federal;

16. os Secretários-Gerais, os Secretários Executivos, os Secretários Nacionais, os Secretários Federais dos Ministérios e as pessoas que ocupem cargos equivalentes;

b) os que tenham exercido, nos 6 (seis) meses anteriores à eleição, nos Estados, no Distrito Federal, Territórios e em qualquer dos Poderes da União, cargo ou função de nomeação pelo Presidente da República, sujeito à aprovação prévia do Senado Federal;

c) (Vetado);

d) os que até 6 (seis) meses antes da eleição, tiverem competência ou interesse, direto, indireto ou eventual, no lançamento, arrecadação ou fiscalização de impostos, taxas e contribuições de caráter obrigatório, inclusive parafiscais, ou para aplicar multas relacionadas com essas atividades;

e) os que, até 6 (seis) meses antes da eleição, tenham exercido cargo ou função de direção, administração ou representação nas empresas de que tratam os arts. 3º e 5º da Lei nº 4.137, de 10 de setembro de 1962, quando, pelo âmbito e natureza de suas atividades, possam tais empresas influir na economia nacional;

f) os que, detendo o controle de empresas ou grupo de empresas que atuem no Brasil, nas condições monopolísticas previstas no parágrafo único do art. 5º da lei citada na alínea anterior, não apresentarem à Justiça Eleitoral, até 6 (seis) meses antes do pleito, a prova de que fizeram cessar o abuso, apurado, do poder econômico, ou de que transferiram, por força regular, o controle de referidas empresas ou grupo de empresas;

g) os que tenham, dentro dos 4 (quatro) meses anteriores ao pleito, ocupado cargo ou função de direção, administração ou representação em entidades representativas de classe, mantidas, total ou parcialmente, por contribuições impostas pelo poder público ou com recursos arrecadados e repassados pela Previdência Social;

h) os que, até 6 (seis) meses depois de afastados das funções, tenham exercido cargo de Presidente, diretor ou superintendente de sociedades com objetivos exclusivos de operações financeiras e façam publicamente apelo à poupança e ao crédito, inclusive através de cooperativas e da empresa ou estabelecimentos que gozem, sob qualquer forma, de vantagens asseguradas pelo poder público, salvo se decorrentes de contratos que obedeçam a cláusulas uniformes;

i) os que, dentro de 6 (seis) meses anteriores ao pleito, hajam exercido cargo ou função de direção, administração ou representação em pessoa jurídica ou em empresa que mantenha contrato de execução de obras, de prestação de serviços ou de fornecimento de bens com órgão do poder público ou sob seu controle, salvo no caso de contrato que obedeça a cláusulas uniformes;

j) os que, membros do Ministério Público, não se tenham afastado das suas funções até 6 (seis) meses anteriores ao pleito;

l) os que, servidores públicos, estatutários ou não, dos órgãos ou entidades da administração direta ou indireta da União, dos Estados, do Distrito Federal, dos Municípios e dos Territórios, inclusive das fundações mantidas pelo poder público, não se afastarem até 3 (três) meses anteriores ao pleito, garantido o direito à percepção dos seus vencimentos integrais;

III – para Governador e Vice-Governador de Estado e do Distrito Federal:

a) os inelegíveis para os cargos de Presidente e Vice-Presidente da República especificados na alínea "*a*" do inciso II deste artigo e, no tocante às demais alíneas, quando se tratar de repartição pública, associação ou empresa que operem no território do Estado ou do Distrito Federal, observados os mesmos prazos;

b) até 6 (seis) meses depois de afastados definitivamente de seus cargos ou funções:

- *Ver CF/1988, com as alterações introduzidas pela Emenda Constitucional nº 16, de 4.6.1997, principalmente os arts. 14, § 5º; 28, caput; 29, II; 77, caput; e 82.*

1. os Chefes dos Gabinetes Civil e Militar do Governador do Estado ou do Distrito Federal;

2. os Comandantes do Distrito Naval, Região Militar e Zona Aérea;

3. os diretores de órgãos estaduais ou sociedades de assistência aos Municípios;

4. os Secretários da administração municipal ou membros de órgãos congêneres;

IV – para Prefeito e Vice-Prefeito:

a) no que lhes for aplicável, por identidade de situações, os inelegíveis para os cargos de Presidente e Vice-Presidente da República, Governador e Vice-Governador de Estado e do Distrito Federal, observado o prazo de 4 (quatro) meses para a desincompatibilização;

b) os membros do Ministério Público e Defensoria Pública em exercício na comarca, nos 4 (quatro) meses anteriores ao pleito, sem prejuízo dos vencimentos integrais;

c) as autoridades policiais, civis ou militares, com exercício no Município, nos 4 (quatro) meses anteriores ao pleito;

V – para o Senado Federal;

a) os inelegíveis para os cargos de Presidente e Vice-Presidente da República especificados na alínea "a" do inciso II deste artigo e, no tocante às demais alíneas, quando se tratar de repartição pú-blica, associação ou empresa que opere no território do Estado, observados os mesmos prazos;

b) em cada Estado e no Distrito Federal, os inelegíveis para os cargos de Governador e Vice-Governador, nas mesmas condições estabelecidas, observados os mesmos prazos;

VI – para a Câmara dos Deputados, Assembleia Legislativa e Câmara Legislativa, no que lhes for aplicável, por identidade de situações, os inelegíveis para o Senado Federal, nas mesmas condições estabelecidas, observados os mesmos prazos;

VII – para a Câmara Municipal:

a) no que lhes for aplicável, por identidade de situações, os inelegíveis para o Senado Federal e para a Câmara dos Deputados, observado o prazo de 6 (seis) meses para desincompatibilização;

b) em cada Município, os inelegíveis para os cargos de Prefeito e Vice-Prefeito, observado o prazo de 6 (seis) meses para a desincompatibilização.

§ 1º. Para concorrência a outros cargos, o Presidente da República, os Governadores de Estado e do Distrito Federal e os Prefeitos devem renunciar aos respectivos mandatos até 6 (seis) meses antes do pleito.

§ 2º. O Vice-Presidente, o Vice-Governador e o Vice-Prefeito poderão candidatar-se a outros cargos, preservando os seus mandatos respectivos, desde que, nos últimos 6 (seis) meses anteriores ao pleito, não tenham sucedido ou substituído o titular.

§ 3º. São inelegíveis, no território de jurisdição do titular, o cônjuge e os parentes consanguíneos ou afins, até o segundo grau ou por adoção, do Presidente da República, de Governador de Estado ou Território, do Distrito Federal, de Prefeito ou de quem os haja substituído dentro dos 6 (seis) meses anteriores ao pleito, salvo se já titular de mandato eletivo e candidato à reeleição.

§ 4º. A inelegibilidade prevista na alínea "e" do inciso I deste artigo não se aplica aos crimes culposos e àqueles definidos em lei como de menor potencial ofensivo, nem aos crimes de ação penal privada.

- *§ 4º acrescido pela Lei Complementar nº 135, de 4.6.2010.*

§ 5º. A renúncia para atender à desincompatibilização com vistas a candidatura a cargo eletivo ou para assunção de mandato não gerará a inelegibilidade prevista na alínea "k", a menos que a Justiça Eleitoral reconheça fraude ao disposto nesta Lei Complementar.

- *§ 5º acrescido pela Lei Complementar nº 135, de 4.6.2010.*

Art. 2º. Compete à Justiça Eleitoral conhecer e decidir as arguições de inelegibilidade.

Parágrafo único. A arguição de inelegibilidade será feita perante:

I – o Tribunal Superior Eleitoral, quando se tratar de candidato a Presidente ou Vice-Presidente da República;

II – os Tribunais Regionais Eleitorais, quando se tratar de candidato a Senador, Governador e Vice-Governador de Estado e do Distrito Federal, Deputado Federal, Deputado Estadual e Deputado Distrital;

III – os Juízes Eleitorais, quando se tratar de candidato a Prefeito, Vice-Prefeito e Vereador.

Art. 3º. Caberá a qualquer candidato, a partido político, coligação ou ao Ministério Público, no prazo de 5 (cinco) dias, contados da publicação do pedido de registro do candidato, impugná-lo em petição fundamentada.

§ 1º. A impugnação, por parte do candidato, partido político ou coligação, não impede a ação do Ministério Público no mesmo sentido.

§ 2º. Não poderá impugnar o registro de candidato o representante do Ministério Público que, nos 4 (quatro) anos anteriores, tenha disputado cargo eletivo, integrado diretório de partido ou exercido atividade político-partidária.

§ 3º. O impugnante especificará, desde logo, os meios de prova com que pretende demonstrar a veracidade do alegado, arrolando testemunhas, se for o caso, no máximo de 6 (seis).

Art. 4º. A partir da data em que terminar o prazo para impugnação, passará a correr, após devida notificação, o prazo de 7 (sete) dias para que o candidato, partido político ou coligação possa contestá-la, juntar documentos, indicar rol de testemunhas e requerer a produção de outras provas, inclusive documentais, que se encontrarem em poder de terceiros, de repartições públicas ou em procedimentos judiciais, ou administrativos, salvo os processos em tramitação em segredo de justiça.

Art. 5º. Decorrido o prazo para contestação, se não se tratar apenas de matéria de direito e a prova protestada for relevante, serão designados os 4 (quatro) dias seguintes para inquirição das testemunhas do impugnante e do impugnado, as quais comparecerão por iniciativa das partes que as tiverem arrolado, com notificação judicial.

§ 1º. As testemunhas do impugnante e do impugnado serão ouvidas em uma só assentada.

§ 2º. Nos 5 (cinco) dias subsequentes, o Juiz, ou o Relator, procederá a todas as diligências que determinar, de ofício ou a requerimento das partes.

§ 3º. No prazo do parágrafo anterior, o Juiz, ou o Relator, poderá ouvir terceiros, referidos pelas partes, ou testemunhas, como conhecedores dos fatos e circunstâncias que possam influir na decisão da causa.

§ 4º. Quando qualquer documento necessário à formação da prova se achar em poder de terceiro, o Juiz, ou o Relator, poderá ainda, no mesmo prazo, ordenar o respectivo depósito.

§ 5º. Se o terceiro, sem justa causa, não exibir o documento, ou não comparecer a juízo, poderá o Juiz contra ele expedir mandado de prisão e instaurar processo por crime de desobediência.

Art. 6º. Encerrado o prazo da dilação probatória, nos termos do artigo anterior, as partes, inclusive o Ministério Público, poderão apresentar alegações no prazo comum de 5 (cinco) dias.

Art. 7º. Encerrado o prazo para alegações, os autos serão conclusos ao Juiz, ou ao Relator, no dia imediato, para sentença, ou julgamento pelo Tribunal.

Parágrafo único. O Juiz, ou Tribunal, formará sua convicção pela livre apreciação da prova, atendendo aos fatos e às circunstâncias constantes dos autos, ainda que não alegados pelas partes, mencionando, na decisão, os que motivaram seu convencimento.

Art. 8º. Nos pedidos de registro de candidatos a eleições municipais, o Juiz Eleitoral apresentará a sentença em Cartório 3 (três) dias após a conclusão dos autos, passando a correr deste momento o prazo de 3 (três) dias para a interposição de recursos para o Tribunal Regional Eleitoral.

§ 1º. A partir da data em que for protocolizada a petição de recurso, passará a correr o prazo de 3 (três) dias para a apresentação de contrarrazões.

§ 2º. Apresentadas as contrarrazões, serão os autos imediatamente remetidos ao Tribunal Regional Eleitoral, inclusive por portador, se houver necessidade, decorrente da exiguidade de prazo, correndo as despesas do transporte por conta do recorrente, se tiver condições de pagá-las.

Art. 9º. Se o Juiz Eleitoral não apresentar a sentença no prazo do artigo anterior, o prazo para recurso só começará a correr após a publicação da mesma por edital, em Cartório.

Parágrafo único. Ocorrendo a hipótese prevista neste artigo, o Corregedor Regional, de ofício, apurará o motivo do retardamento e proporá ao Tribunal Regional Eleitoral, se for o caso, a aplicação da penalidade cabível.

Art. 10. Recebidos os autos na Secretaria do Tribunal Regional Eleitoral, estes serão autuados e apresentados no mesmo dia ao Presidente, que, também na mesma data, os distribuirá a um Relator e mandará abrir vistas ao Procurador Regional pelo prazo de 2 (dois) dias.

Parágrafo único. Findo o prazo, com ou sem parecer, os autos serão enviados ao Relator, que os apresentará em mesa para julgamento em 3 (três) dias, independentemente de publicação em pauta.

Art. 11. Na sessão de julgamento, que poderá se realizar em até 2 (duas) reuniões seguidas, feito o relatório, facultada a palavra às partes e ouvido o Procurador Regional, proferirá o Relator o seu voto e serão tomados os dos demais Juízes.

§ 1º. Proclamado o resultado, o Tribunal se reunirá para lavratura do acórdão, no qual serão indicados o direito, os fatos e as circunstâncias com base nos fundamentos do Relator ou do voto vencedor.

§ 2º. Terminada a sessão, far-se-á a leitura e a publicação do acórdão, passando a correr desta data o prazo de 3 (três) dias, para a interposição de recurso para o Tribunal Superior Eleitoral, em petição fundamentada.

Art. 12. Havendo recurso para o Tribunal Superior Eleitoral, a partir da data em que for protocolizada a petição passará a correr o prazo de 3 (três) dias para a apresentação de contrarrazões, notificado por telegrama o recorrido.

Parágrafo único. Apresentadas as contrarrazões, serão os autos imediatamente remetidos ao Tribunal Superior Eleitoral.

Art. 13. Tratando-se de registro a ser julgado originariamente por Tribunal Regional Eleitoral, observado o disposto no art. 6º desta Lei Complementar, o pedido de registro, com ou sem impugnação, será julgado em 3 (três) dias, independentemente de publicação em pauta.

Parágrafo único. Proceder-se-á ao julgamento na forma estabelecida no art. 11 desta Lei Complementar e, havendo recurso para o Tribunal Superior Eleitoral, observar-se-á o disposto no artigo anterior.

Art. 14. No Tribunal Superior Eleitoral, os recursos sobre registro de candidatos serão processados e julgados na forma prevista nos arts. 10 e 11 desta Lei Complementar.

Art. 15. Transitada em julgado ou publicada a decisão proferida por órgão colegiado que declarar a inelegibilidade do candidato, ser-lhe-á negado registro, ou cancelado, se já tiver sido feito, ou declarado nulo o diploma, se já expedido.

- *Art. 15,* caput, *com redação dada pela Lei Complementar nº 135, de 4.6.2010.*

Parágrafo único. A decisão a que se refere o *caput*, independentemente da apresentação de recurso, deverá ser comunicada, de imediato, ao Ministério Público Eleitoral e ao órgão da Justiça Eleitoral competente para o registro de candidatura e expedição de diploma do réu.

- *Parágrafo único acrescido dada pela Lei Complementar nº 135, de 4.6.2010.*

Art. 16. Os prazos a que se referem os arts. 3º e seguintes desta Lei Complementar são peremptórios e contínuos e correm em Secretaria ou Cartório e, a partir da data do encerramento do prazo para registro de candidatos, não se suspendem aos sábados, domingos e feriados.

Art. 17. É facultado ao partido político ou coligação que requerer o registro de candidato considerado inelegível dar-lhe substituto, mesmo que a decisão passada em julgado tenha sido proferida após o termo final do prazo de registro, caso em que a respectiva Comissão Executiva do partido fará a escolha do candidato.

Art. 18. A declaração de inelegibilidade do candidato à Presidência da República, Governador de Estado e do Distrito Federal e Prefeito Municipal não atingirá o candidato a Vice-Presidente, Vice-Governador e Vice-Prefeito, assim como a destes não atingirá aqueles.

Art. 19. As transgressões pertinentes a origem de valores pecuniários, abuso do poder econômico ou político, em detrimento da liberdade de voto, serão apuradas mediante investigações jurisdicionais realizadas pelo Corregedor-Geral e Corregedores Regionais Eleitorais.

Parágrafo único. A apuração e a punição das transgressões mencionadas no *caput* deste artigo terão o objetivo de proteger a normalidade e legitimidade das eleições contra a influência do poder econômico ou do abuso do exercício de função, cargo ou emprego na administração direta, indireta e fundacional da União, dos Estados, do Distrito Federal e dos Municípios.

Art. 20. O candidato, partido político ou coligação são parte legítima para denunciar os culpados e promover-lhes a responsabilidade; a nenhum servidor público, inclusive de autarquias, de entidade paraestatal e de sociedade de economia mista será lícito negar ou retardar ato de ofício tendente a esse fim, sob pena de crime funcional.

Art. 21. As transgressões a que se refere o art. 19 desta Lei Complementar serão apuradas mediante procedimento sumaríssimo de investigação judicial, realizada pelo Corregedor-Geral e Corregedores Regionais Eleitorais, nos termos das Leis nºs 1.579, de 18 de março de 1952, 4.410, de 24 de setembro de 1964, com as modificações desta Lei Complementar.

- *Lei nº 1.579/1952: Dispõe sobre as Comissões Parlamentares de Inquérito.*

Art. 22. Qualquer partido político, coligação, candidato ou Ministério Público Eleitoral poderá representar à Justiça Eleitoral, diretamente ao Corregedor-Geral ou Regional, relatando fatos e indicando provas, indícios e circunstâncias e pedir abertura de investigação judicial para apurar uso indevido, desvio ou abuso do poder econômico ou do poder de autoridade, ou utilização indevida de veículos ou meios de comunicação social, em benefício de candidato ou de partido político, obedecido o seguinte rito:

I – o Corregedor, que terá as mesmas atribuições do Relator em processos judiciais, ao despachar a inicial, adotará as seguintes providências:

a) ordenará que se notifique o representado do conteúdo da petição, entregando-se-lhe a segunda via apresentada pelo representante com as cópias dos documentos, a fim de que, no prazo de 5 (cinco) dias, ofereça ampla defesa, juntada de documentos e rol de testemunhas, se cabível;

b) determinará que se suspenda o ato que deu motivo à representação, quando for relevante o fundamento e do ato impugnado puder resultar a ineficiência da medida, caso seja julgada procedente;

c) indeferirá desde logo a inicial, quando não for o caso de representação ou lhe faltar algum requisito desta Lei Complementar;

II – no caso de o Corregedor indeferir a reclamação ou representação, ou retardar-lhe a solução, poderá o interessado renová-la perante o Tribunal, que resolverá dentro de 24 (vinte e quatro) horas;

III – o interessado, quando for atendido ou ocorrer demora, poderá levar o fato ao conhecimento do Tribunal Superior Eleitoral, a fim de que sejam tomadas as providências necessárias;

IV – feita a notificação, a Secretaria do Tribunal juntará aos autos cópia autêntica do ofício endereçado ao representado, bem como a prova da entrega ou da sua recusa em aceitá-la ou dar recibo;

V – findo o prazo da notificação, com ou sem defesa, abrir-se-á prazo de 5 (cinco) dias para inquirição, em uma só assentada, de testemunhas arroladas pelo representante e pelo representado, até o máximo de 6 (seis) para cada um, as quais comparecerão independentemente de intimação;

VI – nos 3 (três) dias subsequentes, o Corregedor procederá a todas as diligências que determinar, *ex officio* ou a requerimento das partes;

VII – no prazo da alínea anterior, o Corregedor poderá ouvir terceiros, referidos pelas partes, ou testemunhas, como conhecedores dos fatos e circunstâncias que possam influir na decisão do feito;

VIII – quando qualquer documento necessário à formação da prova se achar em poder de terceiro, inclusive estabelecimento de crédito, oficial ou privado, o Corregedor poderá, ainda, no mesmo prazo, ordenar o respectivo depósito ou requisitar cópias;

IX – se o terceiro, sem justa causa, não exibir o documento, ou não comparecer a juízo, o Juiz poderá expedir contra ele mandado de prisão e instaurar processo por crime de desobediência;

X – encerrado o prazo da dilação probatória, as partes, inclusive o Ministério Público, poderão apresentar alegações no prazo comum de 2 (dois) dias;

XI – terminado o prazo para alegações, os autos serão conclusos ao Corregedor, no dia imediato, para apresentação de relatório conclusivo sobre o que houver sido apurado;

XII – o relatório do Corregedor, que será assentado em 3 (três) dias, e os autos da representação serão encaminhados ao Tribunal competente, no dia imediato, com pedido de inclusão incontinenti do feito em pauta, para julgamento na primeira sessão subsequente;

XIII – no Tribunal, o Procurador-Geral ou Regional Eleitoral terá vista dos autos por 48 (quarenta e oito) horas, para se pronunciar sobre as imputações e conclusões do relatório;

XIV – julgada procedente a representação, ainda que após a proclamação dos eleitos, o Tribunal declarará a inelegibilidade do representado e de quantos hajam contribuído para a prática do ato, cominando-lhes sanção de inelegibilidade para as eleições a se realizarem nos 8 (oito) anos subsequentes à eleição em que se verificou, além da cassação do registro ou diploma do candidato diretamente beneficiado pela interferência do poder econômico ou pelo desvio ou abuso do poder de autoridade ou dos meios de comunicação, determinando a remessa dos autos ao Ministério Público Eleitoral, para instauração de processo disciplinar, se for o caso, e de ação penal, ordenando quaisquer outras providências que a espécie comportar;

- *Inciso XIV 15 com redação dada pela Lei Complementar nº 135, de 4.6.2010.*

XV – (revogado);

- *Inciso XV revovado pela Lei Complementar nº 135, de 4.6.2010.*

XVI – para a configuração do ato abusivo, não será considerada a potencialidade de o fato alterar o resultado da eleição, mas apenas a gravidade das circunstâncias que o caracterizam.

- *Inciso XVI acrescido pela Lei Complementar nº 135, de 4.6.2010.*

Parágrafo único. O recurso contra a diplomação, interposto pelo representante, não impede a atuação do Ministério Público no mesmo sentido.

Art. 23. O Tribunal formará sua convicção pela livre apreciação dos fatos públicos e notórios, dos indícios e presunções e prova produzida, atentando para circunstâncias ou fatos, ainda que não indicados ou alegados pelas partes, mas que preservem o interesse público de lisura eleitoral.

Art. 24. Nas eleições municipais, o Juiz Eleitoral será competente para conhecer e processar a representação prevista nesta Lei Complementar, exercendo todas as funções atribuídas ao Corregedor-Geral ou Regional, constantes dos incisos I a XV do art. 22 desta Lei Complementar, cabendo ao representante do Ministério Público Eleitoral em função da Zona Eleitoral as atribuições deferidas ao Procurador-Geral e Regional Eleitoral, observadas as normas do procedimento previstas nesta Lei Complementar.

Art. 25. Constitui crime eleitoral a arguição de inelegibilidade, ou a impugnação de registro de candidato feito por interferência do poder econômico, desvio ou abuso do poder de autoridade, deduzida de forma temerária ou de manifesta má-fé:

Pena – detenção de 6 (seis) meses a 2 (dois) anos, e multa de 20 (vinte) a 50 (cinquenta) vezes o valor do Bônus do Tesouro Nacional (BTN), e, no caso de sua extinção, de título público que o substitua.

- *O BTN foi extinto pela Lei nº 8.177, de 1º.3.1991.*

Art. 26. Os prazos de desincompatibilização previstos nesta Lei Complementar que já estiverem ultrapassados na data de sua vigência considerar-se-ão atendidos desde que a desincompatibilização ocorra até 2 (dois) dias após a publicação desta Lei Complementar.

Art. 26-A. Afastada pelo órgão competente a inelegibilidade prevista nesta Lei Complementar, aplicar-se-á, quanto ao registro de candidatura, o disposto na lei que estabelece normas para as eleições.

- *Art. 26-A acrescido pela Lei Complementar nº 135, de 4.6.2010.*

Art. 26-B. O Ministério Público e a Justiça Eleitoral darão prioridade, sobre quaisquer outros, aos processos de desvio ou abuso do poder econômico ou do poder de autoridade até que sejam julgados, ressalvados os de *habeas corpus* e mandado de segurança.

§ 1º. É defeso às autoridades mencionadas neste artigo deixar de cumprir qualquer prazo previsto nesta Lei Complementar sob alegação de acúmulo de serviço no exercício das funções regulares.

§ 2º. Além das polícias judiciárias, os órgãos da receita federal, estadual e municipal, os tribunais e órgãos de contas, o Banco Central do Brasil e o Conselho de Controle de Atividade Financeira auxiliarão a Justiça Eleitoral e o Ministério Público Eleitoral na apuração dos delitos eleitorais, com prioridade sobre as suas atribuições regulares.

§ 3º. O Conselho Nacional de Justiça, o Conselho Nacional do Ministério Público e as Corregedorias Eleitorais manterão acompanhamento dos relatórios mensais de atividades fornecidos pelas unidades da Justiça Eleitoral a fim de verificar eventuais descumprimentos injustificados de prazos, promovendo, quando for o caso, a devida responsabilização.

- *Art. 26-B acrescido pela Lei Complementar nº 135, de 4.6.2010.*

Art. 26-C. O órgão colegiado do tribunal ao qual couber a apreciação do recurso contra as decisões colegiadas a que se referem as alíneas "d", "e", "h", "j", "l" e "n" do inciso I do art. 1º poderá, em caráter cautelar, suspender a inelegibilidade sempre que existir plausibilidade da pretensão recursal e desde que a providência tenha sido expressamente requerida, sob pena de preclusão, por ocasião da interposição do recurso.

§ 1º. Conferido efeito suspensivo, o julgamento do recurso terá prioridade sobre todos os demais, à exceção dos de mandado de segurança e de *habeas corpus*.

§ 2º. Mantida a condenação de que derivou a inelegibilidade ou revogada a suspensão liminar mencionada no *caput*, serão desconstituídos o registro ou o diploma eventualmente concedidos ao recorrente.

§ 3º. A prática de atos manifestamente protelatórios por parte da defesa, ao longo da tramitação do recurso, acarretará a revogação do efeito suspensivo.

- *Art. 26-C acrescido pela Lei Complementar nº 135, de 4.6.2010.*

Art. 27. Esta Lei Complementar entra em vigor na data de sua publicação.

Art. 28. Revogam-se a Lei Complementar nº 5, de 29 de abril de 1970, e as demais disposições em contrário.

Brasília, 18 de maio de 1990; 169º da Independência e 102º da República.

Fernando Collor

DOU de 21.5.1990

Jurisprudência

RESOLUÇÃO

Consulta nº 1120-26.2010.6.00.0000
Classe 10 – Brasília – Distrito Federal.

Relator: Ministro Hamilton Carvalhido.

Consulente: Arthur Virgílio do Carmo Ribeiro Neto.

Advogado: Walter Rodrigues de Lima Júnior.

Consulta: ALTERAÇÃO – NORMA ELEITORAL – LEI COMPLEMENTAR Nº 135/2010 – APLICABILIDADE – ELEIÇÕES 2010 – AUSÊNCIA DE ALTERAÇÃO NO PROCESSO ELEITORAL – OBSERVÂNCIA DE PRINCÍPIOS CONSTITUCIONAIS – PRECEDENTES.

— Consulta conhecida e respondida afirmativamente.

Relatório

O Senhor Ministro Hamilton Carvalhido:

Consulta formulada pelo Senador da República Arthur Virgílio do Carmo Ribeiro Neto, nos seguintes termos (fl. 5):

> *"Uma lei eleitoral que disponha sobre inelegibilidades e que tenha a sua entrada em vigor antes do prazo de 5 de julho, poderá ser efetivamente aplicada para as eleições gerais de 2010?"*

Precede o questionamento em testilha uma contextualização, fazendo-se referência ao Projeto de Lei Complementar nº 168, de 1993, que alterou a Lei Complementar nº 64, de 1990, "[...] no sentido de restringir a entrada na disputa eleitoral de candidatos que não atendam requisitos mínimos de vida pregressa [...]" (fl. 3).

O consulente destaca ainda que "[...] os partidos políticos deverão ter a segurança jurídica de saber se uma norma eleitoral, que impõe a sanção de inelegibilidade aos possíveis candidatos, terá a aplicabilidade para a presente eleição" (fl. 4).

Parecer da Assessoria Especial da Presidência (ASESP), *verbis* (fls. 8-15):

> "[...] Verifica-se que a consulta foi elaborada por parte legítima, versa sobre matéria eleitoral e a situação está delineada de forma hipotética.
>
> Merece nota que a função consultiva da Justiça Eleitoral subsume-se a uma competência administrativa que permite dissipar dúvidas acerca da matéria eleitoral e para situações abstratas. Por esta razão, o posicionamento adotado em uma Consulta não gera direito subjetivo, não cria situação de sucumbência, tampouco faz coisa julgada.
>
> Conforme se infere do texto da consulta, questiona-se a introdução no ordenamento jurídico da Lei Complementar nº 135, de 4.6.2010 (*DOU* de 7.6.2010), que conferiu nova redação a dispositivos da Lei Complementar nº 64/1990.
>
> Referido diploma introduziu, de acordo com o § 9º do art. 14 da Constituição Federal, hipóteses de inelegibilidade e buscou proteger a probidade administrativa e a moralidade no exercício do mandato. Disciplinou, ainda, prazos de cessação das inelegibilidades e determinou outras providências.
>
> Busca-se elucidar, portanto, a aplicação do princípio da anterioridade eleitoral, considerando-se lei que entrou em vigor antes do prazo de 5 de julho e após o dia 3 de outubro passado.
>
> O princípio da anterioridade ou anualidade eleitoral está previsto no art. 16 da Constituição Federal, com a seguinte redação:
>
> *Art. 16. A lei que alterar o processo eleitoral entrará em vigor na data de sua publicação, não se aplicando à eleição que ocorra até um ano da data de sua vigência.*
>
> Entende-se neste parecer que deve ser definido pelo Tribunal Superior Eleitoral o momento em que se inicia o processo eleitoral, além da própria conceituação do instituto.
>
> Quanto ao início do processo eleitoral, transcreve-se a doutrina de Marcos Ramayana:[1]

---

1. RAMAYANA, Marcos. *Direito Eleitoral*. Rio de Janeiro: Impetus, 2009, p. 45.

> *(...) inicia-se o processo eleitoral com a escolha pelos partidos políticos dos seus pré-candidatos. Deve-se entender por processo eleitoral os atos que se refletem, ou de alguma forma se projetam no pleito eleitoral, abrangendo as coligações, convenções, registro de candidatos, propaganda política eleitoral, votação, apuração e diplomação.*

Vê-se que o autor delimita o aspecto temporal para afirmar que o processo eleitoral inicia-se com a escolha pelos partidos políticos de seus pré-candidatos.

No mesmo sentido, o eminente Ministro Cezar Peluso, em voto proferido na ADIn nº 3.685/DF, cita o doutrinador José Afonso da Silva, para quem:

> *(...) o processo eleitoral desenrola-se em três fases: "(1) apresentação das candidaturas; (2) organização e realização do escrutínio; (3) contencioso eleitoral". A primeira delas "**compreende os atos e operações de designação de candidatos em cada partido, do seu registro no órgão da Justiça Eleitoral competente** e da propaganda eleitoral que se destina a tornar conhecidos o pensamento, o programa e os objetivos dos candidatos" (grifo nosso).*

No caso em tela, a lei foi publicada antes das convenções partidárias, circunstância que não afetaria o andamento da eleição vindoura, mantendo-se a segurança jurídica entre os partidos, candidatos e eleitores.

Diante dessas considerações, se a lei entrar em vigor antes das convenções partidárias, não há falar em alteração no processo eleitoral.

Como dito, a resposta à consulta cobra, ainda, a conceituação do processo eleitoral, investigação apartada por opção didática, mas que tem estreita relação com o aspecto temporal acima abordado.

O conceito de processo eleitoral tem com importante distinção realizada doutrina processualista, entre a materialidade do direito e sua instrumentalidade. Nesse sentido, Cintra, Grinover e Dinamarco[2] preceituam que:

---

2. CINTRA, Antônio C. de A.; GRINOVER, Ada P.; DINAMARCO, Cândido R. *Teoria Geral do Processo*. São Paulo: Malheiros, 2005. p. 42.

O que distingue fundamentalmente direito material e direito processual é que este cuida das relações dos sujeitos processuais, da posição de cada um deles no processo, da forma de se proceder aos atos deste – sem nada dizer quanto ao bem da vida que é objeto do interesse primário das pessoas (o que entra na órbita do direito substancial).

Ressaltando o aspecto da instrumentalidade, ou seja, da **distinção entre normas de direito eleitoral e normas de direito processual eleitoral**, o e. Ministro Moreira Alves proferiu elucidativo voto, nos autos da ADIN nº 354/1990.

O Eminente Ministro consignou, em síntese, que o processo eleitoral **abrange as normas instrumentais diretamente ligadas às eleições**, desde a fase inicial, ou seja, da apresentação das candidaturas, até a fase final, com a da diplomação dos eleitos.

Transcreve-se os seguintes excertos de seu voto:

> O que é certo é que processo eleitoral é expressão que não abarca, por mais amplo que seja o sentido que se lhe dê, todo o direito eleitoral, mas **apenas o conjunto de atos que estão diretamente ligados às eleições**. (...)
>
> A meu ver, e desde que processo eleitoral não se confunde com direito eleitoral, parte que é dele, deve-se entender aquela expressão não como abrangente de todas as normas que possam refletir-se direta ou indiretamente na série de atos necessários ao funcionamento das eleições por meio do sufrágio universal – o que constitui o conteúdo do direito eleitoral –, mas, sim, das normas instrumentais diretamente ligadas à eleições (...)
>
> Note-se, porém, que **são apenas as normas instrumentais relativas às eleições, e não as normas materiais que a elas de alguma forma se prendam.**
>
> **Se a Constituição pretendesse chegar a tanto não teria usado da expressão mais restrita que é 'processo eleitoral'**" (grifos nossos).

Cumpre registrar que, em circunstâncias semelhantes, porquanto se tratava de texto legal publicado no Diário Oficial de 21.5.1990, este Tribunal definiu o aspecto processual das normas previstas na então novel LC nº 64/1990, ora alterada pela LC nº 135/2010.

A ementa é esclarecedora:

"APLICAÇÃO IMEDIATA DO CITADO DIPLOMA (ART. 1º, II, G), POR SE TRATAR DA EDIÇÃO DA LEI COMPLEMENTAR, EXIGIDA PELA CONSTITUIÇÃO (ART. 14, § 9º) SEM CONFIGURAR ALTERAÇÃO DO PROCESSO ELEITORAL, VEDADA PELO ART. 16 DA MESMA CARTA." (CTA – Consulta nº 11173 – Resolução nº 16.551 de 31.5.1990, Relator Min. Luiz Octávio P. E. Albuquerque Gallotti).

O Eminente Relator asseverou que *"o estabelecimento, por lei complementar, de outros casos de inelegibilidade, além dos diretamente previstos na Constituição, é exigido pelo art. 14, § 9º, desta e não configura alteração do processo eleitoral, vedada pelo art. 16 da mesma Carta"*.

Mencione-se também o Recurso Eleitoral nº 9.115/SP, Rel. Min. Villas Boas.

Naquele julgado, datado de 3.9.1990, o e. Relator reformou acórdão regional que, ao aplicar legislação revogada pela Lei Complementar nº 64/1990, indeferiu registro de candidatura do recorrente.

À unanimidade, o recurso foi provido e a ementa do julgado assinalou *"a plena vigência da LC nº 64/1990, a ela não se aplicando o art. 16 da Constituição Federal"*.

Ainda sobre a conceituação de processo eleitoral e quanto à aplicação do princípio da anualidade, previsto no art. 16 da Carta da República, convém mencionar a ADIn nº 3.741/DF, de Relatoria do Ministro Ricardo Lewandowski.

Em voto acolhido à unanimidade, Sua Excelência remeteu a julgado anterior, a ADIn nº 3.345, Relatada pelo e. Ministro Celso de Mello, para afirmar que:

> *o Supremo Tribunal Federal estabeleceu que só se pode cogitar de comprometimento do princípio da anterioridade, quando ocorrer: 1) o rompimento da igualdade de participação dos partidos políticos e dos respectivos candidatos no processo eleitoral; 2) a criação de deformação que afete a normalidade das eleições; 3) a introdução de fator de perturbação do pleito; ou 4) a promoção de alteração motivada por propósito casuístico.*

Ao discorrer especificamente sobre a aplicação da Minirreforma Eleitoral (Lei nº 11.300/2006) às Eleições 2006, Sua Excelência asseverou que:

é possível constatar que em nenhum momento inovou-se no tocante a normas relativas ao processo eleitoral, concebido em sua acepção mais estrita, visto que não se alterou a disciplina das convenções partidárias, nem os coeficientes eleitorais e nem tampouco a extensão do sufrágio universal.

Dessa feita, no tocante à aplicação do princípio constitucional da anualidade, a orientação do Supremo Tribunal Federal tem sido no sentido de se evitar manobras que desta ou daquela maneira possam beneficiar a determinado segmento e prejudicar qualquer dos demais segmentos envolvidos na disputa.

Não é, à evidência, a hipótese versada na presente consulta.

Finalmente, quanto à iniciativa popular para viabilizar projeto que resultou em lei, cuja eficácia temporal ora se questiona, merece nota o escólio do professor Miguel Reale. Ao discorrer sobre o campo de eficácia normativa, o ilustre professor afirma que:

> *O Direito autêntico não é apenas declarado mas reconhecido, é vivido pela sociedade, como algo que se incorpora e se integra na sua maneira de conduzir-se. A regra de direito deve, por conseguinte, ser formalmente válida e socialmente eficaz.*[3]

Ante o exposto, opina-se pelo conhecimento da consulta, nos termos firmadas por esta assessoria. [...]". (grifos no original)

É o relatório.

Voto

O Senhor Ministro Hamilton Carvalhido (relator):

De início, observo que a consulta foi formulada por parte legítima e sobre matéria eleitoral, como requer a letra do art. 23, XII, do Código Eleitoral:

> *"Art. 23. Compete, ainda, privativamente, ao Tribunal Superior: [...]*
>
> *XII – responder, sobre matéria eleitoral, às consultas que lhe forem feitas em tese por autoridade com jurisdição federal ou órgão nacional de partido político; [...]".*

Em que pese a jurisprudência desta Corte sobre o não conhecimento de consultas, uma vez iniciado o período para a realização das convenções,

3. REALE, Miguel. *Lições Preliminares de Direito*. Edição ajustada ao novo Código Civil. São Paulo: Saraiva, 2002. p. 113.

tal entendimento comporta exceção, em casos excepcionalíssimos, bem caracterizado na espécie, tratando-se, como se trata, de consulta que tem por objeto lei de inelegibilidade, com início de vigência formal recentíssima, mais precisamente em 7.6.2010.

Demais, não há obstáculo legal e as consultas têm a função de orientar os tribunais regionais eleitorais, os juízes eleitorais e os jurisdicionados quanto à aplicação da lei eleitoral, absolutamente necessária na espécie, à evidência.

Razões de ordem pragmática e histórica referendam a previsão dessa competência ímpar exercida pela Justiça Eleitoral, e a conveniência de manter-se essa prerrogativa é reforçada pela principal característica do processo eleitoral, que o difere definitivamente de todos os demais: a celeridade, o dinamismo dessa tomada de decisões, a qual muitas vezes não permite a espera de uma solução pelo legislador.

Contextualizando a ação do Tribunal Superior Eleitoral nesse mister, interessante revisitar a Consulta nº 1.745/AM, julgado em 13.11.1959, Rel. Ministro Ildefonso Mascarenhas da Silva. A sua ementa é emblemática:

> *A lei é feita, satisfazendo uma necessidade social, para estabelecer condições que tornem possível a convivência pacífica, a cooperação, a solidariedade, a segurança e o progresso, devendo ser interpretada construtivamente.* ***É missão precípua da Justiça Eleitoral garantir o exercício dos direitos políticos e a vitalidade do regime democrático. O Tribunal Superior Eleitoral tem poder normativo na expedição de instruções para fiel execução das leis eleitorais***. (nosso o grifo)

Assim, conheço da presente consulta e passo ao seu exame de mérito.

Mérito

Eis o teor da consulta formulada pelo Senador da República Arthur Virgílio do Carmo Ribeiro Neto (fl. 5):

> *Uma lei eleitoral que disponha sobre inelegibilidades e que tenha a sua entrada em vigor antes do prazo de 5 de julho, poderá ser efetivamente aplicada para as eleições gerais de 2010?*

É sabido que, em 4 de junho deste ano, foi sancionada pelo Presidente da República a Lei Complementar nº 135, que altera a Lei Complementar nº 64/1990, de acordo com o § 9º do art. 14 da Constituição Federal. A referida Lei, popularmente chamada de "Lei da Ficha Limpa", estabelece casos de inelegibilidade que visam proteger a probidade administrativa e a moralidade no exercício do mandato eletivo.

Seus termos não deixam dúvida quanto a alcançar situações anteriores ao início de sua vigência e, consequentemente, as eleições do presente ano, de 2010.

Confira-se, para certeza das coisas, o art. 3º da Lei Complementar nº 135/2010, *verbis*:

"Art. 3º. Os recursos interpostos antes da vigência desta Lei Complementar poderão ser aditados para o fim a que se refere o caput do art. 26-C[4] da Lei Complementar nº 64, de 18 de maio de 1990, introduzido por esta Lei Complementar".

Lado outro, nenhum óbice a tal incidência imediata se estabelece em consequência do princípio da anualidade.

Consoante o art. 16 da Constituição Federal:

"Art. 16. A lei que alterar o processo eleitoral entrará em vigor na data de sua publicação, não se aplicando à eleição que ocorra até um ano da data de sua vigência".

Infere-se do caso em tela que as inovações trazidas pela Lei Complementar nº 135/2010 têm a natureza de norma eleitoral material e em nada se identificam com as do processo eleitoral, deixando de incidir, destarte, o óbice esposado no dispositivo constitucional.

A propósito, recorto do pronunciamento da ASESP (fls. 11-12):

"[...] O conceito de processo eleitoral tem com importante distinção realizada doutrina processualista, entre a materialidade do direito e sua instrumentalidade. Nesse sentido, Cintra, Grinover e Dinamarco[5] preceituam que:

O que distingue fundamentalmente direito material e direito processual é que este cuida das relações dos sujeitos processuais, da posição de cada um deles no processo, da forma de se proceder aos atos deste – sem nada dizer quanto ao bem da vida que é objeto do interesse primário das pessoas (o que entra na órbita do direito substancial).

---

4. Art. 26-C. O órgão colegiado do tribunal ao qual couber a apreciação do recurso contra as decisões colegiadas a que se referem as alíneas "d", "e", "h", "j", "l" e "n" do inciso I do art. 1º poderá, em caráter cautelar, suspender a inelegibilidade sempre que existir plausibilidade da pretensão recursal e desde que a providência tenha sido expressamente requerida, sob pena de preclusão, por ocasião da interposição do recurso.

5. CINTRA, Antônio C. de A.; GRINOVER, Ada P.; DINAMARCO, Cândido R. *Teoria Geral do Processo*. São Paulo: Malheiros, 2005. p. 42.

Ressaltando o aspecto da instrumentalidade, ou seja, da **distinção entre normas de direito eleitoral e normas de direito processual eleitoral**, o e. Ministro Moreira Alves proferiu elucidativo voto, nos autos da ADIN nº 354/1990.

O Eminente Ministro consignou, em síntese, que o processo eleitoral **abrange as normas instrumentais diretamente ligadas às eleições**, desde a fase inicial, ou seja, da apresentação das candidaturas, até a fase final, com a da diplomação dos eleitos.

Transcreve-se os seguintes excertos de seu voto:

> O que é certo é que processo eleitoral é expressão que não abarca, por mais amplo que seja o sentido que se lhe dê, todo o direito eleitoral, mas **apenas o conjunto de atos que estão diretamente ligados às eleições**. (...)
>
> A meu ver, e desde que processo eleitoral não se confunde com direito eleitoral, parte que é dele, deve-se entender aquela expressão não como abrangente de todas as normas que possam refletir-se direta ou indiretamente na série de atos necessários ao funcionamento das eleições por meio do sufrágio universal – o que constitui o conteúdo do direito eleitoral –, mas, sim, das normas instrumentais diretamente ligadas à eleições (...)
>
> Note-se, porém, que **são apenas as normas instrumentais relativas às eleições, e não as normas materiais que a elas de alguma forma se prendam.**
>
> **Se a Constituição pretendesse chegar a tanto não teria usado da expressão mais restrita que é 'processo eleitoral'** [...]". (grifos no original)

Com base em entendimento desta Corte em situação análoga à dos presentes autos, sobre a aplicabilidade de lei eleitoral, o Tribunal manifestou-se nos seguintes termos:

> "– Inelegibilidade – Desincompatibilização – Ordem dos Advogados do Brasil – OAB – Presidentes e demais membros das Diretorias dos Conselhos e Subseções – Vigência da Lei Complementar nº 64/1990.
>
> **– Aplicação imediata do citado diploma (art. 1º, II, "g"), por se tratar da edição de lei complementar, exigida pela Constituição (art. 14, § 9º), sem configurar alteração do processo eleitoral, vedada pelo art. 16 da mesma Carta.**

– Devem afastar-se de suas atividades, quatro meses antes do pleito, os ocupantes de cargo ou função de direção, nas entidades representativas de classe, de que trata a letra "g" do item II do art. 1º da Lei Complementar nº 64, de 18 de maio de 1990, entre as quais se compreende a O.A.B." (Cta nº 11.173/DF, Relator Min. Octávio Gallotti, j. em 31.5.1990, *DJ* 9.7.1990) [nosso o grifo]

Há, por último, que se examinar, em parte e sem pretensão de exaurir a fundamentação, a norma do art. 14, § 9º, da Constituição Federal em relação com a norma do art. 5º, inciso LVII, com vistas à eficácia do novel diploma legislativo em questão:

"Art. 5º. [...]

LVII – ninguém será considerado culpado até o trânsito em julgado de sentença penal condenatória;

"Art. 14. [...]:

§ 9º. Lei complementar estabelecerá outros casos de inelegibilidade e os prazos de sua cessação, a fim de proteger a probidade administrativa, a moralidade para o exercício do mandato, considerada a vida pregressa do candidato, e a normalidade e legitimidade das eleições contra a influência do poder econômico ou o abuso do exercício de função, cargo ou emprego na administração direta ou indireta". (Redação dada pela Emenda Constitucional de Revisão nº 4, de 1994)

Tem-se, *primus ictus oculi*, que concorrem valores fundamentais diversos que se entrecruzam na consideração necessária, como preceitua a norma política, da vida pregressa do candidato.

Anota Paulo Bonavides:

Averiguar a existência de valores no ordenamento constitucional ou proclamar a Constituição um sistema e ordem de valores não constitui problema; o problema é estabelecer a hierarquia desses valores, compatibilizá-los na dimensão objetiva, aplicá-los a situações concretas, ao caso jurídico, fazê-los, enfim, exequíveis em toda a sua plenitude, solvendo ao mesmo tempo as dificuldades teóricas contidas no binômio jurídico: valor e norma. (*in Curso de Direito Constitucional.* 18ª ed., São Paulo: Malheiros Editores, pág. 627).

Konrad Hesse, de seu lado, discorrendo sobre a consolidação e a preservação da força normativa da Constituição, considera que a interpretação tem significado decisivo e essencial para a concretização da norma e que as mudanças nas relações fáticas provocam mudanças também na interpretação da Constituição. Nas suas próprias palavras:

A interpretação constitucional está submetida ao princípio da ótima concretização da norma [...]. Evidentemente, esse princípio não pode ser aplicado com base nos meios fornecidos pela subsunção lógica e pela construção conceitual. Se o direito e, sobretudo, a Constituição, têm a sua eficácia condicionada pelos fatos concretos da vida, não se afigura possível que a interpretação faça deles tábula rasa. Ela há de contemplar essas condicionantes, correlacionando-as com as proposições normativas da Constituição. A interpretação adequada é aquela que consegue concretizar, de forma excelente, o sentido (Sinn) da proposição normativa dentro das condições reais dominantes numa determinada situação.[6]

A discussão, nesta Corte, sobre o tema afeto à ponderação dos valores constitucionais não é recente. Na ocasião do julgamento do RO nº 1.069/RJ,[7] o Ministro Cesar Asfor Rocha, em voto-vista, vencido, ponderou:

"[...] é certo que o princípio da presunção de inocência não pode ser desconhecido do exegeta constitucional, mas parece-me igualmente certo que ele (o intérprete da Constituição) também não pode ignorar, no que interessa aos institutos do Direito Eleitoral, a força normativa dos princípios da Carta Magna, em especial o dizer contido no art. 14, § 9º, ao impor a proteção da probidade e da moralidade públicas, quando se cuida de preconizar os casos em que ao cidadão se proíbe o direito de concorrer a cargo eletivo.

Na verdade, não se ignora que esses valores constituem princípios constitucionais expressos da Administração Pública (art. 37 da Carta Magna), cuja preservação há de ser provida por meio da atividade jurisdicional em geral e, em particular, por meio da atuação dos órgãos da jurisdição eleitoral, já que se trata de princípio que interessa máxima e diretamente à definição dos que podem concorrer a cargos eletivos."

Mais adiante, consigna o eminente Ministro:

"Tenho a segura convicção de que a existência de eventuais condenações criminais é da maior relevância para a jurisdição eleitoral, sendo de menor importância o fato de essas condenações já haverem transitado em julgado, porque a Justiça Eleitoral não está,

---

6. HESSE, Konrad. *A Força Normativa da Constituição*. Trad. Gilmar Ferreira Mendes. Porto Alegre: Sergio Antonio Fabris Editor, 1991.

7. RO nº 1.069/RJ, Rel. Ministro Marcelo Ribeiro, publicado na sessão de 20.9.2006.

ao apreciar o pedido de registro de candidaturas, aplicando sanção penal (que efetivamente dependeria do trânsito em julgado da condenação), mas avaliando se o postulante ao registro reúne as condições legais e exigidas.

Penso que, havendo condenação penal recorrida, haveria, no mínimo, a necessidade de se analisar, em cada caso concreto, a viabilidade material do recurso interposto, em todos os seus aspectos, não bastando a simples interposição do apelo para já se ter por suspensa a inelegibilidade, porque esta (a inelegibilidade) não é pena criminal em sentido estrito.

Ao meu ver, é da mais avultada importância se deixar definitivamente assentado que a apreciação, pela Justiça Eleitoral, de pedido de registro de candidatura a cargo eletivo, se desenvolve em ambiente processual de dilargada liberdade judicial de pesquisa e ponderação dos elementos que acompanham e definem a reputação do pretendente. Se assim não fosse, seria a Justiça Eleitoral completamente acrítica e infensa aos valores que busca justamente proteger, quais sejam, a probidade e a moralidade do futuro desempenho do ungido pelas urnas."

Ainda o mesmo Ministro Cesar Asfor Rocha, por ocasião do julgamento RO nº 912/RR, enfatizou que a elegibilidade estaria sujeita, além do que preconiza a Lei das Inelegibilidades, ao que dispõe a Constituição Federal: "[...] Os casos legais complementares de inelegibilidade do cidadão **têm por escopo preservar valores democráticos altamente protegidos**, sem cujo atendimento o próprio modo de vida democrático se tornará prejudicado ou mesmo inviável", argumentando ainda que "[...] **a Justiça Eleitoral tem o poder-dever de velar pela aplicação dos preceitos constitucionais de proteção à probidade administrativa e à moralidade para o exercício do mandato** (art. 14, § 9º, CF/88)" (grifos no original).

A esta altura, deve também ser dada ênfase à exposição dos motivos da edição da Lei Complementar nº 64/1990. Em determinado trecho da justificação, está consignado que:

> "[...] O objetivo primacial da presente propositura é estabelecer limites éticos de elegibilidade, especialmente no que diz respeito ao exercício do poder; à influência do comando sobre comandados; ao poder de império dos controladores do dinheiro público; ao uso dos meios de comunicação de massa; e aos efeitos espúrios do poder econômico por parte dos que postulam funções eletivas e o exercício da administração pública. [...]".

Trata-se de norma restritiva de direitos fundamentais a do art. 14, § 9º da Constituição Federal, não visando apenas assegurar a normalidade e a legitimidade das eleições contra a influência do poder econômico ou o abuso do exercício da função, cargo ou emprego na administração direta ou indireta, mas também proteger a probidade administrativa para o exercício do mandato, considerada a **vida pregressa** do candidato.

Vida pregressa, no sistema de direito positivo vigente, abrange antecedentes **sociais** e **penais**, sendo, por isso mesmo, de consideração necessária a presunção de não culpabilidade insculpida no art. 5º, inciso LVII, também da Constituição Federal, enquanto diz com o alcance da norma constante do art. 14, § 9º da Lei Fundamental.

A garantia da presunção de não culpabilidade protege, como direito fundamental, o universo de direitos do cidadão, e a norma do art. 14, § 9º, da Constituição Federal restringe o direito fundamental à elegibilidade, em obséquio da probidade administrativa para o exercício do mandato, em função da vida pregressa do candidato.

A regra política visa acima de tudo ao futuro, função eminentemente protetiva ou, em melhor termo, cautelar, alcançando restritivamente também a meu ver, por isso mesmo, a garantia da presunção da não culpabilidade, impondo-se a ponderação de valores para o estabelecimento dos limites resultantes à norma de inelegibilidade.

Fê-lo o legislador, ao editar a Lei Complementar nº 135/2010, com o menor sacrifício possível da presunção de não culpabilidade, ao ponderar os valores protegidos, dando eficácia apenas aos antecedentes já consolidados em julgamento colegiado, sujeitando-os, ainda, à suspensão cautelar, quanto à inelegibilidade.

Tratando-se efetivamente de norma eleitoral material, como exsurge de todo o exposto, não há falar na incidência do princípio da anualidade, insculpido no art. 16 da Constituição Federal.

Pelo exposto, respondo afirmativamente à consulta, no sentido de que a Lei Complementar nº 135/2010 tem aplicação imediata.

É o Voto.

RESOLUÇÃO

Consulta nº 1147-09.2010.6.00.0000
Classe 10 – Brasília – Distrito Federal.
Relator: Ministro Arnaldo Versiani.
Consulente: Ilderlei Cordeiro

Relatório

Cuida-se de consulta formulada por Ilderlei Cordeiro, deputado federal (PPS/AC), nos seguintes termos (fl. 2):

I – Lei eleitoral que alterar as causas de inelegibilidade e o período de duração da perda dos direitos políticos, sancionada no ano eleitoral, pode ser aplicada neste mesmo ano?

II – Lei eleitoral que alterar as causas de inelegibilidade e o período de duração da perda dos direitos políticos aplica-se aos processos em tramitação iniciados antes de sua vigência?

III – Lei eleitoral que alterar as causas de inelegibilidade e o período de duração da perda dos direitos políticos aplica-se aos processos em tramitação, já julgados e em grau de recurso, com decisão onde se adotou punição com base na regra legal então vigente?

IV – As disposições de nova lei eleitoral podem retroagir para agravar a pena de inelegibilidade aplicada na forma da legislação anterior?

V – As disposições de nova lei eleitoral podem estabelecer execução de pena de perda dos direitos políticos (inelegibilidade) antes do trânsito em julgado da decisão?

VI – Supondo-se que entre em vigor nova lei eleitoral, estabelecendo período mais extenso de inelegibilidade, devem ser aplicados aos processos já iniciados as penas estabelecidas pela lei vigente à época dos fatos ou a punição estabelecida na nova lei.

A Assessoria Especial da Presidência (ASESP) manifestou-se às fls. 6-18.

Voto

O entendimento deste Tribunal é no sentido de que não cabe, em regra, conhecer de consultas após iniciado o processo eleitoral, o que ocorre, em princípio, a partir de 10 de junho, quando começa o prazo para escolha dos candidatos e deliberação sobre as convenções partidárias (art. 8º da Lei nº 9.504/1997).

As indagações formuladas pelo consulente, todavia, dizem respeito à recente edição da Lei Complementar nº 135, de 4 de junho de 2010 – que alterou a Lei Complementar nº 64/1990 –, atendendo o disposto no art. 14, § 9º, da Constituição Federal, para incluir hipóteses de inelegibilidade que visam a proteger a probidade administrativa e a moralidade para exercício de mandato.

A excepcionalidade da consulta é manifesta, porquanto envolve pronunciamento deste Tribunal sobre o alcance das novas disposições legais e seus reflexos em relação aos pedidos de registro que serão em breve requeridos à Justiça Eleitoral, evidenciando nítido interesse de partidos e candidatos relacionado à aptidão ou não de seus filiados para se lançarem na disputa da eleição que se avizinha.

Conforme assinalou a ASESP, "é de todos conhecido o imensurável esforço da Nação para iniciativa do projeto de lei complementar que resultou nesta lei cuja interpretação ora se pleiteia, parecendo-nos inarredável responder ao anseio popular de se saber acerca de sua aplicabilidade com vistas às eleições deste ano de 2010" (fl. 9).

Por isso mesmo, o Tribunal conheceu da Consulta nº 1120-26.2010.6.00.0000, relator o Ministro Hamilton Carvalhido, na sessão do dia 10.6.2010.

Em virtude dessas circunstâncias peculiares, portanto, conheço da consulta, dado o preenchimento dos pressupostos do art. 23, XII, do Código Eleitoral.

Antes, porém, de começar a responder a consulta, penso ser necessário fixar as seguintes premissas:

1ª) se a inelegibilidade constitui pena;

2ª) quando a causa de inelegibilidade deve ser aferida;

3ª) se a inelegibilidade só pode ser aplicada, em determinadas hipóteses, se houver decisão transitada em julgado.

O entendimento não só deste Tribunal, mas também do Supremo Tribunal Federal, é o de que a inelegibilidade não constitui pena.

Afirmou o Supremo Tribunal Federal, no julgamento do Mandado de Segurança nº 22.087:

> (...) inelegibilidade não constitui pena. Destarte, *é possível a aplicação da lei de inelegibilidade, Lei Complementar nº 64, de 1990,*

a fatos ocorridos anteriormente a sua vigência. No Acórdão nº 12.590, Recurso nº 9.7.97/PR, do TSE, o Relator, Ministro Sepúlveda Pertence, deixou expresso que a inelegibilidade não é pena, sendo-lhe impertinente o princípio da anterioridade da lei. (Grifo nosso) (Rel. Min. Carlos Velloso, de 28.6.1996)

No citado precedente, o Tribunal Superior Eleitoral decidiu que a *"inelegibilidade não é pena e independe até de que o fato que a gere seja imputável àquela a que se aplica; por isso, à incidência da regra que a estabelece são impertinentes os princípios constitucionais relativos à eficácia da lei penal do tempo. Aplica-se, pois, a alínea "e", do art. 1º, I, da Lei de Inelegibilidades aos condenados pelos crimes nela referidos, ainda que o fato e a condenação sejam anteriores à vigência"* (Acórdão nº 12.590, Recurso nº 9.797, Rel. Min. Sepúlveda Pertence, de 19.9.1992).

Trago, também, o Acórdão nº 11.134, Recurso nº 8.818, Relator o Ministro Octávio Galotti, de 14.8.1990: *"A inelegibilidade prevista no art. 1º, I, "e", da Lei Complementar nº 64/1990, aplica-se às eleições do corrente ano de 1990 e abrange sentenças criminais condenatórias anteriores à edição daquele diploma legal".*

Destaco, ainda, trecho de acórdão deste Tribunal no Recurso nº 9.052 (Rel. Min. Pedro Acioli), de 30.8.1990, *in verbis*:

> (...) a decisão recorrida se posiciona diametralmente oposta a incontáveis *decisões deste Colendo Tribunal, que entende da aplicabilidade da LC nº 64/1990, em toda a sua extensão, aos casos em que a causa da inelegibilidade tenha ocorrido em gestão administrativa anterior.*
>
> Ao contrário do que afirmado no voto condutor, *a norma ínsita na LC nº 64/1990, não tem caráter de norma penal, e sim, se reveste de norma de caráter de proteção à coletividade. Ela não retroage para punir, mas sim busca colocar ao seu jugo os desmandos e malbaratações de bens e erário público cometidos por administradores. Não tem o caráter de apená-los por tais, já que na esfera competente e própria é que responderão pelos mesmos; mas sim, resguardar o interesse público de ser, novamente submetido ao comando daquele que demonstrou anteriormente não ser a melhor indicação para o exercício do cargo.*
>
> Bem se posiciona o recorrente, em suas razoes, quando assim expressa:
>
> O argumento de que a lei não pode retroagir para prejudicar, em matéria eleitoral, ou seja, que o art. 1°, I, "g", da LC nº 64/1990 não

pode ser aplicada a fatos pretéritos à sua vigência, contrapõe-se a doutrina pátria, representada pelo festejado Caio Mário da Silva Pereira (*in Instituições de Direito Civil.* vol. I, Forense, 1971, p. 110):

"As *leis políticas*, abrangendo as de natureza *constitucional*, *eleitoral* e *administrativa*, têm aplicação imediata e abarcam todas as situações individuais. Se uma lei nova declara que ficam sem efeito as inscrições eleitorais anteriores e determina que todo cidadão deve requerer novo título, aplica-se a todos, sem que ninguém possa opor à nova disposição a circunstância de já se ter qualificado eleitor anteriormente."

Com a devida vênia, as inelegibilidades representam ditames de interesse público, fundados nos objetivos superiores que são a moralidade e a probidade; à luz da atual construção doutrinária vigente os coletivos se sobrepõem aos interesses individuais, não ferindo o regramento constitucional.

Ademais o princípio da irretroatividade para prejudicar não é absoluto, como na lei penal. A se validar aquele entendimento, chegaríamos à absurda hipótese de deferir registro a candidato que até o dia 20 de maio passado, como titular de cargo público, cometeu os maiores desmandos administrativos (a data é a véspera da vigência da LC nº 64/1990). Ora, o interesse público recomendou e fez incluir na legislação referida a penalização da inelegibilidade para os casos de improbidade, não restringindo a sua aplicabilidade a qualquer título; aliás, esse eg. TSE, respondendo às Consultas nºs 11.136 e 11.173 (em 31.05.90) da mesma forma, não mencionou qualquer restrição à vigência dessa lei complementar. (fls. 114/115).

Realmente, não há, a meu ver, como se imaginar a inelegibilidade como pena ou sanção em si mesma, na medida em que ela se aplica a determinadas categorias, por exemplo, a de juízes ou a de integrantes do Ministério Público, não porque eles devam sofrer essa pena, mas, sim, porque o legislador os incluiu na categoria daqueles que podem exercer certo grau de influência no eleitorado. Daí, inclusive, a necessidade de prévio afastamento definitivo de suas funções.

O mesmo se diga a respeito dos parentes de titular de cargo eletivo, que também sofrem a mesma restrição de elegibilidade. Ainda os inalistáveis e os analfabetos padecem de semelhante inelegibilidade, sem que se possa falar de imposição de pena.

A inelegibilidade, assim como a falta de qualquer condição de elegibilidade, nada mais é do que uma restrição temporária à possibilidade de qualquer pessoa se candidatar, ou melhor, de exercer algum mandato. Isso pode ocorrer por eventual influência no eleitorado, ou por sua condição pessoal, ou pela categoria a que pertença, ou, ainda, por incidir em qualquer outra causa de inelegibilidade.

A Justiça Eleitoral também tem o entendimento de que as condições de elegibilidade, bem como as causas de inelegibilidade, devem ser aferidas à data do pedido do registro de candidatura.

Esse entendimento vem sendo adotado pelo legislador, quando, no § 10 do art. 11 da Lei nº 9.504/1997, introduzido pela Lei nº 12.034/2009, passou a dispor:

> *Art. 11. Os partidos e coligações solicitarão à Justiça Eleitoral o registro de seus candidatos até as dezenove horas do dia 5 de julho do ano em que se realizarem as eleições. (...)*
>
> *§ 10.* ***As condições de elegibilidade e as causas de inelegibilidade devem ser aferidas no momento da formalização do pedido de registro da candidatura****, ressalvadas as alterações, fáticas ou jurídicas, supervenientes ao registro que afastem a inelegibilidade.* (Grifo nosso)

Por isso, desde logo, adianto que considero irrelevante saber o tempo verbal empregado pelo legislador complementar, quando prevê a inelegibilidade daqueles que "*forem condenados*", ou "*tenham sido condenados*", ou "*tiverem contas rejeitadas*", ou "*tenham tido contas rejeitadas*", ou "*perderem os mandatos*", ou "*tenham perdido os mandatos*".

Estabelecido, sobretudo, agora, em lei, que o momento de aferição das causas de inelegibilidade é o da "*formalização do pedido de registro da candidatura*", pouco importa o tempo verbal.

As novas disposições legais atingirão igualmente a todos aqueles que, repito, "*no momento da formalização do pedido de registro da candidatura*", incidirem em alguma causa de inelegibilidade, não se podendo cogitar de direito adquirido às causas de inelegibilidade anteriormente previstas.

Aliás, essa questão não é nova e já foi decidida antes por este Tribunal, quando entrou em vigor a própria Lei Complementar nº 64/1990, como se viu dos precedentes nos Recursos nºs 8.818 e 9.797, segundo os quais a "*inelegibilidade prevista no art. 1º, I, "e", da Lei Complementar nº 64/1990, aplica-se às eleições do corrente ano de 1990 e abrange sentenças criminais condenatórias anteriores à edição daquele diploma legal", "ainda que o fato e a condenação sejam anteriores à vigência".*

E a antiga redação da citada alínea "e" já continha a expressão, que é repetida na nova redação dada pela Lei Complementar nº 135/10, a saber, "*os que forem condenados criminalmente, ...*".

Semelhante situação ocorreu, ainda, com a alínea "g" do mesmo inciso I do art. 1º da LC nº 64/1990, que previa a inelegibilidade dos que "*tiverem suas contas relativas ao exercício de cargos ou funções públicas rejeitadas ...*".

Nem por isso a Justiça Eleitoral considerou de fazer incidir a causa de inelegibilidade apenas àqueles que tivessem contas rejeitadas a partir da entrada em vigor da LC nº 64/1990. Ao contrário, tornaram-se inelegíveis todos aqueles que, à data do pedido de registro para as eleições de 1990, tivessem contas rejeitadas, mesmo que essa rejeição houvesse acontecido antes de maio desse ano.

A terceira premissa versa sobre a incidência da inelegibilidade, em determinadas hipóteses, sem o trânsito em julgado da respectiva decisão, particularmente nos casos de condenação criminal, condenação em ações de improbidade e condenação pela própria Justiça Eleitoral, quando, de acordo com a nova LC nº 135/10, basta haver "*decisão ... proferida por órgão judicial colegiado*".

Nesse ponto, cabe examinar a aplicação do disposto no inciso LVII do art. 5º da Constituição Federal, no sentido de que "*ninguém será considerado culpado até o trânsito em julgado de sentença penal condenatória*".

Tenho para mim, no entanto, que, independentemente de saber se esse dispositivo se aplica exclusivamente a processos criminais, como nele está dito, certo é que, quando se trata de inelegibilidade, ninguém está sendo considerado culpado do que quer que seja.

Em outras palavras, como a inelegibilidade, conforme já procurei demonstrar, não constitui pena, o fato de ela incidir em hipótese prevista em lei não significa que se esteja antecipando o cumprimento de qualquer pena.

Por isso, a presunção de inocência pode até persistir, não só no processo criminal, como também em outras espécies de processos, mas o cidadão ficará inelegível se houver decisão por órgão colegiado que o condene naqueles casos estabelecidos em lei.

Seria até mesmo contraditório que a Justiça Eleitoral, por exemplo, cassasse, por corrupção, o mandato de algum ocupante de cargo majoritário, com o cumprimento imediato da decisão, isto é, sem a necessidade de trânsito em julgado, mas se pudesse permitir que esse mesmo ocupante, anteriormente cassado, voltasse a pleitear o mesmo ou outro cargo majoritário ou proporcional.

Pode-se, sem dúvida, contrapor o argumento de que, se a decisão condenatória não transitou em julgado, o cidadão acabará sendo impedido de participar da eleição e exercer o mandato, mesmo se vier a ser reconhecida, no futuro, a sua inocência.

De fato, essa hipótese pode ocorrer e eu mesmo já utilizei esse argumento quando fui contrário à revisão da Súmula nº 1 deste Tribunal, por entender que bastaria o ajuizamento de ação anulatória contra a decisão que rejeitou as contas, não havendo necessidade de cautela liminar ou antecipação de tutela, exatamente porque existiria o risco de o candidato ser vitorioso ao final e perder a oportunidade de exercer aquele mandato.

Estou convencido, entretanto, atualmente, de que é absolutamente imprescindível a obtenção de qualquer liminar, para não se incorrer no risco inverso, ou seja, o risco que representaria para a sociedade alguém exercer mandato, quando já tivesse sido condenado, por decisão de órgão colegiado, nas espécies de processos indicados na nova lei.

A rigor, esse risco sempre existe, por exemplo, na própria rejeição de contas, por se cuidar de decisão administrativa, que tem eficácia imediata e torna o cidadão inelegível, ou, ainda de forma mais grave, a inelegibilidade da alínea "i" do inciso I do art. 1º da LC nº 64/1990, imposta àqueles "*que, em estabelecimentos de crédito, financiamento ou seguro, que tenham sido ou estejam sendo objeto de processo de liquidação judicial ou extrajudicial, hajam exercido, nos 12 (doze) meses anteriores à respectiva decretação, cargo ou função de direção, administração ou representação, enquanto não forem exonerados de qualquer responsabilidade*".

Nessa última hipótese, para incidir na inelegibilidade, seria suficiente o exercício de cargo ou função de direção, administração ou representação de estabelecimento de crédito, financiamento ou seguro, que tenha sido ou estivesse sendo objeto de processo de liquidação judicial ou extrajudicial, ou seja, bastaria também uma decisão administrativa, por exemplo, para tornar o cidadão inelegível enquanto não fosse exonerado de responsabilidade. Esta causa de inelegibilidade foi considerada constitucional por este Tribunal, mesmo que não preveja prazo específico para a duração (Acórdão nº 22.739/2004).

Ademais, a lei nova não deixou ao desamparo aqueles que incidissem nas novas causas de inelegibilidade.

Ao contrário, previu expressa e taxativamente, no seu art. 3º, que os "*recursos interpostos antes da vigência desta Lei Complementar poderão ser aditados para o fim a que se refere o caput do art. 26-C da Lei Complementar nº 64, de 18 de maio de 1990, introduzido por esta Lei Complementar*", isto é, abriu-se a possibilidade para que o órgão colegiado do tribunal ao qual coubesse a apreciação do recurso contra as decisões colegiadas a que se referem as alíneas "d", "e", "h", "j", "l" e "n" do inciso I do art. 1º, suspendesse, em caráter cautelar, a inelegibilidade sempre que existisse plausibilidade da pretensão do recurso.

A meu ver, aliás, não se trata propriamente de suspensão da inelegibilidade, mas, sim, de verificar se a decisão por órgão colegiado que condenou o cidadão em qualquer daquelas espécies de processos poderá ser revertida pela instância superior, vindo, daí, a não incidência da respectiva causa de inelegibilidade.

Fixadas, portanto, aquelas premissas, quais sejam, de que a inelegibilidade não constitui pena, de que ela deve ser aferida no momento do pedido de registro da candidatura e de que a decisão por órgão colegiado é apta para gerar a inelegibilidade, passo a responder às indagações formuladas na consulta.

O consulente indaga em sua primeira pergunta: *"Lei eleitoral que alterar as causas de inelegibilidade e o período de duração da perda dos direitos políticos, sancionada no ano eleitoral, pode ser aplicada neste mesmo ano?"*

No julgamento da Consulta nº 1120-26.2010.6.00.0000, relator o Ministro Hamilton Carvalhido, ***o Tribunal já respondeu que a LC nº 135/2010 tem aplicação para as eleições gerais do presente ano de 2010.***

Também cumpre salientar que a inelegibilidade não se confunde com a perda dos direitos políticos, pois essa perda tem consequências muito mais abrangentes do que a inelegibilidade, que há de ser entendida como restrição temporária ao exercício de mandato.

A segunda pergunta tem o seguinte teor: *"Lei eleitoral que alterar as causas de inelegibilidade e o período de duração da perda dos direitos políticos aplica-se aos processos em tramitação iniciados antes de sua vigência?"*.

Respondo-a afirmativamente, isto é, dizendo que a LC nº 135/2010, que alterou as causas de inelegibilidade, se aplica aos processos em tramitação iniciados, ou mesmo já encerrados, antes de sua entrada em vigor, nos quais tenha sido imposta qualquer condenação a que se refere a nova lei.

De há muito este Tribunal assentou que não há direito adquirido à elegibilidade, devendo as condições de elegibilidade e as causas de inelegibilidade serem aferidas a cada eleição (*v.g.*, AgRg no RESPE nº 32.158).

E essa aferição, como já evidenciado anteriormente, deve ocorrer à data do pedido de registro de candidatura e sem prejuízo até mesmo da verificação de qualquer inelegibilidade superveniente.

A propósito, anoto que o Ministro Hamilton Carvalhido, na Consulta nº 1120-26.2010.6.00.0000, antes citada, asseverou, no tocante à nova lei, que *"seus termos não deixam dúvida quanto a alcançar situações anteriores ao início de sua vigência e, consequentemente, as eleições do presente ano, de 2010"*.

A existência do art. 3º da LC nº 135/2010, por sinal, não deixa margem a dúvidas, pois ele seria manifestamente inócuo se não permitisse o aditamento de recursos interpostos antes da entrada em vigor da nova lei, caso as inelegibilidades só incidissem para o futuro.

E sempre se deve prestigiar a interpretação que retire da lei a maior eficácia e plenitude de seus dispositivos.

No terceiro questionamento, pergunta-se: *"Lei eleitoral que alterar as causas de inelegibilidade e o período de duração da perda dos direitos políticos aplica-se aos processos em tramitação, já julgados e em grau de recurso, com decisão onde se adotou punição com base na regra legal então vigente?"*.

Como já respondido na pergunta anterior, a LC nº 135/10 se aplica aos processos em tramitação, já julgados e em grau de recurso. Por isso mesmo, insisto, o art. 3º dessa lei abriu a possibilidade de aditamento dos recursos interpostos antes da sua entrada em vigor.

Não se trata, mais uma vez, de perda de direitos políticos, mas, sim, de inelegibilidade que não constitui pena, não se podendo pensar em afastá-la apenas porque, antes da vigência da nova lei, a respectiva condenação não trazia como consequência a inelegibilidade para certas hipóteses.

A inelegibilidade não precisa ser imposta na condenação. A condenação é que, por si, acarreta a inelegibilidade.

A decisão, por exemplo, de Tribunal de Contas que rejeita as contas de determinado cidadão não o declara inelegível. A inelegibilidade advém do disposto na alínea "g" do inciso I do art. 1º da LC nº 64/1990. E é o que ocorre com todas as demais inelegibilidades, inclusive com as oriundas de processos criminais, de improbidade administrativa ou eleitorais.

Assim, ressalvando que não se está diante de perda de direitos políticos, nem de punição, respondo a pergunta afirmativamente.

A quarta indagação é esta: *"As disposições de nova lei eleitoral podem retroagir para agravar a pena de inelegibilidade aplicada na forma da legislação anterior?"*.

Como já assinalado anteriormente, não se trata de retroatividade de norma eleitoral, mas, sim, de sua aplicação aos pedidos de registro de candidatura futuros, posteriores à sua entrada em vigor, não havendo que se perquirir de nenhum agravamento, pois a causa de inelegibilidade incide sobre a situação do candidato no momento de registro da candidatura.

Indaga-se na quinta questão: *"As disposições de nova lei eleitoral podem estabelecer execução de pena de perda dos direitos políticos (inelegibilidade) antes do trânsito em julgado da decisão?"*.

Mais uma vez ressalvando que a hipótese não é de perda de direitos políticos, respondo a indagação de forma afirmativa.

Exsurge da nova lei que a incidência de causas de inelegibilidade em face de condenações por órgão colegiado, sem exigência de trânsito em julgado, resulta da necessidade de exigir dos candidatos vida pregressa compatível para o exercício de mandato.

Como ponderou o Ministro Hamilton Carvalhido na Consulta nº 1120-26.2010.6.00.0000, *"fê-lo o legislador, ao editar a Lei Complementar nº 135/2010, com o menor sacrifício possível da presunção de não culpabilidade, ao ponderar os valores protegidos, dando eficácia apenas aos antecedentes já consolidados em julgamento colegiado, sujeitando-os, ainda, à suspensão cautelar, quanto à inelegibilidade"*.

Finalmente, questiona-se, na sexta pergunta: *"Supondo-se que entre em vigor nova lei eleitoral, estabelecendo período mais extenso de inelegibilidade, devem ser aplicados aos processos já iniciados as penas estabelecidas pela lei vigente à época dos fatos ou a punição estabelecida na lei nova?"*.

Essa pergunta se encontra prejudicada, em virtude das respostas dadas à terceira e à quarta indagação.

Em conclusão, respondo afirmativamente as cinco primeiras perguntas e julgo prejudicada a sexta pergunta.

Sobre os Autores

AFFONSO GHIZZO NETO é Promotor de Justiça; Coordenador Estadual e Ex-coordenador Nacional da Campanha "O QUE VOCÊ TEM A VER COM A CORRUPÇÃO?", em andamento; Professor da disciplina de Moralidade Administrativa, junto à Escola do Ministério Público; Membro-fundador da Associação Brasileira de Magistrados, Procuradores e Promotores Eleitorais – ABRAMPPE; vencedor do I Prêmio *Innovare – O Judiciário do Século XXI* – Categoria Ministério Público, FGV DIREITO RIO, Associação dos Magistrados Brasileiros e Ministério Público; Prêmio UNODC 2008, do Escritório das Nações Unidas sobre Drogas e Crimes – Brasil e Cone Sul – ONU; Mestre em Direito pela Universidade Federal de Santa Catarina – UFSC.

CHICO WHITAKER é arquiteto, membro da Comissão Brasileira Justiça e Paz da Conferência Nacional dos Bispos do Brasil; é membro do Conselho Consultivo do *Wikileaks* e um dos idealizadores do Fórum Social Mundial e do Movimento de Combate à Corrupção Eleitoral. Ganhador do Prêmio *Right Livelihood Award*, concedido pelo Parlamento Sueco. Autor de *Desafio do Fórum Social Mundial: um Modo de Ver*.

CRISTIANA NEPOMUCENO DE SOUSA SOARES é advogada. Possui graduação em Direito e em Biologia pela Pontifícia Universidade Católica de Minas Gerais (PUC/MG). Especialista em Gestão Pública pela Universidade Federal de Ouro Preto (UFOP).

DALMO DE ABREU DALLARI é membro da Comissão Internacional de Juristas, credenciada junto ao Alto Comissariado da ONU para Direitos Humanos, com sede em Genebra; Juiz do Tribunal Permanente dos Povos, instituição mantida pela Fundação Internacional Lelio Basso para os Direitos dos Povos, com sede em Roma; membro do Conselho de Defesa dos Direitos da Pessoa Humana, instituição brasileira. Autor de inúmeros livros, entre os quais *A Constituição na Vida dos Povos* (Saraiva, 2010), *Elementos de Teoria Geral do Estado* (29ª ed., Saraiva, 2010), *O Poder dos Juízes* (3ª ed., Saraiva, 2007).

DANIEL SEIDEL é Secretário Executivo da Comissão Brasileira de Justiça e Paz – CBJP da CNBB e Mestre em Ciência Política pela Universidade de Brasília (UnB); é Professor e Coordenador da Pós-graduação em Direitos Humanos da Universidade Católica de Brasília (UCB) e membro do Comitê Nacional do MCCE – Movimento de Combate à Corrupção Eleitoral no Brasil.

DELVAN TAVARES OLIVEIRA é Juiz de Direito da Comarca de Imperatriz (MA) e bacharel em Direito pela Universidade Federal do Maranhão; pós-graduado em Direito Processual Civil pela Universidade Veiga de Almeida-RJ; Professor de Direito Processual Civil da FACIMP e da UNISULMA.

DOM DIMAS LARA BARBOSA é Secretário Geral da Conferência Nacional dos Bispos do Brasil. Formou-se em Engenharia Eletrônica no ITA – Instituto Tecnológico de Aeronáutica, em São José dos Campos (SP). Cursou Filosofia no Instituto de Filosofia de São Bento, em São Paulo e Teologia no Instituto Teológico Sagrado Coração de Jesus, em Taubaté (SP). É Doutor em Teologia Sistemática pela Universidade Gregoriana de Roma. Bispo Auxiliar da Arquidiocese do Rio de Janeiro.

DOUGLAS DE MELO MARTINS é Juiz de Direito, Presidente do Conselho Estadual de Defesa dos Direitos Humanos do Maranhão; possui Diploma de Estudos Avançados em Sociologia Jurídica e Instituições Políticas outorgado pela Universidade de Zaragoza, Espanha, e é doutorando pela mesma instituição; foi Vice-Presidente da União Nacional dos Estudantes; Coordenou o Mutirão Carcerário do Conselho Nacional de Justiça na Paraíba; um dos responsáveis pela garantia do acesso ao voto para os presos provisórios no Estado da Paraíba.

EDSON DE RESENDE CASTRO é Promotor Eleitoral em Minas Gerais; Coordenador do Centro de Apoio Eleitoral do Ministério Público de Minas Gerais; Vice-Presidente e fundador da ABRAMPPE, Associação Brasileira de Magistrados, Procuradores e Promotores Eleitorais; Professor de Direito Eleitoral na pós-graduação da PUC-Minas, da ESMEC e da UnB (convidado); Palestrante de Direito Eleitoral no MP, TRE e OAB em diversos Estados; Membro da Comissão de Juristas nomeados pelo Senado Federal para a elaboração do Novo Código Eleitoral Brasileiro; Autor do livro *Teoria e Prática do Direito Eleitoral* (5ª ed., Del Rey, 2010).

EMMANUEL ROBERTO GIRÃO DE CASTRO PINTO é graduado em Direito pela Universidade de Fortaleza. Mestre em Ordem Jurídica Constitucional pela Universidade Federal do Ceará (UFC) e Especialista em Direito Constitucional e Processo Constitucional pela Universidade Estadual do Ceará. Professor de Direito Eleitoral da Unifor e da ESMEC. Promotor de Justiça, exercendo a Coordenação do Centro de Apoio Operacional Eleitoral da Procuradoria Geral de Justiça do Estado do Ceará.

FRANCISCO DE ASSIS VIEIRA SANSEVERINO é Procurador Regional da República – 4ª Região; ex-Procurador Regional Eleitoral no RS (2000-2; 2002-4); Mestre em Instituições do Direito e do Estado pela PUC-RS; Professor de Direito Eleitoral na Escola Verbo Jurídico (Pós Graduação – Especialização), na Escola Superior da Magistratura – AJURIS; Professor de Direito Constitucional na Escola da Magistratura Federal – ESMAFE – RS; Livros publicados pela Verbo Jurídico Editora: *Compra de votos – análise à luz dos princípios constitucionais*; *Uso da máquina pública nas campanhas eleitorais* e *Direito Eleitoral*.

GRAZIELA NOZOMI MARTINO TANAKA é coordenadora de campanhas da Avaaz.org no Brasil desde a fundação da ONG, em janeiro de 2007. Foi Coordenadora Geral do Comitê para Democratização da Informática – Rio de Janeiro (CDI-RJ). Atuou em redes internacionais e nos Estados Unidos, coordenando campanhas sobre direitos à moradia, direitos dos imigrantes, HIV/AIDS e educação, na cidade de Nova York.

JARBAS SOARES JÚNIOR é membro do Ministério Público do Estado de Minas Gerais. Procurador-Geral de Justiça de 2004 a 2008. Atual Presidente da Associação Brasileira do Ministério Público de Meio Ambiente. Foi Promotor Eleitoral de Belo Horizonte e Assessor do Procurador Regional Eleitoral. Promotor de Justiça de Meio Ambiente e Coordenador do Centro de Apoio Operacional das Promotorias de Justiça de Meio Ambiente. Autor de artigos jurídicos e coordenador de várias obras.

LUCIANO CAPARROZ PEREIRA DOS SANTOS é advogado especialista em Direito Eleitoral e Membro do Movimento de Combate à Corrupção Eleitoral. Já presidiu a Comissão de Direito Político e Eleitoral da Ordem dos Advogados do Brasil, Seção de São Paulo.

LUCIANO JOSÉ ALVARENGA é bacharel em Direito pela Universidade Federal de Minas Gerais (UFMG). Mestrando em Evolução Crustal e Recursos Naturais pela Universidade Federal de Ouro Preto (UFOP). Assessor no Ministério Público do Estado de Minas Gerais. Pesquisador filiado à Sociedade Brasileira para o Progresso da Ciência (SBPC).

LUCIENI PEREIRA é Auditora Federal de Controle Externo do Tribunal de Contas da União desde 2004; especialista em Controle Externo pela Fundação Getúlio Vargas do Rio de Janeiro; segunda Vice-Presidente do Sindicato dos Servidores do Poder Legislativo Federal e do Tribunal de Contas da União (Sindilegis) – mandato 2010-2013 – e Assessora de Defesa Profissional da União dos Auditores Federais de Controle Externo do Tribunal de Contas da União (Auditar).

LUIZ CARLOS DOS SANTOS GONÇALVES é Procurador Regional da República e Ex-Procurador Regional Eleitoral de São Paulo; Mestre e Doutor em Direito Constitucional pela PUC-SP; Autor dos livros *Comissões Parlamentares de Inquérito – Poderes de Investigação* e *Mandados Expressos de Criminalização e a Proteção de Direitos Fun-*

damentais na Constituição Brasileira de 1988. Professor de Direito Constitucional e Eleitoral no Curso *Marcato* – São Paulo.

MARCELLO LAVENÈRE MACHADO é advogado com bacharelado na Faculdade de Direito do Recife da Universidade Federal de Pernambuco e bacharelado em Filosofia pela Faculdade de Filosofia da Universidade Federal de Alagoas, onde foi professor, bem como na Faculdade de Direito da Universidade de Brasília. Presidiu a OAB (AL) e o Conselho Federal da OAB no biênio 2000/2002. Foi coautor do pedido de *impeachment* do presidente Collor e presidiu em 2003/2006 a Comissão de Anistia Política do Ministério da Justiça. É membro da Comissão Brasileira Justiça e Paz da CNBB.

MARCELO ROSENO DE OLIVEIRA é Juiz Estadual no Ceará, Pós-graduado em Direito Público e Direito Processual Civil pela UFC e Mestre em Direito Constitucional pela Unifor. Professor dos Programas de Pós-Graduação em Direito Eleitoral mantidos pela UnB e pela Escola Superior da Magistratura do Estado do Ceará. Diretor de Estudos e Pesquisas Eleitorais da ABRAMPPE. Autor de *Direito Eleitoral – Reflexões sobre temas contemporâneos* (ABC Editora, 2008) e *O sistema jurisdicional de controle das eleições: virtudes e vícios do modelo constitucional brasileiro de apuração da verdade eleitoral* (no prelo).

MARCOS TÚLIO DE MELO é graduado pela Faculdade de Engenharia da Universidade Federal de Minas Gerais e pós-graduado em Engenharia Econômica pela Fundação Dom Cabral. Atualmente é presidente do Conselho Federal de Engenharia, Arquitetura e Agronomia - CONFEA. No período 2000/2005, em dois mandatos seguidos ocupou a presidência do Conselho Regional de Engenharia, Arquitetura e Agronomia de Minas Gerais – CREA-MG.

MARCUS VINICIUS FURTADO COELHO é advogado militante no TSE; Diretor Secretário-Geral do Conselho Federal da OAB; Doutorando pela Universidade de Salamanca, Espanha; Membro das Comissões do Senado para elaboração do Novo CPC e do Novo Código Eleitoral; Autor de *Direito Eleitoral e Processo Eleitoral*, Editora Renovar.

MÁRLON JACINTO REIS é Juiz de Direito; Presidente da ABRAMPPE – Associação Brasileira dos Magistrados, Procuradores e Promotores Eleitorais; membro do Comitê Nacional do MCCE; vencedor do I Prêmio *Innovare* "O Judiciário do Século XXI". Possui Diploma de Estudos Avançados outorgado pela Universidade de Zaragoza, Espanha, e é doutorando pela mesma instituição. É autor do livro *Uso Eleitoral da Máquina Administrativa*, editado pela Fundação Getúlio Vargas.

PEDRO VALLS FEU ROSA é Desembargador do Tribunal de Justiça do Estado do Espírito Santo. Presidente do Tribunal Regional Eleitoral daquele Estado. Autor de diversos livros sobre Direito Comunitário, Direito Penal, Direito Processual Penal, Direito Civil, Direito Processual

Civil e Direito Constitucional. Programador amador, com trabalhos expostos nos EUA, Suécia, Reino Unido e Austrália. Articulista, com textos publicados em jornais do Brasil, Suíça, Rússia e Angola.

Impressão e Acabamento

Prol Editora Gráfica